U0549383

海峡两岸文化创意产业研究报告

Cultural and Creative Industries Across the Taiwan Strait

范 周 主 编 卜希霆 副主编
杨剑飞 执行主编

图书在版编目（CIP）数据

海峡两岸文化创意产业研究报告. 2016 / 范周主编. — 北京：知识产权出版社, 2017.6

ISBN 978-7-5130-4908-5

Ⅰ.①海… Ⅱ.①范… Ⅲ.①海峡两岸 - 文化产业 - 研究报告 - 2016 Ⅳ.①G124

中国版本图书馆CIP数据核字（2017）第111952号

内容提要

本书以文化创意产业为核心，针对学术研究、政策探讨、人才培养、产业融合、两岸文化等热点话题进入深入讨论，着力引导高校师生乃至全社会对于文化创意产业的关注与思辨，期望为一线产业发展提供有力的学术支撑和智慧贡献。

责任编辑：李石华　　**责任出版**：孙婷婷

海峡两岸文化创意产业研究报告

HAIXIA LIANG'AN WENHUA CHUANGYI CHANYE YANJIU BAOGAO

范　周　主　编　　卜希霆　副主编　　杨剑飞　执行主编

出版发行：知识产权出版社有限责任公司	**网　　址**：http：//www. ipph. cn
电　　话：010 - 82004826	http：//www. laichushu. com
社　　址：北京市海淀区西外太平庄55号	**邮　　编**：100081
责编电话：010 - 82000860转8072	**责编邮箱**：303220466@qq.com
发行电话：010 - 82000860转8101 / 8029	**发行传真**：010 - 82000893 / 82003279
印　　刷：北京中献拓方科技发展有限公司	**经　　销**：各大网上书店、新华书店及相关专业书店
开　　本：787mm×1092mm　1/16	**印　　张**：29.50
版　　次：2017年6月第1版	**印　　次**：2017年6月第1次印刷
字　　数：450千字	**定　　价**：68.00元

ISBN 978 - 7 - 5130 - 4908 - 5

本书编委会

（按姓名笔画排列）

序 言

全球经济正处于结构性变革时期，在互联网大潮的推动之下，文化创意产业在世界范围内广泛生发，并逐渐成为各国国家发展战略中的重要一环。

在经济一体化的大趋势下，两岸无论是在经济领域还是文化领域的沟通和合作都明显增多。其中，文化创意产业战略地位的提升更是促进了两岸经济、文化等要素的快速流动，双方在文化创意产业领域形成了利益相关、成果共享、优势互补的合作框架。

在全球文化产业市场体系中，两岸共同致力于构建具有中华文化鲜明特色的产业形象，并在重塑自身定位、创新发展模式等方面积极探索，以期使中华文化的内核在世界上获得广泛认可和传播。

文化创意产业的发展和协作依靠的是人才。海峡两岸文化创意产业高校研究联盟成立以来，致力于推动两岸文化创意产业的交流和合作，并为创意人才搭建优质平台。联盟每年都通过大型文化论坛、小型研讨会、青年学生竞赛、文创培训班等形式集聚两岸文创高校师生、从业者、爱好者，就两岸文化创意产业发展的各项问题进行研究探讨，以期为两岸文化创意产业的发展建言献策。

2016年10月，联盟第14届论坛在杭州白马湖开幕。本次论坛汇集了来自202所海峡两岸高校的近320位文化创意产业研究者和从业者。与会者的积极参与和对本次论坛的高度评价都表明，联盟近年来不断推动海峡两岸文化创意产业的科研合作、师资互访、学子互动与产业交流的工作，成效显著，联盟作为两岸文化创意产业交流合作的学术平台也已经得到学界和业界普遍认可。在前13届论坛的积淀下，联盟的号召力和影响力日益增强，并逐步发展成具有国际视野、多元特色，并且拥有较强的开拓力、创新力和服务力的文化创意产业学术联盟。

本届论坛围绕“设计铸城·创意兴业”，对文化创意产业未来发展、互联网时代创新创业以及创意设计助力城市发展等问题进行了研讨。除了精彩纷呈的主旨演讲，本次论坛还分设了“传统文化与人才培养”“艺术设计与文化创意”“城市发展与区域文化”“文化产业与品牌策略”4个学术平行分论坛以及一个两岸青年创业圆桌论坛，并开展了两个特色活动:“创意管理人才高端对话——国家艺术基金动漫企业高端管理人才项目优秀结业作品展”和“‘我的民俗相册——两岸青年走进陕西’总决选暨颁奖典礼”。在为期两天的交流探讨中,与会嘉宾对两岸文创产业发展状况、城市发展思路、品牌营造方法、遗产保护现状、青年创新创业等问题有了全面的了解,这为日后双方展开进一步的沟通和协作搭建了桥梁。本次论坛集合众专家学者和行业精英之力,共收到学术投稿1000多篇,秘书处甄选了其中部分优秀文章,编撰成书。

在此,由衷地感谢各盟校对联盟学术活动的支持和参与,正是因为大家的共同努力,联盟发展才能欣欣向荣。感谢杭州市委宣传部和杭州市文化创意产业办公室,正是他们的一路扶持,联盟的交流机制才能越来越顺畅,学术号召力和影响力才会越来越大。感谢全国台联、中国宋庆龄基金会对联盟工作的指导与帮助。同时,也要感谢秘书处的5位编辑:来自中国传媒大学文化发展研究院的高飞、郭泽华、关卓伦、倪嘉玥、张天意(排名不分先后)。他们认真负责的工作态度和专业的编辑能力为本书的顺利出版打下了坚实的基础。

期望本书能够有力地传播海峡两岸文化创意产业高校联盟的学术研究,为两岸文化创意产业的发展做出贡献。

海峡两岸文化创意产业高校研究联盟秘书处

2017年4月

目 录

绪 论

第一篇　传统文化与人才培养

第二篇　艺术设计与文化创意

第三篇　城市文化与区域发展

第四篇　文化产业与"互联网+"

绪　论

XULUN

科技、创意、兴业：反思与出路

中国传媒大学经管学部学部长、
海峡两岸文化创意产业高校研究联盟理事长　范　周

在工业4.0时代，科技将会全面渗透到生活和社会的各个领域，而文化创意产业的发展也必然离不开科技强大的支撑和助推。科技为翼，内容为本，创意为王，创意产业将与各个产业相互融合，催生出一些新的前沿领域。届时，学校教育将不能再固守原有的体制和模式，而是需要顺势而变，营造宽松包容的文化教育氛围。

一、回首、抚今、展望：科技发展百年历程

（一）回首过去，三次工业革命翻天覆地

从科技发展百年历史来看，工业革命一次又一次地加快了社会的发展速度。从用近百年的时间完成第一次工业革命到用三四十年完成第三次工业革命，从蒸汽时代到电气时代再到信息时代，机器生产代替了手工生产，在这个过程中，英国、德国和美国分别抓住时机，成为了世界上工业最发达的国家。第三次工业革命的标志是互联网的产生，全球由此进入信息时代，美国成为了世界上信息产业最为发达的国家。

（二）立足今日，科技发展日新月异

在互联网的推动下，现实世界与虚拟世界的互动越来越密切，经济发展已然进入新的阶段——工业4.0时代，从智慧地球、智慧城市、智慧物流、智能生活等各个方面开掘和开发新的生活。

1. 关键词一:互联网

今天的网络社会不是虚拟世界,而是一个活鲜鲜的现实世界。当物联网出现之后,实体化的省市县乡村的管理对现在的世界、社会已经趋于无效,人们都在进一步探索新的管理方法。

2. 关键词二:人工智能

在工业4.0时代,人工智能已经渗透到生活的各个方面。AlphaGo接连战胜围棋大师,无人驾驶也即将实现,电影中关于未来的许多幻想已经不再是虚幻。预计到2018年,机器人的全球销量将达到25900万台。当中国设计制造的机器人在各领域全面开花时,这个数字应该更上一个台阶。

(三)畅想未来,科技全面渗透

未来世界的发展、科学技术的进步将会给人们带来意想不到的惊喜。在科技的全面渗透下,10年后虚拟技术将会广泛进入生活,15年后世界上首架空气动力机将在美国问世。20年后个人量子计算机将主要采用人体生物电作为能量供给,30年后人类将登陆火星。到了50年后,人类厌倦了每天的生活,就开始冷冻自己,70年后北京到纽约只有1小时的车程。90年后将出现大脑帽,思维可以互相复制,120年后世界上第一艘天空的航空母舰终于建成。165年后大规模开发月球,月球将成为人类新的家园。这些虽然只是畅想,但其实就在不远的未来。

二、科技为翼,助力创意

助力创意,首先要运用好科技。提及科技对创意的影响,就不得不谈互联网对文化创意产业的作用。互联网不仅仅是一种手段和工具,更是催生多种创意和行业的基础。

(一)互联网之于创意

1. 互联网金融

互联网金融不仅改变着我们现在的金融结构,还改写着传统的金融概念。众筹让银行束手无策,互联网金融的形式日新月异。口碑和人气双丰收的动画电影《大圣归来》起初通过微信朋友圈发布众筹信息,并超额完成了众筹任务。《爱上邓丽君》项目为了降低风险、募集资金，在网络上发起众筹后融资达到了117360元，超出了10万元的众筹目标，成为首部成功众筹募集资金的音乐剧。因此，我们能够看到互联网的运用为创意和资金的对接开辟了新的途径。

2. 网络直播

网络直播红火的同时，我们也不能忽视这个业态目前还只是停留在屏幕后主播的静态直播。新华社社长提出一个新概念叫“现场新闻”，引起了传媒界的热议。但如何在现场新闻的直播板块中做好新闻的解读，是值得所有新闻工作者考虑的问题。除了现场新闻的网络直播，以直播日常生活为主要内容的网络秀场也已经成为普通人在互联网时代展示自己的重要平台。

3. 网络综艺

网络综艺凭借更加新颖、灵活的形式和内容，打破了电视台在播放和制作综艺节目上的垄断。在鼓励原创综艺节目的市场环境中，互联网为综艺创新提供了广阔的空间，一个典型案例就是《奇葩说》。自播出以来，《奇葩说》引爆性的话题热度和人气让电视台始终感到束手无策。所以，在互联网公司如此活跃的状态下，中央电视台和各大卫视的一些名嘴和王牌开始转战诸如爱奇艺、乐视这样的网络公司，或受邀成为首席内容官，或直接加盟成为制作人。传统电视台的核心资源逐渐被互联网公司吸纳，这将对整个传媒行业产生颠覆性的影响。

（二）内容为本，创意为王

科技为翼，内容为本，创意为王。技术的发展为我们带来一系列新的变化，那么“科技+创意”是如何兴业的呢？若以产业理解“兴业”中的“业”，科技与创意可以从复兴历史产业，振兴濒危产业，助力传统产业，推动新兴产业等几个方面实现“兴业”。从众多典型案例中也可以发现，科技与创意的发展确实让我们感觉到未来的无限新意。

三、创意时代，教育怎么办？

（一）教育体制如何改？

对于教育改革，最首要的问题是在创新时代，教育体制应该如何改革。纵观当下，现今的教育体制远远不能适应实际的生产情况。很多教育工作者依旧用传统的教学方式和落后的知识体系来教育学生，以传统的人才观念看待学生成材与否，这对于正努力向创新型国家迈进的中国来说是不相符的。因此，要通过体制改革释放教育体制的活力，增强教育的包容性，打破禁锢和束缚，为创新型国家的建设提供源源不断的动力。

（二）教育模式如何改？

对一个鼓励创新的时代、一个具有包容性的时代来说，教育是至关重要的。美国IT界能够出现如此多"超能力"的人，日本能够出现如此多诺贝尔奖获得者，与这两国的教育模式和教育环境有直接的关系。所以，创新教育模式，即创造宽容的文化氛围，给予多元的课程与开放的发展空间，摒弃学业负担阻碍创新发展的伪命题，是所有教育工作者需要考量的。

（三）产学研如何对接？

"把论文写在大地上"，即理论与实践相结合，这个话题说了10年，但目前实践起来依然很艰难。但像台南应用科技大学、台湾师范大学、台湾南华大学、清华大学、同济大学等高校，却很好地用行动证明了如何"将论文写在大地上"。这些高校在这方面都有独特的实践和成果，我们需要做的是如何将他们的成功与自身的现状对接，选取最为契合的借鉴和创新方式来改善自身的情况。

（四）知识产权保护，高校有何担当？

学生的创意无限，也很容易创造出极具价值的IP，但他们却并不知道如何保护自己的知识产权和发挥知识产权的价值。"兔斯基"的作者王卯卯在就读中国传媒大学动画系时，就创作了许多动画作品，但是因为缺乏版权意识导致许多原创作品即使被侵权也无法进行维护。因此，作为孕育人才的摇篮，高校在帮助学生保护版权方面有重要的责任。如何填补学生知识产权保护领域的真空，成为其在产权方面的"保护神"，是学校深化改革当中的重要方向。

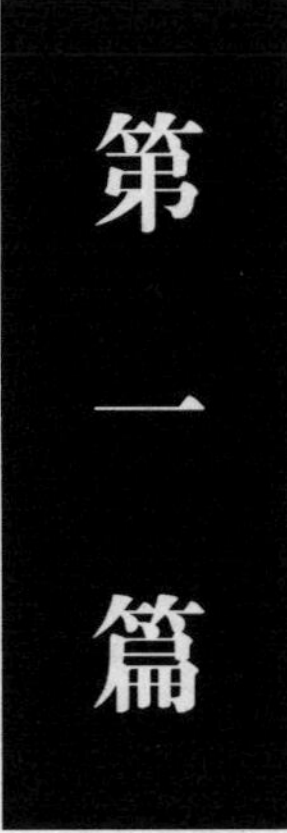

第一篇

传统文化与人才培养

CHUANTONG WENHUA YU
RENCAI PAIYANG

文艺复兴中的传统文化影响力

——以本韦努托·切利尼与人相学为例

北京航空航天大学人文与社会科学高等研究院　陈　绮

本韦努托·切利尼是文艺复兴时期著名的雕塑家、珠宝工艺师、美术理论家，同时又是卓越的作家。在他的宇宙观里保持了许多来源于文艺复兴时期的个人主义因素，是具有鲜明文艺复兴时期特征的代表人物。他受到罗马教皇、佛罗伦萨大公、法国国王的高度评价，是风格主义雕塑中装饰派的代表。在文学上，他最著名的成果是他的自传，记述了当时意大利社会生活的方方面面，可以说是文艺复兴的一面镜子，一部16世纪意大利的百科全书，其中对于很多重要人物和事件的描写都是独一无二的，因而具有极为重要的史料价值，成为每一个研究文艺复兴历史的人都要参考的第一手资料。1796年，著名诗人歌德在把《切利尼自传》译成德语时这样说道："我从这个人的忧虑之中看到的整个世纪，要比最清晰的历史记载还要真实。"不过，自切利尼的自传面世以来，其真实性就一直是研究者争论的话题。这主要是因为其多变的职业生涯和说话的基调。这让他变成了夸夸其谈的人——他整日沉浸在成功的幻想中，总是过高地评价自己的作品。现在，大多数学者发现切利尼的记述可能与人们从完全基于个人记忆的叙述中得到的合理内容一样，都具有同等的真实性。当然，主观性是不可避免的，同时，这种情况很显然在历史事件中也不占多数，但这在对自我和他人的评价当中却频繁出现：在善恶的体系中，切利尼把自己放在了善的一方，把其他人，尤其是他的对手和那些让他感到恼火的，放在了恶的一方。这个体系在反映外貌描写的地方显得尤为明显，体现的与其说是一个作家艺术家的审视方式，不如说是普通大众的审视方式，无意识地或全凭直觉地借鉴了传统文化中的人相学原则。

一、传统文化中的人相学的观念

首先，我们可以在这部自传中发现许多“驴”。例如：红衣主教萨尔维亚蒂（Cardinal Salviati），罗马使节“说这些话时，这位看上去比起人更像驴的主教变得比原来还要丑了。”[1]庞贝（Pompeo），教皇的宝石匠：“庞贝来到我的身前，把我叫到商店外面，像一头驴一样给了我最为令人作呕的亲吻。”[2]柏纳道（Bernardone）“这里有柏纳道、驴子和猪……[3]”根据一份伪亚里士多德的手稿（Pseudo-Aristotelian manual），与驴相似的人有如下特征：

（1）厚嘴唇，上嘴唇包下嘴唇。[4]

（2）（脸）瘦。[5]

（3）（眼睛）凸出。[6]

（4）（额头）呈弧形。[7]

（5）（头）小。[8]

（6）（耳朵）大。[9]

无名氏拉丁作家所著的 *Trattato di Fisiognomica* 中有这样的描述：“悬垂着的柔软嘴唇表现出来一种惰性（静止、迟钝）。人们可以在驴和老马身上发现这样的迹象。”“眼睛太凸出的人是愚蠢的：看看驴就能知道。”这本书中还有更多的此类描述：“驴是一种懒惰、愚蠢、倔强、迟缓、傲慢的动物；它的声音难听。可以明显地看到，与此种类型动物相对应的人胳膊大、脑袋长、耳朵大、嘴唇又长又下垂、声音令人厌恶。这些人行动迟缓、不积极、对艰难和侮辱不屑一顾。”显然，传统人相学中驴的形象含有贬义。从冒犯萨尔维亚蒂主教的态度和庞贝遭遇的不公平竞争来看，切利尼以讽刺的方式对他们进行了描述。而对于经纪人柏纳道的描述也达到了很好的讽刺效果。就像对切利尼的对手班迪内利（Bandinelli）的描述一样，切利尼在这里故意用了

---

[1] Benvenuto Cellini.the Autobiography.trans. John Addington Symonds.chap. LVII.文中引用文字均为笔者自译。

[2] Ibid. Chap. LXII

[3] Ibid. Book II Chap. LXXXIX

[4] Pseudo Aristotele fisiognomica e Anonimo Latino il trattato di fisiognomica. Introduzione.traduzione e note di Giampiera Raina, Milano:RCS Rizzoli Libri S.p.A. 1993 (P103 811 B.)

[5] Ibid. (p 105 812 A.)

[6] Ibid. (p 107 812 A.)

[7] Ibid. (P 107 812 A.)

[8] Ibid (P 107 812 A.)

[9] Ibid. (P 107 812 B.)

轻蔑语，让语言有了荒诞不经的讽刺效果和蹩脚的安慰感。我们可以说这是一个包含了从动物到人的面相感应过程。如果人的身体特征是面相的符号，那么对于读者身体特征和人物的性格来说，切利尼的描述就讲得通了。动物就像演绎推理的中点，给了读者一个有形的空间来勾画角色。比起了解，视觉概念更能引导我们认同这惊人的数据——有点像通过熟悉事物解读不寻常事物的感官持久性。切利尼以驴来分别描述不同人物之后，那些人物实际上就消失了。他们并没有受到特定的肉体限制，而是变成了“一种类型”，然后被归为“恶”的类别，切利尼以同样的方式将许多人物形容为“野兽”。红衣主教萨尔维亚蒂：“八天以后，主教的野兽派人来请我，恳求我将碎片聚为整体。”[1]“这个人野蛮的方式让我也变成了野兽。”[2]皮耶尔·弗朗西斯科·雷克奇奥先生(Sir Pier Francesco Riccio)：“然后，我与这头驴说了话，描述了我的要求，因为这座房子旁有个花园，我想在上面建一个工作室。”[3]“这头畜生仍在那儿，昏昏沉沉的，像黏土一样苍白。”[4]

以人喻兽，是对兽的赞扬；以兽喻人，则是对人的贬低[5]。即使人物的特征并不具有形体，但对曼泰加扎·巴提斯塔·德拉·波塔(Giovan Battista della Porta)而言，观相的过程建构在双轴之上——肉体符号的选择和结合。人相学制定的语言并不是受身心因素影响的个体的具体现实，而是在可能的物理性证据间所作出的选择。让我们再看一个例子，出纳员拉坦齐奥·格里尼(Lattanzio Gorini)：“他把东西递给了工薪出纳员，又干又瘦……这个家伙很瘦弱，还是个小个头；他有着像蜘蛛一样的小手和小虫子的嗓音，干起活来像蜗牛一般……”[6]“这个人一边回答，一边用蜘蛛般的手做着手势，嘴里还发出虫子般尖锐的声音……”[7]这应该是这本自传中最细致的形体描写。虽然我们不能在伪亚里士多德学派的手稿中找到像蜘蛛、小虫和蜗牛这样相似的事物，但是我们在这里找到了相对应的描述：胆小鬼的特征是，身体四肢柔弱、胳膊小、手又长又细、身体侧面小而弱、动作紧绷、没有活力，此外又懒又胆小。《面相论》

---

[1] Benvenuto Cellini. the Autobiograph. trans. John Addington Symonds. chap. LVII

[2] Ibid. LVII

[3] Benvenuto Cellini. the Autobiography. trans. John Addington Symonds. Book II chap. LIV And the original Italian edition is “Io parlai a questa bestia, e dissigli tutte le cose di quello che io avevo di bisogno....”. the translator has translated the “bestia” into “donkey”.

[4] Ibid. LV P527 意大利原文为“questa bestia restò istupido e di colori di terra…”

[5] James W. Redfield M.B. Comparative physiognomy or resemblances between men and animals. New York: W.J. Widdleton Publisher. 1866 :16.

[6] Benvenuto Cellini. the Autobiography. trans. John Addington Symonds. Book II chap. LIV

[7] Ibid. LXVI

(*Trattato di fisiognomica*)中的描述:“过于细小的手简直就是为了偷窃而生的,手指还相当灵巧。”“如果(手指是)小而细的,那么这就是蠢人的特征……如果手指间的间隔太大的话,那么这就是人变化无常、爱嚼舌根的迹象……脚步慢,如果这是与生俱来的,那也表明了一定程度上的懒惰,除非最重要的迹象之间不相互抵触。”“事实上,小而短的步子表明人缺乏完整做一件事的能力。这样的人节约、卑鄙、说谎,狡猾的脑子里满是诡计。”与对其他人的描述不同,切利尼对其外貌所展现出的美德相当有信心。他大致记录了别人对其相貌的一些评论,金匠乌利维耶里·德拉·乔斯特拉(Ulivieri della Chiostra)曾说:“你俊朗的外貌让我相信你是一个正直而诚实的年轻人。”麦当娜·齐亚(Madonna Porzia)曾说:“美德很少能与丑恶共处一室,如果我做了这样的事,我应该极力隐藏作为一个诚实者的美丽容颜。”一位很有名望的哲学家也曾说过:“我从这个年轻人身上看到了精致的面相和对称的身材。因此,我认为他会言出必行,甚至做的比说的还要多。”从古代开始,性格和性情在何种程度上可以从一个人的外貌推测而知的问题一直受到广泛的关注。人相学设立了固定的规则,对人物固定的特征进行阅读。这些特征包括身体各部分的特征和整个身体的特征,也包括头发的长度、皮肤的细腻度、肤色、声音、面部表情、眼部的运动、姿势、手势和步态。对切利尼外形描述中的人相学理论的应用进行分析后,我们可以回过头来,简要地看一下源自希腊的这种描述方式的本质❶。这种描述方式对切利尼自传当中的此类描述的发展有着突出的贡献。动物艺术的历史与所有形式的艺术同时出现,因为动物是当时首先挑战人的艺术能力的主题❷。在伊索寓言中,动物可以拥有强大的想象力。在动物的帮助下,常识和通向生活的真实方式产生了。这对于人相学是必不可少的。

二、科学性的人相学体系建立

毕达哥拉斯和柏拉图的哲学思辨指向“对应理论”(theory of correspondences)。这种理论认为,所有存在的事物都因相似性而彼此联系。在《斐多篇》中,灵魂转生的主题使得人与动物的结合再次出现。亚里士多德在《动物历史》(*Histoira Animalium*)一书中提到了他对人和动物心理的对比性研究。这为上述的“对应性”提供了科学基

❶有关古希腊戏剧中的人相学可见于Physiognomics in the ancient world, Elizabeth. C. Evans. The American Philosophical Society. Volume 59. part 5. Philadelphia, 1969:32-35.

❷ M.Boule and H.V.Vallois. Les homes fossils. 4th ed. Paris. 1952. also V.G.Childe.Man Makes Himself.London. 1932. also animals in art and thought to the end of the middle ages. Francis Klingender. London: routledge&kegan paul. 1971: 82-83.

础。我们从书中获知,有些物种是"性欲特别强,例如山鹑",同时"其他物种更倾向于贞洁,例如整个乌鸦群体";在动物的道德品质方面,书中提到,"卑鄙而奸诈,例如蛇"。亚里士多德的手稿为我们系统地整理了此类资料。它一开始就探讨了可能用来处理这一主题的方法——动物学的方法是过去最早使用的方法。[1]人相学的"科学性"建立起来,自此在人格研究、古代文学中人物描写技巧的研究中扮演了活跃的角色。[2]波勒莫(Polemo)(88—145)跟随亚里士多德的引领,特别倾向于展现人与动物之间的密切联系。伽林(Galen)(129—216)是巧妙地将亚里士多德人相学研究中人与动物的紧密联系与情绪在身体里循环的理论结合起来的第一人。在4世纪,阿达曼迪斯(Adamantius)的《面相学》(*Physiognomonica*)中不断提及人与动物之间的对照。另一部正式的专著是匿名作家所写的《拉丁面相学》(*Physiognomonia Latina*),这也是人们最常提及的一部专著。

文艺复兴时期,幸存下来的人相学经典专著主要是希腊作品:伪亚里士多德的《面相学》(*Physiognomics*),以及古希腊辩论家波勒莫说明文的几个版本或简写本;例如阿达曼迪斯和伪阿普列乌斯学派(Apuleius)的作品,而后者还包含部分卢卡斯(Loxus)的专著。据统计,出版于1483—1619年的亚里士多德全集的7个版本中(4个拉丁文版、1个希腊文版、2个双语版),除了1483年出版的拉丁文版之外都收录了《面相学》,同时在16世纪,这篇文章总共出版了49次(希腊文、拉丁文和意大利文)。让我们将目光转回切利尼身上。在16世纪,人相学仍然很受欢迎。其中一个有力的证明就是,有关人相学作品的出版物数不胜数。科克莱斯(Cocles)于1504年出版了其名著《颅相和面相》(*Chyromantie ac Physionomie Anastasis*)。米开朗基罗·比昂多(Michelangelo Biondo)的《以脸识人》(*De Cognitione Huminis per Aspectum*)于1544年在罗马出版;1548年,他校订了皮耶特罗·德阿巴诺(Pietro d' Abano)的作品(面相学论)(*Decisiones physionomiae*)。同年,据报道,琼蒂尼(Giutini)正在准备一部作品,其主题仍是人相学和相手术。1549年,这部作品在里昂(Lyon)出版,拉丁名为(人性之相)(*De Fiversa Hominium Natura*)。

16世纪末,曼泰加扎·巴提斯塔·德拉·波塔出版了《人相论》(*Della Fisionomia dell' uomo*)。当然,我们不能假设德拉·波塔与切利尼有私人交情,但我们至少可以看

---

[1] Elizabeth. C. Evans. Physiognomics in the ancient world. The American Philosophical Society. Volume 59. part 5. Philadelphia. 1969 :5.

[2] 西塞罗对自然的好奇尤其体现在其对动物的兴趣之上,这种倾向在他的很多论述中都有所体现(见 Silvana Rocca. Animali e Uomini in Cicerone. Genova: Compagnia dei Librai, 2003 :7)。

到当时人相学很是流行。人相学并不需要在理论的层面得到认同。它最需要的是简单的参考手册，可以更容易为人们所接受。所以，如果人相学在当时是一个大众现象，那么切利尼对其感兴趣就不足为奇了。艺术与传统文化中的人相学之间的紧密关系已经有很长的历史了。根据色诺芬（Xenophon）的说法，苏格拉底曾经和画家帕贺塞斯（Parrhasius）有过一次谈话。在谈话中，他们提到面部表情的变化与心情有关，也与诸如宽宏、慷慨和卑鄙这样的道德品质有关。这正是在艺术领域所发生的事情。我们在这个领域见证了所谓面相式描绘（physiognomic portrait）的诞生。而面相式描绘不仅仅是人相学或现实的同义词，而是表明了对于代表人物肉体特征的描绘与对心理表现的研究是结合在一起的。

波尼奥·格利寇（Pomponio Gaurico）（1481—1530）的著作《论雕塑》（*De Sculptura*, *1504*年）中有一章完全讲述人相学。其中包含了动物形象的对比。如果你需要艺术和人相学之间存在联系的证据，或更确切地说，体现动物化外貌的证据，那么提香（Titian）晚期的绘画作品《慎之寓言》（*Allegoria della Prudenza*，1566）可以满足你的需求。同时，艺术之间是相互联系的。正如切利尼所说：“维特鲁威（Vitruvius）与其他人都说过，一个人如果想要从这种艺术，那么他一定要在音乐和绘画上有些特长……”❶文学和文艺也是如此。切利尼熟悉三种“设计的艺术”（arts of design）并在某一时刻甚至打算用寓言的形式把它们呈现出来。他可能也认为它们一定是不可分割的统一体，因为他会时不时把它们称作一种艺术：“所有设计的艺术，就是指雕塑、绘画和建筑。”从切利尼作品中发现的文学描述可能表明了传统人相学研究与肖像雕塑之间存在明显的关系，也可能表明了两者之间有进一步的联系。人们可以进一步搜寻艺术与文学资料，对此加以证明。

切利尼基于人物好或坏的面相描述，把人分为好人和恶人。但他其实产生了一种误解，因为他只是将人物的体型、肤色、头发和声音等作为解读人物性格和性情的标准。很早人们就注意到，好的和坏的情绪不断出现之后，就会在脸上留下印记。同时，人们也注意到，每一种特定的情绪都有其表现方式。因此，动作、姿势和面部表情应该纳入切利尼的描述之中。因此，人相学是生理学和心理学的分支学科。阿尔贝蒂（Alberti）尤为注重一点，他指出身体的运动应该总是显得大方得体。好像是受到了阿尔贝蒂说法的启迪，达芬奇提倡描述性绘画应具有情感功能，催促画家应该描绘唤起观者情感的人物形象。他全心全意投入到人物类别的面相描述上，使得许多早期评论家认为他已经成为了一名技艺精湛的人相学者，而其他的一些评论家则认为他

❶ Benvenuto Cellini, the Autobiography, trans. John Addington Symonds, Chap. III.

已经就这个主题写出了一部特别的著作。达芬奇并没有考虑人体的固定结构，尤其不认为人脸能显示人的思维和性格。另一方面，这里有着一个长久存在的问题，即面相学究竟是巫术还是科学。对切利尼而言，他非常可能认为面相学是一种巫术而非科学——这种对于面相学的误解在他那个年代很常见。虽然早期的经典面相学主要侧重描述性，但之后中世纪的作家尤为注重面相学的预言性以及和占星术有关的方面。他们的著作也经常背离经典，而转向手相学、指甲研究（Onychomancy）、钥匙占卜（Clidomancy）、观足学（Podoscopy）、痉挛测病术（Spasmatomancy）以及其它预测性传说和巫术的分支。显然，切利尼跟从了当时的潮流，忽视了人相学是科学还是巫术的争论。对他来说，有时人相学甚至与神话和巫术有着相同的定义。这也是当时艺术界的一个普遍看法。

本文从切利尼自传当中身体描写的特征出发分析了其中的传统面相学因素的影响。切利尼对身体的描写与其说理性，不如说更具强烈的想象性，这使得他的自传更有叙述性，但同时也减弱了其作品的可靠性。从表达上看，也可管窥当时的传统文化对于文学和艺术的影响。经过长期的文化积淀，无论是写作还是绘画抑或雕塑，都不可避免的打上了时代和环境的烙印。

民族区域旅游场景中的湘西土家族舞蹈及其象征意义初探

三峡大学艺术学院　陈奥琳

产生于19世纪末并于20世纪逐渐走向发达的符号人类学(象征人类学),在其发展过程中,不同学者依据自身的理解和研究赋予了“符号”不同的阐释和意义。该学派代表人之一的克利福德·格尔兹(Clifford·Geertz)认为,“文化不是封闭在人们头脑里的东西,而是体现在具体的公共符号上的体系。所谓‘公共符号’(public symbols)是指物、事项、关系、活动、仪式、时间等,是处在同一共同体的人赖以表达世界观、价值观和社会性的交流媒体”。于是,社会成员之间便依靠这些符号进行思想的交流、情感的沟通、乃至世系的繁衍与维系等。符号会因为外界文化的介入而受到干扰和改变,尤其是符号原有的意义会发生变化,而民族旅游的开发往往会影响少数民族文化原有的符号象征意义,使其在时空的流转中基本的元素内涵发生这样或那样的变化,或成为民族身份在新的语境下的一种文化标识,或成为发展旅游业的媒介和牵引力。在当下中国,许多少数民族文化正成为旅游业发展的重要资源,并在地方政府、民族精英等各方利益主体的推介下,从消隐的状态渐浮于表面,从而“使地方性的小传统在政府的运作和打造以及媒体的推波助澜下,借用大传统的逻辑和策略来加强自身的影响力,从而获取新的发展动力,在社会实践中延续着生命力”。土家族舞蹈作为土家人的精神文化亦或是表达文化的载体,具备其所独有的传统象征意义。但若将其置身于民族旅游业的整体场景中来审视,便会建立起一种隐形的关系——即主体意愿和客体展演之间的平衡,同时也就形成了“身体文化—景观标识—象征”的转置。在旅游活动正式进入到湘西之前,土家族是少数民族中的其中一个“称谓”,是人们普遍认同的概念。假设从这一角度出发去推理的话,对于当地人来说,土家族舞蹈是蕴含着本族传统文化的符号,而对于外地人来说,它或许与其他少数民族的舞蹈一样，只不过是展现当地艺术文化特色的身体表现形式。然而，当它成为湘西旅游业发展中的景观标识时，人们便不再认为它只是“艺术形式”或者“当地特色”了，而是土家族名副其实的“象征”。人们通过观看或者亲身参与到土家族舞蹈的展演之中，便能联想到土家人，或与土家族相关的其他一切文化事项，甚至不同提到“土家族”，这一独特的外化形态也似乎足以能够较为完整地“诉说”土家族——形式蕴含内容，成为湘西土家族文化的标识，民族的象征。在此，笔者将试图探究在湘西州土家族区域旅游发展的过程与建设中，通过对“土家族舞蹈”符号的操弄，进而如何对民族传统文化的再创造。

一、湘西州土家族区域旅游业的兴起与发展

湘西历史文化悠久、民族风情浓郁、山水风光神奇、自然资源丰富，拥有1处世界文化遗产、5个国家历史文化名城名镇、6个国家级风景名胜区和自然保护区、13处国家重点文化保护单位、15个国家等级旅游景区、26项国家非物质文化遗产名录等150多个“国字号”生态文化旅游品牌。在经济发展的新常态下，全州上下并肩携手、开拓奋进，保护“老天爷”的恩赐，传承“老祖宗”的遗产，谋求“老百姓”的福祉，湘西旅游航母正在全速航行。近年来，湘西州委、州政府牢固树立文化旅游兴州理念，把旅游作为湘西发展的最大门路和战略性支柱产业，全力推动生态文化旅游业转型升级、提质增效。“十二五”期间，全州旅游人次和旅游收入均保持两位数增长，接待游客由1256万人次增加到3362万人次，旅游总收入由64亿元增加到217亿元，旅游业率先成为百亿产业，如今的湘西已成为全国旅游高增长地区。而作为土家族人集中聚居地的龙山县、永顺县、保靖县和古丈县，也正着力打造出沿酉水流域的土家族生态文化旅游精品线路。例如，2015年7月4日，位于永顺县的八百年土司故都“老司城”——这座中国目前规模最大、保存最完整、历史最悠久的古代土司遗址，成功列入《世界遗产名录》，实现了湖南省世界文化遗产零的突破，成为文化与自然紧密结合、人与自然和谐共处、多元立体旅游开发的成功典范。现今永顺县正积极发展“全区资源、全面布局、全境打造、全民参与”的“全域旅游”，高度整合文化、生态等元素，其主要从以下4个方面推进旅游运营精准化、发展多元化、管理敏捷化，促进文化生态旅游业持续快速发展。

(一)深挖价值,创建品牌

高度重视民俗文化、自然生态等内涵挖掘和旅游品牌创建工作,成功申报世界文化遗产1处(老司城遗址),实现了湖南省世界文化遗产零的突破;全国重点文物保护单位5处;国家级重点风景名胜区、自然保护区、森林公园、历史文化名镇各1个;国家级4A级景区2个(芙蓉镇、猛洞河);全国爱国主义教育示范基地、国家级烈士纪念设施各1个;国家级"非遗"保护名录10个,国家级"非遗"传承人4人;老司城、芙蓉镇、猛洞河"天下第一漂"等景区品牌影响力不断扩大,这些品牌的创建为发展生态文化旅游打下坚实基础。

(二)多元推进,整合发展

立足丰富的乡村旅游资源和众多的世界级、国字号品牌,打造司城村、双凤村、西米村等12个乡村精品村寨,并联合周边古丈、龙山等县市,共同编制、共同建设、共同推介大湘西"土家探源"文化生态旅游精品线路;利用老司城世界文化遗产与张家界世界自然遗产相毗邻的天然优势,整合老司城、芙蓉镇、小溪、不二门和马拉河五大景区,联手推出"世界双遗产黄金游"线路,邀请天津、河北等省市的大亚、乐游、中信等18家全国百强旅行社老总实地踩线考察;结合老司城深厚的历史底蕴和秀丽的山水风光,推出乘坐热气球、直升机低空观光,观看《土王出征》山水实景表演,体验过土家年、哭嫁等非物质文化遗产项目,打造生态文化旅游新产品。

(三)选准市场,精准定位

修订完善县旅游发展总体规划,明确了2016年总体目标为"全年游客接待量突破500万人次,实现旅游收入26亿元",确立了"4221"营销思路(即牢牢抓住上海、长沙、张家界、凤凰等4个市场重点,稳定拓展上海华东和长沙省内2个一级市场,对接夯实张家界和凤凰2个二级市场,逐步培育1个覆盖周边500千米的客源市场),积极争取把永顺各景区景点列入各大旅行社的精品路线;着力发展和培养湘西周边的旅游营销代表、代理商,壮大营销力量。同时,每年举办客户答谢会等联谊活动,加强与旅行社团、客户群的联系沟通,客源市场进一步稳固。

(四)宣传推介,树立形象

坚持把树立和推介永顺旅游良好形象作为开拓市场的重要手段来抓。第一,以媒体推介“趁热打铁”。通过邀请中央电视台、人民日报、新华社等主流媒体进驻景区宣传报道，先后拍摄了《远方的家》《乡土》栏目专题、《探索发现》的大型纪录片《揭秘土司王城》等节目；同时，利用新媒体、自媒体加大特色宣传与产品营销。第二，以活动造势“吸人眼球”。抢抓“后申遗时代”机遇，继续扩大“和美永顺”知名度。积极参加旅游资源推介会、旅游产品说明会、世界文化遗产老司城推介会，举办土家族舍巴节暨老司城国家考古遗址公园开园、“千年老司城，开门迎嘉宾”等大型活动，旅游市场反响热烈。第三，以合作联动“精准对接”。重点邀请张家界、长株潭等目标市场旅行社老总和导游等人员来观光考察和出席各类节会庆典等活动，通过“精准对接”，提高旅游营销工作的针对性和有效性。第四，以名人效应“扩大影响”。发挥名人的知名效应和名剧名片的轰动效应，不断扩大永顺旅游影响力。2015年，芙蓉镇授牌为“全国指定影视剧拍摄基地”，推出“点亮芙蓉镇”“穿越大湘西”“《芙蓉镇》剧组人员重返芙蓉镇”等一系列主题营销活动，《湘西剿匪记》《湘西往事》《血色湘西》《借问英雄何处》《情花谷》等多部影视剧在芙蓉镇拍摄取景。

此外，湘西州正着力打造“土家探源”的精品路线，即以酉水自然生态景观、土家族风情和土司文化为核心，串联28个精品土家村寨，彰显“智者乐水”的休闲养生体验型乡村旅游主题。并依托“老司城”这块金色招牌，以土司文化遗址、土家文化、猛洞河风光为线索，突出“千年土司惊世界，溪州山水名天下”特色，连片打造永顺土司遗产村寨群。同时依托龙山县“里耶古城”所具有的独特历史文化优势，以八面山草场、惹巴拉土家风情、乌龙山峡谷风光、土家族祭祖文化为支撑，突出“秦简文化体验园，土家活态博物馆”特色，打造龙山土家源流村寨群等。当前，旅游业发展已进入大众旅游、全域旅游新阶段，而湘西州土家族区域旅游发展的宏图已经绘就，我们可以看到许多亮点数字和概念的提出，既是对湘西旅游对关于做好土家族区域旅游建设的高标准要求，更是湘西旅游对树立土家族区域旅游品牌自觉自信的体现。从旅游产业的项目建设到旅游文化的扎根建质，从旅游业态的不断繁荣到旅游品质的大幅提升，这些数字和概念都深刻体现着湘西州打造好土家族区域旅游的决心和信心。我们有理由相信，随着一个个数字和概念的落实，一项项规划和建设的落地，湘西州一定会实现由旅游资源大州向旅游强州的跨越，湘西州土家族区域旅游业也一定能够撑起湘西发展的一片蓝天，其独有的特色必将成为湘西州人文旅游的重要资源和增强湘西州旅游业内涵的鲜明符号。

二、作为民族旅游象征符号的土家族舞蹈

(一)被重塑后的创新

关于文化的定义可谓是“一千个读者眼中就会有一千个哈姆雷特”,从不同的角度去审视都将产生各自不同的见解。因此,在美国著名人类学家格尔茨眼中,他认为“文化是一套从历史上沿袭下来的体现于象征符号中的意义模式,是由象征符号体系所表达的概念体系”。此种文化分析方法实则是将文化置于一种静态的视角进行理解,通过解释文化现象以寻求其中的意义。而事实上,“符号作为文化能指与文化所指的关系,具有积极、活跃、易变、能产的特点”,由此得知,文化是一个动态的过程,并不断进行着创造和沿袭,而人类在其中需扮演构建文化符号的角色——即对其转型、新意义的嵌入以及解读等,可以说,文化符号所处之情景的变化是其意义变化的根本动力。

在旅游行为中,除了景观或者标志物的符号价值和象征意义会让游客对目的地感受指数发生浮动以外,其反映当地人文历史特色的艺术展演行为也会对游客的认知程度起到一定的影响。比如,在我国的云南省,《云南印象》《云南的响声》等系列演出至今仍作为一个特殊的符号吸引着人们前往观赏。无论从形式还是概念上它只是舞蹈家杨丽萍女士在十多年前首创出的展现云南少数民族歌舞的集锦,如果从舞蹈的专业角度来审视,它确实具有属于其自身独有的特色和成就,且艺术与商业价值并存。然而对于一般的游客而言,绝大多数都是因为慕“杨丽萍”之名而坐在了观众席上,或许并不能也无法如从事舞蹈专业的人士们般去欣赏、体会。那么,为何来自世界各地的游客们依然还是要争相去一睹其可谓“神秘”之风采呢?究其原因,此类歌舞演出从前期的创作排演到后期的推广宣传等一系列的运作行为,对于普通游客来说已然成为了一句“来到云南不可不看”的既定口号,一剂“涤荡心灵,寻根溯源”的精神良方,更是从一个名副其实的具有象征意义的艺术符号演变至云南这个作为我国旅游大省的文化标签。此时,“见到”过比真正“欣赏”要显得更有意义,这便使得原来具有自身价值的景观在参与旅游的过程中具有了独特的符号价值和象征意义。

近年来,湘西凭借着丰富奇特的生态文化资源,正在由旅游大州向旅游强州逐步迈进。随着旅游业的兴盛发展,外来游客络绎不绝,作为湘西的土家人也处在不断思辨的过程之中:究竟什么才是湘西土家族传统文化中最为独特的事项呢?或者说,如

何将土家族传统文化中最具代表性的符号进行提炼，从而使得这些独树一帜的民族文化资源转化成产品进入主流市场，从而更好地参与和推动经济发展进程中去呢？众所周知，自20世纪50年代土家族被识别和承认作为单一民族以来，通过大量的民族精英、学者以及地方政府的共同参与，开始探寻、发掘、构建属于土家族的文化艺术体系，在这一系列的整理工作中，其中就包括表现土家族民间嫁娶习俗的“哭嫁”，传统工艺的代表“西兰卡普”，反映土家先民迁徙、生产劳动生活的“毛古斯舞”以及娱人娱神的“摆手舞”“跳马舞”“八宝铜铃舞”“梯玛神歌”“跳丧”等。

然而，一方面如前所述，湘西州所处的地理位置是典型的山区，重峦叠嶂，溪洞相连的特殊风貌促成了当地土家人的生活习俗，也正是这般“神秘”的环境构造，不仅使得刀耕火种的原始自然经济生产方式在此延续了几千年，更使得承载着土家人民迁徙历史、征战场景、繁衍和生产劳动场面、诉诸情感等的土家族舞蹈在这片大地上跳动至今。于是便有了古人传世之作如《竹枝词》里所描写出的恢弘场景，更有了今人观后不禁感叹其为“东方迪斯科”“远古戏剧活化石”的由衷赞叹。或许正是由于这般独特的自然风光与厚重的历史文化积淀相互催生，造就了湘西土家人乐观豁达、淳朴好客、踏实勤劳的性格特点，大家都乐于在这一方生于斯养于斯的土地上生活。由此，土家族舞蹈不仅是他们祭祀先祖、强身健体、娱人娱己的必需事项，同时也在“手之舞之，足之蹈之”中记载着他们的喜怒哀乐，更寄予着他们对美好生活的憧憬和向往。相形之下，与其他的艺术文化事项比较，或许舞蹈更能让湘西土家人以最直观、最立体、最淋漓尽致地方式去抒发自身的真情实感。另一方面，旅游业的兴起将湘西带入进了新的发展模式中，同时也将传统的土家族文化置于新的经济环境之中。旅游在改变当地人处境以及在与“他者”频繁接触的动态过程中，政府也着眼于寻找一种既有丰富历史内涵又能突出代表本地形象的标志，以彰显湘西土家族独特的人文景观。伴随着这种探索性的实践，如今已有越来越多的游客被土家族的传统文化所吸引，尤为津津乐道那原始古朴、魅力十足的土家族舞蹈。再次，基于民间的传统及现实的表现、经过比照和筛选等，使人们从更高的层次上来理解土家族舞蹈的意义。湘西土家人清晰地认识到，作为符号的土家族舞蹈构成了土家族社会生活的独特意义及其不断变化的历史过程，传承着土家先民的生存理念，并将其明显地与其他民族区别开来，且像一座桥梁般把政府关于发展民族区域旅游的相关政策建议与当地实际情况以及老百姓的个人意愿完美连接了起来，以期产生更好地合作和沟通。于是，在民族区域旅游的语境下，舞蹈无疑成为了土家族的标志，是土家族艺术的象征符号，更代表着当地区域的典型文化。那么如何使其在促使湘西旅游

业整体向前发展的进程中发挥出它应有的作用呢？笔者认为，此命题的提出是导致如今土家族舞蹈“传承过去＋迎合时下”局面逐渐形成的重要原因，笔者称这一现象为“重塑”。例如，土家族毛古斯作为流传至今的古老的表演艺术之一，实录了父系社会初期至五代时期的“酉溪人群”的渔猎、农耕的生产生活，婚姻习俗情况，以及湘西原始先祖的生存繁衍状况。历经数千年演变，经过不断地发展和变化，渐渐定型为如今的模样。总结起来，传统的土家族毛古斯有下列一些符号元素以区别于其他民族的舞蹈（如表1–1）。

表1–1　传统的土家族毛古斯符号元素

服饰	无论辈份高低，他们都身披稻草扎成的草衣，赤着双脚，面部用稻草扎成的帽子遮住，头上用稻草和棕树叶拧成冲天而竖的草辫。
动作	碎步进退，曲膝抖身，左跳右摆，浑身颤动。摇头耸肩，茅草刷刷作响，全是模仿原始先祖粗犷的仪态。
内容	演出自始至终，讲土家语、唱土家歌，形态滑稽，诙谐有趣。以对白为主体，方式灵活多样，观众也可答话插白。
道具	在跳演过程中，要用稻草扎根模拟男性生殖器，夹在两腿中，并称之为“粗鲁棍”，凸显了土家先民对于生殖繁衍的崇拜。
时间	跳毛古斯，规模大者需要六个晚上，以土家族的历史、渔猎、婚姻、劳作等为主体表现形式。
舞者	皆来自当地民众，老少均有，分别扮演“老毛古斯”和“小毛古斯”。中青年也参与其中，而主持仪式的“梯玛”一般由长者扮演。

除了具有鲜明的原始元素，毛古斯作为土家族艺术文化的主体构成，戏剧美学以及仪式感也十分突出。然而，如今将其置于民族区域旅游场景之中，原本所具备的“写意性”“虚拟性”“综合性”被大大削弱。可谓是以实代虚，不追求真实，而是把真实的东西进行提炼，用带有“想象”元素的变形、夸张的手法形成各自一套目的性符号系统，然后调动观众的情绪和感官来破译符号，在这样的过程中去获得带有娱乐成分的浮躁美感。纵观当下湘西土家族区域旅游发展的进程，上述现象无不存在于其之中。在各种实际情况和利益取舍的驱动下，毛古斯中许多原本的风貌被剥离和异化，并在“重塑”的基础上不断“创新”。具体的衍变形态笔者在此将依旧参照表1–1来作出对比（如表1–2）。

表1-2

服饰	将毛草和粽叶的符号元素保留，但在材质的选取上做出了改动以符合展演效果。有些旅游区域在穿着方式上尤其是女舞者则参考了“草裙舞”的服饰形态，头上的草辫也变成花环。
动作	原本模仿原始先祖粗犷仪态的动作经创编成为穿插性动作，而创编性动作则成为主题性动作。
内容	土家语和土家歌几乎不复存在，即使有对白出现也是以汉话的形式，观众的参与感已不多，其最为突出的戏剧呈现模式被削弱。
道具	或许是出于“文明”的考虑，“粗鲁棍”这一符号元素基本上已销声匿迹，取而代之的是对本族先祖或当地英雄等的实体崇拜。
时间	在旅游区域的时间安排上是只要有观众且人数达到一定上限，就会随时上演。
舞者	主体由参演民众转变成经过排演的如机器般待命运转的专业表演者，客体由地方群众转变成或出于猎奇心理前来如等待吃流水席般的游客。

可以看出，在湘西土家族区域旅游场景中，被加工改编之后的“毛古斯”早已经与社区传统中的诸如“毛古斯”此类的艺术样式截然不同了。但是，有关土家族舞蹈的话语，亦或原始、古朴、粗犷、豪迈、放纵、狂野、神秘等符号仍然是现代舞蹈艺术从业者们“重塑”后再创新的基本前提。基于这些理念，如今正以它们各式各样的形态被呈现在来自五湖四海的观众面前，一种全新的湘西土家族舞蹈就这样被重新定义了。再如，位于湘西州龙山县苗儿滩镇的“惹巴拉”景区，是一个历史源远流长，文化积淀丰厚，风景优美秀丽的土家族聚居的古村寨。先后被国家旅游局、发改委、文化部、国家文物局等单位评为中国民间文化艺术之乡——土家织锦之乡，中国历史文化名村（第六批）、中国传统村落等称号，自其被开发修整并对外进行大力宣传之后，最近几年迎来了不计其数的国内外游客，尤其是2015年湖南卫视新春走基层栏目以《直播惹巴拉》为主题精心制作了一系列的报道，播出后得到了各方的称赞和嘉奖，“惹巴拉”也因此被称赞为“最美土家山寨”。至此，从把土家族舞蹈整体置于整体的民族区域旅游场景中来不难看出，除了自身符号的象征意义发生了变异之外，伴随着符号所外延出的部分意义也在随之发生着变迁。此时舞蹈的符号性已不仅仅是有着其对应的象征意义，也成为了民众的生存意义，更成为了不可或缺的要素参与进了社区生活的构成，并对当地的经济发展、文化模式乃至社会稳定都产生了重大意义。

(二)被创新了的传统

民族艺术是文化实力的彰显,更是一个国家的独有标志,随着席卷而来的全球一体化浪潮以及旅游业的蓬勃发展,源自西方的、以“流行音乐”为主体的现代时尚体系正日益削弱着地域的个性和特征,也改变着人们对于传统文化的认知。舞蹈作为湘西土家族的代表性符号,在历史延续之中固化着人们的价值取向和族群认同,它所具有的社会属性和意义在其文化荫庇下得到张扬,成为民间社会记忆的一个重要组成部分。但是在现代社会中,尽管它仍然由某些传统的“元素”组合而成,但当它被政府或者商家作为旅游商机中的符号加以利用的时候,这种被“被发明了的传统”毫无疑问与其原生的象征意义产生了断裂。

一方面,对于旅游的目的地也就是湘西本地人来说,舞蹈作为民族区域和土家族文化的符号,给“湘西之旅”烙上了“特色旅游的烙印”,从而使得土家族的民族认同感在无形中获得增强。从经济利益考虑,在自然资源得以充分利用的前提下,为了更加吸引游客的目光,土家族舞蹈被政府、商人、宣传媒体等有意的贴上了“原始”“神秘”等标签。那么,除了优美奇特的自然风光外,舞蹈作为一种“民族身份”的象征意义成为被强调的另外一部分被动的参与到了旅游发展中。而随着这种民族身份在旅游业中的优惠又促使了湘西当地居民的归属意识逐渐增强,甚至湘西的汉族在这种特定的旅游活动中也逐渐形成对“土家族”的民族认同,以期在民族区域旅游业的发展中分一杯羹。湘西是一个有着土家族、苗族、汉族、侗族等多个少数民族聚居的地区,笔者身边就有很多这样的情况——父母分别是土家族和另外一个民族成分,由于以舞蹈为典型符号的“土家族”意识在旅游过程中的有意强化,在后代填报户口选择民族时通常会选择“土家族”。

另一方面,对于作为“他者”的游客来说,以舞蹈为象征符号的湘西构建了人们对于遥远社会的美好想象。“对当代文化旅游者来说,旅游不仅是一种物质享受,更重要的是满足精神上的需求。许多游客已对过多讲究物质追求的现代生活感到厌倦,因为他们认为现代生活带来了许多虚伪、枯燥及繁重的感觉,于是他们想要通过旅游摆脱世俗的生活,到外面享受一种与现代生活不同的全新的生活,去追求近乎‘返璞归真’的东西”。[1]在这样的背景下,基于湘西州古朴自然、青山绿水如世外桃源般的仙境美景,加上饱含着历史画面与人文情感且还未完全被流行文化所侵染的土家族舞蹈理所应当地成为了湘西民族区域旅游的象征,吸引着常年生活在钢筋水泥里的城

[1] 张晓萍,文化资源旅游开发的人类学透视[J].思想战线.2009 (1) :31.

市人逃离来到这没有浮华与喧嚣的大自然之中。

三、结语及思考

作为少数民族文化内涵的结构体系，象征是表达少数民族文化内涵的最佳方式，同时也是在旅游业发展中最值得关注的一个因素。旅游过程中游客会尽力体验“非我文化”，并通过特殊的符号与结构体系来理解少数民族的文化。少数民族的符号及其结构体系具有多样性，并维系着中华民族的文化和历史的延续。土家族的舞蹈是土家族传统文化精神的象征，集中体现和表达着当地的风土人情。在本文中，笔者在介绍了湘西州民族区域旅游发展概况的基础上，以“毛古斯”作为个案进行解析，力图从人类学的角度去探求土家族舞蹈的象征意义，以及在旅游场景下是如何被重新建构的。随着社会发展的前进步伐，历史悠久的土家族舞蹈正悄然发生着变化。而如今旅游业的兴起如同一只无形的大手将这位安详的“老人”推到了潮流的风口浪尖，或许好奇的游人们只知道看到了它就来到了土家人的家园，或许商家们只知道为了将利益最大化而不惜将它变得面目全非，而只有善良淳朴的土家人知道，它那起转俯仰、抬腿摆手间全都是祖祖辈辈血泪与智慧的凝结。笔者自小生活在湘西，亲历着土家族舞蹈所有过的落寞与辉煌，我诚然不赞同那种追求文化保护而不顾时事政策固步自封的做法，但同时也更加反对只追求经济效益的盲目旅游开发，因为如今的我们“既要金山银山，也要绿水青山”。2013年11月3日，习近平总书记走访湘西州花垣县十八洞村，再一次强调“精准扶贫”的重要性，给予了全州上下莫大的信心和鼓励。尽管面对这样或者那样的问题，但我们现在迫切要做的工作一方面是对现存不多的民族文化艺术加以保护和发展；另一方面对即将失传的民族文化艺术进行发掘与整理，尽可能地向外来游客展现出最真实、最完整、最动人的湘西。让游客陶醉于神奇的自然景观和厚重的人文景观中，而湘西也会在游客们的“点赞”中扬起前行的风帆、展开腾飞的翅膀，争取更大的辉煌。

广西桂林市荔浦县文场音乐活态保护研究

广西师范大学历史文化与旅游学院 李天雪 孙家勤

目前,曲艺类非物质文化遗产的保护——广西文场的保护工作面临着严峻的考验,现有的保护措施多集中在抢救式和展览式等静态保护模式,尤以陈列式博物馆静态保护模式为主,因其忽略了广西文场活态特性,保护效果不甚理想,鉴于此,开展广西文场的活态保护研究刻不容缓。广西文场是民间曲艺、戏曲的代表作,具有雅俗共赏的表现特征与丰富多彩的艺术内容形式,是"民族艺术宝库中的明珠",先后于2006年和2008年获批为广西区级非物质文化遗产名录、第二批国家级非物质文化遗产代表性名录曲艺项,贺绿汀更评价其为"广西文场是桂林市最珍贵的特产"。

一、广西文场活态保护的概念和意义

非物质文化遗产的活态是指其从产生之初就一直处于发展变化中,从而使非物质文化遗产项目在不同的历史时代和不同情境下呈现出不同形态的特性。广西文场"活态保护"即尊重和遵循文场活态性进行"以人为本"的"发展中和变化中"的保护,是对动静文化元素进行整合,并借助原群落力量对文场进行复原、创新与传播,进而延长其生命周期的保护。广西文场虽然只有短短200多年的发展历史,但是其已成为广西地方曲艺不可或缺的一部分,对其进行活态保护不仅具有历史价值意义,更是实现其现实价值的重要途径。首先,有助于国家文化多样性建设,助推曲艺国际交流。曲艺是我国的传统艺术表现形式,2010年在法国巴黎首次开展的"中国曲艺节",现已先后举办了三届,引起较大反响。随后地方曲艺协会也逐步在国外进行展演,但是关注度不高。广西文场活态保护遵循活态特性展开持续性地保护,是静态保护的延伸与拓展,有助于广西文场历史文化价值的复原与长期发展。不仅在地方曲艺的基础上丰富了国家文化多样性,而且为地方曲艺日后走出国门打下坚实的基础。其次,利于打造广西民族文化强区,辅助建设中越边境非物质文化遗产保护示范带。广西现有的28项国家级非物质文化遗产代表性项目，分布广泛且民族特色鲜明，汉族广西文场便是其中之一。活态保护注重对广西文场进行创新发展，假手于人们易于接受的新形式对文场进行传播与普及，同时融入广西和谐兼容的文化氛围，不仅为今后开展民族优秀传统文化纳入国民教育打下基础，而且为日后中越边境非物质文化遗产保护示范带的建设提供有利依据。最后，更利于夯实桂林历史文化底蕴，共建国际旅游胜地。桂林现有5项国家级非物质文化遗产代表性项目，活态保护在延长广西文场的生命周期的同时，也为桂林市非物质文化遗产展示树立模板，为非遗数据库的完善奠定了基础，更助于桂林特色文化标识的确立。除此之外，进行活态保护还具有显著的现实意义，其一是加速桂林市社会经济的发展脚步，其二更是在听觉上丰富了桂林特色化旅游产品，进一步为桂林国际旅游胜地建设服务。因此，对广西文场进行活态保护是势在必行的，2013年12月13日，广西首个“中国曲艺之乡”落户荔浦，该县曲艺排名跻身中国西部地区前五，荔浦曲艺工作建设尤以广西文场活态保护最为突出，具有典范之效。

二、荔浦县广西文场活态保护的途径与成效

荔浦县具有2000多年历史，文物古迹众多，是桂林旅游圈的旅游胜地，是享誉全国的南方食品城、中国荔浦芋之乡、中国马蹄之乡、中国兰花之乡、全国茭白标准化生产基地县，更是“中国衣架之都”。不仅如此，荔浦在2010年被评为“广西文场之乡”，2012年被评为“中国民间文化艺术之乡”，2013年被评为“中国曲艺之乡”，2015年被认定为自治区非物质文化遗产代表性项目（荔浦文场）传承基地，以上关于文场的殊荣均受益于荔浦广西文场的活态保护工作。

（一）荔浦广西文场活态保护的途径

荔浦县为营造出发展文场的浓郁氛围，持续坚持“以人为本”的活态保护模式，即围绕传承人、政府、民间企业和教学团队4个层面开展保护措施。第一层，传承人坚持不懈地普及。荔浦县有据可考六辈传人的传承谱系有金紫臣、蓝容仙、王仁和、刘玉瑛、何红玉、陈秀芬、李伟群等的师承体系。其中以何红玉老师为代表的荔浦籍文场传承人坚持不懈地奋斗在文场的传播与保护工作中。何红玉老师40多年来一直活跃在抢救文场等民族民间文化遗产工作的第一线，仅家传弟子、嫡传弟子以及众弟子就有25名，2015年更是在桂林师范高等专科学校执教并带了6名学生，另外还带有水上

琵琶文场艺术团，与此同时整理出版了文场的7部著作。除此之外，荔浦修仁镇70多岁老戏骨练业忠等为更好地传承文场则自筹资金广收门徒，2014年已有8~13岁的18位小学员参加培训，爱好者人数更是达到50多名，年龄从8岁到80岁不等，涉及社会各界。第二层，政府机构大力扶持。荔浦县政府扶持文场发展主要体现在两方面：资金扶持与政策保障。资金扶持主要体现在：对荔浦文场社及修人文场联社进行重点扶持、设立专门指导与特色培训班制度、为排练演出提供所需灯光音响乐器等物资支援和活动经费划拨等。如2012年县财政拨款3万元用于文场培训费、历时3年多共投入1843万元打造乡村舞台，最终综合文化站实现全县覆盖，并且设备配置齐全，为文场等排练提供了场所。政策保障则是建立以县、乡镇、村为核心的3级高效运转、分工合作的管理机制、建立健全当地有关文场保护的法律法规体系、确定各级文场传承人以及文场社团在民政部门的登记备案，如设立"文场之村"等11个文艺示范村。第三层，荔浦民间企业的积极出资助力。近些年来，企业也加大对特色文化的资金赞助，当地企业每年都有捐款数十万元用来举办曲艺演出或比赛，并给予优秀演员精神及物质方面的奖励。其中规模较大的"荔江之夏"广场文化展演始于1997年，仅中国移动广西荔浦分公司便从2006年伊始多次协办"荔江之夏"；2012年，广西荔浦福宏房地产开发有限公司协办"君临荔江"杯文艺演出；2014年，荔浦县百利新村建设发展有限公司协办"一江名城·荔江之夏"文艺活动和"半岛豪庭杯"曲艺大赛；桂林广恒工艺品有限公司则是长期支持文场等曲艺的发展。民间企业的参与建立起了与文场之间的人文联系，以文化搭台，达到了"促发展"与"做宣传"的共赢。最后，教学团队的双管齐下。对荔浦"广西文场"进行活态保护的教学团队主要包含文场校园教学与各高校研究团队，前者着眼培养文场艺人，后者注重广西文场今后的发展理论研究。荔浦县一方面重视曲艺艺术对青少年的熏陶，将广西文场等曲艺编成音乐教材投入使用，如将荔浦县东昌镇中心小学乡村学校少年宫确立为"荔浦县青少年文广西场传承基地"，修仁镇老县小学将文场设计为教学特色，学校培养出来的文场小苗子们在曲艺比赛中时常斩获大奖。另一方面通过召开广西文场展演暨广西文场保护发展论坛招贤纳士，先是30多名教授出席论坛，此后广西区内3所大学师生共10余支研究团队纷纷进驻到广西文场的研究领域，随着高校研究团队地介入，一批荔浦文场的相关研究成果已经相继面世。

（二）荔浦广西文场活态保护的成效

荔浦文场之乡建设经过理论探索与实践验证，逐渐形成思想建设与发展途径并存的特色优势，并具备制度保障、政府引导、群众支持相结合的长效机制，成为广西文场活态保护的典范，具体成效见表1-3。

表1-3　荔浦“广西文场”活态保护成效表

类别	数量	备注	类别	数量	备注
荔浦籍传承人	1人	国家级	文场曲艺社	7个	全县
民间艺术队伍	29队	685人	曲艺赛事或展演	1次/年	区级以上
文场培训班	4期/年	每年	文场创作班或研讨会	1次/年	至少每年1次
文场文化活动	2场	每年	校园巡演	1次/年	每年
文艺示范村	11个	全县	农村文艺队	326支	全县

首先，荔浦文场形成厚重的发展氛围。荔浦13个乡镇各个阶层都有数量众多的文场爱好者及传唱者，上至80岁高龄爱好者，下至少年宫小苗子。荔浦县共有文艺示范村11个、文场曲艺社7个、艺术队伍29队、农村文艺队326支。荔浦人终身热爱文场，金紫臣的“关门”弟子蓝容仙虽已80高龄，仍活跃在文场领域。此外，即便在商品经济大潮冲击的今天，每逢圩日在荔浦公园内仍然还有人买文场唱腔油印本，足可见广西文场在荔浦各阶层的受欢迎程度。其次，荔浦文场屡获曲艺和研究双丰收。荔浦文场从发展之初至今取得了令人瞩目的成效，近些年更是屡次获得“文华奖”“牡丹奖”以及曲坛全国性大奖，在曲艺界更是享有盛誉。据不完全统计，2010—2015年荔浦县选送的文场曲目参加市、区和全国比赛中屡获嘉奖，具体获奖情况见表1-4。

表1-4　2010—2014年期间荔浦文场获奖统计表

时间	比赛名称	参赛曲目	获奖情况
2010年	桂林市第31届“漓江之声”	《紫臣辞官》	一等奖
		《天上人间福共享》	二等奖
		《荔水飘香荔水长》	二等奖
2011年	桂林市第32届“漓江之声”	《山村种兰人》	一等奖
		《兰花情》	二等奖
2012年	广西第十六届“八桂群星奖”	《文、兰、汇》	金奖

续表

时间	比赛名称	参赛曲目	获奖情况
2013年	全国第二届“岳池杯·中国曲艺之乡”曲艺大赛	《文、兰、汇》	银奖
	全区首届曲艺大赛	《婆媳赏月》	金奖
		《文塔情思》	铜奖
2014年	全国“中国曲艺之乡创建二十周年系列活动”	《桂花飘香》	优秀展演奖

荔浦文场研究始于1935年1月金紫臣、莫磷编的《新式琴弦曲谱》，这是文场剧(曲)本及唱腔曲牌的第一部专著。另外，专著研究成果较为显著的还有国家级非物质文化文场传承人何红玉老师，先后出版的广西文场(独著、合著)《曲韵》系类与《广西文场》等7本专著，对文场理论研究与实践探索作出了重要贡献。除此之外，关于荔浦文场其他研究成果还有2010年第二届文场研讨会的论文集，其中公开发表的文献资料粗略统计便有134份，并呈现逐年增加的态势。最后，荔浦文场形成完整的传承体系。荔浦“广西文场”在活态保护作用下形成了8~80岁都适用的集学校学历教育、短期专业培训与成立传承基地于一体的文场传承体系，其文场队伍也逐渐形成合理的梯队结构。第一步，安排文场的艺人和传承人进入校园教学演出，将文场设计为校园的特色课程，狠抓文场小苗苗的培养。第二步，设计培训班，涵盖乡镇文艺骨干、城镇业余爱好者、学校音乐老师以及老年大学等，以此提高文场艺人的技能。第三步，举办规模不一的曲艺比赛，激励文场传承人与文场艺人的创作热情。有教有赛的教育体系，激励着当地越来越多的文场艺人与群众投入文场传承队列中。荔浦文场浓郁的发展氛围，得益于荔浦文场的活态保护模式，该模式将文场的文化融入社会，使文场文化资源在利用中发展，在发展中传承，逐渐实现文化与社会价值。

三、荔浦“广西文场”活态保护的经验与启示

基于荔浦“广西文场”活态保护的成功经验，提出广西文场“四位一体”复合型保护模式。所谓“四位一体”即融国家抢救性、公民社会参与和市场保护伞模式于一体的活态保护模式，“四位”所指为商、学、官和传承人，“一体”指民间观众主体。“四位一体”结合文化产业的横向整合与纵向整合的理论构建适合“广西文场”的活态保护模式，如图1-1所示。

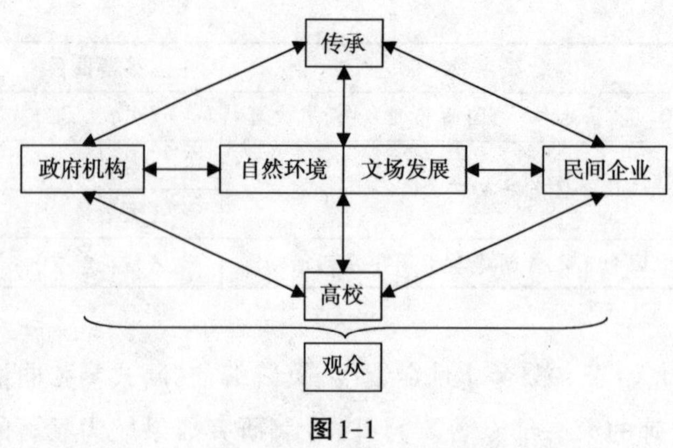

图1-1

(一)活态横向整合构建——政府机构与民间企业

活态横向整合构建是指政府机构与民间企业,通过协同合作,在整合广西文场盛行的各个区域基础上实现文场文化资源的保护管理,与民间企业共同进行生产性保护。横向整合构建旨在激活广西文场的自我造血功能,为其今后的发展提供源源不断的保障。政府机构是广西文场"永葆活力"的政策保障。文化的发展离不开其所处地理环境的支撑和政府的政策保障。广西文场活态保护的政府政策保障体现在3方面:一是建立健全保护制度,建立保护的制度化长效机制,充分利用制度和政策优势长期为广西文场长期提供发展空间;二是加强政府依法行政管理职能,注重在自然环境中的空间元素与人文环境两方面的建设,为广西文场的可续持发展营造良好的氛围;三是建立长效演出机制,以演出促竞争,为广西文场的发展提供舞台,激励艺人们在技能上精益求精。民间企业是广西文场"横向壮大"的资金助手。民间企业在广西文场活态保护的横向壮大中起到资金助手的作用主要表现在两方面:其一,在政府资金扶持的范围外,给予广西文场更多的发展保障资金。将曲艺与企业结合,为广西文场自我造血创造新方式,利于曲艺搭建群众基础。其二,民间企业中的文场爱好者,借政府搭建平台并受传承人艺术魅力影响接触,与传承人共同就文场的剧目和音乐进行收集与整理,并且能将其整理成册。民间企业参与到文场的活态保护中不仅是投入资金,同时还塑造民间企业家对文场的忠诚度,这为广西文场的长期发展提供了经济保障。

(二)活态纵向整合构建——传承人与高校研究团队

活态纵向整合是对文场文化资源进行时间发展上的整合,进而实现文化资源的深

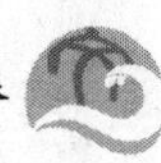

度开发，不仅注重文场过去的活态性也着眼当下的活态性，使节点和文场的效用都得到提升，实现广西文场的可持续发展。传承人是广西文场“承前启后”的领头人。传承人是文场非物质文化遗产传承与保护的核心者，他们熟练掌握文场演唱技巧以及乐器相关的能力，对文场的发展报以较强的责任感和历史使命感，是文场集体记忆中的精神领袖。具体而言：一是传承人在文场演艺圈内具有一定的魅力，对周围文场爱好者具有号召力；二是文场传承人深谙文场的来龙去脉，其在文场理论研究方面具有无可取代的重要性；三是传承人对于文场的未来发展有着较为合理的认知。因此，传承人在文场生态保护中发挥着“承前启后”作用，在时间轴上前后延伸广西文场发展的时间点。在20世纪30年代，以王仁和、刘玉瑛、满谦子为代表的广西文场第一代传承人不断地创作和演唱新的文场作品，如《达瓦除豹》《快把姑娘接进庄》《毛主席像太阳》等文场唱段在群众中广为流传，并作为音乐教材首次将文场音乐引入大学音乐课堂；以广西文场表演艺术家和专业研究者何红玉、苏兆斌先生为第二代文场传承人，将自己的一生献给了文场的表演与研究。经何红玉老师演唱的文场名段《骂玉郎》被中国艺术研究院作为关于广西文场音乐的唯一国家级音像资料收录。苏兆斌先生创作的文场歌《仙境怎比我桂林》被收录在小学六年制义务教育音乐教材中，并发行20余万册，还有以文场音乐为背景而写成的广为流传的声乐作品《那年小平来桂林》《漓江烟雨》《奇山秀水美桂林》等经典佳作。这些作品经过30多年的传唱，变成了多种形式的桂林本土音乐元素的演绎方式，感染着成千上万的桂林人。他们还踏遍广西40多个地区，收录220多首文场曲调，60多首文场经典唱段，有计划地考察、搜集、整理、研究，分别撰写了关于文场系列的专著6部，即《戏韵》《词韵》《曲韵》《心韵》《音韵》以及广西国家级非物质文化遗产系列丛书《广西文场》，为后人研究广西文场奠定了坚实的理论基础；以桂林本土作曲家苏俊敏先生（何红玉老师之子）为第三代文场传承人，他为了寻求广西文场生存、发展、求新的解决途径，将文场音乐与现代音乐元素紧密结合创作的《漓江边上文场情》《阳朔好》《文场万古永流芳》等40余首作品以其朗朗上口的曲风在桂林地区广为流传。由他自编自导的文场音乐小品《小龙娃网话》将文场音乐巧妙的运用到小品的唱腔与对白当中，使得网络世界的孩子们的生活表现的活灵活现，是一部充满了时代感且富教育意义的作品，得到观众们认可和喜爱。对于广西文场来讲它能够传承发展到今天，还是那样璀璨发光，是因为它的创作思路是与时代感接轨，与人民群众的欣赏口味吻合，因此它的美学价值、音乐价值和社会价值都一直在发挥着不可估量的作用。

高校研究团队是广西文场“可持续发展”的理论基础。高校研究团队的进入为广西文场“可持续”提供了理论支撑，不同空间分布的高校研究领域各有所长，利于从整体与宏观层面上把握广西文场的发展动态。不同专业类型团队的介入便于文场衍生层面的深入挖掘，如与音乐相关的专业能创新文场音乐与剧本，文化产业类专业可以研究文场市场化等。高校研究团队不仅挖掘了广西文场的历史价值与现实价值，也探讨了其今后的衍生价值，鉴于此，便能为广西文场的长期发展提供切实可靠的理论基础依据。

（三）观众主体是广西文场生态保护的发展源动力

非物质文化遗产的传播依循“以人为本”的原则，人民群众是文化遗产的主人和源头活水，文化遗产保护只有做到发展依靠人民和发展成果与人民共享等，才能保持其蓬勃的生机和旺盛的活力。广西文场来源于民间艺术，民间观众是其发展的根基，也是作为广西文场消费市场的主体，它决定着文场生产和再生产的方向，同时也影响着广西文场活态保护中的“自我造血”能力。文场生态保护的构建过程中，观众市场起着基础作用，是文场活态保护发展的源动力。因此，文场的发展离不开观众市场这一源头。

工匠精神与芜湖铁画艺术的发展

安徽师范大学新闻与传播学院 秦宗财

芜湖铁画是我国手工艺品的杰出代表，展现中华名族千锤百炼、刚正不阿的精神内涵。芜湖铁画发展至今离不开一代代铁画工匠追求卓越的理念，离不开对产品品质的坚守，这是芜湖铁画发展中核心竞争力所在，也是当代铁画工匠和铁画企业亟需弘扬之处。学界关于芜湖铁画的研究主要集中在铁画历史、铁画工匠、工艺特色等方面，部分成果涉及铁画设计创新（薛梅，2012）、产业转型（张国斌，2008）、产业开发（丁梦云，2014）、文化与市场结合（黄凯等，2009）等铁画传承与发展问题。本文从工匠精神入手，探讨芜湖铁画工艺传承及提升软实力的根本问题。

一、芜湖铁画艺术特色与工匠代表

铁画亦称铁花，是安徽芜湖地区特产，为中国颇具民族风格的工艺品之一。芜湖濒临长江，交通便利，自古以来冶铁业十分发达，有“铁到芜湖自成钢”之说。发达的冶铁业和高超的锻技，为芜湖铁画的创造提供了先天的基础和条件。清康熙年间，芜湖铁工汤天池于芜湖画家萧尺木的指点下，以创造性的思维创造了铁画艺术，至今已有340多年历史。芜湖铁画与传统手工技艺相比，最大的特点是以锤代笔，以铁为墨，以砧为砚来锻制成画的。在实际生产过程中，以低炭钢为原料，艺人们依据画稿，取铁入炉，经过锻打、修钻、焊接、校正、整形、退火、烘漆等工序，将铁片和铁线锻打焊接而成。融民间剪纸工艺、金银镶嵌、雕刻等艺术为一体，特别是对传统中国画章法的运用，黑白相间，虚实相生，刚柔相济，别有一番情趣，堪称“铁打出的丹青妙画”。2005年被确定为国家级非物质文化遗产。其艺术特点主要有以下三个方面。

一是“铁为肌骨画为魂”，铁画脱胎于国画。铁画艺术作品从构图和层次上都是以中国画为图稿，进行进一步的创作，其章法布局与国画并无差别，我国传统绘画中姑孰画派和新安画派的艺术风格和特点一直是铁画艺人所遵循的原则。南朝谢赫所作的《古画品录》中,明确提出了中国画创作的“六法”,即气韵生动、骨法用笔、应物象形、随类赋彩、经营位置和传移模写,这6种方法不仅在中国传统国画中加以运用,也一直是铁画艺人追求的目标。与国画相比,铁画作品与国画有会心之处,但与国画相比,又别具风格。铁画山水小景作品中,大多疏林远树,旷远幽深,给人烟云晦明的感觉;铁画人物作品中注重形神兼备的特点;铁画花鸟作品又有赏心悦目、富丽堂皇之感。例如,现收藏于北京故宫博物院的汤鹏代表作品《四季花鸟》,该作品构图丰富饱满,牡丹与菊花的花朵采用的是多层焊接技术,花冠的形式采用半圆立体,整幅作品绚烂多姿。总之,国画形象生动、情感丰富、构图合理、虚实结合、黑白分明、形神兼备的特点,在铁画作品中皆得到体现。因此,韦谦恒评价铁画“直教六法归洪炉”,这种评价是非常恰当的。

二是锻造技巧与画理相通,绘画手法与工艺方法融合。铁画是根据画稿分步骤的锻造而成,将黑铁变为工艺品,是一个艺术家重新创作的过程。因此,炉锤艺术显得十分重要。铁画匠人根据作品的需要,把铁入炉,通过红锻和冷敲,锤打出作品需要块或线,最后通过焊接工艺制作成铁画。炉锤,依据钢铁本身具有的柔韧性和延展性的特点,锤打出具有质感的线条,通过焊接工艺使作品明暗对比强烈、凹凸有致、纹路清晰,画面参差错落、舒展卷曲、龙飞凤舞,工艺特色明显。正如诗人韦谦恒说的“百炼化为绕指柔”,艺人们通过炉锤,随画赋形,锤下生辉。经过捶打制成的铁画,画面元素疏密有致,线条粗细适度,景物虚实相生,整幅作品给人端庄凝重,苍劲古朴,秀逸生动的视觉感受。例如,现收藏于安徽省博物馆的汤鹏的《竹石图》,采用的就是国画传统章法和构图,通过炉锤敲锻,使竹子的枝叶潇洒,石头层次分明。汤鹏充分使用钢的延展性特点,显示了铁画匠人高超的艺术手法,通幅作品看不到焊接和锻打的痕迹,可谓天衣无缝、精彩绝伦。汤鹏在康熙26年(1687年)的草书对联:“晴窗流竹露,夜雨长兰芽”,这幅铁字书法,笔法纵横,行云流水,从开始到结束只有一个单一的铁线,根据草书的艺术特点实现转折和弯曲,一气呵成,充分显示了刚柔并济的艺术效果,同时也开创了铁字艺术的先河,体现了屈铁盘丝的高超的炉锤技巧。

三是黑白相间、层次分明,画面立体感强。清代诗人马赓良所作《汤鹏铁画歌》,其中有句“铁汁淋漓泼墨水,硬画盘空不着纸”,就十分明确地说出了铁画的一大特色,即“盘空不着纸”,也就是我们所说的层次感对比强烈,视觉艺术上具有立体感。对于芜湖铁画的创作原则,在远景上采用疏细线条,近物采用粗犷布局,锻成后都是采用镶嵌在白色丝绢或白漆底板上,然后进行装裱,这样的铁画作品画面景物均呈“镂空”状态。比如铁画中的松枝、竹叶、山水、花鸟等景物在视觉上均略向画面前突

出，有漂浮在画面上的感觉。总之，铁画画面黑白相间，层次分明，山水小景有远近之趣，亭台楼阁得深邃之感，人物形态具传神之态，花鸟鱼虫显栩栩之姿，画面立体感极强，这是铁画艺术独具的艺术特色和韵味。

芜湖铁画艺术发展至今，工匠艺人贡献居功至伟，其中突出者如汤鹏、梁应达、了尘和尚、储氏父女等。从现有资料来看，铁画艺术公认的创始人为铁匠艺人汤天池。汤鹏，字天池，江苏省溧水县明觉乡人。幼年为避兵随父逃荒流落到冶铁之乡芜湖。根据清朝乾隆年间的进士黄钺所作的《汤鹏铁画歌》中记载，说汤鹏通过努力，学到铁匠手艺后，就租赁了黄钺曾祖父的临街门面，开了一个打铁作坊。其铁匠铺“与萧尺木为邻，尝辍业观萧作画”，汤鹏几乎“日窥其泼墨势”（韦谦恒《铁画歌》序），对萧云从的绘技得之于心，形之于画，“治之使薄，且缕析之，以意屈伸”，溶汇笔墨艺事于炉锤焊接之中，“为山水，为竹石，为败荷，为衰柳，为蜩螗，郭索点辍位置，一如丹青家，而无皲积皴昔皮之迹”，一举创造了“前代未有”的铁画。汤鹏创造这个以锤当笔以砧为砚，赋予顽铁以生命力的铁画后，在社会上引起很大反响，“四方多购之，以为斋壁雅玩”，而且“名噪公卿间”。铁画独特的艺术特点瞬间受到了上层知识分子的追捧，铁画创始人汤鹏和铁画作品得到了社会的高度称赞。称汤鹏“炉锤之巧，前代所未有”“兰竹草虫，无不入妙”，锻制铁画“匠心独出”，是“铁冶施神工”。《清朝艺苑》“汤鹏铁画”一文说：汤鹏“锻铁作草虫花竹及山水屏幅，精妙不减名家图画”“铿铮屈曲，遂成绝艺”。该书“铁画之异闻”一文又说汤鹏“随物赋形，无不如意”。黄钺《壹斋集》“卓观斋胜录”一文中说汤鹏铁画“鬼斧神工，叹为观止”。可见，芜湖铁画的产生，其根本原因首先是锻铁生产力的提高，其次便是工匠对于精益求精、追求卓越的精神文化价值观的坚守。在汤天池之后，出现了一位对铁画艺术发展发挥重要作用的人，他就是梁在邦。据《建德县志》记载“梁应达，字在邦，性聪颖多才，能善诗画，艰于进取，乃弃旧业。居与铁工邻，因寄技于铁以自娱，凡画工之所不能传者，皆能以铁传之。年八十卒，技遂失传”。梁在邦的出现对铁画的发展的贡献是突出的，他将芜湖铁画艺术向前推进了很大一步，使其走向技艺的成熟。在嘉庆年间，具有绘画才能的了尘和尚的出现对铁画技艺的传承起了很大的作用。汤天池去世后，了尘和尚在自己的寺庙专门请了几个铁匠艺人来锻打自己绘制的画稿，因为了尘和尚在与汤天池的交往中，仔细观看过锻打过程，所以此时他便充当了“艺术顾问”的角色。其中，有沈德金父子在锻造技艺获得了广泛赞誉，并在不断的摸索和总结中掌握了一套更加成熟的技艺，他们的店铺就叫芜湖沈义兴铁匠铺子。在沈家父子之后出现了一位承上启下的关键铁画传承人储炎庆。早年，储炎庆在沈家铁铺学艺，凭借自身的天赋和刻苦钻研的精神，逐渐掌握了铁画锻造技艺的要领。1956年芜湖市成立芜湖工艺美术厂，由储炎庆的带领弟子（这些弟子后来大部分成为铁画杰出工匠，如储春旺、杨光辉、张良华、张德才、颜昌贵、吴智祥）发展铁画工艺。储炎庆师徒为了将国画和铁画技艺更加有效的融合，邀请了安徽师范大学艺术系著名画家王石岑和宋肖虎两位画家担任艺术指导，这让铁画作品更具有艺术性。储炎庆之女储金霞是芜湖铁画第五代正宗传人。自幼受其父的熏陶，刻苦学习铁画技艺，打破了铁画传男不传女的习俗。她不仅继承了父亲的精湛技艺，并将储氏铁画发扬光大，她对淬火和锻造折叠技术的创新使用，极大地丰富了铁画创作手法。出于对芜湖铁画的高度热爱和对铁画艺术传承保护的高度责任感，她先后筹资成立了铁画研究所、储氏铁画工艺厂、储氏铁画工艺品销售中心，亲自教授和宣传铁画艺术，为扩大芜湖铁画的影响不断的努力。并通过自己的摸索，率先开发了许多铁画新品种，让芜湖铁画的发展更加多样化。

二、芜湖铁画工匠精神的表现

芜湖铁画艺术特点是在一代一代铁画工匠的不断探索和总结中逐渐完善和成熟的。通过芜湖铁画锻造技艺的实践和铁画工艺品的呈现，充分展现了铁画工匠独特的精神内涵，主要表现在以下方面。

第一，核心在于对手工艺术的信仰与执着追求。清代前期，汤天池以一个铁匠的身份，运用锻铁的技艺，结合中国绘画的基本原理，创作出了前所未有的铁画艺术，一时名噪公卿，这是铁画发展历史上的第一个高峰；新中国成立之后，储炎庆大师身负重任，存亡继绝，恢复铁画生产，创造出以“迎客松”题材为代表的一批铁画，又培养了以八大弟子为代表的一批人才，是铁画发展史上的的第二个高峰；改革开放以来，芜湖铁画被国务院列为首批非物质文化遗产名录，杨光辉、张家康、储金霞等人先后被授予“工艺美术大师”的称号，储金霞还对铁画锻造技艺不断进行了改进和创新，创制出体现国画墨分五色的新型铁画，这是铁画发展史的第三个高峰。每个高峰都取得了推陈出新的重大成就。若没有艺术家潜心创作乃至跨界融合，芜湖铁画艺术便失去了生命的活力。

第二，面临困境，积极寻求艺术创新。创新是铁画艺术产生和发展的生命源泉。失去一代一代铁画匠人的不断创新，就没有铁画艺术的完善和发展，铁画艺术生命就会最终消亡。历史发展经验证明，铁画艺术是在不断探索创新中才能永葆艺术生命力。铁画产生之初的冶铁作画，制作流程没有统一，工艺较简单，那时候不上底、不装框，画面也以平面居多，甚至烘漆方法也不成熟，只能对其做到简单的防锈处理。但是，经过几代铁画

匠人的不懈努力和完善，现在的铁画制作工艺不管是从流程上还是方法上来说，都渐趋规范、完整，并且形成了一套科学的工艺流程。目前，对于铁画工艺流程可以归纳为选料、锻打(冷锻和红锻)、接火(红接、嵌接和铆合)、整形、淬火、烘漆、上底、装框等环节。铁画创作的题材，原先是以花鸟鱼虫居多，逐渐拓展到山水人物，题材不断的得到丰富和发展；铁画的形制，也从以平面为主，发展到了半立体及至全立体的形态，更加契合了现代人的审美需求；铁画的色调，由原先的墨黑，逐渐产生了银色、铜色、金色、彩色的构件；铁画的原料由以铁为主逐渐发展到金画、银画和铜画；铁画的装框由木框发展到瓷盘等。芜湖铁画艺术的发展变化正是通过铁画匠人的不断辛勤努力探索的结果，不仅显现了铁画活跃的艺术魅力，也将铁画匠人的精神和文化融入进铁画作品中，使其生生不息的得以传承。

第三，艺术家的相互尊重和包容，不同艺术间的学习和融合，是铁画产生和发展的坚实基础。萧云从绘画的艺术特点是新安画派的典型代表，正是新安画派的艺术风格、情趣赋予了铁画独特的神韵和风格，而铁画又以铁的特质随物赋形，又得益于汤天池的锻铁技艺，使铁画的线条轮廓吸收了剪纸、雕塑、雕刻等艺术特点，二者化而为一，融合包容，形成“铁为肌骨画为魂”的艺术奇葩。芜湖铁画艺术的产生，是艺术的相互学习和融合，是艺术家的包容和尊重的最完美体现。试看储炎庆大师与王石岑等画家共同创作“迎客松”的过程中，储金霞等人与画家耿明的合作等，而产生新的艺术成果，也是因为不同艺术相互融合、艺术家相互包容的最好例证。

第四，注重艺术人才的培养是铁画艺术实现传承与不断创新的关键条件。铁画的创作需要一定的物质基础条件，炉灶和工具的使用，需要一定空间的场地，因此，铁画艺术的普及受到了一定条件上的限制。在传承上，铁画锻造技艺总是一脉单传，这就经常发生人在艺存、人亡艺绝的困境。所以，铁画人才的培养和储备，对于铁画的传承和发展意义重大。从铁画发展史的正反两个方面来看，传承人的问题教训深刻。据史料记载，当年汤天池“殁后，其法不传，或有仿之者，工拙悬殊矣”。储炎庆大师培养了八大弟子为代表的一批人才，其中几位成为当代工艺美术大师，他们创作出不少独特超群的精品力作，使铁画得到发展。储炎庆、储金霞父女薪火相传，更是成为艺坛佳话。人才，是传承各项事业的首要条件。对于铁画如此，对于其他各项事业也同样如此。

三、弘扬工匠精神，促进芜湖铁画软实力提升

当前芜湖铁画的发展面临着产品创新少，从业人员日减，品牌价值下滑等问题，

铁画行业面临生存危机。

(一)培育工匠从业信仰,塑造企业核心文化

在工匠精神保护和发展较好的国家日本,有一个普遍现象,在一家企业里工作的工人都有几十年的工龄,在他们的潜意识里,他们并不觉得工作是在为企业打工挣钱,而是对工作本身的热爱,是自己的一种职业追求。日本企业管理有一个秘诀:把一种热爱职业的精神代代相传。这样的心态和精神在中国企业中是很难见到的。以储氏铁画为例,储氏铁画的代表人物、国家级铁画大师储金霞老师就谈了自己的深刻感受,她在培养铁画人才的时候,自己曾经贴钱找学员来学习,学员的吃喝住及资金都由她来负责提供,尽管这样,仍然出现了一系列的问题:一是有些学员虽然有一定基础,但是坐不住,耐不住寂寞,在学习了一段时间铁画后,感觉枯燥无味,从本质上来说,对铁画缺乏兴趣,仅仅将之作为一种谋生的手段;二是有些学员很有天分,也能坐得住,但是在学习了6~7年后,为了追求更大的利润,要么自己开公司,要么就被其他企业挖走,人才流失比较严重;三是市场经济环境下,一些从业人员追求短平快的经济效益,置品质于一边,急于求成,甚至不惜粗制滥造。储金霞所说的这些现象,其实本质上归于一点,即当代铁画从业人员缺乏职业信仰。

重塑“工匠精神”,培育工匠从业信仰,是促进芜湖铁画发展转变的根本。不仅仅是把铁画生产当作获取经济利益的手段,更应该树立一种对铁画艺术的执着追求,对铁画产品精雕细琢、精益求精。在铁画企业中,应当将工匠精神在员工之间形成了一种文化与思想上的共同价值观,并由此激发出员工从业并自发追求卓越的内生动力。芜湖铁画企业的生产和发展不过是近30年的事情,但是在生产和销售过程中,更多的是忽略了产品质量,盲目地竞争,大打价格战,通过压低产品质量的方式获取微小的利润。不少铁画企业追求品质、诚信经营还只是停留在喊口号上,并没有固化为行为规范,也远远没有养成职业习惯。尤其是一些假冒伪劣的铁画产品严重损害了铁画的形象。因此,铁画企业应当重视发挥工匠精神在企业生产中的巨大作用,从物质、精神和制度上重新塑造芜湖铁画企业文化,建立起坚守品质、追求卓越的企业精神与管理理念等,形成了员工共同的价值观,从根本上促进企业长远的发展。

(二)坚守品质至上,打造铁画特色品牌

作为安徽省第一批“国家级非物质文化遗产”申报的代表,芜湖铁画在产生之初就具有较高的知名度和美誉度。新中国成立后,芜湖铁画深得党和国家领导人的赞

许和关爱,芜湖本土铁画企业要充分发掘芜湖铁画特有的文化内涵和文化品格,把握目标受众的审美需求,充分传递自身的产品与品牌文化的关联性,建立具有较高知名度的本土品牌。首先,芜湖铁画作为一项工艺美术品,其中包含的人文精神和艺术风格,注定了铁画艺术是一项极具市场价值的艺术品。根据现代艺术品市场的投资倾向和需求,注重对铁画艺术品的开发力度,生产适合艺术品投资需求和珍品,提升产品核心竞争力。其次,在核心产品生产的上游,铁画企业要加强与专业协会、学术机构和市场的互动沟通,在产品的设计和创意、原材料的生产和加工、包装服务等方面要有所突破。第三,在核心产品的下游,要充分利用其他产业发展的优势展现铁画艺术的魅力,主要以影视、出版、动漫等形式开展铁文化创意作品的创作、生产;以铁文化展馆为核心构建休闲文化娱乐活动中心和铁画创作生产体验中心;以旅游服务为核心打造铁文化生态旅游线路;以铁文化为创意视角,提供广告制作、艺术设计等服务;以网络营销为核心构建铁画网络营销服务平台。另外,还需要从芜湖本土铁画企业和铁画市场的实际情况出发,充分利用现有的资源和优势,建立"铁画博物馆",展示芜湖铁画产生的源头和发展历史,进一步的保护和弘扬铁画艺术,积极参加国际性的工艺品展览会,全方位、立体式的展现铁画艺术的魅力,在国际上和国内工艺品领域扩大品牌影响力。

(三)加强人才培养,促进铁画技艺传承

传承和创新是工匠精神中的重要内容。芜湖铁画面临的从业人员减少的状况是影响铁画发展的一个重要原因,特别是年轻人的培养显得尤为重要。提高现有从业人员的知识储备和文化素养,使其掌握艺术创作的基本理论知识,引入高素质的铁画从业人才,为铁画创作向高精尖方向发展奠定基础。不断提高铁画艺术大师的地位和身价,利用名人效应不断将铁画企业和品牌推向高端市场。芜湖铁画企业要加强与高校、科研机构的合作,在高校开设专门课程教授基本的铁画理论知识和创作技艺,引导他们利用新材料、新技艺进行铁画生产创作。引进高素质、高水平的艺术人才,利用科学的调查研究方法和科学合理的发展规划,及时掌握市场动态,对行业从业人员进行再培训,利用人才来发展自己。当然,除上述不断强化自身软实力外,芜湖铁画的发展还需外在环境条件,如政府部门和社会监督部门要加强行业规范与市场监管,制定相关的鼓励扶持政策,激活市场需求,帮助铁画企业成立行业协会,加强知识产权保护,制定相关行业标准,实施从业人员的资格认证、等级认证制度,加强市场监管,促进良性市场竞争等。只有内外因素有机结合,共同推动芜湖铁画的进一步发展。

浅谈中国当代街舞发展中传统文化的融入与创新

中国传媒大学文化发展研究院　宋　鹏

街舞是20世纪中叶诞生于美国城市底层的一种民间舞蹈，在其发展过程中，逐渐形成了关于其历史、内涵、精神、音乐性、舞蹈性等的文化复合体，并发展成为一种特殊的舞蹈形式。街舞在20世纪末传入中国，作为一种舶来文化，迅速得到了青年群体的喜爱和欢迎，成为我国流行文化和文化创意产业中的重要组成部分。习总书记在文艺工作座谈会中强调："很多艺术形式是国外兴起的，比如说唱、街舞，人民群众喜欢就要用，并赋予其健康向上的内容。"[1]习总书记的谈话从政府层面肯定、重视并支持了街舞的发展，但也提出了街舞"中国化"的关键问题——赋予其健康向上的内容。街舞是美国底层黑人所创造的，其文化也带着浓烈的美国"草根"色彩，存在着一些糟粕和不适合中国国情的内容。应该赋予其怎样的"健康向上"内容，如何赋予和创新？这些都是摆在中国街舞未来发展面前的重大问题。

我国传统文化源远流长、博大精深，是中华文明几千年积淀下来的果实，也是代表整个人类族群所能创造的最灿烂的瑰宝。但在当下中国，囿于各方面的原因，传统文化面临传承乏力、后继无人的困境。青年群体的接受和普及，对于传统文化来说是延续的命脉和根本。而当今中国的青年群体已几乎被流行文化的大潮所裹挟，传统文化在青年阵地步步退却，朝不保夕，日渐式微。将中华传统文化融入当代流行文化，让青年群体在消费流行文化过程中也接受传统文化的熏陶，间接地了解和接受传统文化，实现传统文化的青年传续，这是当下传统文化传承和创新工作的重要内容。街舞作为当代流行文化的翘楚，在市场化程度和群众基础方面都极具发展前景。更重要的是，街舞对比商业电影、电视、流行音乐、动漫等发展得较为成熟的流行文化，其"中国化"的过程刚刚起步，如何用中国精神引领发展，如何用中国内容赋予内涵，传统文化应该首当其冲。从更长远的角度来看，让中华传统文化传承当下与创新未

[1] 习近平.在文艺工作座谈会上的讲话[M].人民日报,2015-10-15.

来，让青年群体与祖辈的文化传续相通，是当今中国街舞发展的重大议题，更是传统文化传承与创新的绝佳路径。

一、社会的转型与街舞的“中国化”

（一）社会的转型与文化消费的变化

中国传统文化的式微，其实是一个文化发展嬗变的过程。[1]传统文化的衰落，除了历史上一些特殊的原因，在当代主要是受现代化的冲击。在现代社会，经济上升为一种主导性的社会力量后，社会便要求每个成员成为生产者与消费者。在当代社会，人的生活世界被一分为二了：工作与休闲。白天工作、晚上休闲，一段时间工作，一段时间休闲，工作与休闲的界限从来没有像现在这样清楚。在传统社会，有所谓劳动阶层和有闲阶层之分，而在当代社会，工作与休闲成了大众共有的生活方式。因此，在今天，大多数人既紧张地工作（高度紧张），也放松地休闲（彻底放松）。“工作-休闲”或“紧张-放松”成了现代人生活的基本轮回，这一轮回的背后深藏着资本运作的根本性逻辑：扩大再生产与劳动力本身的再生产。值得注意的是，在当代社会，充分的休闲不仅是劳动者再生产的基本方式，还是滋生流行文化产业的温床。所以说在当代中国社会，没有了封建地主经济，没有了贵族有闲阶层，也没有了乡土文化的基础，原有的城市文化也被政治斗争、城市化运动与现代娱乐方式冲击殆尽。所以，以“原教旨主义”式的模样复原传统文化，无异于痴人说梦。中华传统文化在当代社会要得到传承与存续，必须要以适应当代人（特别是青年人）文化消费习惯的方式来传播。而街舞在美国的兴起，符合后现代娱乐社会的潮流——娱乐性、大众性与符号性。而恰恰就是这种外来文化，在我国残酷竞争的文化市场上“野蛮生长”起来的文化，赢得了我国青年群体的欢迎和热爱。所以说，传统文化的式微与街舞的流行，都是我国的社会转型出现的合理现象。将街舞的“中国化”与传统文化的创新结合起来，对两者都具有十分深远的意义。

（二）街舞的起源：精华与糟粕并存

街舞诞生于20世纪中叶的美国，这正是一个风起云涌的时代。从1955年阿拉巴马州公交车事件开始，黑人民权运动、反主流文化运动、反越战、女权主义运动等迅速

[1] 王阳.现代化冲击与传统文化的式微[J].山东大学学报,2013(5):20.

兴起,席卷了整个美国,影响了全世界。实际上,包括民谣、摇滚、说唱和街舞等文化艺术都是由这些反对不公、叛逆传统的青年人所热爱并传播,也一度成为了他们抨击现实、宣传新思想的途径。正因为有着这样鲜明的时代背景,因为当时特殊的社会、文化、种群的问题,Peace&Love便成为了街舞文化的精髓。也因为美国黑人的特殊历史与生活状态,产生了Respect&Unity的街舞态度。街舞发展到今天,可能其社会运动、政治层面的含义已经不明显了,但是从诞生之初流传下来的积极向上、和平友爱的精神却鼓舞了一代又一代喜欢街舞文化的年轻人,成为街舞整个文化的深层结构与核心力量。但是,从某种意义上来看,街舞是一种源自底层民众的文化,尤其是美国的贫民窟黑人。与说唱、涂鸦等Hip-Hop文化类似,街舞从诞生之初,就与帮派、毒品、性有着密不可分的联系:街舞草创之时,很多创始人和年轻舞者都是匪帮的成员,他们所创造的这个文化,始终带着帮派的影子——斗舞的形式与帮派械斗很相像,很多街舞动作都是带有暴力的含义;许多舞者为了所谓的灵感和"状态",吸食大麻,这在美国甚至中国都并不罕见;因为底层黑人的生活方式,他们的舞蹈动作带有很多性甚至猥亵的意味。无可否认,这些内容属于街舞文化所固有的一部分,它从一开始就存在,现在甚至将来都会一直存在。任何文化,在某个时间节点来看,都有积极的一面,也有消极的一面。对于在中国落地生根的外来文化——街舞,首先要做的就是取其精华,去其糟粕。如习总书记讲得那样——赋予其健康向上的内容。这是对将来要接触街舞的青年、儿童负责任的态度,也是对上一代以及传统文化有所交代的态度,更是对中国街舞未来发展负责任的态度。

(三)街舞的"中国化":"洋为中用"

对待外来文化必须要有两个坚持。一要坚持以我为主,为我所用。[1]在全球化的今天,文化的开放性体现得淋漓尽致。街舞作为一种并不那么"主流"的文化,在短短的几十年时间里也从美国城市底层走向了全球各个角落。但是如上文所言,它存在着一些消极和负面的内容。街舞的"中国化",就要将其中的精华部分融入本国文化,改造、剔除那些不好的内容,使之成为中华文化的一部分,真正做到以我为主,为我所用。二要坚持民族文化的历史地位。[2]"拿来"主义是对民族文化的否定,必然会毁掉我们的民族文化的文化自信心。街舞文化是美国黑人所创造的文化,他们与我们在生理、民族历史、生活方式、集体无意识、世界观、价值观等方面都大相径庭。因此,

[1] 陈明园.对待外来文化绝不能仅仅"拿来"[J].思想战线,2007(09):4.

[2] 陈明园.对待外来文化绝不能仅仅"拿来"[J].思想战线,2007(09):4.

“拿来”主义是对街舞的不负责任、也是对我国文化的不负责任。我们要让街舞这个源自大洋彼岸的文化以较为温和的方式融入中华文化之中，尽量减少文化折扣与冲突。如习总书记说的：人民群众喜欢就要用。如何用，怎样用，“中国化”始终是关键的一环。总而言之，街舞的“中国化”，亟需健康向上的、“中国化”的内容来填充与改造。而中国传统文化，可以以其强健、深厚、包容的精神，成为中国街舞的新时代内核。

二、街舞与传统文化的共通点

（一）精神内核：和、爱、敬

在中国传统文化中，有一些思想观念或固有传统，长期受到人们的尊崇，成为生活行动的最高指导原则，在历史上起了推动社会发展的作用，成为历史发展的内在思想源泉，这就是中国文化的基本精神。它是民族延续发展的精神动力，或者说是中华民族生存发展的精神支柱。中国传统文化的基本精神可以作如下归纳：自强不息、刚健有为的进取精神；贵和尚中、和而不同的和谐精神；以义为上、注重伦理的道德主义情怀；民为邦本、民贵君轻的民本思想。[1]如上文所言，街舞的精神可以概括为Peace（和平）、Love（爱）、Respect（尊重）、Unity（团结）。“Peace”既与最初的舞者希望当时黑人帮派停止争斗有关，也与当时的反战浪潮相符；“Love”是源于黑人之间那种兄弟情谊和博爱的族群感情，也代表了他们对于Hip-Hop文化的热爱；“Respect”既指舞者与舞者之间的相互尊重，也指黑人种族希望外界能够尊重他们和他们的文化；“Unity”主要指舞者团队的团结，也指黑人大族群的团结。中华文化精神，特别是“贵和尚中”“和而不同”“自强不息”等内容，与街舞的精神极为贴近。中国古代人民在艰苦环境下奋斗生存，又与美国黑人在近现代的追求自由的抗争过程何其相似。街舞的和平、爱、尊重与团结既符合传统文化的精神气质，也与中国现代社会的价值观相吻合。所以，街舞看上去是新潮甚至叛逆的，但在骨子里，这种文化是和谐甚至传统的。中华传统与街舞，两种看上去差异极大的文化，在最深层的精神内核上，又是相通契合的。所以在本质上，传统文化融入街舞当中是具有可行性的。

（二）文化内容：多样化选择

中华传统文化源远流长，博大精深。中华传统文化首先应该包括思想、文字、语

[1] 王国炎，汤忠钢.论中国传统文化的基本精神[J].江西师范大学学报，2003(2):47.

言，之后是六艺，也就是礼、乐、射、御、书、数，再后是生活富足之后衍生出来的书法、绘画、音乐、武术、舞蹈、曲艺、棋类、节日、民俗等[1]。在这些元素里，古代音乐、中国武术、古典舞蹈、民间曲艺都是可以与街舞直接结合的内容，甚至书法、绘画的艺术韵味也与街舞有着结合的可能。在20世纪七八十年代，街舞从李小龙、成龙的功夫电影里也吸取了许多元素，成为现代街舞招式里不可缺少的一部分。街舞与芭蕾舞、现代舞或者民族舞等传统舞蹈不同的是，它是一种形式自由、即兴性很强、极具包容性的舞蹈形式。自20世纪中叶街舞诞生之后，它融合了非洲舞蹈、踢踏舞、百老汇爵士，还吸取了哑剧、默剧、中国武术和香港功夫电影的元素，形成了现在五花八门的街舞舞种和招式。时至今日，已经出现了一批表现或者含有传统文化因素的街舞佳作，例如Locking舞者肖杰在《舞林争霸》上表演的《一生所爱》，用结合了传统猴戏的舞蹈动作表现了孙悟空的挣扎与彷徨；例如Hip-Hop舞者大饼在2016年Juste Debout中国赛区比赛中表演的《太极》，在街舞动作中融合了醉拳、形意拳与太极拳的招式，并表现了太极的韵味；例如京剧名家传人裘继戎在《中国好舞蹈》上用《越人歌》的古典旋律跳Popping，街舞动作中表现了古典京剧的韵味；例如云南Dangsters舞团在中法文化节上表演的《风水》，包含了Jazz、Hip-Hop和Breaking等街舞元素，又有傣族歌舞、古典舞和原始部落仪式等内容，体现了现代与传统的融合。

所以说，传统文化的丰富多样的内容，是中国街舞创作和表演取之不尽用之不竭的宝库。街舞本身的自由性与开放性也为传统文化的活化展现提供了广阔的舞台。

（三）表现形式：新潮与传统

众所周知，街舞是极新潮极前卫的文化，而中华传统文化历经几千年，在世界范围来看都是传统和古典的象征。用街舞来表现传统文化究竟可不可行呢？实际上，就如同上文所提到的那样，街舞虽然看起来很新潮很叛逆，但是在本质上而言，它与摇滚、说唱等流行文化不同，街舞在思想内核、政治立场、社会批判等方面并不具有反叛性和攻击性。相反，街舞的精神是相对传统的，内容是相对生活化的。所以，在街舞在新潮、叛逆的表现形式之下，隐藏的是美国黑人质朴、温和而又传统的情感。在某种层面上来说，街舞既是“传统的潮流”，又是“潮流的传统”。在外来文化传入中国的过程中，原有文化所带有的资产阶级自由思想、无政府主义、强烈的政治批判精神等不符合我国政治正确的东西也会随之流入，这无疑是一个很棘手的问题。对摇滚、说唱这种音乐和语言艺术而言，“中国化”的过程也是一个痛苦的自我阉割的过程。

[1] 江凌.中华传统文化的软实力价值[J].中原文化研究，2014(1).

但是街舞却不存在这类问题，它没有很强的政治性，在文化和社会层面也可以温和地融入。所以从政治正确的层面来看，街舞的大众化不会触及某些“禁区”。新潮与传统，从来都不是割裂的两级，起码在街舞和传统文化上，我们可以看到它们之间的优雅的媾合。

三、街舞与传统文化结合的优势点

（一）拥有青年群体基础

“青年人”，按照联合国教科文组织的界定，即16~34岁的人，也就是人们常说的80后、90后以及即将步入成年的00后，他们伴随着我国社会经济转型、东西方文化碰撞以及互联网飞速发展而成长，[1]其所经历的一切，有着社会转型的“时代烙印”，在中华传统文化上，他们却是“缺失的一代”。如果传统文化失去了青年人的传续，那么已经断裂的鸿沟就会更加扩大，传统的传承也就沦为了空谈。当这一代年轻人遭遇“堕落”指摘、与当下价值体系冲突时，折转行进路径，向传统文化寻求破解之道就成了一种选择。所以在隐含的思想层面上，青年人与传统文化本身就存在着一种契合的可能性。但是由于当代青年群体的审美观念和接受方式都与“传统形式”的传统文化相差巨大，所以粗暴的即拿即用、教条式灌输是不可行的。传统文化必须以一种青年人喜爱而且可以接受的方式来传播，以一种属于现代社会文化和娱乐体系的载体来再现，而街舞恰恰是当代中国青年人最喜爱的一种舞蹈艺术和文化。据统计，截至2015年底，已经有超过3000万的青年人（16~30岁）接触和学习过街舞，超过500万的青年人曾加入过街舞社、街舞团体、工作室等街舞组织，街舞赛事、表演、教学包括有关街舞的电视、电影的目标市场80%以上是青年群体。所以传统文化借助街舞这个“现代化”的载体去攻占青年人的阵地，对青年人，对中国街舞，对中华传统文化的传承，都是令人振奋、意义重大的。

（二）契合现代消费形态

瓦尔特·本雅明认为，在工业革命前的手工劳动关系中，人际传播方式主要是取决于时间性的叙说，所以叙事性艺术就驻足在这种关系中；而现代工业社会则进入了

[1] 韩志丹，祖月明.90后青年传承我国优秀传统文化的困境与启示[J].中国市场，2016(34).

信息时代，信息的特点是瞬间性，这造成一切取决于时间的时代已一去不复返。[1]现代人不再去致力于那些耗费时间的东西，因而，中华传统的艺术（如古典小说、戏曲）就出现了危机，而代之以机械复制艺术（如摄影、电影）的兴盛。从这层意义上来看，现如今的现代娱乐传媒对传统文化是一种致命的冲击。在多快好省获得信息的年代，青年人能读帖子就不看小说，能看视频就不看电影，能听流行歌曲绝不听古典音乐——因为快节奏的生活已经无法让我们再有那么多时间去体验完整美感的酝酿过程，反而习惯了感官上的高频刺激。现代娱乐传媒的超快节奏、大量剪辑就好比饮鸩止渴，将我们的接受阈值调高，等再去看传统文化的慢节奏叙事时，不免觉得拖沓难忍、索然无味。但是街舞是完全符合现代娱乐传媒的种种特点的：短小精悍的表现个体——一般单场街舞表演在3~6分钟，单场街舞斗舞在2~8分钟；潮流的装饰及服饰风格——街舞文化代表了潮流风格的前沿；节奏感强烈的流行音乐——饶舌、Funk和电子风格的音乐极其富有吸引力；帅气、潇洒又富有技巧性、观赏性的舞蹈动作；具有对抗性和悬念性的竞技性质。这些街舞的表现特点都是特别适合在青年群体中传播的，所以当“过时”的传统文化将自己的精神、内容和符号融入街舞的超强表现力里，传统的熏陶就会在潜移默化中浸润青年人的内心。

（三）市场发展潜力巨大

街舞虽然在20世纪末才传入中国，近10年才进行产业化发展，但在规模、范围、外延和影响力方面已成燎原之势。根据不完全统计，现在全国街舞从业人员保守估计在300万以上，街舞相关产业年产值在500亿元以上。街舞产业包含了街舞教育、街舞培训、街舞赛事、街舞表演、服装服饰、影视作品、电视选秀、音乐制作、街头艺术等，以及许多周边衍生产品，都可以以街舞为载体形成巨大的产业链条，甚至是一种新的艺术表现形式。所以，街舞是一个可以综合开发的、开放性和包容性很强的舞种，“街舞+”的理念也在业界广泛讨论。虽然与电影、电视、动漫等传统文化产业还有差距，但是街舞产业凭借广泛的群众基础和强大的拓展力，未来肯定会在文化产业领域成为一员重将。如中国舞协主席冯双白先生所言：“三年来，中国街舞发展到了一种令人惊讶的状态，跨越了一个大台阶，全国街舞联盟在各地的成立引发了浪潮般的态势，应该说初步建立了一个体系。这个体系的建立超过了芭蕾舞、民族舞、古典舞、现代舞等所有舞种。现代舞传到中国已经60年了，现在热爱它的人很多，但是仍然没有普及；芭蕾舞传到中国已经将近100年了，但是到目前为止全国只有7个芭蕾舞团；

[1] 孙文宪.艺术世俗化的意义：论本雅明的大众文化批判[J].华中师范大学学报,2004(5).

而街舞仅仅用了三年时间，就遍布了全国！”传统文化凭借自身，可能再也达不到像街舞产业这样的高度产业化和市场化，但是可以“借彼之长，补己之短”，也能在残酷的文化市场上焕发新的活力。

四、传统文化与街舞融合创新的路径

（一）体制内外协同创新

我国国内关于传统文化保护和发展的组织多在体制内部或者是半官方的性质，包括中国传统文化促进会、中华传统文化研究院、中国非物质文化遗产保护协会、中华传统文化交流委员会以及各个具体文化、艺术、技艺的保护协会，各个地区的传统文化、非物质文化遗产保护协会等。这些组织一般在政府财政支持下运作，市场化程度较低。从近年来对于传统文化的保护与发展效果上来看，这些组织机构的工作并不是那么理想。街舞从20世纪末传入中国之后，几乎一直以一种半地下、草根的状态“野蛮生长”，在没有政府的实际承认和支持下，在群雄逐鹿的文化市场上打下了一片自己的天下。这说明各个街舞工作室、舞团、公司在中国拥有自己的独特活力和生命力，也有自己一套行之有效的市场运作模式。2013年9月，中国舞蹈家协会街舞委员会成立，这是国内第一个官方性质的全国街舞发展协会，在委员会的组织和领导下，全国的街舞组织联合发展，取得了长足的进步。传统文化融入街舞，首先需要破除传统观念，打破行业间、体制内外的壁垒，实现体制内部和体制内外的合作。充分发挥体制内的政策优势和体制外的市场优势，开展协同创新的工作，充分发挥各个组织的活跃性和创新性，实现创意、项目、资金和人才的顺畅流通。在体制和机制上解决协同的难题，才能为融合和合作打下基础。

（二）艺术名家跨界合作

无论是街舞还是传统文化，首先都是一种艺术形式。而艺术的融合、创造和创新，都离不开优秀的艺术家。长久以来，传统文化的艺术家们、前辈们——如京剧表演艺术家、武术大师、乐器演奏者等——他们为传统文化艺术的传承和保护做了毕生甚至世代的努力。但在这个新的变化层出不穷的时代，老艺术家们也许应该更加开放固有的领地，以新的姿态去与新的艺术形式跨界合作。裘继戎先生出生于梨园世家，承袭祖父京剧“裘派”创始人裘盛戎先生、父亲京剧名角裘少戎先生的家族传统，又致力于实践跨界艺术，钻研街舞、武术和太极，探索现代艺术溶于传统经典的表达，创作出《融》《越人歌》《博弈》《悟空》等一系列京剧与街舞的跨界作品，赢得了京剧界、街舞界的一片好评。裘继戎先生的探索实践与大胆创新给传统文化融入当代中国街舞提供了一个绝佳的样本与示范。街舞舞者由于文化水平的限制，可能在传统文化修养方面不能达到一个很高的层次。这就需要街舞的艺术家们主动学习，接受传统文化的熏陶。这也是由一个舞者到艺术家所必需的艰苦过程。在舞蹈作品创作和演绎中主动将传统文化的精神、韵味、内容和符号融入进街舞的表演、套路和招式之中，甚至在音乐选择、服饰风格都可以选择传统文化元素。在创作的角度来看，街舞艺术家还需要多向古典舞、民族舞和现代舞的前辈们学习和请教，因为他们的传统艺术融合等方面的知识和经验可能比街舞舞者更加丰富。例如，四川星舞忠舞团的肖杰先生，他主动学习京剧猴戏等传统艺术形式，在北京卫视2016年春节晚会上和裘继戎先生一起表演了跨界舞蹈作品《真假美猴王》，堪称街舞与传统艺术融合的典范。在各界艺术家的跨界合作中，往往能迸发出在各自领域内很难出现的艺术灵感和创新。创新源自融合，融合催化创新，这对于优秀作品的创作是弥足珍贵的。而作品的产生，是连接组织合作与平台搭建的重要一环。

（三）传媒平台传播精品

一种文化，如果不能纳入大众传媒的传播中的话，始终会是小众的文化，不被主流大众所接受和认可，影响力也是有限的。中国街舞在传入中国之初，几乎是以地下的状态在生根发芽、发展壮大。近些年来，街舞逐渐从地下走到地上，从小众圈子文化发展成全国性的大众文化，在主流传媒——电视、报刊、电影上也频频出现了街舞的身影。如2013年东方卫视的《舞林争霸》、2014年浙江卫视的《中国好舞蹈》、2014年CCTV的《中美舞林冠军对抗赛》、2016年的《笑傲江湖》等电视栏目，让肖杰、黄景行、杨文昊等街舞高手被全国观众所熟知，也创作出如《一生所爱》等融合了传统文化的优秀街舞作品。街舞通过大众传媒获得了广泛的认知度和认可度。从另一个层面来看，街舞融合传统文化可以有效减少文化折扣和文化冲突，让街舞这个原本不属于中国的艺术可以混合进中国的血脉，被中国普通的老百姓所接受。长久以来，街舞在中国被认为是不登大雅之堂的草根艺术，跳街舞的青年被认作是“不学好的小混混”。融合了传统文化的街舞可以破除老百姓们的这种刻板印象，让街舞变得“高大上”，变得有“中国味”。在大众传媒的示范也更让传统文化更加“接地气”，走入寻常百姓家。大众传媒平台的推广，可以在当代中国发达的信息网络中迅速扩大“中国化”街舞的影响力和接受度，也可以为破解传统文化“曲高和寡”的难题，也为下一步街舞进入主流艺术序列的“登堂入室”打下基础。

（四）街舞纳入主流评奖

一般而言，舞蹈艺术的探索的前沿，总是在专业舞蹈奖项的评选中产生。在舞蹈比赛中，会产生一些具有创新性、革命性甚至争议性的作品，舞蹈理论和舞蹈评论也会随之讨论和更新。[1]我国的全国性权威舞蹈比赛是“荷花奖”评选，在“荷花奖”评选中，诞生了杨丽萍的傣族舞革新、金星的现代舞创新、黄豆豆的中国古典舞革命等舞蹈艺术的创新。可惜的是，“荷花奖”至今没有将街舞纳入评选。将中国传统文化融入街舞创作，这实际上是具有一定的艺术创新难度和实验性质的。如果要得到权威的舞蹈艺术肯定和指导，街舞就必须进入到“荷花奖”和“桃李杯”的评选中。这对街舞本身的权威性认定、正规化发展，对传统艺术的现代化呈现，对主流舞蹈评奖的新时代发展，都具有非常深远的意义。

任何一个民族和国家的传统文化，在进入到现代社会时，都会受到现代工业、市场经济体系的冲击，遭遇文化模式变化所带来的阵痛，甚至进入传承无路的困境。这是社会历史发展所带来的必然结果，中国也不例外。如何在民众（特别是青年群体）中实现传统的延续和传承？抱残守旧、固步自封实不可取；完全舍弃、虚化历史更不可行；主动融入现代社会，实现与当代文化艺术表现方式的结合与再造，才能够实现传统的活化与复兴。街舞是外来流行文化的代表，如果能实现传统文化与街舞的融合创新，那会开辟一条传统与现代文化、东方与西方文化交流汇通的新道路。我们希望的是，不只是在青年人中，也在中国最普通的老百姓眼中，承载了传统文化价值的街舞能够真正的得到接受、喜爱和欢迎。那是街舞“中国化”的胜利，也是传统文化的复兴，更是东西方文化艺术的伟大而传奇的交融。更重要的是，这会让历经几千年沧桑的中华传统文化在这个崭新的时代以年轻的、有活力的面貌重新获得新生。

---

[1] 于平.关于舞蹈分类的若干思考[J].北京舞蹈学院学报.2008(5).

用中国精神构建我国文化产业思想体系[1]

厦门大学嘉庚学院　王乃考

2015年10月15日，习近平总书记在文艺工作座谈会上的重要讲话公开发表。习近平主席在讲话中提出的第四个大命题就是："中国精神是社会主义文艺的灵魂""求木之长者，必固其根本；欲流之远者，必浚其泉源"。习近平引用这句古语，强调："创作不仅要有当代生活的底蕴，而且要有文化传统的血脉。中华优秀传统文化是中华民族的精神命脉，是涵养社会主义核心价值观的重要源泉，也是我们在世界文化激荡中站稳脚跟的坚实根基。"习近平主席的这番讲话，给我们这样一些启示：文化产业是怎么来的，又要到哪里去？文化产业不是一个简单的经济现象，发展文化产业必须思考、重视其深层次问题。我国文化产业是在社会主义市场经济中培育、成长的，显然市场是其手段，不是它的目的和归宿；有中国特色的社会主义文化产业必须旗帜鲜明地建构自己的灵魂归宿和思想体系。

一、文化生产的历史与文化产业的由来

文化是人们的生活方式及其体现的精神价值，即人们怎样生活，期待什么样的生活，认为什么样的生活才是有意义的。可见，文化是伴随着人类的产生而出现的。一开始人们自发地生活，也自发地追寻更安全、更舒适、更幸福的生活。这一时期的文化是人类每一个成员自由、平等地创造的。当时生产生活环境极其恶劣，人们对自然充满着恐惧，他们期待能和自然对话。这时，有些"神通广大"的人就发明了一些咒语，成为了人与自然对话的桥梁，成为了指导人们生活方式与精神追求的"巫师"。这是从人类全体中走出来的第一批专业的文化生产者。这一批"巫师"继续创造人们共有的信仰体系，渐渐地发展出了宗教，并以宗教之名代表自然之神管理着人类的生

[1]厦门大学嘉庚学院基金项目：教育部青年社科基金项目《海峡两岸文化产业管理人才培养机制比较与创新研究》(编号：15YJC760092)的阶段性成果。

活。所以，这个时期，宗教与政府是合一的。政教合一，共同承担着文化生产的大任。权力常有斗争相伴，政府必须面对内控或外战；宗教要代表自然之神，就要坚信、主持和推广爱与正义。所以，政教合一的领导群体就会出现自相矛盾。成王败寇，谁是真正的爱与正义之代表，越来越难以自圆其说。这既降低了宗教的信仰价值，又降低了政府的治理能力。于是，政教分离就成了历史的必然。政教分离后，宗教主要承担了文化生产的角色，政府主要承担了社会管理的角色。随着科学的进步，宗教难以生产包罗万象的文化知识。教育于是从宗教中分离出来，分担了文化生产的责任。而且，随着媒介技术的发展，出版印刷、广播电视等媒介组织又与教育、宗教等分担了文化生产的责任。文化生产者越来越多元起来。当然，为了社会发展的秩序与进步，文化生产始终是具有公益性的。但是，人类社会逐渐地超越了温饱阶段，人们对精神消费越来越有了更大的需求。按照市场规律，这同时也说明，文化生产者在市场上也会更有利可图。渐渐地，文化生产就逐步地从神坛、讲台向市场扩大，越来越有了工业化生产的规模与格局，发展出了“文化产业”这个新业态。按照这样一个历史逻辑，文化产业就是生产与销售文化及其相关产品的产业。但是，作为生活方式及其精神价值的文化，不仅服务于人们的精神生活，也会自然而然地与人们的衣食住行等物质消费联系起来。你会看到：文化赋予衣服，衣服更美；文化赋予餐饮，餐饮更有品味；文化赋予家居，家居更有雅兴；文化赋予交通，交通更和谐与幸福。故此，文化产业的内涵扩大，它既可以精神生活为起点，也可以物质生活为起点，概括起来就是：把文化做成好生意，或者，把生意做得有文化。这两句话，构成了当下文化产业的全部内涵。

二、资本主义文化产业的经济、政治与文化逻辑

通过以上历史的分析，我们可以发现：文化产业的出现，不同于宗教、教育等文化生产者的出现，它是市场经济驱动的结果。所以，文化产业从产生的那天起，就鲜明地体现出了它的市场逻辑，或者说是经济逻辑。按照市场的逻辑，资本主义与其说是解放了人，不如说是解放了人的消费欲望。对于个体而言，基本的生存需要是比较容易满足的。工业社会以后，资本主义崛起，大量的生产需要大量的消费，所以生产者需要刺激、拨弄、引导人们的消费欲望，以扩大再生产。这时候，作为生活方式及其精神价值的文化被市场绑架了，文化成为了“以消费主义为核心的商业文化”。在这样的经济背景下出现的文化产业，不仅自身是资本主义市场的产物，也是维系资本主义生产关系的“上帝之城”。在这座资本主义“上帝之城”之中，人们摆脱了宗教的奴役，

却不自觉地躺在了消费主义的温床上。有些人简而言之地把这种文化产业概括为“文化搭台,经济唱戏。”于是,在这个“上帝之城”系统中,站在社会高层的人不是利用“神”来号令世俗世界,而是通过诱发与引导欲望来号令天下。或者说,在这座消费主义的“上帝之城”内,市场是自由的,消费是自由的,竞争是自由的,但文化生产与消费的背后有一个无形的手,似乎是《西游记》中“如来佛的手心”,是文化生产者与文化消费者都无法逃脱的。

因此,通过这样的市场逻辑建构起来的文化产业,不仅体现了资本主义的生产关系,而且也不自觉地为资本主义政治服务,成为资本主义帝国对内控制社会、对外扩大市场的有力武器。在内部控制方面,资本主义把刚刚具备理性精神的人们导向了一种潜移默化的信仰——“拜物教”。这个信仰不一定具备以前宗教的某个仪式,它的聪明之处是让绝大多数人浑然不知自己有这个信仰。于是,整个社会就是一个自由市场,“除了经济市场外,还有政治市场、法律市场、宗教市场以及语言市场等”。布尔迪厄把这种资本逻辑建构下的社会视为一个“场”:“虽然,场,不像游戏,不是创造性地故意为之的产物,但它却遵循规则,或者比之更好的规律性,尽管这些规则或规律性并不明确,也并未编集成典”。场的规则给每个参与者提供了自由参与的机会,只不过是:“在任何时刻,都是玩耍者之间的状况界定了场的结构”。正如在澳门的赌场中,赌场作为庄家,虽与其他游戏者有相同的获胜概率,但因为其巨大的资本让其在这种平等的假象中具有超强的获胜优势。

在上述经济逻辑与政治逻辑的影响下,也有相应的文化逻辑与之相适应:强者往往就是英雄,哪怕他是海盗;有钱就可以任性,美其名曰奢华,而不是浪费;勤劳未必能致富,引导全民玩转资本;等等。人之初,并非善与恶,而是善与恶的交融体。这种文化逻辑会迎合、挑拨、刺激、诱导出人性恶的一面。它虽然带来了社会整体飞速发展,但也为人类命运埋下了隐患。文艺复兴前的西方宗教社会,宗教利用人性善的一面给人类套上枷锁;西方文艺复兴弘扬人的权利,敲碎了这个枷锁,其功劳是不可磨灭的。但是,在反抗、敲碎这个宗教枷锁过程中,突出彰显人性本身的力量时也把人性恶的一面不自觉地释放、延续出来了。

三、我国文化产业思想体系应有的灵魂与精神支柱

因上述资本主义的经济逻辑、政治逻辑与文化逻辑潜伏着危机,所以马克思预设了一个必将从资本主义渐变出的更高级社会形态——共产主义。那么,作为理性人

类的共同理想，共产主义的经济逻辑、政治逻辑与文化逻辑又分别是什么呢？共产主义的经济逻辑是“共产”，人人劳动，人人消费，共产共生；共产主义的政治逻辑是“共享”，成果共享，权力共担，人人有责；共产主义的文化逻辑是“仁爱”，不生坏心，仁者爱人，和而不同。解读到此，你可能会想到为何共产主义会在中国胜利并不断走向发达了吧，这是因为中国传统文化基因与之相匹配。按照本文第一部分论述文化生产历程的历史逻辑，中国也应该有个漫长的宗教统治的黑暗世纪。可是，中国没有，而是很早地就开始了诸子百家的大讨论。这种集中大讨论的结果之一是：“西方人看世界是两体对立的，在宗教上有个天国和人世的对立。在中国人观念里，世界只有一个”。可见，这个时期的大讨论就像是西方的文艺复兴，已经把人性从宗教或巫师的魔咒中解救出来了。“中国对世界对人生的义务观念，反更重于自由观念。义务与自由相融合，在中国便是性（自由）与命（义务）之合一，也便是天人合一。”从此，在中国大地上，主流文化市场中便仅有少量的宗教市场。

当然，人的解放与独立，如果缺失一个统一的信仰体系，会给集权帝国治理带来困难与麻烦。所以，秦始皇统一中国以后，便用武力抑制了这场文化大讨论，试图通过“焚书坑儒”的方式割裂人类演化的历程。但是，被解放的人不可能回归到之前的愚钝信仰状态，人类文化进步的脚步是继续向前的，就连秦始皇本人也做了相应推动——秦始皇也同西方近代社会一样选择了法治。因为，如果没有神的引导与监督，自由人社会必须靠规则与法律维护彼此的关系。但秦始皇的法治是集权法治，“司法集暴虐与软弱于一身，既耀武扬威又漏洞百出”。这种糟糕的权力体制，势必带来了更大的反抗。瓦解秦朝这种权力机制的是一句口号：“王侯将相宁有种乎”！这句口号鲜明地体现了自由人的理性心态。如果不承认中国早期的理性启蒙，就只能将这句话当作一个偶然性神话。但是，毕竟中国早期理性启蒙运动太早了，当时巫师算卦还是比较常见的。陈胜伙同吴广谋划起义时，也还要找一个算卦的卜问吉凶。卜者也厌恶秦朝的残暴统治，说：“你们的事业能成功，且能为百姓立大功。可是你们还得问问鬼神呀。”陈胜、吴广听后非常兴奋，并从卜者的话中体会出了借鬼神“威众”的策略。他们用朱砂在一块绸帕上写了“陈胜王”，塞到鱼肚子里。戍卒们买鱼回来吃，发现了鱼腹中的“丹书”。面临杀头的他们，早已经处于集体无意识的集合行为之中，于是都在从众心里的驱使下响应了陈胜的号召。为了强化这一个集体意识，陈胜又让吴广潜伏到营地旁的一座荒庙里，半夜作鬼火，模仿狐狸声喊：“大楚兴，陈胜王！”正在睡梦中的戍卒们被惊醒。随后经过一番舆论酝酿，以此为起点形成了推翻暴秦的团体动力。这时候的“革命”没有上升到革新王权专制体制的时候，但也引发了社会的哲学思考:社会需要一个人人认可、共同遵循的道德或法律。经过几番流血牺牲,中国社会在汉武帝时期达成了一种共识——需要建立一个上下、左右以仁爱之心为纽带的文化体系及其文化-社会互动机制。这个文化体系及其文化-社会互动机制要把皇权在内的一切社会权力与关系纳入其中,这已经是似乎在建设一个"全景畅视主义的规训机制"。这是中国早期在人的理性启蒙之后关于理性社会建设的伟大构想。但是,这个伟大构想是在皇权领导下完成的,对王权有一定的思想约束,但实践中对王权缺乏严格的监管机制。这为以后皇权表面道貌岸然、实际上却偷偷摸摸地超越这一体系埋下了伏笔,也为集权主义与官府腐败埋下了伏笔,"窃钩者诛,窃国者为诸侯"(《庄子·胠箧》)道出了道德对王权约束的不得力。"因此皇帝好了,事情也做得好,皇帝坏了,而政治上不曾有管束皇帝的制度,这是东汉政治制度上的一个大问题。"中国早期理性启蒙的这个缺陷,直接导致了历代王朝革命都是皇权之争,没有动摇这一存在缺陷的文化约束实践。不过,从历朝变革的口号来看,都体现了共产、共享、仁爱的基本文化内核,有的王朝较好地维系了这个文化体系及其文化-社会互动机制,还能稳定地统治几百年。可见,除了"忽略了对王权的制度性监督"的缺陷以外,中国传统文化体系及其文化-社会互动机制也有较强的先进性。

不过,近代中国找寻落后、挨打的原因,有人甚至认为中国落后的根本原因是中国文化的劣根性。现在看来当时的方法有很多不恰当的地方。历史上,中国也有许多次是被当时文化相对落后的少数民族所打败的,中国这个文化体系及其文化-社会互动机制一直没有动摇,甚或被这些胜利的少数民族所采纳。从这个意义上讲,中国向善的文化内核、文化-社会互动机制的整体构想是很有优越性的。从福柯的研究来看,现代美国社会也似乎在实践着类似的"权力/知识体系"。也已经有人清楚地分析了西方"十八世纪哲学家的天城"对社会的深刻影响。现在,有很多人已经意识到:宗教不一定有神。"美国人把宪法当成宗教""数以百万计自视为无神论者拥有跟信徒类似的信念和体验,而且信的一样深"。有人认为中国的儒家文化代表了封建统治阶级的立场与观念,这个显然也是不对的,因为"共同文化与层级文化之间完全相融"。中国传统文化体系能够被各个阶级所共同接受,一定有其共通的价值取向。在事实上,孔子是在把贵族文化传播到平民社会的过程中逐渐创立了儒学的,故它所体现的精神价值具有超阶级的宗教文化属性,"儒家所讲的道,不是神道,也不是君道,而是人道。他们不讲宗教出世,因此不重神道,亦不讲国家至上与君权至尊,因此也不重君道。他们只讲一种天下太平和世界大同的人生大众之道。这便是人道,亦可说是平民道"。当然,我们也要看到:虽然整体文化与层级文化是相通的,但是"真正重要的是自我意识程度之间的差异，而不在于文化种类之间的差异”。相通的文化也可以被不同的人演绎与表现出不同的内容，儒家学说在历史上被统治阶级试图演绎成“愚民”性的“吃人”文化也是常有的。

权力不是人类社会所特有的，权力影响我们是来自于一种“胜利者效应”。历代开国帝王一开始是具有共产、共享、仁爱的基本文化价值取向的，但是在获胜之后、有的是持续几百年后的文化价值取向会发生变化，原因是“世界面临的最大危险之一，就是高权力需求的领导人在获胜之后血液中激增的睾酮素。好比登山者试图寻找并征服下一个更险峻的山峰，嗜权的领导人不会去应付日复一日的寻常政治——他渴望胜利为他带来化学反应的高潮。不幸的是，就像所有的高潮体验一样，为得到同样的效果，下一个刺激必须更强烈”。“作为文明社会的卓越发明，民主演变为服务于这样一个目的——保护我们和子孙后代免受权力对大脑产生的化学作用及其后果的影响。”中国儒学也对皇权进行过恫吓：“水可载舟，亦可覆舟”。并且，儒学也希望通过学校教育教化君权，形成“王权代替神权”又以“师权来规范君权”的权力制衡机制。

总之，以中国精神为灵魂的传统文化及其文化-社会互动机制，不仅体现着人类理性社会的光辉，与马克思所预设的共产主义理想相匹配，而且已经在中国大地上实践了上千年。所以，有中国特色的社会主义文化产业思想体系必须植根于中国精神与马克思主义。如同有中国特色的社会主义市场经济一样，市场是手段，不是目的；中国文化产业虽要体现市场的逻辑与法则，但更要关注“文化为谁服务”“建构什么文化形态”的灵魂问题。也就是说，有中国特色的社会主义文化产业必须以中华传统文化为基础，从中汲取营养，不断提升文化凝聚力和吸引力，发展巩固马克思主义和中国精神在意识形态领域的主导地位。有中国特色的社会主义文化产业也必须解决好文化产业的发展是为了谁、服务谁的问题，让文化产品更好地体现人民群众积极向上的劳动实践，反映丰富多彩的群众社会生活。有中国特色的社会主义文化产业还要将市场无形的手和政府宏观调控相结合，推动文化产业可持续发展，赢得经济效益与社会效益的双丰收。近年来，随着西方资本主义弊端的不断发生与重演，越来越多的人开始思考：马克思与21世纪有何关联？并力求通过研读马克思著作寻找“如何改变世界”的决心和思路。马克思揭示了资本主义理性启蒙后人性恶的一面，中国传统文化及其文化-社会互动机制体现了人类理性启蒙后人性善的一面，二者中一个批判、一个建构，琴瑟相合，必将在21世纪的全球文化史上奏出共产、共享、仁爱的和谐乐章。

"90后"文化消费特性与引导路径研究

中国传媒大学文化发展研究院　杨剑飞

随着国民经济收入的提高,我国文化消费市场空前活跃,各类文化产品在种类和品质上都有了很大提高,文化娱乐信息空前流动。当前,我国文化消费的主力军已经发生了代际转换,"90后"逐渐成为文化消费的重要组成部分。由于"90后"的世界观、价值观、人生观还正处于"成型"过程中,因此,在文化消费中容易造成各种文化认知偏差。因此,深入研究"90后"文化消费的特征和规律,通过供给侧结构性改革促进其文化供给与文化消费需求的适应性,有利于优化对"90后"文化引导的方式与效果。

一、"90后"文化消费特性

作为我国成长于中产家庭的第一代人,"90后"人群约1.4亿,占全国总人口的11.7%[1]。在文化消费中,其鲜明的代际特征有力地影响着当前的文化生产,主要表现为以下四个方面。

(一)互联网化消费

"90后"是名副其实的"网一代",作为网络"原住民",他们习惯在网络社区中交往,精通互联网生存技能,追捧网络世界里的新风尚、新潮流,网游、网剧、网购等已成为"90后"文化消费的主要领域。美国知名互联网统计公司ComScore数据显示,我国互联网独立访客量有29.5%来自"90后"群体,高于全球平均值26.7%,"90后"群体每月网购消费240亿元。

当前,"95后"成为大学生的主力,人手一部手机成为大学生生活常态,2016年高校大学生手机拥有量达到4400万台。据腾讯移动互联网事业群市场部相关资料,学生用户群体对于移动互联网的重要性十分突出,在腾讯应用宝总体用户中,学生占比

[1] 李小娟.杨琳.大数据帮你解读90后[N].北京晨报,2015-08-21.

高达50%左右。[1]高校正成为移动互联网的必争之地，高校学生的需求引领着移动互联网的方向。

（二）高情感消费

"90后"非常重视消费情感体验，倾向于将消费感觉转换成消费价值，对商品的情感性、夸耀性及符号性价值要求较高，更愿意通过消费表达自身情感。在广告营销方面，故事性强的广告更易引起"90后"的关注。在网络游戏方面，"90后"更青睐以快速打动、高浓缩内容、蹦极式情感体验为特征的网络游戏（表1-5）。

表1-5　"90后"网络游戏玩家分类与情感需求[2]

玩家分类	情感需求
自我超越族	玩游戏是为了挑战自我，超越自我，带有"90后"典型不服输的劲头。
战略战术族	反感通过游戏中大额消费来获取胜利，更喜欢凭借过硬的技术、操作和团队配合来获取游戏带来的成就感。
冒险刺激族	追求游戏带来的刺激感和新鲜多变感，带有"90后"喜欢新鲜事物，对新鲜事物接受快的特点。
乐群积聚族	喜欢享受游戏带给自己的归属感，反映了"90后"作为独生子女的孤独感，渴望融入团队。
主导控制族	不喜欢被人控制，喜欢自己掌控一切，代表了"90后"追求自我，反约束的明显特征。

（三）异域文化消费

"90后"生活在国际化的时代，接受的信息更加多元，对国外文化产品的接受度更高。一方面，国外影视作品对"90后"的文化消费产生巨大引导力。美剧《生活大爆炸》、英剧《神探夏洛克》、韩剧《太阳的后裔》等均在中国掀起收视狂潮，随之衍生的"千颂伊饰品""啤酒炸鸡套餐"等也深受"90后"喜爱。另一方面，国内电视娱乐节目热衷于引进国外节目版权，助长了"90后"对异域文化的追捧。同时，"90后"对于传统文化的认知和态度堪忧。北京大学的一项调查显示，认为"应当给予中国传统文化更多支持"的大学生仅占28.7%，甚至有6.2%的大学生认为"中国传统文化是封建糟粕，

---

[1] 90后网络游戏人群研究报告[EB/OL].(2013-01-24)[2016-11-15].http://games.qq.com/zt2011/number/pos.htm.

[2] 鲍忠铁.2016年大学生人群移动生活洞察报告[EB/OL].(2016-05-26)[2017-01-21].http://www.36dsj.com/archives/51699.

应当舍弃”。

(四)“高科技”消费

伴随着信息技术的革新,“90后”的文化消费,更加注重享受高科技带来的功能多元化、个性化体验。近年来,随着物联网和智慧家居的兴起,智能手表、自适应游戏鼠标、VR眼镜、4K运动相机等高科技产品层出不穷,迎合了“90后”追求个性、彰显时尚的消费心理,满足了高智能、多元化的消费需求。调查显示,受“90后”热捧的高科技产品大多是国外研发制造,我国自主研发的文化消费终端市场占有率并不高。

二、加强文化引导的路径

研究“90后”的文化消费特点,有利于在文化供给侧进行有针对性地改革和创新,有利于进一步做好“90后”的文化引导。

(一)注重互联网+文化产品的生产与监管

网络平台延伸了文化的传播载体,虚拟社会成为“90后”习惯的生存空间。“90后”网络消费的深层次原因在于互联网平台上呈现的文化内容日趋丰富,选择更加多样化。2015年7月4日,国务院印发《关于积极推进“互联网+”行动的指导意见》提出要“发展基于互联网的文化、媒体和旅游等服务,培育形式多样的新型业态”。因此,针对“90后”的文化消费特性,一方面,要创新基于互联网的各种文化形态和文化服务。要考虑互联网和“90后”的消费特性。网络化,不是指将传统产业原样搬到互联网平台上经营,而是指文化从业者应强化互联网思维,积极思考网络用户尤其是“90后”需要什么样的文化消费;另一方面,要重视对网络文化产品的监管力度,要树立良好的网络文化风气。既要照顾到“90后”娱乐的个性化消费内容,又要兼顾正确价值观的引导,尤其是在网络社区内应高度重视舆情的监管与疏导,对富足、自由、创新的年轻用户进行文化引导。

(二)强化文化产品的情感要素投入

随着中国进入消费个性化、多样化时代,新型消费热点层出不穷。“90后”乃至“00后”日益成为社会最重要的消费主体,这一群体更加注重消费体验、消费个性化和消费者权益维护。新消费群体追求时尚、品牌与品质,更新换代很快,并不局限于商品使用价值的耗尽。因此，文化生产与传播的过程中，需要强调情感因素和服务意识，尤其是应该将情感因素纳入文化产品的策划、设计与生产过程中去，使之成为与资本、劳动力等并列的文化生产新要素。因此，在文化产业研发、文化活动设计、公共文化服务等过程中，应该高度重视“90后”的“情感要素”，摆脱正面说教，要善于“讲故事”，乐于“传达感情”，精于捕捉“痛点”，激发他们情感上的认同，从而将“情感需求”转化为“消费价值”。《花千骨》《盗墓笔记》《煎饼侠》等优秀文化产品无一不是抓住了“90后”在恋情、冒险、生活中的各类情感和体验，从而在作品中得以释放。

（三）提升传统文化的传播与浸润力度

习近平同志指出“要加强对中华优秀传统文化的挖掘和阐发”，要把中华历史文化精华与中国特色社会主义紧密对接。当前，“90后”群体对于传统文化意识淡薄，文化自信亟待树立，主要原因之一在于对中华文化的现代化阐发还不够，“文化场域”还需要完善。传统文化教育要跳出校园的界限，大力推动“校区”和“社区”之间的“双区互动”，在整个社会营造出“弘扬传统文化”的氛围，形成“文化浸润”的全息场域，让传统文化教育融入到生活的点点滴滴。在这其中，必须唤醒中国文化中的优秀传统文化基因，挖掘传统文化中的积极因素；同时也要深刻反思“国学热”一地鸡毛的前车之鉴，结合国情社情赋予传统文化以现代化的灵魂，点燃“90后”的学习兴趣与热情，强化他们对传统文化的认知与认可，激发他们情感上的文化认同，逐步树立文化自信。

（四）推动高科技文化终端的研发

科学技术作为社会智力发展的一个方面，既是文化的重要内容，也是文化的重要表现形式和载体。文化供给，既要注重文化产品的生产，也要关注文化科技终端的自主研发。首先，需要加快对VR技术、体感技术、遥控技术、移动互联网等科技的认识与运营，积极推进其与文化体验的融合发展，探索新型的文化载体。其次，鼓励科技企业建立文化科技实验室，大力研发自有知识产权的文化类终端，尽快打破国外高端文化设备的市场垄断。三是积极探索文化新业态，推动文化创意设计与其他产业的创新融合，探索研发新型终端载体。

三、文化引导需要注意的几个问题

创新文化形式和载体，强化“90后”文化消费的引导，最大化地实现“润物细无声”

的教化过程。在此过程中,需要注意以下三方面的问题。

(一)强调“供”的引导意识

研究“90后”文化消费特征,不是简单地以“需”定“供”。文化供给要关注“市场需求”,但不能被“市场需求”牵着鼻子走,“文化正能量”的引导性需要不断加强。按照社会主义核心价值观理念,充分考虑“90后”的实际文化需求,精心设计产品内容和服务项目,创新供给方式和载体,坚定不移向“90后”提供导向正确、品质良好的产品和服务,将社会主义核心价值观有效地植入到“90后”的心中,长此以往就可能巩固那些方向正确的需求,扭转那些错误不良的需求。

(二)提升“供”的文化内涵

“90后”对于传统文化比较淡漠,“文化认可度”需要加快培育和提升。这一状况的改善需要通过有效的“供”来逐步实现。因此,提升“供”的文化内涵尤为重要。在这其中,要深入挖掘传统文化资源,弘扬优秀文化精神,摒弃落后文化因素,寻找到传统文化内涵与现代文化发展需求的结合点,从“弘扬中华优秀传统文化中寻找精气神”,培养“90后”更高层次的文化需求,从而全面提升“90后”的文化自信与文化自觉。

(三)注重“供”的公平和谐

在我国城乡二元体制下,“90后”文化公平的现实差异日益凸现。由于对新技术的接触和使用情况的差距,地域和经济差异造成的“文化鸿沟”也随着“数字鸿沟”的差异而不断扩大。所以,“90后”的文化引导也要注重“供”的公平性,尤其关注落后及边疆地区的青年少年文化引导。在思想政治教育中,既要强调传统形式的创新引导,又要紧抓“互联网+”的历史机遇,利用各种政策手段和各类技术形式,打破城乡、区域、群体间的“文化隔离带”与“数字鸿沟”,加强“文化供给”的广泛性,催生更加和谐的“90后”公共文化服务和引导体系。

论"工匠精神"的青年传承

南京航空航天大学艺术学院 郭婷婷

中国文化的传承和"工匠精神"的传承在现代社会正面临着发展的困境，而这个问题落实对象最终在于青年群体与传统文化的传承与发展。2016年3月的政府工作报告中，"工匠精神"成为一个令人振奋的新鲜词汇，引起了较大的轰动。但其实"工匠精神"源远流长，在长达2000年的农业社会里，"工匠精神"已成为一种民族品格，融于中华民族的血脉之中。提出"工匠精神"引发的浪潮，一方面是现代社会"工匠精神"遗失湮没的体现，另一方面也是传统文化在自然传承的过程中不知不觉间的对于中华文化之精华的遗弃隐隐哀痛。

一、"工匠精神"与中国文化的关系

中国传统文化博大精深，它既见于经典文献、制度规章等程式化的客体形式之中，又存在于中华民族的思维模式、知识结构、价值观念、伦理规范、行为方式、审美情趣、风俗习惯等主体的形式之内，经过千年的演绎与扬弃，这种文化积淀已深深地融进了中华民族的思想意识和行为规范之中，成为支配人们思想行为和日常生活的强大力量。传统文化在传统社会里扮演着社会规则的角色，有着与生俱来的神圣、不可侵犯的力量。随着现代化进程如火如荼的发展，在这个科学引领、"驱神去圣"的时代里，传统文化在社会中运行规则受到了巨大的冲击，"工匠精神"作为传统社会生产生活运转的重要轴承部件，在现代化的浪潮冲击中失去了原有的力量。伴随大众创新、万众创业以及经济快速发展，中国制造业的弊端的日益彰显，在全球经济的放缓的间隙，对于制造业发展困境反思，让我们开始重新思考"工匠精神"存在的意义。政府工作会议对"工匠精神"的重提，是对现代社会中缺失的伦理规范、行为方式、风俗习惯的一次警醒。"工匠精神"是传统中萃取出来，成为了物质泛滥，精神缺失的一剂良方。"工匠精神"在新的时代里的重生，也意味着中国文化的发展脉络的新的拓展。

二、“工匠精神”传承的本质

知识的传承是文化传承的重要组成部分，因此，教师传授知识的过程就显得尤为重要，教师对于文化的传承起着引导、选择和促进的作用。在一个多元文化的时代里，教育对文化本质的认识，教育对优秀文化的选择往往会成为影响青年学生的关键因素。下文就以“工匠精神”的传承为例，从物象传承还是艺术传承、技术传承还是精神传承、传承的对象是个人还是集体的角度，分析传承的本质。

（一）物象传承与艺术的传承

博物馆里陈列的先人的艺术作品，都是古代的匠人们凝结起来的智慧，是历史定格了技与艺的完美结合体。柳宗悦在他的《工艺之道》中将这样的传统工艺之美定义为“他力之美”，并认为“自然的材料、自然的工艺、质朴的心境、是产生美的本质性的动力”。新的时代对于“工匠精神”的传承不仅在于美的传承，更在于表象之下的美的本质的把握。传统器物美的本质在于尊重自然，遵从内心。“物”的传承在时间的纵向轴线上是静态的，是时间指标相对静止的位移运动，于物本身而言，只有空间和时间上的变化，物不变。艺术的传承，是对于美的分寸与气质的把握，贯穿时空与地域的美的气质是变化的，可以跨越空间，所以才会有“中国的器物博大，朝鲜的器物静寂，日本的器物秀润”。可以跨越空间，所以才会有唐之雍容、宋之俊秀、明之洗练。物象的传承是不变的形的延续，能引起共鸣却也会成为发展无形的禁锢。艺术的传承是民族气质与精神的传承，是伴随社会变化，具有活力与生命的传承。工匠精神的传承内容是活的，有生命的，“工匠精神”就会有源源不断延续活力的力量，“工匠精神”也才会有在现在生存和发展的意义。

（二）技术的传承与精神的传承

在中国，工匠精神起源于农业社会里质朴的社会生产劳作活动、工艺制造活动，匠人在制造器物时以细致入微，精益求精带给古人、今人以若干无形的感动。匠人们的技艺是反复锤炼后的对于技艺与材料在充分感知基础上的游刃有余。现代社会，先进的机器取代了双手，各种复合的材质取代了自然材料，双手与器物的直接感知减弱，双手对自然的感知模糊化，自然与人与器物的相通、相知的灵性自然也就减弱。在这样一个速度为王的时代，低效率的传统生产方式毫无疑问的处于劣势。现代社会以信息、技术、科技作为核心竞争力的制造业时代，传统技艺的坚持与坚守，同时也

有着对于传统的固执。但无论无何，科技的发展、社会的进步所直接带来的制造工具的进步、理论知识的进步对于单纯的生产制造而言有着巨大的进步意义，它们意味着产品更多的生产方式和更多可能的产品。科学技术会随着社会的进步不断发展和变化。工匠精神作为从事产品制造的人力量，有着不懈的坚持和极致的专注，是产品生产过程中唯一可以随着人的意志不变的。工匠精神的传承是对不变的传统的坚持，是对产品精益求精，不断更加完美的人的意志力的坚持与传承。

（三）传承的对象区别

传统文化根植于民生百态，在民间的团体生活中繁衍、生存。传统文化不在于少数人的把玩欣赏，更重要的是将其精髓在更大的空间和更长的时间里得以传扬。无论是个人还是少数人，都无法承担起民族文化传承的职责，他们都不及团体有生命力。个人的生命长度和活动范围是有限的，甚至是短暂的，所能产生的影响力也是有限的。相对而言，团体就具有跨越时间的概念，如民族。团体所具有的无限生命力也就赋予了文化传承载体的无限生命力。人类学家雷德·菲尔德将传统分为“大传统”和“小传统”。“大传统”指的是上层知识分子所代表的文化，多半是经由思想家或者宗教家反省深思所产生的经验文化，与此对应的“小传统”指一般社会大众，特别是乡民或者俗民所代表的生活文化。无论是“大传统”里的文化还是“小传统”里的精神，都有集体的概念。个人不论是平民还是精英，不论多么特立独行，都是于集体文化中所生产出来的一个部分，源于集体也最终归于集体。因此，传承对象始终是由无数的看似不同的个体组成的集体。

三、传承体系变迁与建构

“玉不琢不成器，人不学不知道”。所有的文化的学习，包括文化传承，教育几乎与文化体内所有部分都发生直接联系，任何一种文化特质和文化模式，如果不借助于教育的传递和深化，都将影响它的存在，或缩短它的在历史上的维度。无疑，“工匠精神”的历史维度在市场经济择选下成为了被忽视的对象。历史已成为无法改变的过去，“工匠精神”的传承以及传承中的现代化建构的职责只在青年群体身上，他们与时代并肩而行，代表着现代也代表着未来。

(一)传统的“血缘”与“类血缘”关系的传承体系

传统文化的传承模式多为“血缘”与“类血缘”关系的传承。传统社会中“血缘”关系的传承也就是父子相传,“类血缘”关系的传承就是师徒相承,师徒关系中,师傅视徒弟为自己的孩子,徒弟视师傅为父亲一样的长辈,双方都有着以传统为准绳的相对应的关系与义务。师傅以传统为后盾,传递手艺的同时,也将耐心、专注、坚持的精神传递给了弟子,师傅对于徒弟的教育伴随着显性知识与隐性知识的传承。显性知识呈现为操作过程,步骤与衡量标准,隐性知识更多的呈现在长时间的教学与生活的相处过程中,徒弟对于一些无法用语言来传达的知识的感悟与理解。“工匠精神”是匠人技能与知识的内化表现,是隐性知识的道德升华,化作在实践过程中日积月累的一种风俗与习惯。现代教育模式下,传统的技艺与知识传承模式基本退出了教育史的舞台。学生所处的环境不再是由师傅个人所建构,而是由校园里的教师团体、学生团体以及学校的传统所共同构成的教育环境,有着不断变化和若干不确定的因素。由学校管理者、教师、学生共同组成的班风、学风;由父母、长辈、孩子组成的家风等构成了更大范围、更加丰富的教育环境,学生之间、学生与老师之间互相影响,互相学习,代代相承的同时也是校园文化精神的创建与传承。

(二)素质教育模式下传统文化传承的断层

近代以来,我国引进了西方的教育制度,学校教育取代了以师徒传承为核心的文化传承模式。标准化的、普及式的教育模式下,越来越多的人在接受现代的、科学的、先进的知识文化。“工匠精神”在现代教育、在科技化的过程中,不知不觉间传承的分量变得越来越轻。学校教育被分为阶段性教育,在学生在校学习的过程中,因阶段的不同会接受不同的老师的教导。老师只是作为学生学习的兴趣的引导者,就应用知识而言,在校的科目学习更多的只是专业环节上的凤毛麟角,传统文化类的课程也只是浅尝辄止,深入的可能性极小。“工匠精神”是文化环境的熏陶下积久成俗而形成的匠人们的教养与行为准则、行为规范。耳濡目染的“工匠精神”少了,浓度和纯度降低了,传统自然青年的传承也会出现问题。也许这个世界已经不再需要传统的匠人。可是就匠人每天重复的工作性而言,大多数在同一个岗位,每天重复着做类似的工作的人,其实都在扮演着现代社会中的匠人的角色。只是此匠人已非彼匠人。“匠人精神”的缺失下,无论是现在的我们,还是终有一天从校园走出来的青年,也都只是在机械世界里游刃有余的操作工人。素质教育强调人的全面发展,但也同时强调个性化

的发展。阶段性的教育模式下，教师更需要引导学生发现自己的专长与爱好，增强坚持学习不被其他诱惑所干扰的毅力，培养学生的自主学习能力和研究能力。素质教育模式下，知识已经不是最为重要的内容，更为关键的是学习方式、学习态度、学习方法的传承。而这也是"工匠精神"现代化过程中所需要容纳的一个部分。

（三）现代教育对于"工匠精神"传承的上下求索

现代化的教育模式为我国面向未来的建设提供大量的优秀人才，比较起传统的教育模式，现代教育给予了我们更先进、更快捷的方式接收大量的显性的、可操作性的知识。但也有些知识，常常无法用语言或者文字传达，它们需要肌肉、肢体和心灵感应等加以揣摩的"意会知识"相对而言减少。传统的教育模式下"意会知识"的传递的获取常常是由师傅以示范和启发的方式作为引导。"工匠精神"作为"意会知识"的一种，它的体悟往往需要在与师傅长期的生活与相处的过程中习得。校园里老师和学生间相对短暂的相处，"内隐知识"在这样的传递过程中，缺少了时间的打磨。往往"意会知识"的韧度与牢固程度，远远不及传统教育模式下来的坚固。"工匠精神"所具有的"隐性价值"和"显性价值"在现代教育模式中的更好的传递需要现代的教育模式与传统教育模式更好的契合。针对现代教育下出现的文化传承的阶段性、非地域性特征、非专业化、浅显化的特征，学校可以因地制宜根据不同风土人情，将当地民间匠人的教育活动纳入本校教程，并作为学校长期特色课程来培养学生的兴趣与爱好。教师在进行课程设计的同时可以适当增加学生与老师的沟通互动机会，适当增加学生与老师的校外活动机会，进而让老师与学生能够有更多方面的沟通了解。学校教育适当的增加实践课程，并且可以根据学生的学习阶段的不同将课程分为不同的难度等级，给予学生在某一方面专业能力的不断深入的平台与空间。学校教师在教育教学的过程中也需不断地增加对于传统文化的学习与吸收。从青年教育出发，培养青年对于地方传统文化的热爱与自信，是"工匠精神"传承需要迈出去的第一步。

民族文化的传承是各种民族文化要素的传承，包括语言传承、行为传承、器物传承和心理传承。其中最稳定、最持久、最为核心的传承是心理传承，心理传承往往表现为民族意识深层次的积累，是构成民族认同感的核心。"工匠精神"作为重要的心理传承，是可以通过时间的轨道传递给未来的礼物。作为我国优秀的传统文化之一，"工匠精神"的传承也是优秀的民族品质的传承和发展。传统社会里，如欲化民成俗，必由学。在新的时代，如欲将"工匠精神"化作民风、民俗，必经之路依然是教学。"工匠精神"作为传统的一个不可分割的部分,若要在青年群体中寻找到重生的力量,就需要"工匠精神"在现代的语境之下,以"传统"的身份进入现代校园,化"传统"为"今俗",种下"工匠精神"基因的种子,以"现代"身份走出校园。让它们自然的随着年轻的孩子们在未来社会的各个角落绽放,去影响更多的人,使"工匠精神"成为今天的现代文化的一个部分,将来的传统文化中的精髓。

从台湾霹雳布袋戏看传统文化的传承与创新

中国传媒大学文化发展研究院　陈雪璇

当前，大陆许多传统文化正面临着传承的难关，许多优秀的传统艺术、技艺面临找不到传承人的尴尬局面。究其原因，在于传统文化与现代社会之间存在较大的对接困难，特别是年轻一代对传统文化缺乏接触，未能产生兴趣，更谈不上主动学习和传承。社会的快速变迁和文化的断层，让大陆许多传统文化失去了发展的土壤，而80后、90后等年轻一代的疏于了解，又让传统文化陷入了传承的困境。因此，要实现传统文化的保护并进一步创新发展，如何撬动年轻一代的兴趣和学习欲望是首先要考虑的问题，而如何适应时代发展趋势，在创新中实现传承亦是重中之重。而从近几年的发展来看，台湾在传统文化传承和创新方面有着独到之处，特别是从传统文化行业转型为文化创意产业的经验值得进一步思考和借鉴。其中，以霹雳布袋戏为代表的台湾布袋戏在传统文化传承和文化创意产业转型升级的过程中更有着许多独特的实践经验，为大陆在传统文化传承和创新方面提供了积极的启示。

一、台湾霹雳布袋戏的历史沿革和发展特点

（一）布袋戏的历史沿革

布袋戏是17世纪起源于福建泉州或漳州，主要在福建泉州、漳州，广东潮汕与台湾等地区流传的一种汉族地方戏剧剧种。布袋戏之所以被称为“布袋戏”，是因为除头、手、足外，戏偶身躯的其他部分都是用布料制成的服装连系起来的，形如布袋，身躯中空，方便操偶师将手套入戏偶的服装中进行操偶表演。而随着时代的发展，福建等大陆地区的布袋戏慢慢衰落了，但在台湾地区，保留100多年没被破坏的社会架构及传统语言（闽南语）的稳定流传，给布袋戏提供了一个良好的发展环境，并在经过一系列的创新改革后，广受新老观众的欢迎，实现了突破式发展，其中最为著名的就是

霹雳布袋戏。

布袋戏自传入台湾后就一直受到民众欢迎,并不断融入南北管乐实现发展,一直到日治时期受到日本政府的限制才首次遇到低潮,当时仅有几家布袋戏班被允许上演指定的“皇家戏”,其中就有被称为“台湾国宝”的黄海岱戏班“五洲园”。到了20世纪60年代,黄海岱之子黄俊雄在接棒之后对传统布袋戏进行了大量的革新,例如加大布偶尺寸,用流行音乐取代传统打击乐作为配乐等,而最具革命性的创新就是脱离戏台的限制,将布袋戏搬上了电视荧幕,使之真正走进千家万户。此后,黄家第三代,黄强华和黄文择兄弟更进一步创立“大霹雳节目录制公司”,以更多元的创新经营理念,开创了以剧情诡谲多变著称的“霹雳布袋戏”,并紧跟时代发展和社会变迁,融入现代观念和新兴风尚,让中华传统文化以霹雳布袋戏为载体走向了世界、走向了新一代。

(二)霹雳布袋戏的特色——对传统艺术精髓的保留再发展

霹雳布袋戏保留了传统布袋戏最大的特色:一人口白,即所有剧集的角色台词、旁白均由一人演绎。霹雳布袋戏至今超过2000多集的作品,出场的上千个人物均由号称“八音才子”的黄文择担纲演出,仅有2000年的电影《圣石传说》以及旧片《霹雳孔雀令》有他人参与配音。霹雳布袋戏的剧集拍摄不同于一般影视剧拍摄,而是先录口白,再根据口白进行操偶拍摄。口白是剧集拍摄的基础,也是操偶师揣摩演活人物的基本依据,黄文择深厚的配音功底、多变的声线,加上闽南语方言的古语特色,让配音成为了霹雳布袋戏最为亮丽的一大招牌,同时也是众多“道友”(霹雳布袋戏戏迷自称)忠实追崇的原因之一。霹雳布袋戏大规模保留了给剧中人物创作诗号的传统。在上千的剧集中,出场人物众多,人物形象、性格各异,但几乎每一个人物都有属于自己的诗号,即通过几句诗词简要概况该人物的性格、命运。例如男主角素还真的诗号:“半神半圣亦半仙,全儒全道是全贤,脑中真书藏万卷,掌握文武半边天”,以及傲笑红尘的“半涉浊流半席清,倚筝闲吟广陵文,寒剑默听君子意,傲视人间笑红尘”,药师慕少艾的“少年无端爱风流,老来闲赋万事休。万丈动名孤身外,百世经纬一樽中。少时听琴楼台上,引觞歌啸眷疏狂。不信江湖催人老,皇图笑谈逐尘浪”等,都极具浓厚的古典诗词韵味。此外,霹雳布袋戏的剧情绝妙,在依循传统的武侠剧情基础上,不断延伸拓展,在保留传统布袋戏刀光剑影的武戏、机锋藏尽的文戏和诙谐幽默的小丑戏外,创新出许多天马行空的剧情,不断加入异次元世界、外星人(叶口月人)、吸血鬼(嗜血族)、机器人、生化人等各种现代科技元素,并与原有剧情实现高度契合,让人不禁拍案称绝。

霹雳布袋戏在传统音乐的继承和创新上也是独具特色。布袋戏为了弥补人偶缺乏面部表情的弊端，一般会通过后场的传统戏剧音乐渲染不同的场景气氛。而霹雳布袋戏将此传统进一步发扬光大，为剧中每一位主要的人物创作专属的角色曲，甚至场景曲、武曲、文曲、悲曲等，以根据不同的剧情需要进行情感渲染。而这一系列音乐，大多是在传统民族乐器的演奏基础上加入现代音乐元素和手法，创作出的经典曲目。其中不少乐曲更被大陆粉丝借用，进行二度填词翻唱，成为了大陆古风音乐的源头之一。

二、霹雳布袋戏内容和形式创新的探索

2017年1月时，霹雳国际多媒体有限公司的董事长黄强华曾带着霹雳布袋戏登上了北京卫视《传承者》的舞台，节目中，面对评委质疑"如此'创新'是否会丢失传统艺术的原汁原味"时，黄董答道"传统文化只有吸引年轻人才能实现传承，如果连年轻一代都不屑于去看又谈何传承?"与时俱进，时刻关注年轻一代的审美变化和需求，在保留传统艺术精髓的基础上进行大刀阔斧的创新，是霹雳布袋戏能够连续30余载而不衰的根本原因。

（一）内容上的创新，精彩多变的剧情

从1986年的《霹雳城》开始，霹雳布袋戏播出至今已30年，且30年来一直保持不断更新，时至今日共有66部剧近2000多集，其中还包括两部电影作品。如此长的剧集，且每一部的故事基本上延续了前一部的结尾，在长达66部剧里塑造了一个完整独立的"霹雳世界"。稳定的剧集更新，加上不俗的剧情内容，成为了牢牢吸引戏迷的基本条件，更是霹雳布袋戏能一直保持生命力的根本前提。特别是对于年轻一代，如今纷繁的娱乐活动目不暇接，不够长情的80后、90后是很难长时间将目光聚焦在一部作品上的，常常是热情来得快也去得快。而霹雳布袋戏的持续更新，每部剧承接上部却又有自身的故事线索，一脉相承却又多加变化，在保留传统的同时保持新鲜感，既留住了老粉丝，又能不断吸引新粉丝。霹雳的剧情精彩，许多的对白亦堪称经典，既有极富禅思哲理意味的人生感悟，亦有直白却直指人心的口语对话。例如素还真的"莽莽红尘，谁将韶光偷换，人也好，魂也罢，不过一抹塘荷影"，空劫的"天也空，地也空，人生渺渺在其中。日也空，月也空，东昇西坠为谁功。金也空，银也空，死后何曾在手中。妻也空，子也空，黄泉路上不相逢。权也空，名也空，转眼黄郊土一封。酒也空，

气也空,世间浮华一阵风"等对白,都是令人回味无穷的佳句。当然,霹雳口白最妙的还是适时融入了许多流行词句,特别是在年轻群体中广泛使用的网络用语和交流用句,常常能在剧情对白中看到。例如"打酱油""虾米""城会玩""好大一盘棋"等,均是流行一时的网络用语,而霹雳常能将这些用语灵活的嵌入当下播出的剧集中,用贴近现实、贴近年轻群体的话语体系去吸引观众的关注和好奇,进而培养起新的粉丝群体。

霹雳布袋戏的主要背景为传统中原武侠,以及衍生出来的东方仙侠系统。剧情主要发生在苦集灭道四境中的苦境,江湖门派一般分为儒释道三教。根基、功体、武学、术法、茗茶、手谈、煮酒、论道,组成了一个独特的霹雳世界。而剧情亦从早期的纯武侠到如今的武幻、玄幻、魔幻,多样化的元素,体现的正是对时代发展和年轻人喜好变动的适应。剧情多线展开,情节紧凑而又具悬念、不失幽默。每部剧往往在主线之外仍有三四条剧情线并行,情节之间相互联系又各自独立发展,最后汇总到一起共同达到剧情上的高潮。且除了单纯的武力斗争,霹雳布袋戏更注重智谋的刻画。从一开始的正道落于下风,到中间通过各种谋略布局,慢慢的在最后能够力压反派势力。这种润物细无声的剧情,一点一点吸引观众,并常常出人意料,前期埋下的伏笔在此后细细品味,结合适当的武戏,让观众直呼过瘾。

(二)形式上的革新,表演方式的精进

布袋戏所用的戏偶均为全手工制作,其中最关键的就是偶头的雕刻,而作为非物质文化遗产的雕偶技术亦随着布袋戏的发展获得了自身的传承。霹雳布袋戏在雕偶技术上的变革主要集中在四个方面:一是木偶的眼睛部分,从早期的笔画眼演化为如今的玻璃眼,木偶更为传神;二是毛发部分,将传统的塑胶假发改为真实的植发,使木偶更加接近真人形态;三是尺寸方面,为了适应电视拍摄的需要,电视戏偶的尺寸不断加大,从2000年以前的掌中小偶,到后来的八寸、十二寸,近年来更是接近一米左右的精致大偶;四是手脚的灵活化,木偶的手脚从木质改为塑胶制,并加设关节,从10年前的只能弯不能动的木手木脚,到如今从肘到指,从膝到脚都能灵活转动,能更为逼真的表现一些真人动作。

如果说布袋戏戏偶是没有生命的木偶,那么操偶师就是赋予戏偶灵魂的人。霹雳布袋戏中人物的动作、形态均是操偶师在背后细致入微的操作表演出来的,而随着雕偶技术的变革,操偶技术也在不断创新中。除了文戏、武戏基本的甩偶动作仍旧依循传统布袋戏的操偶手法外,为了更好地表现出电视画面效果,霹雳布袋戏加入了电影

特有的吊钢丝效果,即通过钢丝来控制戏偶的一些表现动作。而在层次布景里,有时操偶师面临看不到戏偶的状况,这就需要活用各种拍摄手法和操偶技法。例如2000年上映的霹雳布袋戏电影《圣石传说》里,操偶师为了拍摄主角傲笑红尘和剑如冰乘船的画面,甚至潜入水中,配合摄影师要求进行水下操偶表演。而不管是雕偶技术还是操偶技术,都是布袋戏不可或缺的关键部分,而同样作为传统工艺技术,雕偶、操偶都随着霹雳布袋戏的发展在年轻一代中实现传承。台湾不少高校多有专门的布袋戏学生社团,致力于布袋戏的交流以及雕偶、操偶技术的相互学习,而这正是传统文化走进下一代,实现传承创新的表现。

三、霹雳布袋戏运营和管理创新的实践

黄强华兄弟除了带领霹雳公司对布袋戏的形式和内容进行了大刀阔斧的创新外,在对布袋戏进行现代化的运营和管理上亦有许多独创之处,并能结合传统文化特色、文化创意产业特点制定多元化的市场发展策略。

(一)运营创新,重视粉丝力量

霹雳布袋戏剧集跨度长达30年,前前后后吸引了许多不同年龄层的粉丝,而对于这些衷心支持的戏迷们,霹雳公司也一直展开多种策略跟进运营,特别是针对年轻粉丝,更是不遗余力的开展各种互动活动。霹雳会是霹雳公司下设的一个部门,专门管理各个人物官会及与戏迷进行互动联络。该部门也同时负责霹雳布袋戏会刊《霹雳会》的编辑和发行工作。自1984年发行创刊号至今,基本保持一月一刊,不仅搭建起霹雳剧集与粉丝之间的桥梁,营造了一个霹雳布袋戏专属的粉丝社区,更有效地实现官方与戏迷粉丝之间的定期联络,及时了解粉丝的意见和看法,从而更好地调整霹雳公司的运营策略和剧集拍摄情况。而需要每年缴纳近500元人民币会费的霹雳会(官方后援会)成员也成了霹雳布袋戏的基础核心消费群。这种由戏迷粉丝团体带动形成的消费经济也成为了霹雳布袋戏价值链条上稳固的消费群体。一部经典的作品必然有着令人印象深刻的人物,而霹雳布袋戏漫长的剧集里更是塑造了许许多多经典的人物形象,很多都拥有着一批又一批的忠实拥趸。为此,一些经典的人气角色都会成立专门的官方后援会,并由粉丝自行管理,统一与官方霹雳会进行联络和联办活动。而由于人物众多,霹雳会官方所给的官方后援会名额有限、条件也较为严苛,因此,角色之间的人气PK和各家粉丝后援会的竞争也甚是激烈。官方后援会的存在,

一方面是证明剧中人物人气的标志，甚至会影响该人物在后续剧集中的出场率和表现，另一方面，霹雳公司也能依此更加了解、把握粉丝动向，有效地对人气角色进行开发运作，从而挖掘更广阔的市场价值以实现公司的经济效益。

对于霹雳布袋戏的粉丝而言，最大的愿望就是能够参观拍摄片场以及接触到自己喜欢的人物戏偶本尊。而为了更好地维系与戏迷粉丝之间的良好关系，霹雳公司也会定期开展片场探访和线下见面会活动。片场的参观则又与官方后援会的运作联系起来，霹雳公司每年都会给予各个人物官方后援会参观片场的机会。而线下见面会则比较普遍，为了宣传和推广的需要，霹雳公司时常会带一些人物本尊到各地出访举办见面会，既满足一些粉丝们见到本尊的愿望，以获得粉丝的支持和拥护，又对“霹雳”品牌做了有效的宣传，特别是近年来在大陆地区举办的不少线下见面会，成为了霹雳公司拓展大陆市场的重要举措。

（二）管理创新，建立现代化的企业制度

将传统布袋戏产业化并发扬光大，必须仰赖于企业的现代化运营，而不能再遵照古老的“戏班”形式运作。只有如此，布袋戏才能在变化迅速的现代社会不断增强自身活力，顺应市场需求。从早期黄氏家族式戏班的搭台表演，到搬上电视荧幕，直至成立专门的拍摄公司承担剧集生产任务，台湾布袋戏的发展一直顺应着社会生产的发展变化。而到黄强华成立霹雳多媒体国际股份有限公司，更是将现代企业制度和现代生产方式运用到布袋戏的拍摄创作中。编剧、雕偶、口白、造型、操偶、拍摄等各个环节的独立化、流程化，形成环环相扣的部分分工，并实施科学高效的部门运作和流程管理，使得每周两集的剧集拍摄任务成为可能，并有了进一步在其他领域扩展的机会。在现代企业建设上，人才的培养和管理是重点，特别是对于文化创意类企业而言，创意人才的选用和任用是企业发展的核心。而霹雳公司在人才的培养上，亦能坚持自上而下“不拘一格降人才”的用人理念。不拘泥于专业科班背景，而是广泛吸收各种人才加入霹雳，让许多有志的年轻人能有一展才华的机会。例如，霹雳电视台每周的节目“超级霹雳会”主持人启用戏迷兼知名的coser曲亮和风三少；首席造型师Ken更非科班出身，却被霹雳公司挖掘并吸收入主创团队；而一向不招女性的操偶师更是破例允许珊琦进入片场学习，如今已成为霹雳首席操偶师之一。而霹雳公司员工年龄多在30岁左右，更让布袋戏这种传统艺术充满勃勃生机。此外，不时的举办“高校交流活动”，与台湾各地高校的布袋戏社团进行交流指导，不断培养、支持年轻学生在雕偶、操偶、口白、编剧等各方面的兴趣和学习，从而带动整个布袋戏行业人才

的发展，实现传统艺术的顺利迭代。除了以上两方面，霹雳公司在企业精神的培养和企业形象的塑造上也充满特色。融入霹雳布袋戏剧中的“仁侠”理念，培养霹雳公司充满个性的企业精神外，更不遗余力的挖掘经典人物形象，将其作为公司独有的形象代表和企业门面，在让粉丝们倍感亲切的同时亦建立起独特的企业视觉识别系统。

（三）借势发展，抓住政策机遇

台湾重视传统文化的保护和传承，出台不少的优惠政策进行扶持，而霹雳布袋戏也能及时把握政策东风，利用良好的外部环境获得自身的发展。2002年，台湾就提出“创意台湾”的口号，接踵而来的“文化创意产业发展计划”，更是明确地将“文化创意产业”列为台湾重点发展产业，这些都成为了霹雳公司扩大发展规模的重要契机[1]。而霹雳公司也依托这一良好的发展环境，实现布袋戏的进一步创新，于2003年发行的剧集《霹雳九皇座》就获得了2005年的金钟奖戏剧类导演奖。借助政府力量的支持，霹雳布袋戏不仅在艺术上有了新的收获，在市场上也获得了一定的扩张。霹雳布袋戏能在桃园国际机场有独立的主题候机室，在各地开设直营店，甚至时常出现在各大传统节庆活动中，都与政府的大力支持分不开。而其拍摄片场所在的云林县，布袋戏更形成了一条完整的产业链，该县政府定每年1月2日为布袋戏日，更体现了地区经济与布袋戏的密切关系。随着近年来大陆对于传统文化的重视和文化创意产业的支持，霹雳公司也将下一步的目标放到大陆市场。

四、霹雳布袋戏对大陆传统文化传承和创新的启发

从霹雳布袋戏的发展经验可以看到，传统文化的传承和创新仍大有可为，特别是对于戏剧戏曲等表演一类的传统艺术，运用现代形式进行改造和包装，不仅能使之得到顺利传承和延续，更能在新时代绽放新的光彩。

（一）兼顾文化效益与经济效益是前提

传统文化在传承创新过程中，文化和经济、艺术和商业的冲突是不可避免的，但只有兼顾艺术价值和商业价值，有效挖掘经济价值，才能更好展现文化价值。面对现代社会的发展，传统文化行业更要顺应时代潮流，不断创新，对产品进行流行化的包装，既要实现产品的适当量化，保证高品质和文化价值，又要保证产品能够大范围流

[1] 石理恒.对台湾文化创意产业开拓大陆市场的探析—以霹雳布袋戏为例[J].佳木斯教育学院学报,2010(5).

通，顺利进入市场。[1]对于传统文化而言，面临传承危机和消失困境的原因之一就是缺乏可供开发的经济价值，无法有效对接现代的社会经济生活，自然面临被时代遗忘和淘汰的危险。文化属性和文化价值是传统文化的核心和精髓，但过分维护其文化效益而拒绝任何的商业开发是不明智的，而过度商业运作而抛弃文化底蕴，亦是不可取的。文化产品的经济价值源于文化价值，并通过文化效益的实现而实现，传统文化产品的传承和创新亦如是。尊重传统文化的精髓，保留但不盲目固守、创新但不肆意删改，而是立足于对某一传统文化的深刻了解和把握的基础上，"取其精华、去其糟粕，留其精干、却其冗枝"。只有既保留其传统精髓并实现内容上的创新再发展，才谈得上传承；只有在继承精华的基础上，大胆进行形式上的革新，敢于结合自身特色进行商业化、产业化、企业化的创新实践，挖掘传统文化在文化价值之上的经济价值，才能不断顺应社会发展实现传承。

（二）加强供给侧创新是方向

传统文化行业转型升级为文化创意产业，除了进一步扩展其文化价值和效益外，更重要的是挖掘潜在的经济价值，而首先就要从供给侧入手，重视观众尤其是年轻观众的培养，加强观众消费的引导。传统文化的传承和保护，最为关键的就是传承人的培养，特别是对于戏剧、皮影、偶戏甚至民间手工艺等传统文化，是需要专门的技艺培养和学习的。而要激发年轻一代学习传统文化的欲望，首先就要能够吸引他们的目光。只有充分了解年轻观众的审美需求和消费倾向，及时了解80后、90后甚至00后的不同话语体系，用年轻人的语言和交流方式去展现、表演传统文化，才能有效吸引住年轻人的目光。而当能够稳定捉住一部分年轻观众的视线，让他们对传统文化产生兴趣进而产生学习的欲望，才能进一步挖掘下一代传承者，才能真正实现传统文化的顺利传承。

培养年轻观众也是刺激观众文化消费的重要举措。当前的网生一代，在文化娱乐层面的消费能力不断提升，普遍存在对喜欢的事物进行消费买单的行为。特别是在文化娱乐领域，基于情感投资和文化情怀的消费正成为新的国民消费热点，而传统文化自觉、国风古风活动近年来更随着二次元文化的发展而逐渐兴起，传统文化的传承和传播有了新的发展契机。而在引导观众消费的同时，更要实现消费方式的多元化。不局限于单一的观影体验等一次性消费方式，而是能够创新多样化的文化产品组合方式，让文化消费从简单的视听感受提升到游乐体验、学习体验等综合文化消费

[1] 蔡杨杨.霹雳布袋戏运营的价值链分析[J].青年记者,2013(32).

活动，甚至能进一步带动相关工艺产品、文化周边产品销售、收藏的市场热度。

（三）加强文化科技融合是核心

类似戏剧这种舞台式表演的传统文化，如何跨出原有的时空限制，拓展更广阔的发展空间，是能否在当代继续传承发展的关键。在多媒体互动发展的当下，拥抱多样化的媒体传播方式，实现文化科技的进一步融合，不断融入现代媒体，拓展传播渠道，才能更好地实现传统文化的传播和推广。打破传统在时空上的束缚，让更多的传统文化能够走出固有舞台去与大众接触。而从电影电视时代到如今的互联网时代，媒体的发展日新月异，传统文化能够搭载的途径和手段也更加多元化。不拘泥于传统的表演方式，而是能够结合电视播放、电影播放，甚至网络播放的特点进行合理的创新改变，才能吸引更多人的关注，才能谈得上在传承中创新，在创新中传承。而如何更好地融入现代媒体体系，结合不同的媒体特性和受众特点进行传统文化从内容到形式上的创新改良，都是需要结合具体的传统文化实际情况进一步思考和研究的。但毋庸置疑的，传统文化的传承需要有年轻一代的承继，而当前，年轻群体正是多元媒体、新兴媒体最主要的拥护者。多元化的传播渠道能最大面积的覆盖潜在的消费群众，而不同的传播方式吸引着不同的观众群体，只有拓宽传播渠道，针对不同的观众群体制定对应的传播策略，才有可能以最有效、最直接的方式触及核心观众。而在互联网快速发展的当下，新媒体的出现成为了最受年轻人欢迎的媒体方式，而如果能拓展传播方式，创新新媒体传播渠道，传统文化亦能够在融入现代媒体网络的基础上拥抱新的消费群体，实现自身从内容到形式上的传承创新。

（四）树立现代管理理念是关键

传统文化产品转化升级为文化创意产品，传统文化行业转型为文化创意产业，传统的作坊式、个人独立制作的模式必然无法适应新的发展要求。只有树立现代管理理念，引入现代化的管理模式和运作方式，才能更好地实现传统文化的现代化保护和开发、创新和发展。一方面，可以借鉴现代企业管理模式建立传统文化的开发运营团队、机构，实现专业化的部门分工和合作，通过上下游环节的有机组合建立起完善的产业链结构。通过打通诸多存在内在联系的传统文化、艺术、技艺之间的关节，形成组合式的开发运作，将不同的传统技艺嵌入产业链各个生产环节，从而构成动态的传统文化产业系统，推动传统文化的共同传承和发展。另一方面，对于团队的管理亦应借鉴现代理念，特别是对于文化创意人才而言，有效的人才资源管理和开发是关键。

在创作、创新环节，充分尊重人才的创造性，积极激发、引导创意人才在传承传统文化过程中的一系列创新革新；而在文化产品市场开发、推广等环节，则要充分尊重市场规则，采用现代化的商业管理模式和市场运营模式进行产品推广，以实现文化效益和经济效益的双丰收。

（五）政府的大力支持至关重要

传统文化艺术，特别是非物质文化遗产一类，主要依托于人本身的存在，以声音、形象和技艺等为表现手段，是“活”的文化和传统，同时也是最为脆弱的文化和传统。因此，对于传统文化的保护和传承，政府所起的作用不容忽视。一方面，除了立法进行保护，更重要的是能落实到具体的优惠政策、保护政策。特别是对于地方特性明显的传统文化，地方政府应能结合本地具体情况，实施对应的保护意见、发展指示，从而为某一传统文化技艺的传承和发展营造良好的外部条件，这也是传统文化实现自身传承和创新发展的前提。另一方面，将传统文化的保护、传承、开发有机融入地方文化建设、经济建设中，既有利于强化当地的特色文化风貌建设，又有利于传统文化融入当代社会生活。例如，规划建设专门的主题园区，对当地的传统文化进行集中的展示和教习，将传统文化的表演和传承与旅游、展览等相关业态结合起来，让传统文化能在更为开放和流动的环境下实现自身的突破和创新发展。

百年乐歌的文化消费

北京航空航天大学人文与社会科学高等研究院　李　静

近年来,“晚清”“民国”成为大热的文化主题。究其原因,大概是因为我们今天仍然处在由“晚清民国”所开启的现代变革之中。而“晚清民国”作为一个文化“源头”的魅力令人着迷。在这样的“晚清民国”热的背景下,我想向各位介绍一个最具“晚清民国”特色的文化载体——“学堂乐歌”,这也许可以成为我们回顾那段历史的一个非常好的契机,也希望会成为当下文化消费的一个热点。

一、学堂乐歌的概念及发展

学堂乐歌顾名思义就是在学堂里演唱的歌曲。那么,学堂是什么呢?学堂这个概念,在近代特别是指那些接受了西方的教育理念所开设的不同于中国传统教育方式的新式学校。我们国家的历史分期,鸦片战争之后是中国的近代以及现代的开始,我们今天仍然处在这样一种历史语境之中。这100多年来,摆在中国人头脑里的一个最为核心的问题就是,中国文明如何从一种古代的文明形态向现代形态转变。那么,这种转变当中一个最为重要的外力的推动就是西方文明文化的传入。古代中国以文教立国。而西方文明对中国最大的改造就是在教育领域以及知识体系上的改造,并进而改变了我们理解这个世界的方式。1877年,在山东登州传教的狄考文在“基督教育在华传教士第一次大会”上发表了《基督教会与教育关系》一文,文中认为“教会一经建立,就会产生开办学校的愿望”,而西方教育必将会对中国的文明进程产生不可估量的意义。他说:“教育在培养把西方文明的科学、艺术引进中国的人才方面十分重要,中国与世隔绝的日子已屈指可数,不管她愿意与否,西方文明与进步的潮流正朝她涌来,这种不可抗拒的潮流,必将遍及全中国。”后来的历史证明了狄考文预见的正确性。例如,我们可以思考一下今天高考的科目里,中国传统的部分还占多少比例。所以说,西式学堂的建立其实是西方文明东传入中国最为重要的根据地。因此,新式学堂、学校的设立在中国从古代文明向现代国家的转变中具有非常重要的意义。

中国古代是非常重视乐教的。六经当中,就有“乐”经,可惜后世失传,六经变成五经。而所谓的乐教也由于周文明的渐行渐远而逐渐衰亡。在西方文明东传进入中国的过程中,西洋音乐作为西方文明重要的载体也被一同传入中国。西洋音乐的传播渠道有这么几种:基督教的赞美诗、西方的军乐队、西洋乐器商人,以及西洋音乐在中国的演出等等。这几种方式中,最为重要的是基督教的赞美诗。近代西方进入中国的一个主要的文明诉求就是传教——传播基督教的教义。而在传播基督教的过程中,赞美诗的使用对传播基督教的教义起到了非常积极的作用——赞美诗的歌词可以直接宣传教义,而优美的旋律则使得生硬的说教变得容易接受。面对着西方文明的这种教权的争夺,一些有识之士开始注意到赞美诗的巨大宣传作用,从而重拾中国传统的“乐教”理念,希望可以借助于音乐的力量来启蒙大众并改造旧中国。所以,一些有识之士,尤其是戊戌变法失败后,一些旅日的国人就开始仿照日本新式学堂里学堂乐歌的方法创作适于中国人演唱的歌曲。由于当时国人西方音乐水平实在是薄弱,所以这些乐歌的曲调的部分,大多是借用西方的现成的音乐曲调,或者是由日本人转用过来的西方的曲调,然后按照古代填词的方法,填上一些歌词,来表达作者想传播给大众的一些观念。当时有许多的著名人士都曾创作过这样的新式乐歌,如大家都熟知的梁启超、康有为等。

新式学堂的建立,仿照西方的教育体系,自然会有音乐课,而传播西方文明的重要根据地也是在学堂。所以,清末民初的这些有识之士的乐歌作品的一个重要的出口就是在学堂里。许多乐歌集的出版就非常清楚地表明是为了新式学堂的乐歌课,为了新式学生的演唱而创作的。这就是学堂乐歌的由来以及产生的背景。

二、学堂乐歌的主题——“少年中国”

学堂乐歌是近代国人面对西方文明的东传,试图用以介绍新知,启蒙国民,建设一个理想中的新中国的重要的文化载体。所以,近代学堂乐歌的主题都集中于对一个“少年中国”的塑造。“少年中国”的概念语出梁启超的《少年中国说》:“日本人之称我中国也,一则曰老大帝国,再则曰老大帝国。是语也,盖袭译欧西人之言也。呜呼!我中国其果老大矣乎?梁启超曰:恶!是何言!是何言!吾心目中有一少年中国在!……故今日之责任,不在他人,而全在我少年。少年智则国智,少年富则国富;少年强则国强,少年独立则国独立;少年自由则国自由;少年进步则国进步;少年胜于欧洲，则国胜于欧洲；少年雄于地球，则国雄于地球。”我们看梁启超的这篇《少年中国说》之所以流行百年而不衰，就是因为其中蕴含着中国人100多年来的一个共同的期许，一个共同的中国梦！那么，中国做的这个富强的中国梦是从近代开始的。当时，许多有理想有抱负的中国人都把他们的中国梦寄托在了音乐、乐歌之中。学堂乐歌中的少年中国主题，主要展现在3个方面。

（一）近代乐歌对新事物的宣传

一个“少年中国”的实现必然需要以“知识”更新为基础。除了近代新式学堂中各种科目对新知识的传授，近代“乐歌”以其极大的包容性，成为宣传新知识、新事物的阵地。例如这一首创作于1905年的汪翔作词的《铁道》，曲调选用的是英国的民歌《划船歌》。

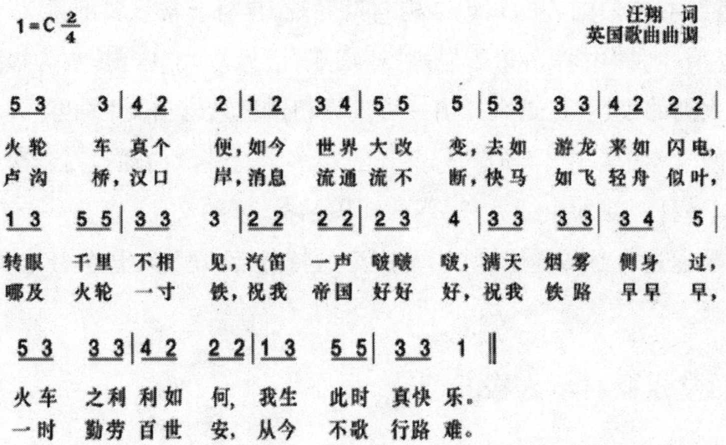

1=C 2/4

汪翔 词
英国歌曲曲调

53 3 | 42 2 | 12 34 | 55 5 | 53 33 | 42 22 |
火轮 车 真个 便，如今 世界 大改 变，去如 游龙 来如 闪电，
卢沟 桥，汉口 岸，消息 流通 流不 断，快马 如飞 轻舟 似叶，

13 55 | 33 3 | 22 22 | 23 4 | 33 33 | 34 5 |
转眼 千里 不相 见，汽笛 一声 啵啵 啵，满天 烟雾 侧身 过，
哪及 火轮 一寸 铁，祝我 帝国 好好 好，祝我 铁路 早早 早，

53 33 | 42 22 | 13 55 | 33 1 ‖
火车 之利 利如 何，我生 此时 真快 乐。
一时 勤劳 百世 安，从今 不歌 行路 难。

这首歌曲描写了新式交通工具带来的“如今世界大改变”，过去的“快马如飞，轻舟似叶”，都不如现在的“汽笛一声啵啵啵，转眼千里不相见”。在这样的新的交通工具所带来的新世界的体验中，作者的心情也是非常愉快的“从今不歌行路难，我生此时真快乐”，我们都背过古诗“蜀道难，难于上青天”。而物质文明所带来的生活的便捷以及作为现代人的骄傲，在这首乐歌中表现得淋漓尽致。再看这首《新闻报》：“新闻报，一张纸，海内寄耳目，见闻实赖此。新闻事，报不已，交通利益诚无比。朝野上下是与非，或褒或贬严如史。新闻报，上街卖，清晨早早起，先睹实为快。新闻报，非奇怪，言者无罪闻者戒。新闻报，报新闻，中外广搜罗，天下皆同文。新闻报，日日新，学界愈进报愈增。据事直书公且信，文言雅可道俗情。新闻报，一纸刊，国民公议论，报纸极大观。新闻报，快快看，胜读野史与稗官。”两段歌词的首句“新闻报，一张纸，海内寄耳目，见闻实赖此”，“新闻报，报新闻，中外广搜罗，天下皆同文”已经清楚地描述出，报纸通过对一种民族语言的使用，以及将一些“远在天边”的事件强行拉入读者的视野与思维之中，为一个“国家共同体”的想象与建构作出了贡献。而“朝野上下是与非，或褒或贬严如史”“据事直书公且信”，则描述出报纸对舆论自由的贡献。这种“自由度”的拓展是以“国民公议论”——一种“负责任”的“现代国民”的出现为基础的。而“言者无罪闻者戒”一句则突出体现了这种“现代文明”产物对专制政体的冲击。还有介绍新知识的学堂乐歌，如权国垣作词的《亚洲》：“五大洲，称膏腴，惟我亚细亚。乌拉山，地中海，西界欧罗巴。太平洋，通北美，可以一航驾。西南端，隔红海，即阿非利加。”近代国人一个最大的知识上的更新，就是从原来认为中国乃“天下”之中心，文明之渊薮，变为认识到中国不过是世界上一偏安东方的国家而已。这样的“地理大发现”，对重塑国人的知识结构与世界观，具有非常重要的意义。虽然在这首乐歌中，仍然有一种“中心主义”，但是“亚细亚”已经取代“中国”成为被赞美的对象，而对毗邻诸大洲的表述，更是烘托出一种世界相连且息息相关的气氛。

在近代的学堂乐歌中，类似的作品还有很多。这些歌曲通过对新事物、新知识的赞颂，暗含了一种对新的生活方式、新的知识结构、新的文化，以及一个新的世界的向往。这些乐歌通过自身传播迅速、影响广泛的特点，为现代中国的社会文化转型作出了突出的贡献。

（二）学堂乐歌对新人格的塑造

一个“少年中国”的诞生不仅仅需要知识的更新，物质的更新，更需要培养出能建设“少年中国”的“新人”。所以，学堂乐歌中有大量的对“少年中国之少年”的赞美，而对这些新人格的呼唤又往往和近代“爱国”“救亡”的历史主题结合在一起。例如《体操》，据记载，这应该算是中国近代第一首学堂乐歌。这首乐歌表面上是提倡学生做体操，但其实是受到了近代“尚武”思潮的影响。我们看最后一句，“做体操，身体好”是为了“将来打仗立功劳”。近代中国，一直面临着被瓜分的危机。所以，中国和列强之间的战争，关系着中国的生死存亡。因此，每一个公民的身体都承担着国家兴亡的责任，因此，每一个公民都有责任锻炼出健康的体魄，时刻准备着在即将到来的战争中护卫家国。所以，学堂乐歌中的体育歌曲都有着爱国救亡的时代内涵。直到今天，我们还是特别在意我们在世界上的体育成绩。2016年女排的胜利，使国人如此欢欣

鼓舞，其实就是我们强国梦想的回声。当大厦将倾的时候，要唤醒同胞，而在众多的“同胞”当中，最有激情、最有胆色来承担此救国重任的，常常是“初生牛犊不怕虎”的年轻人。所以，众人的期望也很自然地落在年轻人身上，受到梁启超《少年中国说》的影响，学堂乐歌中产生了许多赞颂“少年”的歌曲，请欣赏这首石更作词的《少年》：“少年听，听我唱，听我唱个少年歌。青春好，易蹉跎，莫使春光等闲过。人人说我帝国老，如此江山唤奈何。唤奈何，莫蹉跎，吾辈青年责任多。”以“爱国”的激情塑造出的新人格有一个非常集中的意象，那就是近代对“男儿”的赞美与歌颂。面对老大帝国，国人不免绝望与哀怨，但是正是因为对“少年”“男儿”的呼唤，塑造出了近代国人“舍我其谁”的激情，并最终让理想成为了现实。而这类乐歌的代表作就是《中国男儿》。乐歌的曲调选自日本学堂乐歌《学生宿舍的旧吊桶》，关于这首乐歌的词作者，有两种说法，一说为石更作，一说为杨度作。不论是谁的作品，歌词以铿锵的韵律、豪迈的语言，充分表达出近代国人对“男儿”的无限期许！对“男儿”的赞颂在中国近现代的乐歌传统中一直没有中断过，如一些30年代传唱的救亡歌曲中仍然延续着这一主题。除了对“男儿”的赞颂外，近代“救亡”的要求也迫切需要占国民总数一半的女性成为“振兴国家”的力量。在此背景下兴盛起来的近代女子解放运动，也借助乐歌表达着对“国民女杰”的期许与赞美。作为宣传“女性与救亡”的集大成之作是秋瑾作词的近代乐歌《勉女权》，曲调选自日本幼儿歌曲《风车》。“救亡”的历史使命为近代的女性解放提供了依据，也指明了方向。正是这种使命感，使近代富于新思想、新精神的女性自然地生发出一种“恢复江山劳素手”“国民女杰期无负”的自豪情感。

（三）新乐堂诗歌对新世界的塑造

呼唤出新人格，就要塑造新世界。近代国人普遍认为，一个新的中国，要牢记国耻，首先就应该是一个充满“尚武”精神的国家。“尚武”精神在近代的流行其实是在甲午海战失败之后。1899年，因为受到日本“尚武”精神、“军国民主义”的影响，梁启超连续写下《祈战死》《中国魂安在乎》两篇文章，指出“日本国俗与中国国俗有大相异者一端，曰尚武与右文是也”，欲振兴中国，唯有用“尚武”精神重塑中国魂，才能挽救中国之危亡。所以，近代产生了大量的歌颂“尚武”精神的乐歌。中国的传统精神，不但要从“右文”变为“尚武”，还要将提倡“和谐”变为提倡“竞争”，就像我们今天常说的“不要输在起跑线上”。这首权国垣作词的《竞争》就表达了这样的理念：“争争争！于今世界，人类渐充盈。事事物物图进步，罔不由竞争。论进化，优胜劣败，天演公理平。几人曾努力，乃臻今日之文明。争争争！完吾天职，纳税与充兵。强者兼弱众暴寡，人人图生存。众弟昆，励吾学行，努力齐前进。前进前进同力争，四海庆升平。”歌词从“于今世界，人类渐充盈”起步，指出这种现象的后果是只要不想落于人后，就“罔不由竞争”。正因为“竞争”的兴起，所以催生出“进化”“优胜劣败”以及“天演公理”等理论。在国人急切地宣传这些理论的背后，是对一个“强大”且“文明”的国家的向往与肯定。随后，歌词从对一种世界文明格局的总体表述进入“吾”国。通过对“纳税”“充兵”与“励学”的强调，作者指出了在“救亡”语境下最为重要的三个主题——“富”“强”与“教育”。在经过了“尚武”与“竞争”精神的塑造后，一个新的世界应该就会到来，那么这个新世界是什么样子呢？如诗歌《游春》：“何时好，春风一到，世界便繁华。杨柳嫩绿草青青，红杏碧桃花。少年好，齐齐整整，格外有精神。精神活泼泼，人人不负好光阴。学堂里，歌声琴声，一片锦绣场。草地四围一样平，体操个个强。放春假，大队旅行，扎得都整齐。青水绿，景致新，地理更分明。”

歌词以一问句“何时好”开篇，接着的回答如行云流水般涌出：“春风一到，世界便繁华。杨柳嫩绿草青青，红杏碧桃花。”音韵节奏掌握得恰到好处，寥寥几句，就把一个生机勃勃的世界呈现在读者眼前。正是在这样的美好季节里，“少年好，齐齐整整，格外有精神”。“少年”形象的出现，像“点睛”一样，成为春天里一道最亮丽的风景。而“人人不负好光阴”一句，却将“少年”的形象从春天的“附属”地位拉出，成为一个“主动者”，站在春天的“背景”之前。下段即以“少年”为主人公，描写出他们的“唱歌”“体操”“旅行”等一系列“精神活泼泼”的活动。所以，最后一句“青水绿，景致新，地理更分明”已经是从“少年”视角出发，对春天的描写了。如果歌曲中没有“少年”与“春天”的互动，恐怕这只是一首普通的“写景”之作，任何国家、任何民族、任何时代都会有。但是，正因为“少年”形象的出现，使歌词末句的景色描写超出了首句普世化的层面，具有了鲜明的时代色彩与丰富的人文意义。正是因为有了“生力弥满”的新人格，所以他们对自然景色的观察，对生活的描写，才有了这种“活泼”“健康”的新气象。而正是这种“新人格”“新眼光”，扭转了“老大中国”的“衰世”氛围，对一个“少年中国”作出了历史的呼唤，最后我们用一首歌名为《新》的乐歌作为结束：“新新新，新新新，四万万国民！愿我四万万国民，日日如临阵。廿世纪，放光明，晓日升天眼界清。新新新，新新新，四万万国民！新新新，新新新，四万万方里！愿我四万万方里，变做黄金地。人既众，心要齐，家家高万(悬?)黄龙旗。新新新，新新新，四万万方里！新新新，新新新，新民其听听！愿我新民其听听，智识要长进。富我国，练我兵，五洲万国做主人。新新新，新新新，新民其听听！”这样美好的“黄金地”正是我们的祖国，近代乐歌通过对未来的想象，抚慰了人们面对“暮色沉沉”的祖国时的哀伤，并通过对“少年中国”的歌颂，兴发起人们对未来的憧憬，并引导人们为实现这一美好的未来而砥砺意志、积极且乐观地为之奋斗。

虽然这些歌曲在音乐的艺术上没有什么过人之处，但是当我们通过这些歌曲去触摸那个时代，体贴这些歌曲背后的那一个个人，在那样悲惨的历史境遇中那一颗颗鲜活而美好的心灵，我们的心就能够从中汲取我们对这个国家以及这个民族的温情与敬意。那么，这样的一些时代声音，我想在我们重塑“中国梦”的过程中，也许会有非常广大的文化市场。

广告设计教育的跨界融合性培养模式探析

广西科技大学艺术与文化传播学院　章　超

广告设计专业大多由综合院校及艺术院校的艺术学院或艺术院系开设，与之紧密相关的广告学专业则下设在综合院校及艺术院校的新闻传播学院或影视（传播）学院。广告设计专业目前主要以广告设计、广告学（设计方向）、艺术设计（广告设计）专业及专业方向来实现广告设计教育。广西唯一一所艺术专业院校广西艺术学院的广告设计开设在影视与传媒学院，其广告学系现下设视觉传达专业（广告创意设计、互动广告设计），广告学专业（广告策划、媒体创意）等本科专业方向。培养广告设计成为视觉传达专业的专业方向，并开设了广告设计课程系列课程实现视觉传达专业细分。面对广告平台的融合和广告公司整合传播需求增加，广告设计专业与广告学专业之间专业内容、培养方向、教学方式等方面存在互补甚至融合的可能性。另外，从2016年戛纳创意节中国区入围广告作品来看，奥美、智威汤逊等传统广告公司作品都是社交媒体的原生作品。纵观"广告设计"除了独立设立专业，更多出现在广告学（应用广告学）、视觉传达、艺术设计等专业的方向性课程里。本文就立足于广西区内高校的广告设计教育的现状，选取分别位于广西南宁、柳州、桂林的广西艺术学院、广西科技大学、广西师范大学的广告设计培养模式为研究对象，结合数字时代的融媒体趋势，讨论广告设计教育的融媒体教学培养方案，以求在数字媒体平台技术的趋势中找到地域性广告设计专业的人才培养模式。

一、媒介融合环境下广告行业需求与广告设计教育之间的缝隙

融媒体时代的出现主要表现为媒介融合下的媒介边界模糊乃至媒介功能整合为一体的媒体平台。融媒体时代背景下的数字媒体与传统媒体的整合传播平台改变了

广告设计的独立性。广告行业的整合传播趋势对广告类相关专业的设计能力、创意能力、文案写作能力、媒体传播能力等综合能力的运用之外，对客户的需求调查能力和客户维护能力的要求更被全球各大广告公司所重视。以奥美中国、天联广告有限公司、智威汤逊为例，2017年招聘广告设计及广告创意人员的任职要求表述归结为：广告设计师根据广告策略进行广告创意设计，将客户需求转化成高品质广告作品，强调对创意工作的热爱；广告创意人员需要良好的团队互动能力。从内地各大高校及专业艺术院系的专业课程开设来看，特别是从艺术设计专业中的广告设计教育来看，课程体系主要集中在艺术技能及艺术创意思维的开发，缺少不同媒介与创意之间的整合及传播的超越媒介局限的广告创意设计，甚至是对广告设计及媒介投放等广告策划、执行的整体协调性仍然不被重视。

广西区的广告设计专业及设计类专业方向最早始于广西艺术学院，1993年该校在设计学院开设广告设计专业，之后被合并至影视与传媒学院的广告学专业。因此，广西艺术学院广告学专业成为最重要的研究对象，其次，为了覆盖全区范围，分别选取下设在视觉传达专业的广告设计方向培养的广西科技大学及广西师范大学设计学院的广告设计专业来作为研究对象。三所学校的广告设计及相关专业方向的本科培养方案及毕业生访谈成为具体的研究内容。

二、媒介融合环境下的广告设计教育培养困境

目前，从对广告设计教育的论文研究来看，本文分别以“广告设计”“广告设计教育”“广告类专业课程改革”等相关关键词在中国知网中检索，获取到相关对广告设计教育的改变和创新上归结为教学方法和课程内容两方面。课程内容上，一方面从广告表现类理论及实践课单一的重点调整为传播学视角、市场营销、广告设计跨专业的交叉性内容组合，培养产品、广告、消费者需求整合传播的方式；另一方面，广告设计与文化的传播之间社会关系、消费者心理、地域性文化表达等社会学、文学、心理学等不同学科交叉的融会能力提升都对教与授双方提出要求。此外，尤其对广告行业规范等职业及法规课程开设的重要性进行论述。毕业设计的可行性不高，教学方法上，大赛参赛实践课、项目化教学、校企合作实践课等教学方式被部分院校尝试使用。特别是艺术类院校及职业学校的课程教学已经较为重视实践特别是与行业的接触，设立实习基地甚至是开设学院自有广告公司。广告设计课程围绕广告专业赛事开设参赛实践课，或者以本地域业界人员的不定期讲座为主。广告学专业课程设置主要集

中在营销策划、媒体管理、公共关系等课程，广告设计专业偏重视觉设计、图形创意、CI等课程。广告设计的客户和用户解读能力并不理性。

三、媒介融合环境下的广告设计教育培养整合培养方式

广告设计专业教育本身因所依托的学科和学校不同形成了差异化专业导向，同时带来一系列的专业能力的缺失和就业问题。结合目前广告设计教育中存在的课程设置、教学方法问题，特别是融合媒体平台的新特征及广告行业的整合传播的需求，广告设计教育跨界融合多学科背景，并试图从广告业业界培训模式中获得课程内容的调整和更新。

广告设计的制作和执行需要设计与文案、策划创意人员的互动对接，对产品、广告主、消费群体的认知，以及广告设计与广告执行之间仍然存在现实限制，造成广告制作和刊播、影响力评估的困难。授课方式应该以熟悉广告创意及广告制作全过程改革。创意团队组合及成员角色互换讨论课代替传统班级教授方式，广告创意设计经过调查、构思、提案、报价、制作会议、制作的过程。设计师不仅是独立设计，更需要参与到前期的市场调查与产品了解，同时需要与广告刊播人员保持沟通，甚至是参与其中。特别是在融媒体时代，单独的广告制作工作不能与其他的广告环节脱离。复合型的广告设计人员体验和学习到广告制作和执行全过程，避免在设计与创意可视化制作过程中出现断裂、偏差。诸如奥美广告公司、麦肯公司都已经从传统的广告代理和制作公司发展为提供有长期的整合传播服务的策划公司，为广告主提供长期的品牌形象塑造。广告刊播平台的融合、广告业界的整体传播业务都需要团队成员熟悉和把握广告策划和制作的全过程，并在角色互换中为广告设计和制作找到依据和创意来源。由大学生广告比赛、校企合作项目、广告专业比赛等不同阶段性项目化实践课程构成替代广告策划与设计的理论课。课程教学内容构成由不同级别的大赛类型的命题作为课程内容，实现课程教授阶段性广告作品的生产过程与相应的广告评价体系的学习。首先，单一以全国大学生广告艺术大赛（以下简称“大广赛”）作为《广告设计》的核心内容，虽然具有实践目的和意义，但是其评审导向和专业程度仍然属于广告的入门级别。因此，大广赛、时报金犊奖、中国大学生广告艺术节学院奖、上海国际大学生广告节、全国平面公益广告大赛、全球华语广播大赛、互动网络广告大赛均可以作为该课程的课程开始阶段的组成部分。作为国内大学生甚至是行业大赛都可以作为课程中对国内（包括台湾在内）的广告制作及执行规范、评判标准。其次，广

告行业的专业比赛,如戛纳广告大奖、艾菲奖、克里奥广告奖等国际行业比赛作为课程第二阶段国际广告作品设计思维与表达理论内容的实践;最后,学校及学院与企业合作的项目或者签约实习基地作为广告策划及广告刊播的实务操作学习。课程设置围绕创意、互动、跨界为原则的融媒体思维来实现课程内容的架构。广告设计的类型因媒体平台变化带来设计表达和设计风格的变化。数字媒体革新了广告原有的内容、风格,数字媒体特别是社交媒体与传统媒体的广告设计风格组合,达成对不同消费群体的多重广告效果。因此,课程设置、课程内容都因围绕媒介技术的创新和推出做适时地改变。课程设置不仅以《图形设计》《广告设计》《字体设计》《书籍设计》《PhotoShop》《素描》《平面媒介广告与表现》《影视广告制作》等软件课程、设计史、传统媒介广告制作为专业核心课程之外,开设一门创意类课程及少量艺术概论及文化概论课程作为文化基础的补充。以笔者所在地区工科院校艺术设计系为例,其视觉传达专业开设专业核心课程中仅有《广告(艺术)设计》《创意设计思维训练》《广告策划与文案》三门广告设计方向课程。该地区唯一的艺术专业院校的广告学本科培养方案中核心课程与互动广告设计专业设置相关的有《网络广告设计与制作》《数字媒体艺术设计》《三维动画设计》等数字媒体广告课程。对于互动广告设计专业来说,相关的数字媒体技术课程特别是热门的移动客户端的广告设计软件、社交媒体的广告创意思维、虚拟现实交互技术与设计等内容尚处于空白。创意类课程开设包含创意设计思维与表达、创意思维开发与训练、创意广告策划等组成一个设计创意类课程群。不同方向和视角的创意内容对思维训练、设计表达方式 、总体广告主题的把握对设计可视化创意从不用视角得到激发。广告设计教育仍然是以传统的技能教育为主,诸如《广告设计》《广告策划与文案》《CorelDraw》《影视后期制作》等为主。数字媒体特别是移动数字媒体,的技能课几乎没有涉及。诸如手机App的界面设计《UI界面设计》、移动媒体社交媒体的页面设计工具《HTML5页面设计》《人机交互设计》等数字媒体交互设计技能课程都未开设。数字媒体交互设计及广告营销等新技术主要以开设的业界人士的定期讲座补充行业发展前沿资讯。广西艺术学院广告设计系在今年初两位专业教师刚刚学习Unity VR大师课程,学习虚拟现实交互技术。广西科技大学于今年十月才引进一台3D打印机及相关材料。

广告设计教育关注技能及中外文化经典的知识积累之外,对广告设计人员的社会责任培养仍然不够。广告设计作品不仅作为商业营销手段,更是流行文化或文化观念的创新传达或者视觉美学传达,其社会影响力同样因被重视。虽然公益广告已经成为广告作品中的社会责任先锋,但商业广告仍然作为广告数量绝大多数而需在培养中加设相关课程。本文所选三所高校的相关院系均未单独设立课程。广西艺术学院广告策划方向开设的《广告文化》《广告美学》整合了广告文化中的社会影响。广告设计教育从总体上看，融合媒体背景下的互联网思维应该引入其培养模式的设计理念中。跨界思维、开放原则、平等并行原则、共享原则都可以为广告设计专业形成多学科交叉背景下的整合传播生态系统。当然，地区性的广告设计专业，把地域特征文化融入广告设计创意素材里，可以成为地区品牌或者更多创意设计思维的关键。地区民俗文化、地域文化、少数民族文化等差异化文化特征可以成为广告设计创意差异化、独特性的元素。

校园生活美学的营造与特色学校之分析

——以桃园市三所标杆学校为例

元智大学人文社会学院 郑淑珍

台湾的公共艺术政策主要形成于1992年的《文化艺术奖励条例》,1998年通过的《公共艺术设置办法》,并明订公共工程建设需提拨造价的1%于设置公共艺术上。相对于校园的整体规划、校舍空间或建筑美学等公共工程,起因于1999年发生了"九二一"大地震后,全台相当多的学校相继倒蹋需要重建,这时许多民间企业组织及宗教公益团体的资源整合投入,陆续出现一些前所未有、打破传统思维的校园景观设计建筑,这带给教育界、学校教育经营者或行政团队有更多的激荡与省思。学校整体校舍建筑空间除了符合安全性、功能性、实用性、教育性外,逐渐地,艺术、美感、人性、绿色、环保、永续等概念风起云涌的弥漫校园,掀起一波打造特色校园新运动。其实早在1994年,前文化建设委员会(以下简称"文建会")陈其南副主委于"社区总体营造"政策中呼吁社区居民要建立共同体意识的重要,已播下公民美学之文化理念种子,上任主委后又积极提倡"公民美学运动",强调将美的实践视为每一位公民应有的权利与义务,并藉着公民的美感教育责任,让台湾成为一个具有美感与伦理的城市……也是文化公民权的意义所在。2008年文建会再提出"台湾生活美学运动"的五年计划,其计划策略定位在"提升美感素养""创造美感城市""深耕美感环境"三大主轴,当时行政主管部门的目标乃设定在"希望能运用艺术思维和手段,建构国民社会美学的基础,以改善台湾目前生活的状况,以美感、创意、爱与关怀来提升台湾的竞争力",其着力点在如何透过艺术改造环境与空间,提升全民美学素养。

政府推动的生活美学运动,从社区总体营造、生活美学讲座、推广乡土艺文活动,到环境艺术美化等,虽有遍地开花之势,但城市景观、街道巷弄、生活周遭仍无法营造美适的空间感,诚如汉德宝先生强调要成功的推展空间营造,先得提升国民的生活美感素养,汉德宝先生曾在文建会主办的"生活美学运动"座谈会中指出,"若国民欠缺基础的生活美感素养，文建会许多业务根本推动不了，台湾很难跟先进国家比较……”文建会有感于文化公民须从小培育，也把小学美学教育纳入“台湾生活美学运动”中，制定了“文化与教育结合推动方案”，结合九年一贯课程中的艺术与人文领域，在小学推动“培养美感种子”计划“美感巡回工作坊”，并鼓励美感校外教学以培养儿童的审美观，截至2013年台湾教育主管部门大力提出的美感教育中长程计划中，更具体以六大预期效益说明生活美学为当今美感教育之显学，其六大预期效益如下：一是美感的需求成为台湾人的生活习惯；二是完成各教育阶段发展性的美感素养指标与课程内涵；建立强化知觉、情感、体验、诠释、表达与思辨过程 的“感受”与“实践”的教育行动范例，完成在地生活化的学校特色、课程与教材；学生能建立自我价值认同的美感能力；三是美感教育纳入职前教师培育必修课程，在职教师及学校行政人员例行性参与艺术与美感教育知能研习；实现高教与中小学、产学携手合作的运作机制；各县市政府成立推动美感教育的支持体系并有效运作；完成全台湾性城乡与社会资源分享与运用的教育网络；艺术与美感教育的行动研究持续性的发展与累积；活化校园空间及学校建筑美学、艺文特色社区、质朴美适之生活美学成为社会美感的时尚。

一、美感教育、空间美学与特色学校发展之相关研究

艺术在人类生活中具有悠久历史，并形成生活中的生活美学，而生活美学是对艺术美感的反映和接受。台湾教育部门在2013年提出了“美感教育中长程计划”，强调学生应从幼年开始培养美感教育，教师和教育行政人员的美感素养需要一并提升，美应该融入生活当中，校园的空间美学便成了美感潜移默化的重要场域。于是教育圈陆续有一些研究探讨空间美学营造与美感教育之关系，分析特色学校在营造空间美学融入美感教育之现况及差异情形；学校营造空间美学与美感教育的相互关联性；或探讨营造空间美学未来可行的改善方向……研究发现：特色学校教师对于学校特色、空间美学与美感教育都抱持肯定的看法；不同教学年资、学历、职务、专长以及不同规模学校之教师，在特色学校、空间美学、美感教育三者看法间皆具有显著差异；特色学校、空间美学、美感教育三者间呈现高度正相关；特色学校发展与空间美学对于美感教育具有显著预测力。教师既然是引导美学教育的灵魂关键人物，针对小学教师公共艺术与美感教育的论述也一致认同：美感教育的实施在于累积美感经验，形塑美感的生活素养以及培养美感的创造思考能力。而教师在公共艺术美感教育认知的课程

规划普遍有良好的经验基础，也能配合学校主题计划或在环境教育中融入公共艺术。在教学策略上能让学生成为学校公共艺术设计的主角，也会善用并延请艺文人士介入协同教学。多数教师在该领域专业成长上，以参与教师研习、就读艺术研究所及组成教师社群为主要途径。就学生而言，对学校公共艺术拥有正向的美感知觉，且对课程充满喜好与期待。

首先，当教师决定以生活美学概念融入其教学过程中，其相对的要件在于教师能建构以“生活美感”为主轴的美感教育教学理念，并进行多元的教学活动，使学生透过观摩、讨论、实际参与、亲身体验来培养学生创造思考、欣赏、尊重、批判、独立自主的能力；其次，教师进行美感教育教学计划时，主要受到个人信念、价值观、教学经验、研习经验、生活经验及人格特质因素的影响，尤其在教学互动中学生兴趣及行为表现的因素对美感教育教学决定影响最大，最重要的是，在教学历程中需要不断的反省思考才能对学生做出有利于美感教育教学的决定。当然，艺术是主观的认知，美感也是自我情感的觉察，于是也有教育研究者尝试以科学化的评鉴指标来检视校园规划与空间美学的对应关系，根据潘建宁的研究指出，小学学校建筑及校园规划之空间美学评鉴指标系统建构包含6个层面，有“形式之美、内容之美、静态之美、整体之美、独特之美、动态之美”等层面与18个向度“建筑实体、建筑形式、建筑空间、质量标准、功能布展、实用程度、空间秩序、精神传承、情境气氛、自然情境、空间系统、人文设施、永续校园、数位科技、精致资源、师生动线、学习步道、活动脉络”，借此评价系统的确可以提供教育领导者参酌检视，以朝向建置具有美学空间营造的特色校园。从规划者角度出发，有探讨小学校长空间领导、教师社群运作团队与学生学习成效的关联性的研究指出：小学校长空间领导各层面达到高程度表现，在“建构教育空间”“形塑空间愿景”层面表现最突出；小学校长空间领导、教师社群运作教学团队与学生学习成效三者间具有正向关联；小学校长空间领导可直接影响学生学习成效，更可间接透过教师社群运作的中介机制，对学生学习成效产生正向影响。从以上论述总结，校长的空间美学领导、教师的美学教育理念、教师的美学教育决定等，攸关学生美感教育表现，也相对与形塑特色学校息息相关。是故，由台湾教育主管部门推动中小学营造空间美学与发展特色学校实施计划之目的即明确指出，首先是要鼓励学校以学生为主体，适度融入校园议题、社区特性、家长期望及未来规划等，发展校本特色课程，落实多元创新教学形态，并将校本特色课程理念导入学校空间营造，发挥空间领导与空间美感教育功能，涵育人文美学素养。其次要凝聚全体师生、学生家长、志工及社区团体共识，扩大校本特色课程之参与程度，进而透过校内及校际间特色课程观摩交流，鼓励学校推动教师增能以研发优质课程素材及创新教学方式，整合学校内部及外部资源，引入社区人力、物力资源，鼓励策略结盟，并结合邻近部落、产业、山川景观、自然生态、人文遗产等特色资源发展系统化亮点特色课程，奠定特色学校基础。足见学校必须整合在地及内、外部资源，充分省思自我条件与特点，进行发挥与建构，最终的目的是希望加强特色学校经验分享，进行标杆学习，扩大特色学校效益，并发展优质品牌特色学校为导向。

二、桃园市三所标杆学校的简介与分析

（一）“布马传艺、艺传国际”的中平小学

1. 善用在地文化的空间故事

桃园市中平小学位于中坜区、平镇区交界，故称“中平”，学区所在之中坜过岭地区是典型的客家庄，庄内老屋古昔林立，具代表性的有许家老屋、刘家古屋及邱家祠堂等客家聚落，近一二百年的主体建筑保留完整，屋内古老农具亦保存良好，是传统的客家庄，潜藏客家文化瑰宝，还有23座“大伯公”（客家人俗称的“土地公”），提供师生走读乡土，体验在地文化、建筑、生活方式之美！校龄近一甲子，班级数53班，学生1480人，家长以劳工、务农居多，又因邻近国际儿童村、库房眷村、陆光眷村，单亲、外配、隔代教养及原住民人口占近全校29%，是一所“亟待提升转型”的中大型小学。适逢台湾教育部门拨款整建老旧校舍之机会，藉此参与台湾教育部门特色学校计划，结合课程与工程，开启中平软硬体蜕变转型之契机。中平团队在陈新平校长的带领下，以客家文化为基底，善用客家饶平文化为故事背景，写出一系列的精彩与卓越：

2009年以“饶平心乡土情”课程获得桃园县乡土教育特色认证；并以“本土饶平——打造饶平的家乡”方案，荣获台湾教育部门“活化校园空间暨发展特色学校”方案特优。2010年以“打造中平语文力”课程获得桃园县语文教育特色认证；并以“宏观饶平——打造世界之窗”方案，三度荣获“活化校园空间暨发展特色学校”特优。2012年与云海、有木、文昌、社团四校，共组“云端300策略联盟”学校第四度荣获“整合空间资源与发展特色学校策略联盟”特优，同时也以“中流砥柱—明日学校E建中情”，获得桃园县资讯教育类特色认证，并获得2012年教育部教学卓越奖小组金质奖之荣耀。

2. 美学理念与空间营造：酝酿、赋意、永续

中平小学的美学理念来自对自身客家族群的文化认同，先酝酿以“我们的土地，

我们来疼惜;我们的文化,我们来深耕”为号召,校长以课程领导带领师生寻找文化的根,强化土地认同,这是中平团队的基本信念。深耕8年的中平小学以此为核心理念,缔造了许多成功经验,秉持此一理念,继而发展“布马传艺、艺传国际”共学课程,以“空间营造”“服务学习”“文化传承”“优势循环”“国际行销”等理念,透过体验共学,开创教育新机,让教师、学生和家长成为学习共同体,使孩子对学习产生热情与动力,以学校活动带动社会行动,将布马文艺,传扬国际。“布马”是客家传统舞阵道具,系“以客家花布包覆竹架作成的马头偶”,但失传已久;从恢复布马文化着手,从砍竹、剖蔑、塑型、制马头、穿马衣,皆由亲、师、生、志工共同完成。以花布、布马舞为始,全面复兴其他客家文化,从校园扎根,接续文化脉络,传承文化产业,进而透过校际交流、参访与互动,将布马文化跃进国际。善用校园空间规划,活化校舍空间、彰显客家特色,开创布马产业,赋予客家布马意义,建置客家文化步道,形塑布马文艺情境,永续文化动能。

3. 课程发展与具体实践

中平小学也自2010学年起与台湾“中央大学”策略联盟,推动“明日教室”计划,成效卓著。近日并与香港赛马会小学、玛利曼小学与马鞍山灵粮小学,以及新加坡士林小学等缔结姐妹校,未来希望持续深耕学校特色课程,鼓励体验学习、走读家乡文化,进一步形塑“国际共学中心”,以“布马传艺、艺传国际”接待姊妹校师生进行国际交流及参访共学,推介台湾文化,体验客家风情。在校园内建置中平二十景的特色校园景致,以营造处处是素材为目标,每扇墙面、每个装置空间,都是学生学习与老师教学的好所在。另外,也通过编制游学导览手册,以四大主轴课程为学习内涵,编制导览学习手册,并培训解说员,由导览解说员为学弟妹及外宾解说。在专业分享方面则办理教育论坛、参访,与国际缔结姐妹校等策略联盟,促成国际多元文化之交流。

(二)东安小学的“闪耀东安世界城”带您环游世界

1. 善用现代化科技资源的课程故事

每一个校园闲置空间的活化或死角的再利用,可说是考验校长或规划者的美学智慧与课程领导专业,东安小学的“闪耀东安世界城”方案是由一颗颗LED灯泡的故事开始的。原本只是一面老旧墙面要进行彩绘美化,因缘际会,通过一位会安装LED灯泡的志愿者的协助,与学校校长及行政团队的激情对话、讨论、发想,经过4年的时间打造了无数个东安世界的第一名。

2. 美学理念与空间营造:美感、科技、多元、创意

东安小学的空间营造特色包含了"美感、科技、多元、创意",绝大部分来自于黄木姻校长本身的美学素养及累积前任学校"福安小学"的经营背景,"东安世界城"其课程特色包含三大目标:让孩子运用光电、声光、科技、声控设施等教学打开国际视野,认识多元世界;让孩子体验多元文化,尊重、理解并接纳多元世界;让孩子兼具美感及科学知能,能够与全世界接轨。东安小学在校园内利用现有的空间、墙面、洗手台、厕所、廊道、天花板、地面及穿堂等全面性的融入空间美学与方案课程的搭配,共建置了28个校园特色景点。

3. 课程发展与实践

东安小学的课程以培养"感恩、美感、自信、健康",且具有创意力、移动力与竞争力的东安好儿童为目标。而"东安世界城"的课程有四大面向:启航探世界:英语情境教室、声控供电设施环游世界课程;缤纷新世界:从食衣住行理解多元文化及认识异国民俗风情;环游世界城:透过彩绘班级牌课程,认识世界七大洲;闪亮世界城:透过声光科技媒材,打亮孩子心中的世界城。课程是逐年的发展、演进而臻成熟且多元的,以"闪耀东安世界城"的课程实践则以"飞向未来"为其六大内涵:东安跨世界——多元文化教育的深耕与实践,在地关怀与国际视野;东安阅世界——阅读理解教育重新检核与落实,统整思考及表达沟通;东安爱世界——品格教育实践与省思,生活中检核与分享;东安育世界——健康体适能与多元潜能的试探发展,展现身心灵平衡;东安新世界——现代与科技的跨界资讯,创意与美感的生活体现;东安艺世界——爱玩艺的东安孩童,气质与知性的生活美学实践者。

(三)"三道风动祥安新世纪"——祥安小学

1. 营造专属的空间故事

祥安小学位于平镇工业区内,从创校的缘起了解其实是位于平镇区边缘临龙潭工业区、杨梅工业区的三不管地带。其学校位址随中丰路山顶段,逐渐升高的地势攀延进入工业区,号称"工业区中仅存的绿色珍珠"。学校周边随时有大卡车、联结车、货车等进进出出,祥安团队不因此劣势,从危机中觅寻转机,故以"建置山仔顶的风车学校"为主轴,试图给孩子翻转生命的机会,善用地理劣势营造感动的空间故事,所以在姜智惠校长及教学团队四年的努力下,以"风车学校的空间故事"打造一所充满希望的风车学园,推出"三道风动新世纪——风起云涌"空间美学营造方案,荣获台湾教育

部门2010年度“推动中小学营造空间美学与发展特色学校计划标杆奖”。

2. 课程美学与内涵

祥安小学的“三道风动祥安新世纪”方案的课程是以“珍惜能源、主动探险、体验学习、国际视野”为愿景，从山仔顶的风延伸出能源、科学、动能、环保、创作、体验的课程美学。其架构出的课程目标有六大面向。一是创造专属的空间故事：利用学校是工业区内唯一的绿色珍珠（拥有绿色植物、草地等环境资源）概念，提出能源教育构想，结合在地化的地理位置及气候因素，找到了风的美学因子，创造专属的空间营造故事脚本。二是建构空间美学的课程：以空间即课程、空间即美学核心理念，展现课程即美学，以风车随风转动的律动感及多彩、缤纷、绚丽的图像，结合艺术彩绘的美学课程，建构校园如童话般的学习情境。三是构筑孩子的缤纷童年：从合作学习、体验学习，推出魔法风车墙、动手做风车等，打造欢乐、有趣、好玩的创客教学。四是品味科学艺术绿知识：把绿能、环保、能源教育的科学的知识，结合美感教育的艺术与人文教学，让理性与感性交互激情。五是凝聚家长社区的热情：整合产政学界的资源，临近学区的万能大学、荒野保护协会、山仔顶社区协会等，建立亲师合作的开始，激发家长参与校务活动的热情。六是创新教育价值爱护地球：教育的最核心理念来自于创新教育价值，从一系列课程鹰架，螺旋建构出以珍惜地球资源为课程目标。

3. 课程实践与空间美学营造

“三道风动祥安新世纪”创新课程有三大主轴，有“风动科学风”“风行知识风”“风转文化风”，其中在“风动科学风”的课程轴里，打造出“风车意象”“风之广场”“风车能源教育园区”三个活化空间案例。在“风动科学风”的课程轴裡规划校园学习步道，串通校舍建物与空间的隔阂，营造处处可学习的空间领导策略，打造出四季风林步道、校园风动路线、城市亮点风行路线、ST149风转游学，甚至因而通过特色游学计划方案申请。最后在风转文化风的课程轴，则以风车文化馆、风柜图书区、风车欢乐剧场三个美学空间提供学童文化艺术素养的滋长，通过阅读与多元展能，达成“空间领导——迈向卓越”的境界，并以此空间领导策略建构身心健康、机会多元、合作学习、体验学习、艺术扎根、正向积极等六大策略，这正是祥安团动用心营造空间美学的新境界。能以营造空间故事与课程美学的运用，促成美感体验升华空间故事的成功案例，进而产出“乘风翱翔提升教学新视野”的特色游学课程。

三、结论与省思

通过分析这三所特色标杆学校的课程方案，并从学校地理位置、创校故事、学校规模与背景资料一一耙梳，发现能参加“营造空间美学与发展特色学校”激烈竞逐中脱颖而出，三所学校的确构筑了相当多美学、创意、独特、精致的课程系统，并以生活美学融入其经营理念，将课程、教材、教学、体验、导览、校景设计、空间美化等结合营造空间美学的概念，挥洒出卓越、多元的特色学校。以下是笔者的归纳与分析。

（一）善用故事领导，发现课程美学的感动

三所标杆学校，各发展出其独特性、在地性的课程故事，有用客家庄、客家文化演绎出的客家传统舞阵——布马舞（中平小学）；有结合科技及多元文化观点而铺陈出的东安世界城（东安小学）；有发现学校所在地理位置及气候特性而以风动祥安新世纪（祥安小学），故事领导是以此特色之核心价值为轴心，再整合各领域教学、运用适合的媒材与资源，最重要的是找到有意义的链结后，才能建构出感动人心的美学课程。

（二）校长的生活美学素养是发展空间美学的关键

校长的角色为经营者与领导者，但更重要的是能发挥影响力，带动团队，凝聚共识，以三所学校校长其人格特质或经历背景有一共通点，就是前一任学校都曾历练或参与特色课程或活化校园空间规划的经历，是否也因为这样琢磨与成长，充盈了校长的美学内涵，让具有美学素养的条件成为带领学校打造特色校园或营造美学空间的要件。

（三）寻觅营造空间美学的任何可能

综合三所标杆学校的校龄与校舍建物状态，大致呈现面临老旧翻新，中平配合台湾教育主管部门整建老旧教室或周边条件不良限制，祥安位于工业区内，空污、交通、族群复杂之劣势，故其在校园修缮或空间重新规划时，可以发现他们都围绕着特色核心来思考，积极在任何校园角落给予更有效的利用，让每个空间都被有意义地规划与定位。至于过程与困境各校不同，需克服的问题也不一样，坚持的信念就是以学生为学习主体的考量，似乎这是凝聚共识最具体的答案，也是突破困境的锁钥。

（四）多元创造的历程：创意、创新、创造、创客

既然是要发展特色，那么就要符合独创、精致、价值等与众不同的创思，分析者三所标杆学校，他们建构的特色课程与校园空间美化似乎有着这样的脉络，有创意的发想来定位特色课程的主题，有创新的教学策略与内外部资源运用，创造出许多别于传统校园的另类活动或展现，提供多元的创客（Maker）体验、实作、导览课程等，丰富了课程实践的层次。

（五）强化工程结合课程的空间领导理念

一直以来，课程目标即扮演着引导或决定教学方向及学习成效的角色，学生的认知、情意、技能面向或七大领域的课程纲要，则成为达成教育目的的内涵，根据三所标杆学校的分析，均在课程的鹰架中扎实地融入工程元素，无形中空间设计、生活美学素养就在校园环境中自然而然的结合，提供学子学习的优质境教。

（六）资源整合＋网络治理的统合能力是重要支柱

根据分析与综合归纳，三所标杆学校的人力、物力、财力、组织力、统合力运用得十分成功，人力包括从校内征求有意愿及具专业能力的教师团队，加上外部的人力，如社区、家长、志愿者等各行各业的精英投入教学协助；财力则是来自公、私部门的各项专案或补助款相当丰硕；组织力则是积极整合公益团体、大专院校、企业网络等；校长能善用统合能力集结资源挹注学校，成为背后重要的支柱。

（七）带动团队发挥磁吸的美学魅力

有一种效应在三所标杆学校都具体发生，那就是当学校本身（教师、学生、家长、含社区）觉得自己很优质后，任何的教育措施、教学作为或整体表现，都会自我要求而日益精进，从三校的各项评鉴、参赛事迹、教师专业、学生表现等可窥见一二，于是校长带领教师团队发挥创意+美学的磁吸效应后，呈现的学校文化是优质而卓越的校风！

（八）行销特色与建立品牌

当学校有了优质卓越的绩效表现后，透过交流、分享与行销，很容易识别出每一所学校的特色与品牌。于是，中平小学连结的是客家饶平-布马舞、东安小学的多元文化与国际世界观、祥安小学当然是独一无二的风车学校……如此建立的特色与品

牌是学校最珍贵的价值。

（九）省思代结语

通过分析这三所特色标杆学校，更加肯定校长将生活美学融入其经营理念的重要性，校长领导团队从架构课程、讨论教学策略、创新教学及纪录、成果展现及文案包装与行销，这一步一脚印的实践是成功营造特色的重要历程。在学生、家长及社区的评价上均有正面积极的肯定。透过上述的评析，看到的是生活美学融入学校经营或空间美学营造的优势与成果，然而在这些闪耀的荣誉肯定与舞台上颁奖的光环外，有没有其他后设分析的可能，笔者试图以一个教育者的观点提出浅见供未来再研究的可能：教育资源分配是否公平正义？若以学校的条件与规模是一样的，受惠的学生数也雷同的其他学校来对应比较，的确同一时间内各特色学校所分配的教育经费或享受的教育资源的确较高且广布，所以我们会去思考，为何这些学校可以争取或拥有这么多的经费或资源？有无形成教育资源分配的不均，这符合教育的公平与正义吗？校长的任期是否影响特色学校永续性发展？目前台湾各级学校的校长是以遴选制，以中小学校长任期制而言，一任三年（偏远地区）或四年（一般地区），最多得连任一次，也就是说三年至八年间，校长就会有异动的可能。若从研究文本分析，建立学校品牌与特色，校长占有举足轻重的关键，我们开始思考会不会因校长异动，特色也跟着异动，那么就该特色之于学校的意义。这几年下来，学校经营创新的风潮席卷校园，有动力、有理念、有愿景的教育先锋不少，因此也打造出许多特色学校，就地理条件之优势有潜水、划船、部落打猎、生态探索等特色学校，就人文景观发展出的有风筝、天灯、客家油桐、宋屋梅庄等，所在地的人、事、地、景、物（动物、植物……）等，有故事、有题材、有主角都可形成特色，各有由来与典故，创新亮眼的文案也著时搭配获奖的实绩，然后呢？教育的下一步要继续研发新特色？还是坚持以这个特色跟着这个学校……怎样的发展将是考验下一棒的经营团队？希望借由本研究各种面向的浅释，提供给未来学校经营领导者一些触发与学习。

应用型本科院校《文化产业经济学》课程教学改革研究[1]

——以池州学院为例

安徽池州学院旅游与历史文化学院　苏玫瑰

应用型本科教育是培养高层次应用型人才的教育类型。这类人才是面向生产、建设、管理、服务等第一线岗位，直接从事解决实际问题，维持工作正常运行的高级技术型人才，它要求具有形成技术应用能力所必需的基础理论知识和专业知识，具有较强的综合应用各种知识和技能解决现场实际问题的能力。《文化产业经济学》是文化产业管理专业教学和人才培养的专业核心课程，主要研究与文化产业结构、文化产业组织、文化产业布局、文化产业关联及文化产业竞争力等相关的问题，有较强的理论性、综合性和抽象性。在《文化产业经济学》的教学过程中长期存在着知识老化、教育方式传统、学生积极性不高、缺乏实践训练、学生动力能力不强等问题。如何将这样一门课程的教学内容和应用型本科院校的教学目标相适应是教学中亟待解决的问题。笔者根据在教学过程中的教学试验和心得体会，归纳总结以下意见，以期为提高应用型本科院校《文化产业经济学》课程教学质量提供参考。

一、梳理知识脉络，优化教学内容

以培养应用型社会人才为目标的应用型本科院校要求课堂教学中既要注重夯实学生的理论基础，又要注重加强理论知识和方法在课程实践中的应用环节。作为一门偏向经济类的理论基础课程，《文化产业经济学》的教学应从以下3个方面优化教学内容。

[1]本论文为池州学院质量工程项目“应用型本科院校《文化产业经济学》课程教学改革研究”（项目编号：2015jyxm34）成果。

(一)处理好先修课程及后修课程关系,整体把握知识点

目前全国已有100多所高校开设文化产业管理专业,但是对于文化经济类课程的开设并不规范。有些高校先开设经济学原理,再开设文化经济学或文化产业经济学;有的高校只开设文化经济学或文化产业经济学,而前期并不开设经济学原理之类的课程。这就需要在实际的教学中根据所在院校本专业的整个开课体系进行整体梳理和把握。笔者所在的池州学院文化产业管理专业已经开设与之相关的《经济学原理》和《文化产业政策与法规》等课程,因此在整个教学过程中,尝试将该课程分为4个板块的内容加以学习,一是文化经济现象,主要讲述文化作为一种商品在生产、供应和使用过程的活动过程中表现出来的经济现象;二是文化产业组织理论,主要讲述文化作为一种产业时它所体现出来的产业特征;三是文化产业结构理论,主要讲述文化产业结构的决定因素、如何优化等;四是文化产业实践分析,主要讲述文化产业的各种分析方法。

(二)安排设计重难点,合理分配教学时间

文化产业管理专业《文化产业经济学》课程平均学时一般为48学时,教学中不可能把4大板块的所有内容全部详细讲解,只能进行适当的详略安排。经过几轮教学,我们进行了教学内容改革,将文化产业组织、文化产业分析作为重点讲授内容。在讲授"文化产业组织"时,重点介绍了文化产业经济学领域一些比较流行的分析理论,如SCP理论等,引导学生了解文化产业的市场结构、熟悉文化企业的各种市场行为及文化产业的市场绩效等。在讲解"文化产业分析"时,重点结合新闻出版、广播影视、网络动漫、演艺娱乐等具体行业的案例讲解文化产业的分析方法和应用。同时,也注意理论课时与实践课时的分配情况。经过几轮调整,该院逐步加大实践教学力度,将该门课程的理论实践比由原来的42∶6调整到现在的36∶12,给实践教学腾出很大的发挥空间,也对实践教学提出了更高的要求。

(三)注重教学内容更新,教学适应专业动态发展

一是关注前沿动态,注重知识更新。在讲授理论知识的同时,还要有选择性的吸收专业领域的前沿理论和最新的研究成果,丰富教学内容,防止理论知识与文化产业实践相脱节。二是加强与兄弟院校的交流合作,积极参加国内举办的各种文化产业学术会议,取长补短,并结合应用型本科院校的办学定位对教学内容、教学计划进行

科学的修订,对学时做相应的增减。三是注重学生反馈,合理调整教学内容。除每学年对学生做一次教学效果调查外,笔者还会积极与已经工作的毕业生联系,虚心听取他们的意见,然后结合两方面的学生反馈信息,再进行教学计划的进一步修订,最终制定出适应该专业科学合理的教学内容、教学计划。

二、丰富教学方法,调动学生积极性

由于《文化产业经济学》涉及大量的图形、表格、数据、数学公式以及经济学专业术语,对于非经济专业且背景大多偏文的文化产业管理专业的学生来说,学习起来会有一定困难。如何调动学生的学习积极性,一直是《文化产业经济学》教学改革过程中一个亟待解决的现实问题。经过几轮教学实践探索,笔者认为应该从以下三个方面来丰富教学方法,调动学生积极性。

(一)保持教学案例的创新性和本土性

目前,案例教学法已为许多高校的应用性学科广泛采用,而在《文化产业经济学》中引入案例教学,必须采用符合中国文化背景及市场实际的案例,对于帮助学生理解其中的经济学原理,培养学生分析和解决问题的能力具有重要意义。这要求我们在选择案例时,一要紧跟市场实际,保持案例的新鲜性。例如,笔者在讲述“文化供给与需求的价值背反性矛盾”时,会选取该年度热映的一部商业片和上映的一部知名度较高的文艺片作为案例进行比较分析(如2014年教学时选用《小时代》系列和《黄金时代》、2015年教学时选用《捉妖记》与《闯入者》),引导学生感知经济效益与社会效益、经济的商业票房价值和社会的文化审美之间的不平衡状况,同时思考如何加强对商业片的价值引导、如何拓宽文艺片的市场生存空间等问题。由于这些都发生在大学生身边,所以选用这些紧跟市场的案例时,学生会表现出很高的兴趣,再加上老师的课堂专业引导,能够逐步培养学生的专业思维能力。二是符合地域文化,保证案例的本土性。文化产业与当地的历史文化背景有着直接、密切的关系。因此,对于案例选择,一方面要引用西方国家的现有案例,洋为中用;另一方面,要收集一些以我国文化产业经济发展为背景的本土案例,以便较好地将所学“产业经济学”原理与我国的文化实践结合起来,服务于我国的文化产业建设实践。例如,笔者在讲述“文化产业企业行为”时,着重选择在全国范围内有影响的华谊兄弟传媒股份有限公司和具有本地特色的安徽九华山旅游发展股份有限公司作为案例企业,分析它们在市场中的经济行为，包括文化产品定价、营销宣传、品牌建立和内容创新等内容。对于这两家企业，学生已通过一些新闻报道对它们有所了解，尤其是很多学生都去九华山旅游过，所以当我们在课堂上引导学生用文化产业经济的专业思维去重新认识、分析时，学生都表现出很高的兴趣，能主动去收集资料、分析案例。

（二）灵活运用多种教学手段

传统的“填鸭式”教学方式虽然对知识点的讲授比较全面系统，但是对学生的专业思维以及思考能力的启发比较少，使学生的动手实践能力不强，对于学生的未来发展起到一定的阻碍作用。因此，必须丰富教学方法，调动学生积极性。经过几轮的教学探索和实践，我们采用了一些科学有效的教学方法和教学模式，如“情景模拟教学法”“参与式教学法”“多媒体教学法”“网络教学法”等。例如，在开展“参与式教学法”时，我们会在第四周时向同学们布置课堂作业，要求他们分组选定一个行业，如新闻出版业、动漫产业、电影产业和文化产业园区等。然后鼓励他们积极动手、团结合作，通过查阅期刊网、图书馆资料、文化产业相关网站等各种途径来熟悉、分析、介绍所选定的产业。经过4个星期的精心准备，同学们制作内容丰富的PPT、上讲台作精彩宣讲，向全班同学展示他们组所做的数据收集与分析工作。

另外，在一堂课的讲授过程中，也尽量结合板书、多媒体课件、动画及视频等各种教学手段进行演示和展示。如在讲述“文化产业市场集中度”这一节时，由于涉及一些数学公式、多种计算方法，会选择用多媒体清楚地展示公式，然后用板书结合电影产业的一些数据来现场演示如何计算电影产业的市场集中度，最后再将这些结果录入EXCEL中制作出表、图，让学生能够非常直观地感受近几年来我国电影产业市场的集中趋势。这些教学方法和模式的转换运用，效果良好，明显克服了传统教学模式中那种教师讲、学生听的弊端，显著提高了课堂教学效果。

（三）拓宽与学生的交流方式

教师与学生之间必须先有交流，然后才有教育。与中小学教育相比较，高校教师与学生交流沟通较少，这必然对教育目标的实现有着负面影响。因此，高校老师必须加强与学生的交流，拓宽与学生的交流方式。一是上课时间与学生的专业式交流。在开展“参与式教学法”时，除了给同学们布置分组作业，同时也要求每一个小组成员必须在该组主题范围内选择一个子话题，同样也是4周准备时间，之后向老师及所有小组成员进行5~7分钟的专业汇报，要求全程脱稿。经过实践，这种交流方式效果非常好。许多同学反映，因为要向老师当场脱稿汇报，他们感受到很大的压力，不仅要精心收集资料、理清逻辑，而且要不断演练，增加熟悉度，更要克服与老师平视交流时的紧张心理。整个流程下来，同学们的自主学习能力、分析能力、观点表达能力和临场发挥能力都得到了很好的锻炼。二是课间时间与学生的聊天式交流。在课间与学生多交流，了解学生的学习状态，根据学生反馈的信息，不断完善教学方法，提高学生学习的积极性。也可以了解学生的生活状态，聊天式地谈谈校园生活、就业、寝室关系、兼职、四六级考试等，拉近师生之间的心理距离，表达自己对他们的关爱之情，提高他们的学习积极性。三是课后与学生的网络式交流。课堂时间、课间时间毕竟有限，所以课后与学生的网络式交流成为必不可少的补充交流方式。常用的方式有电话、短信、邮箱、QQ等，学生会将自己对学习的感悟、疑惑之处通过这些途径反馈给教师。另外，也可以充分运用现代化网络教学技术，开展网络课程建设。目前，笔者正在学校网络教育平台上建立《文化产业经济学》教学网站，将所有教学资源以文字、图形、图像、音频、视频、动画、流媒体等方式呈现给学生，实现网上的动态传输、教师与学生的互动交流。不管是哪种交流方式都需要教师本着“教学相长”的心态，平等地、热情地与学生交流，并且要多鼓励、多赞美他们。

三、深度参与专业实践，提高学生实践应用能力

近几年，池州学院不断加强专业建设，建立了池州市文化局、杏花村文化园、秀山门博物馆3个实践教学基地，有了很好的实践教学平台。但在具体的实践开展中，其形式多为参观文物古迹、了解文化资源、观看一些文化视频介绍等，虽让学生对该专业有了初步的认识，却并没有深入文化产业的实践操作中，如没有参与文化资源开发、文化策划、文化发展规划等，没有从根本上提高学生的实践应用能力。因而，从《文化产业经济学》这门课程来讲，期望能从以下3个方面作深度的实践参与探讨，提高学生的实践应用能力。

（一）调查撰写区域文化产业发展报告

《文化产业经济学》课程的一项重要应用能力就是培养学生调查、分析、撰写文化产业发展报告。目前，由北京大学文化产业研究院院长叶朗教授主编的《中国文化产业发展年度报告》是中国文化产业界比较具有代表性和权威性的文化产业发展报告。该报告不仅分析了每个年度文化产业整体发展状况，而且还介绍了包括新闻出

版业、广播业、音像业、电视业、电影业、动漫业、网络文化业、广告业、会展业、文化旅游业、演出业、艺术品经营业、教育培训业、体育业等14个行业的发展报告，北京、东北、华东、华中、华南、华北、西南、西北、港澳台等9个地区的区域性发展报告，以及与当年热点相结合的若干个专题报告。在该门课程的教学过程中，可以引导学生学习《中国文化产业发展年度报告》的分析思路、写作结构、数据收集、统计分析、年鉴查阅、图表制作等，然后与专业实践相结合，利用到池州市文化局实习的机会，争取得到实习单位的支持，分组撰写池州市的年度文化产业发展报告、行业发展报告和区域发展报告，在实践中锻炼自己，培养文化产业分析能力。

（二）协同参与区域文化产业规划、创新

区域协同创新是指在科研创新系统当中，地方高校、科研院所、行业企业科研机构三大科研创新主体以及地方政府，围绕共同目标，相互支持，相互协同，共享资源信息，形成创新合力，推动创新发展的过程，即通常意义上的产学研协同创新。作为长江经济带、皖江城市带承接产业转移示范区、皖南国际文化旅游示范区、全国生态文明建设示范区“一带三区”战略规划的核心区域，池州已将“生态立市、工业强市、旅游兴市、商贸名市、文化名市”作为城市建设目标，这为该院文化产业管理专业协同参与文化产业规划、创新提供了机遇，该院应该积极主动加强与地方文化部门、旅游部门的深入联系合作。从《文化产业经济学》课程实践来看，应该积极用所学的产业结构理论、产业布局理论、产业关联理论来参与池州市的文化资源开发、文化产业规划、文化旅游规划等，在实践中培养学生的文化产业规划能力。

（三）利用暑期社会实践，争取参与文化企业活动

大学生可以借助暑期社会实践活动载体，有方向、有目标的弥补课堂上学不到的东西，并实现从小社会到大社会、从书本到实践、从理论到实证、从理想到现实的飞跃。由于《文化产业经济学》课堂时间有限，可以将相关的实践教学延展到暑假社会实践中，鼓励学生根据实际情况，到家乡比较成熟的文化企业中见习。通过见习，实地了解该文化企业的一些市场经济行为，如文化产品定价、文化产品营销、文化创意、文化技术研发、与其他企业的交流合作以及如何处理文化活动经济效益与社会效益的平衡等，在实践中验证、修证自己所学的文化产业经济学理论知识。

《文化产业经济学》作为一门专业核心课程，在文化产业管理专业的课程设置中具有至关重要的作用。要提高课程的教学质量，调动学生的积极性，培养学生的实践

能力，任课教学必须要积极吸收前沿研究理论和经济发展实践知识，不断地优化教学内容、丰富教学手段，改进实践教学方式，深度参与社会实践。同时，新媒体快速发展，“互联网+”已经开始与各行各业相结合，当它与《文化产业经济学》课程相结合时，不管是教师还是学生，都需要借助网络平台吸纳社会资源，在“教学相长”的互动中，共同推进该门课程的建设，以达到应用型本科院校文化产业管理专业培养高层次应用型人才的培养目标。

“以法治文”——法家思想对现代文化企业管理的启示

中国传媒大学文化发展研究院　关卓伦

一、绪论

20世纪以来，中国特色社会主义市场经济蓬勃发展起来。大大小小的企业如雨后春笋般出现在我国各个城市，而随着近年来文化企业的蓬勃生长，专门针对文化企业的“特殊”式管理开始被作为一个很重要的课题提出，与其他行业的企业相比，“人”是文化企业的核心资源，“智慧”是文化企业赖以生存和发展的关键，中国式企业管理和西方式企业管理土壤有很大的不同。中国式管理受中国传统文化的影响有着很浓郁的“人治”的味道，使得中国式企业管理建立在“以人为本”的基础之上。而西方国家法治的传统决定了在管理中其更多地将重点放在“法治”之上。所以和东方式管理不同的是，西方企业管理的主要原则是建立和完善一系列的法制体系和控制机制。

事实证明，单纯依靠“人治”进行管理的企业是偏颇的、保守的和扭曲的。如何在中西文化差异的基础上建立起与我国社会主义市场经济相适应的现代企业管理制度势在必行。不能一味照搬西方企业管理，因为事实证明这必然会产生“水土不服”“消化不良”，将会把我们的企业搞得面目全非。所以必须植根于中国传统文化，一个很好的思路就是诉诸于中国古典哲学。而中国古代管理思想的诸子百家中，最具代表性的是儒、道、兵和法。自明代起，全国各地就已经出现了很多儒商，以“为政以德”为代表的“柔性”管理占据主导地位。在“刚性管理”上就有所弱势。所以本文将从中国古代哲学中的法家思想中吸取“刚性管理”理论，以《韩非子》为切入点，从法、术、势三个维度分别入手，“以法治文”，从“以法治人”的角度更好地满足现代文化企业管理的需要。

二、研究现状

在CNKI中检索“法家思想文化企业管理”等关键词并无直接相关的文献。出现的11223条结果都是与“法家思想与现代企业管理”或“中国古代哲学与现代企业管理”等直接相关。这说明关于法家思想学者们大多数研究的都是其与现代企业管理之间的关系，而并未针对文化企业的特殊性加以研究。

而从文章的逻辑脉络来看，大多数学者都是从中国古代哲学典籍入手，如《管子》《韩非子》《商君书》《墨子》《吕氏春秋》等，对中国古代法家的各代表人物及其主要观点作以系统的梳理和论述。再从西方法治精神和管理学主要观点入手，如《西方管理学提要》“西方管理学三大定律”等，找到其中与中国古代哲学法家观点相契合的部分，对自己的观点进行支撑。其中比较有代表性的是东北财经大学孔雁博士的《韩非的管理思想研究》，以《韩非子》原著为基本素材，对照现代管理环境和理论，从现代管理的视角重新解读《韩非子》。孔雁博士从《韩非子》人性论的角度，认为人都是自私的，趋利的。而“法”的目的就是为了实现对人性本质的控制，从而通过管理实现公有价值的制造和传递。[1]青海师范大学童康胜《法家思想对现代管理的启示》中将法家的“法”“术”“势”思想与企业管理的相通之处加以探讨，并详细分析了三者间的逻辑关系，从“体制”“人力资源”和“领导者素质”三方面详细地论述了法家思想给现代企业管理带来的启示。[2]辽宁科技大学杨坤《浅谈法家管理思想对现代企业管理的启示》中，认为“法治”是制定完善的管理制度，“术治”是采取合理的企业管理方法，“势治”则是实现领导与员工之间的密切配合。通过这三种维度实现对企业的有效治理。[3]青海师范大学王冬凡《法家管理思想对现代企业管理的启示》中，提出“法术势”三者为一个整体，必须有机结合的观点，同时又通过法家思想形成的中央集权的时代背景和其重刑主义的主要手段，指明法家思想于企业管理也是存在局限性的。[4]最后从“法术势”三个维度对企业管理进行总结。

国外的文献对中国的儒学研究得比较多，而对于《韩非子》等中国古代法家哲学显然并不过于重视。在EBSCO数据库检索发现，检索词为“han feizi”，只有5个搜索结果，其中两篇只是在文中对韩非的“persuation”，也就是“劝化”有提及，并非专门对其

---

❶孔雁.韩非的管理思想研究[M].北京:清华大学出版社,2011.

❷童康胜.法家思想对现代企业管理的启示[J].文化研究,2010(1).

❸杨坤.浅谈法家思想对现代企业管理的启示[J].经营管理者,2013(10).

❹王冬凡.法家管理思想对现代企业管理的启示[D].西宁:青海师范大学,2009.

研究，另外3篇中，一篇 *A comparison with classical Greek Rhetoric* 对比研究了古希腊与先秦时期的修辞学，以《孔子》《老子》和法家为例分别对其语言特色进行了对比，属于比较文学范畴。一篇研究了韩非的政治思想，而一篇讨论了其政治哲学，可见国外学者在对于法家的集大成者韩非思想的研究重点并没有放在其在管理学的应用方面。而如果直接查询“法家“关键词“Legalism”，除了有两篇和之前检索“han feizi”重复的文章外，其他10篇文献均不涉及中国法家思想。这里面有很大的原因是与西方学者始终认为现代企业管理起源于西方管理学有关，对中国哲学与企业管理的结合并应用不够重视。

综上所述，对于“法家思想对于现代企业管理的启示“这一命题，国内学者进行了大量的研究，从人性论、法术势、控制、考核、激励、用人等多方面都进行了论述。但是缺乏专门针对文化企业的研究，这也是当代文化企业，特别是中小微文化企业纷纷涌现的时代大环境下的必然要求。国外学者对这部分的研究更是空白，因此本文有必要进行进一步的研究。

三、研究方法

本文主要采用了以下研究方法：文献研究法，主要涉及对原著的研究、涉及法家思想与现代企业管理的相关论文、著作的研究；对比研究法，主要是将法家的管理思想与现代管理学尤其是西方管理学中的理论、观点加以比较，并提炼总结；跨学科研究法，本文涉及历史学、管理学、哲学、政治学、经济学等主要学科领域。

四、法家思想概述

（一）法家思想产生的社会背景

法家思想产生于先秦时期诸子百家的大争之世。由于社会生产力的迅速发展，奴隶制迅速被封建地主阶级所主张的封建制所取代，周天子“垂礼而治天下“的格局被乱世诸侯所打破，新的社会阶层崛起而逐步取代古老的贵族，改革成为这一时期的社会洪流。由于士族的崛起，教育平民化，于是各种思想被提出、碰撞、交融，那一时期，儒、释、道、法、兵等学派百家争鸣。这与现代传媒、出版、创意、设计、演艺等文化企业纷纷涌现的趋势很是相像。”乱世之下必有勇夫“，法家哲人在当时的确为君王治国提出了自己的思路。同理,在现代的文化企业治理中,法家思想也有可用之处。

(二)法家流派及其主要思想

在韩非之前,法家思想大致分为3派:一派以商鞅为代表,强调“法”,即“依法治国”,这便是法家之名的来历;一派以申不害为代表,强调“术”,即君主驾驭臣下的权术;另一派是以慎到为首,强调“势”,认为权利和威势最为重要。而韩非将三派思想融合并加以发展,提出势是基础、法是核心、术是技巧,三者相辅相成的理论。❶

五、外法内文:法家思想与现代文化企业管理的联系

法家思想强调“刚性管理”,即“治强生于法,若乱生于阿(偏袒)”。❷针对儒家“德治”“礼治”的观点提出,认为治理国家必须要讲求法律,禁令明确。这样下属才能够有规矩,才能被治理。而对于现代文化企业的治理,首先文化企业与我国其他类型的企业一样,比起西方企业管理来说,起步较晚,管理也未形成一种有效直接的模式。“人治”其实成为我国企业管理的内核。重感情而轻制度,重礼教而轻法治,重文教而轻法束的柔性管理——“外刚内柔”“外法内文”是我国企业管理的普遍现状。因此,如何去通过制度最大化地降低“人情风险”,是法治与文治的第一个结合点。

二是文化企业和其他类型的企业有区别,文化企业以“人的智力”为核心资源,以“人”为主要生产力,企业内的员工普遍技术强、学历高,思想意识独立前卫,又由于文化的轻资产、中小微、高风险同时高收益等特点使得文化企业内的员工趋利性更强,流动性更强,对企业的依附感更弱。这也是为什么娱乐圈热钱最多的原因之一。因此,我们探讨的“外法内文”实质上是如何能够用法来形成一种制度,去管理更容易收到文化影响的文化从业者。这是法治与文治的第二个结合点。

三是文化企业内部的文化气氛更为浓郁。文化企业自身以文化为产品,企业本身又被企业文化所覆盖和影响。因此文化企业对于企业文化的依赖性更强,一个流水线生产汽车零部件的制造业企业可能不需要多么内涵多元的企业文化,因为“多快好省,提高生产”既是企业目的,也是员工诉求。工作之余做操跳舞就足以激发员工的生产动力,不严重的矛盾也不会引起流水线上更大的麻烦——因为每个人各司其职,不会因一个人的改变而发生任何变化。他们更需要的还是工资报酬的直接提高。然

❶张觉.韩非子校注[M].长沙:岳麓书社,2006.

❷张觉.韩非子校注[M].长沙:岳麓书社,2006.

而一个以创意为生产力的文化企业情况却大相径庭，试想一下如果一个企业文化很糟糕的设计公司：办公室邋遢、上下级关系不睦、业余活动没有或者质量低……相信没有一个员工喜欢这样的企业，在这样的企业上班也很难激发企业赖以为生的创造力。因为在这样的企业，团队是必要的。所以在这样的企业，用制度去激发创意，用制度去管理文化本身，是法治与文治的第三个结合点。

六、以法治文：法治思想对现代文化企业管理的启示

（一）法——建立法律制度治理文化企业

法家所说的法治是"依法治国"，认为法律法规是国君统治的基本手段。[1]商鞅说"明主之治天下也，缘法而治，按功而赏"。对于企业也是同理。如果没有法，则"任重而道远"，可见法的重要性。因此对于企业而言，最重要的就是首先要建立法律制度。建立"刚性管理"制度，用法制代替人情，用制度代替规矩。在文化企业内建立法律制度需要注意以下几个方面。首先，法律制度应该符合企业绝大多数人的利益，这是基本原则。法家所提倡之法，不是"恶之法"，而是为爱民而生。如果其符合企业内绝大多数人的利益，则必然会为大家所遵守。其次，法律制度必须体现人人平等的原则。特别是在以"人"为第一生产力和智慧资源的文化企业内，制度面前人人平等原则尤为重要。这将极大地激发企业员工的积极性。第三则是法律制度的稳定性。法律制度不能朝令夕改，应该保持相对的稳定性。另一个层面则是各个制度之间不应相互抵触，相互矛盾。

（二）术——企业管理也是一种方法和艺术

法家所说的"术"实际上是一种权术，拿到今天去解读可以称为方法和技巧。"术者，因人而授官，循名而共识，操杀生之柄，课群臣之能者也。"术是君主管理国家，控制臣民的手段，也就是企业的管理方法。要想管理得好，必须要升华成为一门艺术。在文化企业中，由于文化从业者，特别是设计、创意等直接相关从业者更加注重个性的发展和自由，思维习惯更加不受约束，因此领导者必须要通过更加美妙的管理艺术才能有效激励下属，调动员工积极性。"艺术管理艺术"物质报酬不可缺省，但无形的精神激励更加必不可少。例如，对办公环境的建设，注重自由轻松；对业余活动的开

[1] 齐峰.浅析法家思想对我国现代企业管理的启示[J].东方企业文化.文化视窗，2011(24).

展，注重团队质量；对员工成长的关注，注重平台建设等。要重视给予机会、创新、学习和发挥的平台，重视人文环境建设，给予表彰和认可等精神激励。这都将有利于将文化企业员工的工作积极性调动到最大。

（三）势——集权与分权相结合

法家所说的"势"是指权势、权利。法家认为处势、牢牢掌握权势非常重要。在企业中，领导者如果事无巨细，事事都亲力亲为，则企业的负担会加重，运转效率将会十分低下。正如西方管理学中的经典定律——彼得原理。每个人最终都将会到达自己不胜任的位置上，最终企业将会是由很多不胜任自己位置的员工主导。那么既然这已经是一种悖论，不如缩短这悖论出现的时间，即有效地运用集权与分权。企业应确立一个有效的领导核心，然后分权、让权。以文化企业为例，文化企业因其自身的特点，其管理模式相较于其他行政企业或生产型企业更趋于扁平化，以团队合作模式为主。项目制、多中心、扁平化的企业组织决定了文化企业内部间的管理更加需要集权与分权的有效制衡，既不能过度集权，也不能失去中心。因此须要确立多中心，然后将权力下放至各中心，层层而下，最终使企业取得最佳的管理效益。

七、结语

"以法治文"不只是用法律来治理文化企业，而是利用法家思想体系，即"法、术、势"相结合去寻找治理文化企业的思路。其中法是基础，术是手段，势是保障。只有看到文化企业相较于其他企业的特殊性，将三者有机结合，才能利用好管理之道，使企业形成有法可依、权力制衡、充满活力的集体。

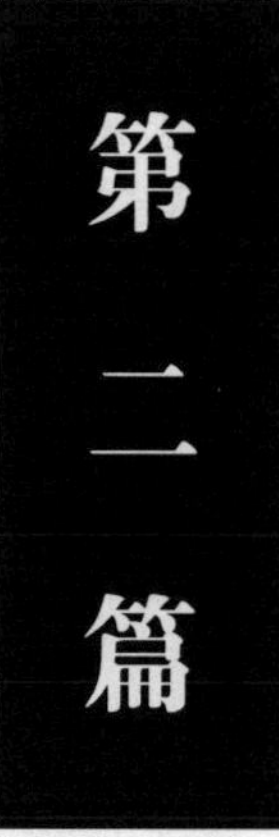

艺术设计与文化创意

YISHU SHEJI YU WENHUA CHUANGYI

智识空间:以金属之美向未来致敬

——工业和信息化部综合办公楼大厅高浮雕的设计思考

北京航空航天大学人文与社会科学高等研究院　蔡劲松

一、公共艺术发展及其文化属性

从世界艺术发展史的角度看,自远古时代起,艺术即与人类共生共存,人类从一开始就萌发了优化自身生存状态及境况的艺术创造或行为。无论是早期的自发、无意识还是后来的主观创造,艺术都是与人类发展息息相关的重要内容。追溯历史长河中人类与艺术的关系,可以想象人们在日常生活中,如何以合众之力找到一条以艺术愉悦自身的途径,或许据此可断定,公共艺术的方式,正是人类回归本源、眺望未来的一种自发方式。

公共艺术(Public Art)的概念是复杂而多义性的。从字面上看,它是"公共"与"艺术"的联合体,"公共"修饰或限定"艺术"。有学者认为,"公共艺术是一种为公众服务的艺术,或者是放置在公共空间当中的艺术";公共艺术"作为一种当代艺术方式,它的观念和方法首先是社会学的,其次才是艺术学的。它必须向社会的公众靠拢,向公众关心的社会问题靠拢。公共艺术只有体现了对社会的人文关怀,才是在当代社会中成为一种可能的、有效的方式。"事实上,公共艺术常常出现在城市建设环境中,它和环境、景观、建筑关系密切。以社会和公共环境、空间场所为背景的公共艺术,其核心在于艺术的公共性与社会性表征,即如何使艺术成为一种审美文化语境并走向社会公共空间。

当代公共艺术存在于现实物理世界与意象艺术世界的交汇点上,已构成社会学意义上的一种结构模式和文化形态,是社会公众精神审美的载体与艺术栖息地,是社会文化领域的开放性平台,是艺术观念、现象与社会公众、个体发生关联的纽带,是一种蕴涵丰富人文精神和创新品格的文化艺术发展样式。

在今天这样一个多元化的文化语境中，文化作为艺术的基因，必然是公共艺术的本质属性。从文化视野考察公共艺术，笔者以为它应包含四方面的涵义：第一，公共艺术既是物质形态的艺术抽象，也是精神审美意识的物化。公共艺术应该具备两方面的基本属性，即作为艺术作品的物质抽象和作为审美内涵的艺术浓缩，在有限的空间中，它以象征的、隐喻的手段传达艺术信息，运用丰富的艺术美感物化形态熏陶和影响受众，对社会公众产生审美联想和心理影响。第二，公共艺术不仅仅是艺术本身，它蕴涵着深刻的社会理想和人文追求，是超越一般艺术形态的复合创新文化样式。公共艺术承载着一定的社会理想，反映社会发展的人文轨迹，其生长过程不仅应注重历史传统和艺术特色的承接，而且应更加注重艺术的探索、超越和文化创新。第三，公共艺术的核心是艺术的公共性，即艺术在社会公共空间中与公众的交互性，及其文化表征的多元化、多样性与开放性。公共艺术正是作为一种开放、公共的社会动态文化平台，在艺术与大众、艺术与社会之间发挥纽带作用，从而使它们之间的互动成为特殊的文化语境，也为我们这个时代的文化积累，提供了鲜活的公共精神物质审美与发展根基。第四，公共艺术具有时空的指向性，它只有同具体的空间或地域场所、特定的社会群体发生作用，其艺术审美才能转化为社会文化价值。认真思考以什么样的“艺术”方式介入公共空间、介入公众生活、介入社会发展历程，是公共艺术面临的重要任务。

因此，当代公共艺术是一种以“艺术”为前提、以“创新”为品质、以“文化”为属性、以“互动”为语境和以“发展”为指向的崭新的文化现象与景观。公共艺术作为艺术化、社会化的文化景观，核心是透过艺术实践及其物化的建设过程，促使公共艺术作品更好地承担文化传播职责，呈现艺术本体的特殊的人文价值。

对公共艺术创作的历史感悟、文化思考与创新诉求，是笔者设计工业和信息化部综合办公楼大厅主题浮雕的学理基础与艺术追求。特别是，面对这栋地处首都西长安街旧皇城保护区、布局萃取中国传统合院建筑形式之文化精髓的现代化综合楼宇，如何将公共艺术设计的艺术意象美有机融入建筑空间形态美，如何使建筑大厅中的这件大型浮雕作品，透过公共艺术创作设计把关联性智识积累、视觉经验转化为公共艺术材料与语汇，见证并镌刻人类文明、智慧的烙印，表现工业和信息化进程、新型工业化道路乃至创新文化的启迪，是事关其设计成功与否的关键所在(图2-1、图2-2)。

图2-1　北京长安街中南海西侧工业和信息化部综合办公楼大厅

图2-2　北京长安街中南海西侧工业和信息化部综合办公楼大厅

二、高浮雕《智识空间》设计的内涵意蕴

承接工业和信息化部综合办公楼大厅公共艺术浮雕的设计任务，首要的就是要尽可能使这件作品以当代公共艺术的呈现方式，突出“智识空间”的主题，传递出从工业文明到信息时代进程的“文化密码”和“艺术镜像”。

在笔者的臆想中，“智识”强调的是用以统领知识的智慧，而不单单是知识体系本身。知识属于认识论范畴，知识也是智慧的基本因素，而具备知识只是拥有智慧的前提。知识可以通过学习和实践得来，智识却要在学习和实践的基础上，经过思考和体会去获取。并且，智识更多地与内在精神层面的才智和潜能相关。法国文艺理论家、历史学家丹纳曾指出：“艺术与科学相连的亲属关系能提高两者的地位，科学能够给美提供主要的根据是科学的光荣，美能够把最高的结构建筑在真理之上是美的光

荣。”如果说，科学代表着知识的集大成，那么，艺术则可以被理解为智识的重要表现之一。

因此，“智识空间”是一个供人们思考、品味和领悟的公共艺术空间，是一个在内涵上以“融”（工业化与信息化的融合、科学与艺术的融合、历史与未来的融合）和“新型工业化道路”为主线，在文明与创造的维度坐标中，将科技元素、艺术符号与信息时代、产业特色有机交融，以“金属之美”艺术地塑造一个寓意深刻的创造性场域、轨迹和智识空间，呈现崇尚知识、播撒智慧、笃行日新的创新文化意境，蕴含穿越时空的工业文明、追寻梦想的责任情怀、自信超越的时代担当。

在笔者的设计理念中，落成后的高浮雕《智识空间》，应当是一件蕴含科学精神、人文情怀、创新思维和哲学意蕴的公共艺术作品（图2-3）。归结到工业化与信息化、科学与艺术、历史与未来融合的主线上，关于其设计出发点，笔者主要有两方面的考虑。

图2-3 蔡劲松作品《智识空间》高浮雕（9m×6m，2014）

一方面，以艺术创意的思维存续工业文明的记忆。工业文明是以工业化为重要标志、机械化大生产占主导地位的一种现代社会文明状态。在人类社会的发展中，工业文明是迄今为止最富活力和创造性的文明进程，它始终伴随着科学与技术的巨大进步，并持续成为推动社会发展的重要力量。因此，《智识空间》这件浮雕作品，应在空间上以艺术创意的思维整体把握工业文明的脉络与轨迹，进而较为综合地反映工业文明以来的人文记忆，以及从工业文明过渡到信息时代、新型工业化道路的思想性承传与文化性、艺术性阐释。

另一方面，以创造性的“像素”展示时代融合格局及创新精神。当今时代，“融合”已逐渐成为一种重要的创造性标志。无论科学与艺术，还是虚拟与现实，都可以抽象为这个世界永续发展的“像素”单元，透过文化的中介已成为传递“创造力量”、展现“文明编码”的某种融合格局乃至基本要素。于是，《智识空间》浮雕的设计中，必然需要大量借助对科学及人文元素的艺术抽象，并通过不同雕塑材质转换为具有审美特质的“像素”，客观而艺术地彰显凝结于时空维度坐标中“融合”与“创新”的新向度。

三、高浮雕《智识空间》设计的艺术表达与风格

《智识空间》浮雕的设计主旨，重在突出“融”的主线——即“工业化与信息化的融合、科学和艺术的融合、历史与未来的融合”3个维度，借助当代公共艺术设计语言、艺术符号和科学人文创造之典型元素，采用多层叠合交错的高浮雕创作手段，透过锻铜及不锈钢材料多种色质变化的处理，力求使浮雕凸现出浓郁的律动感、庄严感和艺术感，将传统文化与现代文明统一于“融”的主线中，既有古朴、庄重、凝练的抽象表达，又有大气、现代、典雅的艺术形态。

（一）注重造型设计的整体性与艺术性互融

根据大厅现场的空间及墙体布局，浮雕的大小确定为长9米、高6米。浮雕的艺术造型设计，着力营建一种超越于某个特定时代的整体性与空间感，使整个画面呈现出一个历史时空坐标中无限延伸的隐喻。譬如，以工信部VI标识为轴心的、富有韵律的循环往复与多维扩展，以及取材于传统科技文化元素（罗盘、数理公式、数据、电路、芯片、齿轮、脉冲、星象图等）与现代艺术抽象符号（五线谱、音符、光盘、乐曲、波普、星辰、键盘符等）的穿插刻画、有机交融，形成了强烈的视觉冲击和精神旨归，用一种纵横交错的视角，把人们对工业文明、信息时代科技与艺术融合发展的通识与共鸣，转换为浮雕塑造的手法，从而刻画出深邃而富于创造活力的特定文化意境。

（二）注重艺术语言的多元性与综合性互动

《智识空间》浮雕的设计，始终贯穿了一种可以让人获得视觉感知、心灵感应和文化感受的多元艺术语汇，在形式上采用具象与抽象综合互动、关联构成的雕塑语言，通过对形的分解、叠置、穿插等变化，强化空间的深度与节奏，给人以动感的韵

律、张力及无限遐思。譬如，横向铺于底层的波状起伏的不锈钢管和铜管，交织中展现的似乎即是对历史的“工业化”脉络解读，又是对时空的“金属般”艺术抽象；而顶层由密集的细铜管组成的坐标谱系或波普造型，仿佛生命的节奏、物质的振动或艺术的韵律，在永无止境的递进中传播内在的能量，而抽象成这种变幻的、富有想象力的“律动”形态。

（三）注重材质运用的特殊性与协调性互补

在作品设计构想和锻造实现中，全部采用了紫铜、黄铜、不锈钢等金属材料，并充分运用了对同一种金属材料抛光、拉丝或蚀刻等不同手法的处理，凸显了每种材料的优势和特点，使作品可以直观、协调地以金属的硬度与属性，综合表现工业化、信息化主题的公共艺术，在给人们带来具有强烈质感的视觉冲击的同时，将公式、数据、点阵等微观抽象艺术符号，带入寓意整个工业文明和信息时代发展进程的宏大艺术设计格局中，在真实、想象与意念之间打通界限，以金属之美完成一种独特的人文视角与艺术叙事的纵横传递，于庄重凝练、典雅大气中形成多种色质协调变化的当代金属浮雕艺术美感。

（四）注重工艺结构的多层性与秩序性互通

在制作工艺结构方面，由于整件作品高低起伏设计达到了30厘米，加之铜和不锈钢之间相互焊接的难题，给施工制作带来了相当大的难度。从设计的角度考虑，笔者将作品分为3个大的层次，每个层次之间又由电路图、数位1或0、光盘的衍生、齿轮的交叠、星宿的悬置等随机连接并自然过渡互通。这些凸起的艺术抽象符号使用了数千颗螺钉，从浮雕底板的背面穿孔焊接，保证了浮雕正面光洁且无明显焊痕。整件浮雕采取在雕塑厂整体制作，然后分成4大块运输进场安装组合。此外，材料工艺作为雕塑最重要的物质载体和塑造依托，紫铜、黄铜、不锈钢以及对它们的肌理、纹理到色质的综合处理，从一开始就注意通盘考虑制作工艺的可行性与复杂设计中如何有序实施等问题，才使得《智识空间》浮雕的设计、制作与安装，成为互融互通、缺一不可的整体系统与关键环节，一定程度也拓展了当下主题性浮雕创作实现的途径。

（五）注重审美传播的人文性与启迪性互联

在这件面积达54平方米的大型主题高浮雕作品中，笔者试图打开历史的视窗和文明的维度，将众多具有标志性的工业、信息或人文、艺术载体符号融贯其中，同时从知识智库、生活现实中提取许多典型性艺术形象，让整件作品具有较高的可辨识、可认知的人文信息和联想启迪。通过画面中物象大小交错、背景叠置刻画、空间跌宕起伏、符号关联装饰等等，勾勒出“复调式”的当代艺术叙事，在整体上呈现出活跃又不失庄重的超现实公共艺术场景，由此引向画面之外的广阔时空，宛若为当代文明进程赋予生命的节律和体征，传达出面向未来的文化创造及价值理念——艺术地表现社会发展和时代变迁中，面对工业化进程、信息化烙印以及网络化、大数据时代征途，人类“智识”创造的轨迹与场域，进而呈现崇尚知识、播散智慧、笃行日新的创新文化意境。

实体书店经营模式探究

——以文化空间“耐思书店”为例

华东政法大学人文学院 张议丹

一、实体书店发展现状

如今,网络书店的兴起、电子技术的更新、城市地租的提高以及传统消费观念和阅读方式的改变等都不断冲击着实体书店的发展,2011年,美国图书零售商鲍德斯宣布倒闭令出版业的恐惧进一步加剧。分析家们也曾预言在2015年电子书会彻底压制纸质书,进一步削弱实体书店的生存空间,但与预计的情形相反,中美书店数据显示市场已经开始逆转。2014年美国实体书的销售量微幅增加2.4%,2015年美国书店协会统计有1712个成员共有2227个营业店面,5年前则为1410个成员1660个营业店面,相比起来大有增加。[1]针对图书零售业数据统计与分析的“开卷信息”的书业报告显示,2014年是国内实体书店复苏的转折点,相比于2012年和2013年的负增长状态,2014年实体书店的销售图书数量和销售额都高于网上书店,比2013年实现3.26%的增长,且2015上半年实体书店同比增长率为0.54%。方橙城市书店发展数据显示,目前国内八大城市近两个季度新开业书店在书店店铺总数中占比19.5%,[2]一、二线城市书店市场大幅回升。

书店市场的回暖,一方面由于政府扶持、电子书竞争力下降等外部因素,另一方面和书店自身的创新理念与变革经营不无关系,电子商务和行业内耗带来的倒闭潮

[1] The Plot Twist: E-Book Sales Slip and Print Is Far From Dead[EB/OL].(2015-09-23)[2016-06-11].http://www.msn.com/en-us/news/technology/the-plot-twist-e-book-sales-slip-and-print-is-far-from-dead/ar-AAeESAV?li=AA54ur.

[2] 中国一、二线城市书店发展数据报告[EB/OL].(2015-04-05)[2016-06-11].http://www.d-long.com/showart.asp?art_id=19191.

迫使传统书店做出转型，探索新的发展模式、寻求新的运营理念以适应和改善现代读者的购书习惯和阅读体验。以“寄给未来的明信片”为特色的“猫的天空之城”、涵盖大量文创产品的“半湾书店”“参与构成本地精神生活”的“西西弗书店”、创建“城市创新文化生活一体店”的“言几又”、致力于打造“公共阅读空间”的“耐思书店”……如今较为成功的实体书店大多实行泛生活化的跨界复合经营，“打造文化空间”几乎成为业内共识，但这到底意味着什么？崛起的实体书店又是怎么打造文化空间的？下文通过借助相关理论，阐述打造文化空间的实质，试分析文化空间的生成机制，并在此基础上具体分析“耐思书店”的经营模式，以期为转型中的实体书店提供参考价值。

二、文化空间相关理论

要探讨实体书店打造“文化空间”的内涵，首先要了解文化空间是什么。对于文化空间的定义和概念，学界至今没有定论，不同学科视角内的理解也不尽相同。显然，首次作为独立术语出现在文化遗产范畴中的“文化空间”已不能诠释现有的多元内涵，其本源意义是指“一个具有文化意义和性质的物理空间、地点和场所”[1]，显然这里的空间不仅包括物理本体，而且还蕴含文化因素所带来的触摸不到的关系和成分，其绝不是单一的、静止的和凝固的，而是多元和流动的。

理论研究方面扭转以往“空间被当作是死的、非辩证的和静止的”观点[2]，且超越对空间本体的单纯讨论，源于学术研究的空间转向带来的一个重要进展——理论的“空间化”(spatialization)趋势[3]，其随着后现代主义观点的勃兴而发展，并逐渐进入到社会学、经济学、生态学等交叉学科的讨论与反思层面。[4]法国著名新马克思主义者列斐伏尔(Henri Lefebvre)从哲学反思层面建立起系统的空间生产理论，将纯粹几何学意义的“空洞的空间”赋予了丰富的社会内涵，[5]后现代地理学家爱德华·W·苏贾(Edward W. Soja)在列斐伏尔“空间三元辩证法”和福柯“异质空间”基础上，提出了“第三空间”(third space)概念，强调多元空间之间并置的、挤压的、复杂的空间关系。[6]他们都强调空间的本质是物质领域、精神领域和社会领域三方面辩证统一关系的有机体，

[1] 向云驹.论“文化空间”[J].中央民族大学学报,2008(3).

[2] 林聚任.论空间的社会性——一个理论议题的探讨[J].开放时代,2015(6).

[3] 爱德华·W·苏.后现代地理学——重申批判理论中的空间[M].王文斌译.北京:商务印书馆,2004.

[4] 陈师.实体书店建筑空间形态及发展模式探讨[D].合肥:合肥工业大学,2013.

[5] Lefebvre, Henry.The Production of Space[M].Malden:Blackwell Publishers,1991.

[6] Edward W. Soja.第三空间——去往洛杉矶和其他真实和想象地方的旅程[M].陆扬,等译.上海:上海教育出版社,2005.

文化空间亦是如此，并且更强调文化、人及其相互作用。

三、作为文化空间的实体书店

（一）多元内涵

如上所述，随着理论和实证研究的发展，对空间的重申和重构不断深化和开放。对于作为文化空间的实体书店，它既是物质性的物理空间（第一空间）——具有能被感知的客观性的外部形态，又是观念性的精神空间（第二空间）——通过话语建构式的空间再现、精神性的空间活动完成知识生产，[1]同时也是超越二者的“他者”空间（第三空间）——包容多元因素与多重视角的重构空间；具体来说，它既形成了方位场地，又构建了消费空间与社交场所，更营造了文化环境与城市景观，还是人们进行休闲娱乐、社会活动和选择的场域……实体书店在演变为文化空间过程中，被赋予更多形式和内容。空间批判理论启示我们用不同的方式和开放的视野去思考空间的丰富内涵与多重属性，打造文化空间实质上是通过注入传统书店“新的可能性”，[2]创造性地重新考察、组合、拓展其承载的性质和意义。而新时代下实体书店的多元内涵，突出体现在其所扮演的新角色和被赋予的新功能。

（二）赋有功能

本部分借鉴上述斐伏尔阐释的“空间的本质”涉及的3个领域，分别从经济、文化和社会3个维度，通过参照对比传统书店，结合案例“耐思书店”，考察实体书店在新语境下具有的功能。

1. 满足体验消费需求

与传统书店所具有的书籍销售和商品交换的主要作用相比，作为文化空间的实体书店的功能更趋多元和丰富，其不仅提供作为物质商品的书籍，而且还提供体验相关的产品、服务与情境支持。在体验经济时代下，人们从关注商品本身的物质层面、实用功能等显性特征转向关注商品带来的精神层面、文化意涵等隐性特征，也即马斯洛提出的高层次需求。为适应这一转变，各大企业开始探索以服务为中心、以商品为素

---

❶ 史旭.爱德华`苏贾的空间理论解读[D].广州:广州大学,2012.

❷ Edward W. Soja.第三空间——去往洛杉矶和其他真实和想象地方的旅程[M].陆扬,等译.上海:上海教育出版社,2005.

材，为消费者创造出值得回忆的感受的经济形式[1]，图书市场和书店行业亦是如此，从传统书店到文化空间的演变，正是注重、改善顾客消费体验的举措。

实体书店为顾客提供难忘的消费体验，是建立在空间布局、产品陈列及在书店空间内举办的各种活动等方面的基础上。耐思立志于营建公共阅读空间与文化场所，在书店里不仅可以购书、阅读，还可以喝咖啡、进餐、赏花、看景、饮茶等，每一个书店的空间结构都与主题契合并经过精心设计，这样，顾客进入书店便会产生深刻印象；书店里的每一本书包括主题内容、封面装帧、整体色泽、纸品质感等都经过选书师配合书店设计风格和氛围精心挑选，包括文化艺术衍生品在内的产品陈列、摆放方式以及之间形成的关系都创造出一种和谐温馨的环境；除此之外，线上线下、形式多样的活动从广度和深度上都增强了消费体验，生日时可获得惊喜文创礼物的会员服务更充满特色与情怀……耐思依托附加各种元素激发顾客感知，通过空间营造视觉触觉和心觉的交相辉映使顾客产生"美好感觉"，这样，"消费者不仅愿意以个性化的方式参与到体验环境当中，而且愿意重复并通过口碑宣传这种体验"[2]。

2. 构建城市文化记忆

与传统书店发挥的信息资料、阅览、文印等获取知识的用途相比，作为文化空间的实体书店在社会中的角色重新得到诠释，其所提供的不仅仅是实体阅读空间，而是反映城市人文景观、印刻独特文化内涵的窗口。书店作为城市特有的空间存在，区别于其他商业环境，其特有的文化气息和人文情怀使自身成为"庞大的建筑物、金钱的社会压力与官僚机器权力的地图（城市）中的粗俗视觉的解毒剂"[3]，在发挥实体空间功能的基础上，书店更多地承担着城市想象空间[4]的功能。对于位于历史文化氛围浓厚的苏州的"耐思书店"，其文创作品凸显了这一功能。

耐思文创馆致力于"用情怀温暖世界"，崇尚原创分享和生活美学，其推出的耐思文创产品已有20余种，遇见大师系列、昆曲主题、日式文化……其中的重磅非"墨袖集"莫属，同时其也是将设计理念和古城文化相结合的典范。作为国粹"百戏之母"的昆曲发源于姑苏，为苏州增添了一份神秘色彩。作为表演造手的一环，灵巧多变、形态优美的水袖是昆曲独特形态和鲜明风格的代表。水墨点染的水袖，是为墨袖，耐思主创和钟爱昆曲的设计师反复甄选，最后挑选了12幅具有代表性的人物画，佐以解说

[1] B.H.施密特.体验营销[M].南宁:广西民族出版社,2003.

[2] 派恩二世.吉尔摩(Pine .Gilmor).体验经济[M].北京:机械工业出版,2002.

[3] Sharon Zukin.城市文化[M].张廷佺,杨东霞,谈瀛洲译.上海:上海教育出版社,2006.

[4] 梅娜.书·城——作为城市空间的书店[D].合肥:安徽大学,2014.

性小文，集结成昆曲主题文创笔记本，是为墨袖集。[1]耐思汲取苏州文化元素，凭借纯手工技艺，打造了这个代表苏州精华的匠心之物，其中毛边印章、内衬腰封、书签裱装及其所蕴含的情怀、信念和态度更是苏州的文化缩影。未来，耐思将继续努力，开发关于苏州城门、园林、诗经、民国女子、沉香主题的文创作品，不断展现发扬苏州的特色文化。作为重要的文化空间，耐思书店已然成为丰富城市文化内容的重要载体，对于构建城市形象、承载精神寄托、塑造生活方式，乃至培养身份认同都具有重要作用。

3. 拓展社会人际交往

重新认识空间与社会的关系，对于把握文化空间拓展社会关系的功能至关重要。苏贾指出："空间性就是社会，不是作为社会的定义或逻辑等价物，而是作为社会的具体化，社会的形成性构造（formative constitution）"。作为明显的社会产物，空间性对社会互动的构建意义重大。[2]空间由社会关系所充斥，一方面空间由社会关系所支撑和生产[3]，另一方面空间对于社会关系的生产和延展具有推动作用。社会交往是构成社会关系的基础，文化空间通过各种方式为人们提供产生关系的可能，具有创造促进人际交往、维系延展社会关系的功能，并在这个过程中对我们的生活和思维方式产生影响。实体书店作为以书籍和其他文化活动作为互动媒介的文化空间，则通过交谈、讨论、签售、沙龙等为人们营造交往空间，激发意义的产生和交换。

耐思书店不仅通过个性化的图书品种来吸引特定的专业读者群，定期开展读书会进行分享，而且举办各种各样的线上线下活动为大众提供交往的机会。每日微信消息推送、书店标志投票评选、文创设计有奖征集……耐思社群成员可以通过网络随时随地分享信息、表达感悟、反馈意见；民谣与哲学碰撞交融的音乐会"我的希望在路上"、瓦楞纸DIY创造的美妙世界"神奇纸板箱"、家具整理术《断舍离》作者山下英子读者见面会、"捐赠12本好书=耐思会员=诗和远方"的捐书募集活动……层出不穷的新想法大大激发了人们参与互动的积极性和主动性；2016年4月16日至24日，耐思书店联手颐和湾和凤凰古城，开办"苏州阅读节颐和书展"活动，成为苏州首例以社区为载体举办的书展，超低价格的折扣发售、优秀作家的亲临分享、面对面的交流探讨、零距离的答疑解惑，人们捐献旧书、晒书柜还有机会获得苏艺话剧的门票，这不仅是书迷的聚会，更是在书展大平台上旧友新知之间的文化对话。在耐思，顾客会遇见不同

---

❶ 参见"耐思书店"公共微信号。

❷ 格里高利·厄里.社会关系与空间结构[M].谢礼圣，吕增奎，译.北京：北京师范大学出版社，2011.

❸ Lefebvre. Henry.1979. Space：Social product and use value. in J. W. Freiberg（ed.）. Critical Sociology：European Perspectives.New York: Irvington.

的人、阅读心爱的书、思考有趣的谜、发现未知的美，通过活动连接人与人及其与空间，耐思重构沙龙文化下的社会关系网络。

四、打造文化空间——"耐思书店"经营模式

作为文化空间的实体书店具有的多元内涵与多重功能，是在打造和演变过程中被赋予和重构的。进一步探究如何打造，要分析文化空间的构成要素。文化空间的形成以物理空间的存在为前提，从一个"物理空间"转化为"文化空间"，文化因素赋予其意义，而文化作为人类长期创造形成的产物，进而说明了在文化空间的生成过程必定依据人的存在及其人与地方环境的互动。[1]综上可知，物理空间、人及其活动构成了文化空间的3个重要要素，"耐思书店"作为国内第一家创始于苏州的场所嫁接连锁书店，是由空间提供方提供相对独立的空间、"众筹人"出资、耐思团队运营的"三合一"联合体，其经营模式以文化空间的3个要素为重点，从而凸显优势产生价值。

（一）场地嫁接——物理空间

列斐伏尔的空间三元辩证法把空间结构分为空间实践、空间再现与再现空间，其中空间实践是作用于客观物质性空间的人类行为，是创造空间的方式；空间再现是空间生产的重要环节，是在物质空间基础上的空间想象；再现空间是在空间再现的作用下，对物理空间进行直接的空间实践或象征性地使用物质空间中的物体，包含了前两方面的内容。[2]空间的这三层结构都与物理空间密不可分且以其为基础，文化空间的产生依托于物理空间而存在。面对场地及地租压力，耐思书店创造文化空间的方式首先是场地嫁接，只要空间提供方拥有场地和书店梦，就可以通过合作将剩余空间共同打造成书店。咖啡馆里的耐思书店，运河岸上的颐和耐思，花店里的朵雅耐思，教育机构里的博才耐思，有机餐厅里的麦古耐思，昆山华润社区里的啡阅耐思，酒店里的假日耐思，安吉山里的半山耐思，售楼处里的天虹耐思，茶书馆里的无隐耐思，写字楼里的佰惠耐思，画廊里的泓慢耐思，眼镜佩戴中心里的应景耐思，耐思书店入驻音乐餐吧形成的"一把吉他"、978酒坊耐思、集重创空间与健康生活于一体的星健耐思、影像遇见书店的红棠耐思……通过场地嫁接模式，从去年9月至今，耐思已经成功落地20余家书店、空间和图书馆。

---

[1] 蒂姆·可瑞兹威尔.地方：记忆、想象与认同[M].王志弘，等译.台湾：台湾群学出版有限公司，2006.

[2] Lefebvre.Henry.1991.The Production of Space.Malden[M]: Blackwell Publishers,1991.

耐思快速成长的原因,归功于场地提供者和耐思团队的连结与协作,一方面,对于场地提供者来说,剩余空间的利用、或是已利用空间里文化元素的添加,都能为其带来新的活力与效益;另一方面,对于耐思团队来说,被动的选址困难不复存在,免租或较低的房租成本也大大降低了开店资金,最终达到双赢的结果。“场地嫁接”带来的益处不仅如此,这个“场地”不是标准同质僵化的“场地”,不同的位置、环境和结构营造出不同的文化空间和氛围,每家耐思书店都独具特色,如推崇生活美学爱好插花花艺的朵雅耐思,强调健康生活理念注重食物品鉴的麦古耐思,关注咖啡、关注阅读的啡阅耐思,创造浓浓禅意的无隐耐思……书籍和不同空间的结合带给顾客不同感受和全新体验。总之,场地嫁接使彼此的需求得到满足,是构建空间载体、缓解经济压力、提高文化内涵的有益尝试和探索。

(二)众筹——人的连结

戴维·哈维(David Harvey)、爱德华·W·苏贾(Edward W. Soja)、多琳·马西(Doreen Masscy)等多位学者在空间转向研究中都强调了空间的社会性,“时间与空间都是社会地建构起来的”[1],空间的组织和意义是社会变迁、社会转型和社会经验的产物。[2]“人类始终是空间的存在,始终在积极参与我们周围无所不在的空间性的社会建构”[3],这都说明文化空间的构建、人与物理空间的互动必定需要人的存在,并基于生产者和实践者的能动性和创造性进行空间再造。[4]众筹通过发挥、聚集众人力量,实现了人的连结和作用。众筹是一个开放的系统,“众筹投资者大都通过网络,为特定目标去支持创意,以捐赠或以获得某种回报的方式为他人提供资金支持”[5],其打破了以往传统模式融资弊端,特有的发现创意、验证需求、推广和募资功能得到了各行各业的青睐。

2015年8月1日,耐思书店众筹发起人徐涛正式发动项目,经过一周时间,招募到108位股东,筹得10.8万元书店的启动资金。人们原意支持项目的原因有三:关心创意、想使用这一产品、成为众筹社区的一份子。[6]现在,“成为众筹社区一份子”发挥的

---

❶ Harvey, David, The Conditions of Postmodernity: An Inquiry into the Origins of Cultural Change[M], Oxford: Blackwell, 1989.

❷ 爱德华·W·苏贾.后现代地理学——重申批判理论中的空间[M].王文斌,译.北京:商务印书馆,2004.

❸ Edward W. Soja.第三空间——去往洛杉矶和其他真实和想象地方的旅程[M].陆扬,等译.上海:上海教育出版社,2005.

❹ 林聚任.论空间的社会性——一个理论议题的探讨[J].开放时代,2015(6).

❺ Armin Schwienbacher , Benjamin Larralde. Crowdfunding of Small Entrepreneurial Venture[M]//Book chapter for Entrepreneurial Finance (4th), Cambridge:Oxford University Press, 2010.

❻ “众筹”救梦[J].二十一世纪商业评论,2012(8).

作用日益显著,“108个众筹人,从事心理咨询师、插画师、律师等不同职业,大家社会角色不同,是共同的书店梦把他们维系在一起。”徐涛表示。众筹平台不仅是创业者和投资人合作的渠道,更是认同“耐心阅读,慢慢思考”宗旨的具有相同爱好和相似价值观的社会成员之间产生关系的纽带和桥梁,众筹人的连接聚集构建起社群,他们的协作能进一步创造效益。经过第一家书店的顺利开业,耐思随后不断启动新店众筹,而新店的空间提供者大多是早期的股东会员,新的众筹人也往往是老会员及其朋友,通过社群成员建立联系、整合资源、输出价值,耐思在前进的道路上不断成长,并得到了更多人的拥护和支持。

(三)专业运营——实践活动

关于空间的形成机制,以列斐伏尔为代表的“社会建构论”认为空间是一种产物,其产生于有目的的社会实践,但在萨克(Robert D. Sack)和梅尔帕斯(J. E. Malpas)看来,地方先于意义和社会建构而存在,人与地方的互动赋予其意义。[1]虽然观点不尽相同,但其都涉及一个根本问题:如何认识空间与人类行动或社会之间的关系。与物理学概念和以往的社会理论不同,空间是社会实践的中介和结果,其并不外在于社会或人类活动,而是社会活动的构成部分,或者说,正是社会活动本身形成了社会空间。[2]由此说明,活动作为人与物理空间进行互动的方式,是空间形成的一个重要因素。

对于实体书店,文化活动的开展是打造文化空间的必要途径,也是构建社会关系的重要渠道,然而打造文化空间不是目的而是方式,许多号称“文化空间”的书店在经历“开业热”之后便黯然退场,因其只在店面装潢上下功夫,空有其表却不明内在本质,鲜有文化活动的策划与实践。活动的开展要依靠专业团队的运营,这样书店才能保持持续性与创造力,耐思成功的关键也在于核心团队的活动运营和项目管理。首先,参与众筹项目加入耐思社群不仅享有书籍、文创、饮品等各类产品折扣,而且可以见面礼、月月礼、生日礼,还可以免费参加各种沙龙、使用场地、推荐好书等,秉持以顾客为中心的理念举办的各种活动随时为顾客带来惊喜;其次,每周定期举办的耐思读书会、主题讲座、周末活动、大众放映、剧本朗读、阅读推荐、耐思学堂、民谣音乐会、手工体验课、甜品DIY、书店论坛等内容广泛、形式多样的活动吸引了大批人的主动参与,并提供社群成员交流互动的机会;再次,每个耐思书店都根据自身特点开展别具一格的活动,如麦古耐思的有机葡萄酒高端品鉴会,佰惠耐思关于女性、亲子和手工

[1] 蒂姆·可瑞兹威尔.地方:记忆、想象与认同[M].王志弘,等译.台北:台湾群学出版有限公司,2006.

[2] 林聚任.论空间的社会性——一个理论议题的探讨[J].开放时代,2015(6).

的公益沙龙、朵雅耐思的花艺教学活动……；特别是耐思于2016年2月开始承办的历时3个月的“慢光慢影慢姑苏”摄影特展活动，受到了很多人关注，收集了近千组作品，提高了顾客参与度和互动性。在这个过程中人们获得信息交换、情感链接和价值认同，“书店的存在，是为了让每一个人，都能找到心灵归栖到地方”，耐思通过活动维系社群成员，共同推动书店发展。

挪威世界著名的建筑理论家诺伯舒兹（Christian Norberg-Schulz）认为：“空间，由一个相互作用、相互影响的多重穿插体系构成”[1]，这说明空间包涵多重层级因素影响下的关系总和，空间、人和文化活动作为构成文化空间的三个重要要素，并不是独立存在的，而是不可分割相互交叉相互融合的共同体。对于实体书店的构建机制与经营模式，耐思为我们提供了新的理念与策略，空间开发者不仅要深谙要素的内涵及重要性，还要灵活掌握其相互关系及操作办法，为书店注入更大驱动力与更强生命力。

五、小结

随着经济发展和科技进步，实体书店在内外因素共同作用下力求变革以适应现代社会，以“耐思书店”为代表的“打造文化空间”的经营模式为其转型提供了借鉴和参考，在演化过程中，实体书店被赋予的多元内涵和功能是本文关注的重点，但在发展进程中，书籍主体地位的丧失、书店自身特色的淡化、资本驱动扩充的盲目等是要注意的问题，追求利润与良性运转的选择、规模化与自主性的平衡等仍是我们需考量的内容；耐思的未来目标是“步行一千米，书店自然现”，接近于克里斯蒂娜·米昆达所具象化了的“第三空间”（家外之家），要实现社区空间内关系纽带维护的中介，本地化和服务化是其成长关键；我们还应认识到，空间的本质是为人服务，不仅要熟习书店作为文化产业所具备的经济价值，更要注重和剖析其社会内涵与意义。文化空间生产与社会建构的关系、空间变动的动力机制及其怎么作用于人等议题还待进一步的探讨和研究。

---

[1] 诺伯舒兹.存在、建筑、空间[M].尹培桐，译.北京：中国建筑工业出版社，1990.

中国新常态背景下设计产业管理的战略意义之研究[1]

南京航空航天大学艺术学院　成乔明

中国正处于多变、纠结甚至复杂的历史性转变期,这个转变期预示着中国可以锻造出一个崭新的常态。设计产业管理面临这个新常态一定大有可为,且对重振中国的设计创意产业、制造产业意义非凡、影响深远。

一、中国新常态分析

中国"新常态"的提法是对过去的常态、否定态、非常态内省式的突破和创新性的重构,是中国走向未来的转折点。中国改革开放的成绩有目共睹,但危机四伏也让中国陷入了新的非常态。以美国为首的西方集团加紧了对中国的合围与封锁;一些别有用心的国家炮制出"中国威胁论"在全世界混淆视听;随着经济条件的突飞猛进,国内的功利思想、享乐思想甚嚣尘上;政商勾结在一些"大老虎"的庇护下触目惊心;在市场的利诱下,中国的产业伦理和商业道德倒退如流;中国的文化意识正呈现全盘西化的严重后果。以习近平为中心的第五代国家领导集体不得不严正对待和思考这些非常态。坚持反腐是对旧常态掌权派的选优弃劣,是中央政府对政商界重树形象的第一步;"一带一路"战略、亚洲基础设施投资银行的成立是中国通过经济、商业手段冲破国际包围圈的突围战;"大众创业、万众创新"是对中国一度盛行的享乐主义和山寨风笼罩制造业的反拨;"中国制造2025"和"工匠精神"是对中国未来工业、制造业提出的新要求和新方向;一系列军队改革和军事强化措施是从武力上对国际包围圈做出的自卫性反应。

[1] 本文是中央高校基本科研之学术著作《设计产业管理——大国战略的一个理论视角》(NR2016049)出版资金项目的阶段性成果。

二、设计产业管理发展的三大宗旨

无论是“一带一路”战略、创业和创新，还是重振中国的制造业还是军力的提升都离不开设计的全面发展以及设计产业管理的战略化布局。“战略”一词原指军事上的谋略与施诈。而今天，“战略”早就超出战争、军事范畴，在政治、经济、文化等各个领域被广泛使用。管理学中大量使用“战略”一词，指宏观、系统、长期性规划与筹谋。设计产业管理本身就是一个宏观性战略管理，涉及面涵盖政府、行会到企业、团队内部以及之间的管理。设计产业管理发展遵循着三大宗旨，或者说设计产业管理从政府、行会、企业、团队任何一个层面上的规划与执行，都必须严格对应三大目标：服务商业、服务文化、服务民生。

（一）服务商业

商业性本身就是设计产业管理的第一大性质，这一点使产业管理与行政管理、事业管理得以区分。促进商业和市场的发展、继而推动国民经济的转型升级是设计产业管理的主要目标之一。从国内来看，设计市场和商业发展不宜一哄而上，更不该千篇一律，要充分挖掘地方特色，并将地方设计和物质创造的特色发挥到极致，如此才能真正实现多元发展前提下设计产业兴国的战略。从国际市场来说，大量国外的文化、时尚、高科技商品以及生活用品如潮水一般涌进国门，国外先进的设计固然给本国人民带来生活上的便利和享乐，但长此以往，国内的金钱财富就会越来越多地流向国外，国人在国外物欲的诱惑下只能越来越淡化对本国的信任与归宿感。中国从制造大国向设计强国的战略一定要贯彻到底。

（二）服务文化

任何一种设计创造都起码具有两个部分：物质性和精神性，也可以说是物质性和艺术性，其中精神性和艺术性属于狭义文化的主要内容。所以，我们也可以说任何一种设计创造都具有物质性和文化性。文化是物质载体背后隐藏的民族习性、创造者思维、国家精神和理念，这些习性、思维、精神和理念通过劳动人民勤劳的双手、借助物质的实体定格并传承下来，随后可以通过物质的交换和贸易传送到世界各地。设计产业管理就是要通过物质商品商业交换的手段和形式将中国文化传出去，让国外更多更深入地了解中国文化、喜爱中国文化。

(三)服务民生

设计产业管理归根结底的宗旨是为民生而服务,为最大多数人民生存权、生活权的实现而服务。“五纵七横”国道主干线工程、西部大开发计划、“南水北调”工程、长兴岛造船基地建设、上海临港新城项目、全国棚户区改造工程、世界上里程数最长的京沪高速铁路工程等,其实都是服务民生的战略性设计产业。这些工程项目件件都是利国利民的大事,都是能福泽后人的大手笔。中国的富强、中国人的幸福、中华民族的复兴不是转瞬即达的理想,需要百年如一日的不懈追求。关注民生,助力前行,赤诚为民,无私奉献,中华民族才会真正有希望。无论设计产业管理涉及怎样的具体目标和做法,其商业、文化、民生的服务功能和价值根底都毋庸置疑。

三、设计产业管理解放社会生产力

从宏观层面上来说,设计产业管理的第一大战略意义就是解放社会生产力。社会生产力是一国前进的动力,也是一国强弱的标志,通过全方位的管理来解放社会生产力是一种自上而下的治国理念和政治方略。

(一)内化经济时代的社会生产力

当今的时代已经进入内化经济时代,所谓内化经济,即生产力附着在生产主体身上且为生产主体所独占而无法轻松发生转移或为他人承袭的经济。一切资源都有可能转变为经济生产力是内化经济最突出的表现。当下的生产力实际已经形成了复合式的生产力体系,具体包含了管理力、技艺力、智慧力、人脉力、名声力、权威力、信息力、相貌力、物质力九大类,这九大类生产力在今天同等重要且都有一个相似的本质特征,那就是凝聚在了生产主体身体上成为生产主体所独享的有机资源集合体,从而构成内化经济时代。内化经济时代最显著的特征就是经济运营的方式更为复杂、经济创新的方向更为多元、经济爆发点更为分散,生产主体只要拥有一种或多种独占资源就拥有了创造巨大财富的潜力与可能。在内化经济时代,设计产业管理正在发生着一些中心内核上的变化:设计项目管理转向设计创意管理、设计流程管理转向设计品牌战略管理、产品生产管理转向资源整合管理、物性致用管理转向人性彰显管理。

(二)关于“大众创业、万众创新”

2014年9月10日,李克强总理在第八届夏季达沃斯论坛上的致辞中提出了“大众创业,万众创新”的设想,他提到:“中国经济每一回破茧成蝶,靠的都是创新。创新不单是技术创新,更包括体制机制创新、管理创新、模式创新……关键是要进一步解放思想,进一步解放和发展社会创造力,进一步激发企业和市场活力,破除一切束缚发展的体制机制障碍,让每个有创业意愿的人都拥有自主创业的空间……在中国960万平方千米土地上掀起一个‘大众创业’‘草根创业’的新浪潮……”这段话中首次提出“大众创业”的说法。毫无疑问,所谓的“大众创业”实际上就是要解放社会的生产力,这是一次自上而下的号召。在同一论坛致辞中,李克强总理还提出:“中国有各类专业技术人员和各类技能劳动者近两亿人。如果这么多人哪怕是大部分人都能发挥出他们的聪明才智,形成‘万众创新’‘人人创新’的新态势……中国发展就一定能够创造更多价值,上新台阶。”把国家的创新机制下行到民间不仅仅是对人民的信任,更是把国家创新权力还政于民的起步与尝试。这实际是对设计产业管理当前最高的指示之一。内化经济时代层出不穷的多元生产力都应当有用武之地,然后从中优选,让能够量产、能够创造新机会的创意力品牌化、延续化,这正是“大众创新、万众创业”思想隐含的设计产业管理在生产力发展上的战略性定位。

四、设计产业管理创造新的生产关系

设计产业管理的第二个最为重要的战略意义就是要创造出全新的生产关系。如今资本家的剥削在全世界范围内并没有完全消失,根据传统的马克思主义者对资本主义社会的判断,今天的剥削在民主、自由制度“外衣”的包裹下会显得更加隐秘和深刻。而在社会主义初级阶段,劳资对立关系也并没有彻底消亡,万众的创新力究竟能不能爆发巨大潜能与社会主义生产关系的反作用力密切相关,而一种全新的社会主义生产关系的建立需要设计产业管理给予支撑和确证。

(一)公平竞争

公平竞争既是社会主义生产关系的首要标准,也是市场经济的首要特征,但并非所有的市场经济都是公平竞争的。我国尚处在社会主义初级阶段,人才的竞争、企业之间的竞争、商业组织之间的竞争等都还存在大量不公平的地方,这与利益诱惑、权力的分配与监督息息相关，对权力和权力者尚缺乏有效的惩罚力度。在设计产业市场上，招投标中营私舞弊、原料供货方的偷工减料、工艺技术研发中的弄虚作假、工程项目中的权钱交易比比皆是，这些不公平行为严重伤害了本国的设计和制造业，也严重侵吞了纳税人的财富和尊严。这属于机制性的不公平。设计产业管理不仅仅是要在顶层设计上把好权力制约关，更要在实际执行上贯彻执法打击力度。

（二）平等贸易

平等贸易显然是针对买卖贸易双方之间的关系而言的。任何商业、任何市场都应当遵循平等贸易原则。设计师、生产商就是商品最初的源头，他们和消费者之间的关系其实就是贸易关系。“设计为何”即为什么而设计的问题，设计不是为强加一种视觉或理念给消费者、给社会，而是应当满足消费者的生活和存在、满足社会的自然发展；“设计何为”就是设计能做什么的问题。我们的规划者、设计者总想去控制世界，总想把自己的思想强加给消费者，这是违背平等贸易原则的，规划者、设计者与消费者应当平等交流、相互理解，然后让设计商品自己静静地散发迷人的芳菲。

（三）资源共享

设计产业活动中的所有竞争者都应相互合作，所谓的相互合作首先要尊重资源共享原则。内化经济时代，一切资源都可能成为生产力，这就决定了一种新型生产关系必然会产生，那就是资源互换、资源共享型生产关系的诞生。在传统经济时代，生产者与生产者之间是资源掠夺、资源竞争的关系，肉弱强食的法则今天已经不再是唯一法则，更高层面上来看，互助共享的法则能创造出更大的成果。不懂得运用现代的网络多媒体资源、高科技呈现技术、社会圈层间的软传播资源，再好的设计产品也未必会有理想的市场收益。今天的设计产业就是需要设计者、生产者、传播商、消费者同乐式的共享合作。

（四）自由创造

设计生产关系是基于设计创意之上的一种生产关系。创意是一种高智商精神活动，保证创造的自由是前提。设计公司总是要求自己的设计师这样那样，设计师很难创造出精品；工程项目设计中甲方也总是要求乙方要怎样，乙方思维受限且苦不堪言。显然这是有失自由的设计活动，绝大多数设计师不得不安于现状、苦于应付，这正是功成名就的设计师自主创业、成立自己的设计公司或设计工作室最根本的原因：自由之心永远甚于自由之身。最经典的设计创意都来自于设计师的自由时光里，设计不仅仅是为了造物，而是一种思想、一种生命状态甚至一种娱乐精神的创造。

（五）携手共赢

在内化经济时代，资源和资源之间的互换、共享的最主要目标就是实现利润和效益的最大化。但单靠一种资源进行深度的挖掘和发挥毕竟无法长久，也容易令人生厌继而抛弃，从长远来看，一个多元资源联合作业的硬功夫才是发展的正道，因为一个多元合作、全面发展的生态系统更加耐读、也更加经得起时间的检验，自然而然其利润和效益会趋于最大化。除此之外，携手合作的另一个保障就是合作双方的全面共赢，任何一方的独断专行、坐享其成都不可能让不同资源的占有者联合在一起。在今天的背景下，设计产业管理必须要能革新过往种种不完善的生产关系，本着全社会公平发展、持久发展、永续发展的理念创造出全新的社会生产关系，这种管理是建立在国家中央政府越来越清晰的思路和认识基础之上得以实现的。

五、设计产业管理解除发展的桎梏

今天的社会发展包括设计产业的发展正面临四大桎梏，用李克强总理的话来说，“爬坡过坎的时刻到了”。概括说来，制约着今天社会发展和设计产业发展的四大桎梏分别为环境恶化、物质功利意识泛滥、生产性资源出现紧缺和体制陈旧。

（一）改善环境

如今地球水污染严重、转基因食品泛滥、土地沙漠化现象凸显，种种迹象表明人居环境已经到了不容乐观的地步。地球正在遭受前所未有的生态环境的挑战。据称，目前人类探测火星取得了新进展，虽然我们未来有可能移居其他星球，但对于地球环境的保护仍承担着不可推卸的责任。设计产业管理今后的终极目标绝不是想方设法让人类搬离地球，而应该是让地球更持续地美丽下去，因为这里才是我们真正的家园。

（二）反省物利

物质享受和功利思维一定程度上扰乱了今天人们的精神，进而影响体制的运营范式和人们的行事法则，这种现象对于国家发展是十分不利的。底层人民的物利之心一方面可归结于人性本质，另一方面则关乎生存的需要，从处于弱势地位的单个生命而言，追名逐利似乎无可厚非。但对于一些高精尖人士，应极力杜绝这类现象。因此，设计产业管理要树立事业之心、崇尚精工设计、发扬"工匠精神"、削弱物利之思维，从长远、大局、树品牌的角度发展本国之设计、民族之制造。

（三）拓展资源

人类的资源特别是生产性资源越来越短缺是不争之事实。在2015亚洲教育北京论坛年会上，联合国政府间气候变化专门委员会副主席、国际绿十字会董事会成员莫汉·穆纳辛格（Mohan Munasinghe）忧心忡忡地发出喟叹："截至2012年，人类已经透支了地球上50%的可持续自然资源。照这个趋势下去，到2030年，人类需要两个地球的自然资源才能满足需求。"人类依靠设计技术、科技技术拯救自身的道路还很漫长而曲折。人类只能寄希望于设计创意产业和技术开发在拓展资源的道路上闯出一些生路。

（四）重构体制

法治代替人治是中国重构体制的关节点，打破人情社会并创造法理社会是中国重构体制的必由之路，厘清法治建设的阻碍是中国共产党带领全国人民重构体制的首要任务，设计产业管理积极参与重构体制的伟大事业是设计产业管理服务国家和社会的重大战略任务。重构体制就是要尽可能使用制度来管理国家、规范社会的理念以及做法。用制度来约束公权力，用制度来保护我国的生态环境，用制度来引导科技发展的动机和方向，用制度来创建新型的智慧城市和新型乡村，用制度来保证生产制造业的健康发展，用制度来发扬我们的传统文化以及开创我们的现代文化。

六、设计产业管理是一场确立大国地位的革命

设计产业管理意识在今天不再是一种"小我"的运营或商业盈利，而是一种"大我"的奋发与规划，国家营销的最本质内涵就是创造出巨大的财富并让人民幸福，人民幸福指数的提升是彰显大国实力的重要体现。

(一)催生设计文化

设计产业管理是以政府牵头、设计企业担纲、全社会参与的商业设计的大管理。同时,设计产业管理还是一种设计战略,是关系全国、全民族物质文化的大战略。短期的繁荣与盈利都算不上严格意义上的设计产业管理。设计产业管理因为周期长、体系庞大,所以才能造就一种文化现象、文化精神的养成。

(二)繁荣设计市场

设计产业管理不同于其他设计管理的根本之处就在于设计产业管理服务于大市场、大商业,落脚点虽然是市场和商业,但反映的是市场和商业的全局观、战略观。健康的设计市场一定要有三个重要因素作保证:开放的设计产业政策、新颖的设计营销模式、优秀的设计产品,三者缺一不可。而健康的设计市场是创造和集聚社会财富最重要的战略性场所,我国应致力于打造健康的国内设计市场和开放的对外设计交流。

(三)促进设计交流

设计交流不仅仅是设计产品的往来贸易,还是交换设计思想、共赏设计文化、互动设计经验的总和。设计产业管理是一种商业性、大局性、宏观性、战略性的设计管理,绝不仅仅是一个设计盈利的手段,更应该是一种精神智慧、哲学理念在互惠平台上的对话和互通有无。一般物质的交换是使用功能的交换,使用功能消耗殆尽,物质载体就成为古董或废弃品。设计是一种精神性、创意性造物,其强大的设计文化永远值得其拥有者和使用者去揣摩与回味。

(四)建立设计品牌

无论是从国家的战略高度来看,从地区行业的产业声誉来看,还是从企业的长远发展来看,当下的设计产业都已进入品牌竞争的时代。设计品牌不是我们看到的简单的产品商标、企业名称,设计品牌是我们关注对象的复合概念,商标或名称只是品牌的代言符号而已。设计产业管理应以系统的、全面的意识与手段去构建国家文化形象、民族文化品牌,这种战略性的规划不仅仅可以作为一种全民事业,同样可以通过产业化的方式实现其战略进程中不可估量的商业利润。

（五）唤醒大国意识

实施设计产业管理的终极战略意义就是要创造制造大国、创造财富大国进而打造文化经济强国。而目前中国设计产业管理首先要承担起唤醒大国意识的任务。从市场潜力和表现上说，中国是目前世界上的互联网大国、手机大国、汽车大国、消费大国，很大程度上归因于我国拥有世界上较大的消费市场，因此，我国距离创造性大国还有一段距离。真正的文化大国、经济大国一定是极具创造性的强国，恒定的创造力、恒久的生产品牌、恒远的文化理想才是中国需要寻根溯源、实施大国复兴的根本所在。

中国要想从制造大国走向设计强国，还有很漫长的路要走，其中设计产业管理将起到不可替代的巨大功能。认真做好设计产业管理的实践和理论研究具有一系列重大的战略意义，设计产业管理的优劣得失将直接决定我国在设计创意业、生产制造业的前途。

风狮爷的风俗形式与设计应用之研究

——以金门、冲绳、福州、泉州为例

高雄应用科技大学、澳门城市大学　洪明宏　王伯勋

一、研究动机及目的

本研究从2010年开始，研究者所关注的课题，主要侧重于民间习俗的镇物造形，基于人类学辨识文化圈的理论，研究过程不断从田野采集镇物样本，期待达到某一程度的数量后，能进一步诠释地方镇物在跨区域，及类似文化相同的层面，建构出民俗镇物的地理分布状态，同时也将探索镇物与地方文化连结，尝试以现况事实追查民俗造形的渊源。在此将持续透过这类型的研究课题，将研究所得回馈在日后的设计教育，逐步迈向设计与文化研究的整合目标。

本研究以金门风狮爷作为研究起点，此研究至今已经延续5年，研究过程中陆续调查金门、冲绳、济州岛、福州、泉州、广州、澳门等地，从中发现的地方镇物有风狮爷、石敢当、土地财神、石头爷爷、米筛等民俗物件。其中，以风狮爷和石敢当的分布场域最广，且形式最多样也富有变化，经由上述区域的调查，体会到地方镇物与民间习俗有极大的关联。有鉴于此，本研究目的如下所述：

(1)搜集风狮爷所在区域及该区域的民间习俗，并依据田野调查的状况进行实地访谈，以厘清村落镇物——风狮爷的文化背景。

(2)透过田野调查的图像记录，予以确认、比对风狮爷之造形及设置地点，进而观察其设计应用的状况，强化本研究之具体成果。

二、风狮爷设置缘由及分布区域

根据本研究至今的调查显示，设置风狮爷的区域有金门、冲绳、福州、泉州等地，

各区域的风狮爷源流及民间习俗如下简述。

金门古名浯洲，又名仙洲，或称浯江、浯岛、浯海、沧浯等。明朝末年，郑成功大量砍伐树林建造军舰渡台(1661年)。清朝初年，康熙皇帝因怀恨金门地区被郑成功作为反清复明的基地，因而下令将遗留于金门地区的居民迁移至中国内陆，并大量砍伐金门所有的树林，导致金门从林木茂盛之地，转眼间尽是尘土飞扬的地区，再加上长期受兵灾战祸所苦，惨遭横死者众多。先民为求禳祸避凶，纷纷在村口树立能镇风止煞的“风狮爷”，故金门风狮爷的设置习俗应该开始于明朝时期(1368—1643年)，普遍设立则约于清朝康熙二十二年(1683年)之后。

冲绳旧名琉球，在中国明朝时期的琉球是独立自主的国家，也曾经向中国的明、清两朝代称臣(属国)并进行朝贡，日本九州的萨摩藩于1609年入侵琉球且控制、干涉琉球国的内政，胁迫琉球必须放弃向中国称臣，从此琉球就逐渐被日本国控制而成为其国土的一个县治。根据琉球相关历史书籍的记载，约1689年东风平的富盛村经常发生火灾，村民于是聘请蔡应瑞风水师来勘查，蔡应瑞则回应“八重濑岳是一座火山，如果在八重濑岳的对向放置一座狮子，即可保平安。”之后，富盛村就不再发生火灾。在“シーサーあいらんど”一书中也有以下的记载，“直至目前为止，尚无发现足以证明狮座是何时传至冲绳的历史记录，大约于13~15世纪由中国传来的说法是被普遍认同的。在冲绳的古老狮座，多数集中于王都首里城，传来初期被作为贵族阶级的守护兽。……所谓的狮座，一般是指屋顶的狮子，最原始是放置在城门前、贵族坟墓或是村落入口，屋顶狮子是开始于明治时期(1868—1912年)。设立狮座目的是除魔，屋顶狮子瞪视着邪恶东西怒吼的姿态”。

福建各地民间在建造新房时，都很注重避邪物的设置。所有民居中，各地民间最重要的莫过于大门的避邪和防煞。居宅大门都忌正冲道路、巷和桥，否则要设置“泰山石敢当”石碑以镇解；又忌大门正冲大树、溪流和豁谷，犯忌的要在大门正前方筑照壁以镇解。各地民间还忌新屋大门与邻居门对门或与其门框、墙角、屋脊尾直对。若是无法避免，就要用镜子、渔网、米筛等物件悬挂在门口，或将一个陶狮子压置于屋顶以避邪。此外，有些地方还在大门上挂弯把锯、剪刀等物以示驱除邪秽。将陶狮子或类似物压置于屋顶，这种避邪的做法在福建各地十分普遍，此类东西在闽中福州等地称为“厝猫”。旧时各地的民居多为木构建筑，平时最怕火灾，许多地方民间建房时，皆在屋顶上设置一种兽口大张的陶制怪物，称为“鸱吻”。据传此物是海中之鱼，其头似猫头鹰，尾似龙，能激浪降雨，将它置于屋顶，就是为了避邪和降火魔。

综上所述，可以确认冲绳狮座的设置习惯来自于中国，原本是守护在贵族的宫殿宅院、陵墓或寺庙，后来因为风水的需求而逐渐被应用在庶民的村落，在原有的辟邪、除魔的功能上增加避除火灾一项。作为文化根据地的福建，也因地域宽广及民族多元等因素，致使地方镇物的信仰与应用因区域不同而有所差异。

三、风狮爷数量调查与形态外观

根据金门县政府于2008年刊行的《风狮爷千秋》或2009年出版的《金门自助旅游》，两本书籍刊载的风狮爷都是69尊，但相继发现金门旅游简介的金门县旅游地图，所刊载的风狮爷则有71尊，民营机构浯州陶艺发行的扑克牌更记录有85尊。本研究调查则确认了79尊。然而，金门县政府在尚义机场附近建设一座金门风狮爷环保公园（又称尚义环保公园），该公园于2004年对外开放参观，园区中除设置一尊高约15公尺的大型风狮爷，也依据各村落风狮爷的造形及所在位置，原尺寸缩小复制在公园内，总数量仅有64尊。

搜集日本冲绳的风狮爷数量资料也有两笔，分别为106尊及118尊。本研究因时间与资源考量，在冲绳只确认三区28处场域的50尊风狮爷（狮座），同时也发现风狮爷的所在区域、数量与资料的记载内容有些许差异，如丰见城市田头的风狮爷由1尊增加为2尊，与那城町伊计由3尊减为1尊。另外，东风平町（2006年东风平町和具志头村合并为八重濑町）志多伯由5尊减为2尊，又根据『八重濑町の文化财』记载该地区有4尊风狮爷（此记载与本研究参考文献有差异），其中2尊被称为夫妇风狮爷，但调查过程却未能寻获。

虽然金门与冲绳的风狮爷皆源自福建，但截至目前，尚未查获详细记载风狮爷之设置地点与数量的相关文献，仅能从较具历史悠久的古镇，经由田野调查方式进行搜集。另外，由于中国幅员广大，仅是福建县市间的交通移动，就需要数小时的车程。因此，本研究以沿海地区的福州、宁德、莆田、泉州等地为调查范围。在霍童古镇发现3尊屋瓦式风狮爷，设置位置与冲绳最为相近，在邻近村落也有单尊或成对设置于屋顶的风狮爷，计有7处9尊。泉州开元寺附近发现的风狮爷最为多样，依据位置可分为门前、墙壁崁入、社区入口门柱及洋楼顶围篱4种，计有屋顶风狮爷8尊、门前风狮爷2尊、墙壁坎入式风狮爷3尊，以及6对屋顶风狮爷、1对墙壁上狮头、1对门前风狮爷、1对门柱上风狮爷。

表2-1 研究区域部分风狮爷的形态比较

名称		风狮爷造形外观					
金门	形态、场域	 安岐村	 后水头	沙美村	 沙美村	 顶兰村	 湖下村
冲绳	形态、场域	 富盛村	 与那原町	 嘉友名町	 宜次町	 饶波町	 渡嘉敷町
福州	形态、场域	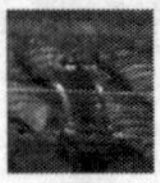 霍童古镇	 霍童古镇	 霍童古镇	 长潭村	 下坂村	 畲家寨
泉州	形态、场域	 西街	 西街	 西街	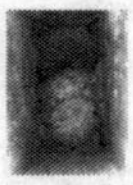 西街  西街	 西街	 西街

四、冲绳风狮爷的设计应用策略

本研究为因应研讨会主题，就此提出冲绳风狮爷的营运策略供作参考。冲绳风狮爷的基本原型虽不如其他区域的具体、美观，但当研究者入境冲绳机场后，立即感到非常惊喜，因为随处都可见到风狮爷，或许可以说风狮爷在冲绳被应用得淋漓尽致。经由调查将其应用场所分为公部门、民营企业、民宅及其他4类场所予以描述。

（1）公部门：机场公用小屋、日本自卫队营区、县政府议会大楼、市政府办公大楼、警察局、各级学校、邮局、公交站、消防局、地铁站售票处等。

（2）民营企业：百货公司、麦当劳连锁速食商店、饭店、居酒屋、印刷公司、制瓦工厂、停车场、购物商场等。

(3)民宅:传统住宅、一般住宅、集合式大楼住宅。

(4)其他:公交车、公园、街道入口意象、街道铺面、公布栏、公共厕所、桥墩、视觉指标、宣传旗帜、厕所水龙头、壁面装饰、人行道围篱、公园溜滑梯等。

上述的设置案例,可以了解冲绳居民对于风狮爷的热爱程度,几乎完全落实民俗信仰的文化,成为冲绳地区的特殊景观,但也有多数的风狮爷被设置在不合理的场域,如图2-4至图2-13,甚至有些场域原本无法设置风狮爷,却又增加基座以便设置的个例。这些企业、商店或政府厅舍、民居的实际表现,充分了解风狮爷与冲绳居民的日常生活、精神象征,已达到密不可分的程度。

图2-4　自卫队营区出入口处

图2-5　冲绳县政府议会大楼

图2-6　南城市政府办公大楼

图2-7　首里城邮局

图2-8　地铁首里站售票处

图2-9　麦当劳连锁速食商店

图2-10　传统住宅

图2-11　集合住宅

图2-12　制瓦工厂办公厅

当研究团队行走于各商店进行商品调查时，非常胆颤心惊地使用数码相机拍摄各类商品，原本以为可能会被禁止拍摄，但拍摄数次之后，发现商店人员并没有吓阻，反而以和蔼可亲的语气告知研究人员，若物件太高不易拍摄，可帮忙取下来供作拍摄，由此可见冲绳地区仍是一个友善的旅游城市。后续研究，若能够编目逐次记载这些商品的品项并进行查核，可以较完整有系统的记录冲绳风狮爷的应用设计表现，可是若依此执行，则需要更多的财力、人力、时间和空间，因此只能依照原有研究规划搜集图像。

本研究在此共归纳出冲绳风狮爷商品化的类型，如棉织、饮料（含酒）、陶瓷、文具、食具、食物、生活、形象结合、特殊意涵和其他等10类122项530物件，前述10类是依据物件的材质与特质，其中的形象结合是以既有公司在发行商品时，将风狮爷形态融于该商品，而特殊意涵则是将某些重要的、有意义的内容附加于风狮爷的商品设计（表2-2）。

表2-2　狮座相关商品之类项及物件数量汇整

类别	物件名称（数量）	合计
棉织	手帕（1）、毛巾（3）、卡片袋（2）、面纸袋（1）、T恤（15）、幼童T恤（9）、亲子T恤（1）、内裤（2）、衬衫（1）、袜子（3）	10项 38物件
饮料（酒）	纸罐泡盛酒（1）、杯罐泡盛酒（2）、瓶罐泡盛酒（16）、狮座造形酒罐（18）、夫妇狮座造型酒（1）、瓶茶罐饮料瓶（2）、苏打汽水瓶（1）、茶包（2）	8项 43物件

续表

类别	物件名称(数量)	合计
陶瓷	玻璃水晶(4)、素烧对狮(13)、彩色对狮(132)、石敢当(5)、单体狮座(1)	5项 155物件
文具	书签(2)、便利贴纸(4)、笔记本及6色笔组(2)、笔(1)、桌巾(1)、明信片(4)、文具组(1)	7项 15物件
食具	杯垫(2)、杯子(4)、置酒架(1)、筷子(1)、筷子架(3)、酒杯组(2)	6项 13物件
食物	狮座造形馒头(1)、馒头(4)、狮座造形饼干(1)、一般饼干(4)、名产饼干(11)、黑糖(8)、糖果(10)、狮座造形糖果(3)、仙贝(5)、甜甜圈(1)、巧克力(5)、猪肉块(1)、猪耳朵(1)、海藻(4)	14项 59物件
生活	窗帘(1)、帽子(1)、领带(1)、手提袋(3)、拖鞋(2)、桌上饰品(6)、装饰挂图(15)、浴室防滑地毯(1)、入口地毯(1)、钥匙圈(2)、钥匙套(2)、零钱包(2)、零钱侧背包(2)、打火机(3)、烟灰缸(3)、护身符(3)、手机吊饰(11)、吊饰(4)、灯笼(1)、灯具(2)、芳香剂(1)、薰香座(1)、掏耳器(1)、发圈(1)	24项 70物件
形象结合	星巴克连锁咖啡商店外带杯(3)、凯蒂猫(3)、招财猫(2)、原子小金刚(1)、小叮当(1)、森永制果公司(4)、太空战士(1)	7项 15物件
特殊意涵	除魔(6)、幸运(6)、开运(11)、星座(12)、诗签(6)、挖宝(1)、立体折纸(8)、特定(5)	8项 55物件
其他	可乐外盒(1)、自动售货机贴纸(1)、扑克牌(1)、书籍封面(2)、杂志封面(1)、玩具盒(1)、CD盒(2)、高尔夫木杆套(1)、高尔夫推杆套(2)、拖鞋外盒(1)、保险套外盒(5)、玩具(1)、布娃娃(15)、卡片(1)、留言板(1)、地面贴纸(1)、指示贴挂牌(8)、厕所指示贴挂牌(1)、立体招牌(1)、立体纹身贴纸(1)、车用贴纸(1)、JCB刷卡标识(1)、贝壳(2)、扇子(1)、护手套(1)、手摇鼓(1)、香蕉造型软刀(1)、商店招牌(3)、电话卡(1)、商店外观(2)、商店收银处(2)、地景艺术(2)、吉他弹片(1)	33项 67物件

本研究除实地踏勘村落风狮爷外,也尽可能搜集商品相关资料。在短暂的调查时间里能轻易搜集琳琅满目且数量丰富的商品,主因是冲绳设置了商业专区以便游客可以集中、快速选购,其商品价格由数百日元至数万日元不等,此专区的街道名称为国际通。近年来,台湾各级政府积极推动地方观光产业活动,企图将在地的区域文化融入创意开发及创新设计,并借此延续地方的传统事物,带来经济支援并活络地方发展。若依上述内容来检视冲绳,应该可以得到一些启示与省思。在此归纳出下列4

点，列举部分商品以供参考(图2-13~图2-21)。

(1)知名厂商将风狮爷融入产品中，发展出在地性商品。

(2)结合地方特产(苦瓜、凤梨)；县花(扶桑花)；乐器(三味线)；工艺(染织纹饰)；建筑(传统屋瓦)，发展出独具地方意象的商品。

(3)由部分手工制作的风狮爷推测，冲绳非常崇尚自由创作的艺术风格，能够落实创意市集的精神，以至于有许多个体创作者投入风狮爷的创作活动。

(4)冲绳的地理位置与环境特质被日本人民视为相似于美国的夏威夷，冲绳也拥有非常清新、干净的空气与环境，这是日本国内著名的长寿县市之一，因而成为日本人民向往的度假胜地。当地也有美国设置的军事基地，大量的军人及家属长期居住在此，也增加了冲绳人口的流动，进而扩大风狮爷商品的流通量。

图2-13　国际通街道入口处

图2-14　风狮爷摆设用饰品

图 2-15　棉织类与陶瓷类商品

图 2-16　森永制果公司商品

图 2-17　连锁咖啡商店外带杯

图2-18　风狮爷结合扶桑花商品

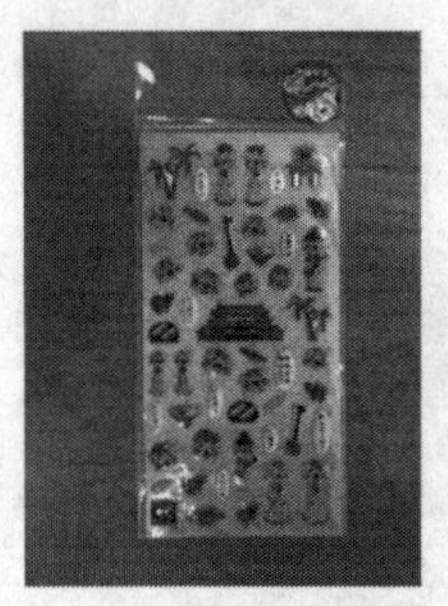

图2-19　立体纹身贴纸

图2-20　饮料瓶

图2-21　附身符

在16世纪初期，琉球贵族由中国传入辟邪除魔的镇墓狮座，17世纪因为风水学说再度由中国引入避除火灾的防火风狮爷，此避邪物件经由文化学习的脚步出发，历经三、四百年的岁月，却未从琉球的土地上消失，反而呈现出其蜕变与茁壮的样貌。

综观冲绳风狮爷的形态，应可发现最初的外观是以具体样貌呈现，陆续在各地设置的风狮爷却出现不明确的外貌造形，甚至部分风狮爷被设置在杂草丛生的荒芜谷地，让人感觉这些尊贵、神圣的避邪物被遗弃。根据访谈，各地居民还是会定期举行祭典仪式，祈求区域的安全与丰收，此时的风狮爷似乎已转化成为心灵的依托。或许可说，守护村落区域的风狮爷已成为冲绳的代名词，而居民的信念是它可以守护每一家、每一地，因此得以看见家家户户都有设置风狮爷，即使没有适当的空间，也要营造出设置的地点，村落风狮爷的形态是否明确、是否具体，似乎已经不重要，更重要的是它的形象常存于居民心中。

从商店中各式各样风狮爷的相关商品可以发现，部分是以古朴、严谨的形象呈现，有些却以五彩缤纷、热情洋溢的色彩与造形来吸引消费者的目光。风狮爷商品的应用设计范围更涵盖食、衣、住、行、育、乐等，多样化的选择对象可供应不同需求的消费者，使得冲绳风狮爷商品具有无限的商机。

另外也可发现，原有村落的风狮爷都是以单体呈现居多，今日的风狮爷却是成双成对，这些成对狮座的基本特征为开口、闭口，此特征与藏传佛教“阿、哞”的明王像或圣兽像相似，应该是受这样的影响，如将持有彩球的雄狮改变为开口，嬉戏幼狮的雌狮调整为闭口。至于这些村落风狮爷为何会爬上屋顶，应该也是受到陵墓（阴宅）镇墓兽的启迪，成为守护住屋（阳宅）的屋顶避邪物件。

非物质文化遗产保护视域下的传统手工艺文化景观以及景观生产

华东政法大学人文学院　刘大庆

近些年来，随着政府和社会各界的不断介入，非物质文化遗产保护已经成为了全社会高度关注的公共话题，非物质文化遗产的理念以及非物质文化遗产保护的整体性保护、原真性保护等原则也已经深入人心。2012年《非物质文化遗产法》的出台，标志着我国非物质文化遗产保护工作取得了巨大的进步，一套以法律为核心、政府主导、全社会共同参与的非物质文化遗产保护体系初步建立起来。

一、文化景观与传统手工艺文化景观内涵

"文化景观"是1992年12月在美国圣菲召开的联合国科教文组织世界文化遗产委员会第十六届会议上提出的，并被纳入《世界遗产名录》中。从此，世界遗产便分为自然遗产、文化遗产、自然遗产与文化遗产混合体和文化景观。

由国际自然保护联盟(IUCN)和国际古迹遗址理事会(ICOMOS)两个机构共同审议，对文化景观遗产的评选标准作了原则性的规定：文化景观"能够说明人类社会在其自身制约下、在自然环境提供的条件下以及在内外社会经济文化力量的推动下发生的退化及时间的变迁。在选择时，必须同时以其突出普遍价值和明确的地理文化区域内具有代表性为基础，使其能反映该区域本色的、独特的文化内涵"。世界文化景观包括：①由人类有意识设计和建筑的景观；②有机进化的景观，它产生于最初始的一种社会、经济、行政以及宗教需要，并通过与周围自然环境的相联系或相适应而发展到目前的形式；③关联性文化景观，以与自然因素、强烈的宗教、艺术或文化相联系为特征，而不是以文化物证为特征。[1]早在1927年，美国文化地理学家索尔就曾为

[1] 王林.景观村落旅游与社区参与[M].北京：中国旅游出版,2014.

文化景观给出了一个经典的定义:“文化景观是附加在自然景观上的人类活动形态”。而我国著名地理学奠基人李旭旦认为“文化景观是地球表面文化现象的复合体,他反映了一个地区的地理特征。”[1]

从以上概念可以看出,文化景观是指在特定的历史文化背景下,基于具体的自然地理环境,在人的长期作用下形成的地表文化形态的地理复合体。它是在历史的长河中由人类活动所塑造并具有特殊文化价值的、限于一定地域范围内、以物质形态为主要特征的景观,并与宗教、习俗、社会观念和政治制度等因素相关联。

从中可以看出,文化景观具有历史性、复杂性、综合性、在地性、精神属性等特点,即文化景观首先是历史的产物,它是在漫长的历史长河中由不同时期的先民经过不断的努力与创新才得以创造和发展的,它不仅凝聚了古代先民的聪明才智,更是反映了当时条件下的社会风貌,具有较高的历史研究价值;其次,文化景观的组成要素具有复杂性,文化景观的构成不仅指人类所创造的物质以及非物质文化,也应包含作为人类文化载体、并对人类文化的发展产生重要影响的自然要素;正是因为文化景观要素的复杂性,也就决定了文化景观具有综合性,它是在人类尊重自然、合理利用自然的基础之上,利用既有的物质、文化的条件所创造的地表文化形态的集合体,是多种因素的综合。文化景观具有在地性的特点,即具有一定的区域根植性。文化景观的形成离不开一定的地域,在长期的历史沿革过程中,其“生于斯,长于斯”的地方性为文化景观的发展提供了各种要素的支持,其中地方性知识则扮演了重要的角色;而景观的形成反过来又会促进该地的发展。此外,物质的实体也因为其实体性而占有一定的区域。最后,文化景观具有较强的精神属性,与宗教、习俗、社会观念等因素密切相关。

就我国传统手工艺来说,要将其空间场所整饬为文化景观,首先要解决的问题就是传统手工艺文化景观的内涵是什么。

综观本文对文化景观的综述,我国传统手工艺生产与文化传播场所显然应归入非物质文化遗产景观和历史文化景观范畴,其景观内涵包含了核心要素与环境要素,是一种景观要素的复合体。其核心要素包括传统手工艺,并与传统习俗、民间信仰、民间传说与文化的口头传承等地方性知识相关联;环境要素包括自然地理环境与社会生活环境,如陶瓷制作的原材料资源环境、气候环境等,同时还包括服饰、语言、歌谣、民居、街道等社会生活方式。以下作一些具体的分类。

---

[1] 李旭旦.人文地理学[M].北京:中国大百科全书出版社,1984.

（一）核心景观要素

（1）传统手工艺制作技艺，表现了以传承人为核心的传统手工艺的活态性。

（2）历代手工艺产品及特征。

（3）明清手工艺产品的流播；对于江南运河流域内的传统手工艺而言，运河或者说江南河网是一个非常重要的产业物流形态的景观要素。通过第一部分对一些传统手工艺的分析，我们可以发现，运河在其历史沿革过程中发挥了重要作用。这些手工艺之所以在明清时期迎来发展的顶峰时期，这与运河的线性流播密不可分。

（4）与传统手工艺相关联的民俗、信仰、审美、习惯与制度等，如祖师崇拜、文化民俗节日、趋吉迎祥审美心理、关于民间传说、牙记、行会组织、博物馆等。

（二）环境景观要素

（1）固定特征景观因素：即围绕传统手工业场所固定成型或变化较慢的景观因素，如场所的自然环境的空间形态，包括山岭、平原、丘陵等地理方位与格局；制作的自然资源；建筑与街道等，特别是其中具有标识性的景观。

（2）半固定特征景观因素：即在传统手工艺场所较易改变的社会、文化景观因素，而这些因素表明了这一场所的意义，如服饰、语言、生活与生产用具、地方艺术、生活方式等。

（3）非固定特征景观因素：即传统手工艺场所的居民、本土非物质文化遗产的拥有者的情感、理解、态度与参与度等。要对一个地方的手工艺传统及技能有所认识，那么，就要尽量去了解当地人对本土非物质文化遗产的认识方式。

我国传统手工艺生产与文化传播的场所要整饬为文化景观，就必须将这些历代传承技艺、传播文化的传统手工艺的历史场所，进行系统、整体的建构，并与信仰、习俗、观念、规则、符号和制度以及包含的地方性知识相关联，从而完成从产业场所向文化景观的转变。

二、传统手工艺文化景观价值

我国传统手工艺大都有着悠久的历史以及丰富的文化内涵，其发展水平也曾长期领先于世界，是中华民族宝贵的精神文化财产，也是中国古代对世界文化最大影响与贡献之一。而以传统手工艺为内核的文化景观，不仅记录了一个时代经济、政治、文化以及社会风貌，而且也反映了不同时代、不同地域的价值理想、精神气质和文化理念，因而具有极高的历史、文化价值。而且时至今日，很多的传统手工艺依然在坚持制作生产，其独特的艺术魅力一脉相承、遗产价值极其丰富。

（一）使用价值

从上文对传统手工艺文化景观内涵要素的分析中，可以看到它是一种以“活态”要素为核心的非物质文化遗产景观，这种活态性主要表现在传统手工艺师徒之间口耳相传的制作技艺的传承中。数百年来，通过这种师徒之间稳定的技艺传承方式，中国传统手工艺大都至今绵延不绝、生生不息，时至今日，非物质文化遗产的传承人们仍然在利用这些技艺坚持着创作、生产，虽然有的技艺和工艺已经融入了现代科学技术，但其独特的艺术魅力仍一脉相承、不失风骨。此外，与传统手工艺相关联的民俗、信仰、审美、习惯与制度等因素尽管受到了现代文明的冲击，但在某些程度上还有一定的保留，依然在维系着传统手工业的发展。不过随着现代人们审美情趣以及生活方式的转变，留给传统手工艺的生存发展空间越来越小，某些手工艺的传承也已经濒临后继无人的状态。

（二）历史文化价值

产生于漫漫历史长河中、历经无数先民辛勤创造的中国传统手工艺，不仅集中展现了中国古代科学技术、文化艺术的发展水平，同时也从侧面体现了我国古代社会风貌以及人文风情。

虽然历史上我国是一个农业国家，但是手工业的制造水平也曾长期居于世界领先地位。各种精美手工艺品的出现得益于手工艺人的匠心独运以及精湛的技艺，同时也和当时社会的生产条件密不可分。很多手工艺技艺的快速发展都离不开科学技术的进步。织造业在我国拥有着悠久的历史，早在秦汉以前，就已经出现了手摇纺车，宋代又利用偏心以及摆轴等机械原理创造了脚踏纺车。正是因为这些纺织工具的不断改进，才创造了中国丝绸织造的神话。

此外，历代手工艺品特征包括品种、样式以及艺术风格的变化也都在一定程度上反映了古人的审美观念以及艺术情趣的变迁，为我们了解古人打开了一扇窗户。而手工艺文化景观因素中的环境因素，包括固定、半固定、非固定等因素，都揭示了传统社会的真实面貌、风土人情以及生活方式，最大限度缩短了历史与现代的时空距离。因此从这些角度上来说，传统手工艺文化景观也具有历史文化价值。

(三)经济价值

在历史上,我国很多传统手工艺都有两套并行不悖的生产组织系统,一种是由官方组织生产,旨在为统治阶级服务的产品生产系统。另外一种则用于商品流通的民间生产系统。传统手工艺自其产生开始就具有一定的商品属性,具有较高的经济价值。在商品经济高度发展的今天,传统手工艺品的商品属性得到了进一步增强,其独特的艺术魅力以及丰富的文化内涵依然吸引着不少消费者以及玩家,一些精品依然能在市场上卖出奇货可居的价格,经济效益显著。此外,手工艺文化景观包含了丰富的旅游资源,风景秀丽的自然风光、历史悠久的文化街区以及建筑、具有浓郁地方风情的风俗习惯等,这些资源稍加整饬都可以成为旅游资源。当然并不是指人工制作主题公园,把一些非物质文化遗产移植到园内进行长期的商业展出,这样首先就破坏了非物质文化遗产所应当具有的文化空间意义上的本土性,而成为再造的“假”景观。正如加特梅尔·德康西所言:“分离就是破坏”。同时,主题公园本质上不是景观而是企业,不是景观文化而是商业文化。

(四)空间建构价值

通过分析现有的文化遗产景观旅游开发模式可以发现,当不同空间主体包括社区居民、政府、投资商以及游客在同一空间相遇,并展开各自的空间实践的时候,该空间便不可避免的出现一种“混杂化”趋势。[1]在这种混杂化空间内,强势的政府以及投资商运用手中的资源进行各种开发以及规划;而处于弱势群体的当地居民或者说“文化持有者”对自己的空间认知与解释往往最容易被忽视,同时他们还得饱受游客对他们生活空间的干扰或侵袭。当然,这些居民也不会甘于沉默,他们会通过其他阻挠景观开发的方式来表达自己的不满。因此,这也成为了很多景观旅游发展过程中的一个死结。

文化景观的建构主要表现为对文化空间的整饬,即在物质形式的基础上将历史文化的抽象观感建构出真实的景观,包括场所景观和历史文化景观,同时包含浓郁的地方性知识。具体到传统手工艺文化景观上,就是指不仅仅要将历代传承技艺、传播文化的传统工艺美术的历史场所进行系统、整体的建构,同时也要考虑与信仰、习俗、观念、规则、符号和制度以及包含的地方性知识相关联,甚至把尊重地方性知识、地方性空间作为旅游规划的重要前提,从而更好地建构空间。而这很大程度上就是要求开

[1] 尤小菊.民族文化村落的空间研究——以贵州省黎平县地扪村为例[M].北京:知识产权出版社,2013:25.

发者、规划者要从“文化持有者”角度上去思考传统手工艺等非物质文化遗产之意义，而这也确立了这些“持有者”在空间建构中的重要地位，从而避免了“村民失去了对景观的所有权”[1]而产生的被剥夺感以及被忽略的情况。

三、传统手工艺的景观生产

廓清了传统手工艺文化景观的内涵以及景观价值之后，我们再来谈谈本文的一个核心概念“景观生产”，即如何通过文化空间、社会空间的整饬，从而完成传统手工艺空间场所中文化景观的建构。

在探索非物质文化遗产如何通过景观生产发展文化旅游的新路径的时候，列菲弗尔的“空间生产理论”提供了一种行之有效的理论分析框架。在他的视野中，空间是行动主体在各种位置之间存在的客观关系的网络空间，既具有物理形态的物质性也具有社会属性，既是物质实践的载体与存在方式，也是人类的物质实践以及社会结构相互作创造的社会产物。[2]在“空间生产理论”的指引下，根据空间的二重性，景观空间可被分为具有客观物质实体的物质空间，以及在人类社会实践、包含了复杂社会关系的社会空间。

据此，基于物质空间、社会空间两个层面的空间建构框架：对于物质层面，通过景观再造、景观复原等方式，整饬与传统手工艺相关的文化空间场所中物质存在因素，如自然原材料、产业链、博物馆乃至历史文化街区、民居等，从而加工可供在“前台”展示的景点；其次在社会空间层面，不但要积极挖掘传统手工艺在其漫长历史沿革过程中的社会属性[3]，且在建设以手工艺为核心景区旅游时，重视“文化持有者”的社区参与，尊重地方性知识以及地方性空间。具体来看，主要包括以下三个方面。

（一）加强手工艺的保护与传承工作

景观生产的首要任务是加强传统手工艺保护与传承工作。对于传统手工艺文化景观来说，手工艺制作技之艺是核心要素，是整个景观的灵魂之所在。但是随着市场经济的发展以及现代社会的变迁，传统手工艺的生存空间越来越小，其发展普遍面临着不小的困境，甚至有些直接退出了历史舞台。因此，加强对传统手工艺的保护以及传承工作具有十分重要的现实意义。此外，我国传统手工艺的传承主要是以师徒之

---

[1] [美]欧挺木.谁的屯堡文化——屯堡的文化经济学[J].屯堡重塑——贵州省的文化旅游与社会变迁.34

[2] 孙江.空间生产——从马克思到当代[M].北京：人民出版社，1993.

[3] E. Goffman.The Presentation of Self[M].New York：Doubleday Anclor Books，1959.

间口耳相传的方式进行,大都没有系统的整理以及记录工作,很多传统技艺已经消失。所以,加强传统手工艺的保护除了要积极培养手工艺继承人,同时也要依托现代信息技术加强相关传统技艺以及工艺流程的整理以及记录工作。

(二)传统手工艺文化景观物质空间的生产

物质空间的生产是指在物质形式的基础上,将传统手工艺所蕴涵的历史文化的抽象观感建构出真实的景观,包括场所景观和历史文化景观,主要通过景点复原以及景点再造的方式实现。

首先,要表现以传承人为核心的传统手工艺的活态性。即通过设置文化展示体验活动或展示体验区域,由手工艺大师现场为观众演示手工艺品精湛的制作技艺以及严谨的工艺流程,向消费者展示传统手工艺的独特魅力,从而提高消费者对手工艺的了解、激发其兴趣;而消费者也可通过亲身体验、制作的方式,直接参与手工艺品的制作,获得更直观的感受以及情感上的愉悦。

其次,整饬与传统手工艺相关的文化空间场所中物质存在因素,主要指的是具有固定特征的景观要素,如自然原材料、产业链、博物馆乃至历史文化街区、民居等。按照社会学家戈夫曼著名的"戏剧论"观点,社会机构好比一个舞台,人们的日常活动就是登台表演,而舞台又有前台后台之分,前台是表演、后台是为表演准备的地方。而在文化景观的物质空间生产过程中,前台就是这些大大小小的经过整饬加工之后的"景点"。通过新建建筑以及修缮历史建筑以构筑相关的旅游景点,包括文物古迹、博物馆、体验区间、纪念品商店等,或者增加及创造景点符号、命名、意义、诠释,以增加景点的历史感、神圣性以及独特性。

再次,习俗、信仰、传说、风水、历史与文化等地方性知识的具象展示,可以在相关区域恢复一定祈福祭祀仪式或庙会、集市;制作导游手册传播民俗、传说、历史文化与地方性知识;通过"职业土著"的方式展示当地的传统文化,包括语言、服饰以及传统生活方式等。

文遗产地应该是独特的,有自己特有的地方文化叙述,能表达地方的独特记忆和多元文化景观。而这些地方性知识则是这种独特性的最好注解,它贯穿着传统手工艺的发展,并对其发展产生了重要影响,深深地融入到了传统手工艺当中。如果说传统技艺是灵魂,那么这些地方性知识则是灵魂之寄托。因此在景观产生过程中,要充分认识到这些因素的重要性,并通过一定的方式对其进行具象的表达,形神兼备,只有这样的景观构建才具有地方性的色彩,而不会沦为"被制造的地方"。

在物质空间的建构过程中，其目的不是要留住时光或为了重拾过去的风貌，而是要体现和传递“记忆与知识”及其所具有的“应用、重塑和再创那些记忆与知识”的能力，并指出未来可能的改变方向。

（三）传统手工艺文化景观社会空间的生产

空间，不是抽象的自然物质或者是外在于人类活动的静止的“平台”，它产生于有目的的社会实践，是社会关系的产物，“是一种充斥着各种意识形态的产物”[1]，各种形式的社会关系和结构塑造着空间景观的特点。因此，在讨论景观空间建构的时候，社会空间的生产同样必不可少。

在传统社会中，手工艺的“场所”内生产与文化传播产业链上的各环节因为具有共同的文化背景和社会习惯，身处“熟人社会”，自然而然形成了一种稳定的社会关系结构，这种区域刚性使得各种景观要素都相对比较稳定。而在发展景观旅游的语境下，以政府、投资商、游客为代表，外来的空间主体开始逐渐进入到这一空间内部并按照自己的空间认知进行空间实践，使原有较为单一的空间主体以及主体之间的关系复杂化，从而改变了原有稳定的社会关系和结构。而相对于较为强势的外来空间主体面前，原有的主体或居民则显得相对弱势。在这场不对称的博弈中，后者往往成为被忽略的一群人，从而造成遗产地居民在保护文化遗产和实施旅游观光时，出现不配合甚至改变遗产风貌等“反向力量”。就目前而言，解决这个问题比较行之有效的办法就是社区参与。

社区参与是指与旅游区有着紧密联系且相互影响的一定地域范围内居住区的居民，参与经济发展的目标制定、规划和实施发展、监测和评估；伴随着经济受益，促使社区居民的自主权，增加社区居民权能。在景观遗产旅游发展中，社区参与则是指居民参与旅游开发并从中获得经济收益，使其获得物质激励；同时又促使其权能的增加，使其从非物质的激励因素方面去保护景观遗产，从而实现不同空间主体在同一空间内和谐共存。除此之外，在开发规划过程中，要充分尊重“文化持有者”对自己空间的认知与解释，这也是外来者进行开发的根本性前提条件。之所以强调社区或“文化持有者”，是因为所有的文化遗产不管多少类别，最初都源自社区，最后也应该回归社区，非物质文化遗产保护不能脱离创造并承载它的主体。

中国传统民间手工艺大都具有丰富的历史和文化内涵，不仅凝聚了古人们的聪明才智以及高超技艺，更是集中展现了传统社会的审美情趣以及社会风貌，是连接传统

[1] 包亚明.现代性与空间的生产[M].上海：上海教育出版社，2003.

社会和现代文明的重要桥梁，是中华文明的灿烂瑰宝。通过对手工艺生产与传播场所的空间整饬，在厘清文化景观要素的基础上，进行要素重组、功能再生、空间叠加，秉承存古、复古和创古的原则，加强物质空间、社会空间的建构；同时要重新审视社区参与工作的重要性，充分激发当地居民参与景观生产的积极性和热情，为更好的完成景观生产工作创建良好的内部氛围。

台湾文创中的人本设计思维：以巷弄文创打造生活质感

元智大学人文社会学院　丘昌泰

一、从"台湾制造"（MIT）到"台湾创造"（CIT）

台湾曾是全球知名的电子信息代工王国，号称台湾代工制造（Made in Taiwan，MIT），意指台湾的组装代工厂商（Original Equipment Manufacturer，OEM）承接国外大型电子信息业者的大量订单后，厂商根据下单厂商所提供的订单规格进行局部产品或内装零件的组装或代工，至于该产品的品牌则由国外大型电子信息业所拥有。过去台湾以此种低单价、大量化的代工制造方式，曾为经济发展作出贡献，甚至创造经济奇迹，号称"亚洲四小龙"之一。当时主宰台湾的两大订单系统，软件是Window公司、硬件为Intel公司，这两家公司的订单养活了台湾的高科技厂商，也培植不少的高科技"新贵"，故有人简称为"WINTEL"，成为创造台湾经济奇迹的支柱。

组装代工厂商作为台湾产业发展的先驱模式，大约出现于20世纪70年代能源危机重创，当时以初级与二级产业为主体的台湾经济结构，19世纪80年代台湾主管部门开始仿效美国加州硅谷，以关税优惠方式引进高科技业者进驻新竹科学工业园区，号称为"台湾硅谷"，主要产业包括半导体业、计算机业、通信业、光电业、精密机械产业与生物技术产业，各界所熟知的宏碁、华硕等都是台湾硅谷的典型代表，这种MIT的模式称霸江湖数十年，让台湾经济得以维持成长。

近些年来，由于苹果手机的问世，云端科技迅速崛起，行动手机轻易取代代工制造赖以维生的桌面计算机与笔记本电脑，而台湾倚赖甚深的"WINTEL"两大公司则受到以软件思维主的Apple、Google的严重冲击，这些上游业者获利变少，自然大量缩减对于台湾OEM厂商的订单，台湾经济遂陷入前所未有的经济困局，代工成本太高且获利太少，以致于陷入入不敷出的“红海”市场，台湾代工厂商沦于只替外国品牌厂商打工，根本赚不到钱，高科技“新贵”乃陷入“毛三到四”（毛利率3%～4%）的经济困局，台湾大学毕业生则出现低薪资（号称22K），成为当前台湾社会的根源。

约数十年前，已经有很多人开始反省MIT的发展模式，电子信息科技园区通俗来讲只是一个赚取血汗钱、毫无生活质感的工作园区，“爆肝”、过劳成为这些高科技园区的通病，科技人每天虽追求无止境的创新，也偶尔赚了不少钱，但牺牲了生活质量，且产业前途充满了未知的风险，盖人外有人、天外有天，高科技园区的创新容易被其他高手所推出的破坏性创新所取代。

2000年后，台湾各个角落开始出现文化反省、社会批判的本土化运动，开始对产业发展与其生存土地的关系展开激烈的辩证，任何产业的发展不能脱离生存所赖以维系的泥土、水分与空气；因此，开始有不少人组成文创队伍，针对故乡的人文风情与历史关怀进行土地认同与风情改造运动，以争取台湾社会民众的认同；他们以在地文化为根基，以创意为手段，举办一系列的文创活动或开发出吸睛的文创商品，虽然这些业者规模甚小，小到只能称为“个人工作室”，但由于这是台湾全面性的、草根性的文化自觉运动，故能以天女散花之势，迅速袭卷台湾各个角落。这些本地化的文化自觉运动，主要关切的问题是如何挖掘在地的历史文化资产，透过创意设计，举办各种小区培力的活动，以提升在地居民的认同、培养他们对于这片土地的情感，至于是否能够“创造产值”则非他们所关心，因而一夕之间出现许多的文化创意工作者或小微文创业者。

政府部门意识到这股草根性的文化自觉力量蔚为台湾社会的生命力，遂野心勃勃地开始积极推动以文化创意产业为主体的台湾创造（Created in Taiwan，CIT）模式，希望文创业者能够采取“只此一家，别无分号”的独特经营策略，开创一片唯我独行，没有人能够与我竞争的“蓝海”市场。政府文化主管部门遂推出一系列的文化创意产业发展计划，如2009年推出《创意台湾——文化创意产业发展方案行动计划》，2013年又推出《价值产值化——文创产业价值链建构与创新》，期盼建构具有丰富文化及创意内涵的社会环境，运用科技与创意的跨界合作，带动台湾美学经济的蓬勃发展。文创界认为，从“台湾制造”到“台湾创造”的转型过程，说明了创意设计产业是未来极具发展潜力的新兴产业形态，甚至有人预言，台湾创意设计将带动新一波产业革命，成为台湾下一波的明日之星。

2011年2月3日公布的文化创意产业发展有关规定，标举“文化创意产业”作为引领台湾产业转型的先锋，这种语法与许多国家和地区明显不同，如英国、新西兰、中国香港、澳大利亚等喜欢使用创意产业(creative industries),中国大陆、新加坡、韩国、芬兰、联合国教科文组织(United Nations Educational, Scientific and Cultural Organization, UNESCO)则运用文化产业(cultural industries)。在台湾主管部门眼中,文化产业若没有创意手段,则无法形成领航台湾产业的龙头产业,故在文化创意产业发展有关规定中明确定义文化创意产业系指源自创意或文化积累,透过智慧财产之形成及运用,具有创造财富与就业机会之潜力,并促进全民美学素养,使国民生活环境提升之产业。这个定义说明了文化创意产业必须透过文化的积累并以创意为手段,创意设计出来的产品则须运用知识产权加以保护,以实现创造产值或就业机会的经济目标,或促进全台美学素养、生活环境提升的文化目标;由此可见,台湾文化创意产业的关键绩效衡量指标(key performance indicators, KPI)并不是一切"往钱看"的经济目标,而是如何促进大众生活美学,提升民众过着有品味、质量与品格的"三品"生活的文化目标。

台湾文化创意产业究竟包括哪些类型?上述有关规定第三条中明确指出是"15+1",其中的15分别是指下列15类别:视觉艺术产业、音乐及表演艺术产业、文化资产应用及展演设施产业、工艺产业、电影产业、广播电视产业、出版产业、广告产业、产品设计产业、视觉传达设计产业、设计品牌时尚产业、建筑设计产业、数位内容产业、创意生活产业、流行音乐及文化内容产业。至于另外一类是指第16类其他经台湾主管机关指定之产业,可见包括之范围甚广。若将上述15+1类型加以重新归类,台湾文化创意产业共分为下列4大类:

(1)艺术文化产业:是指"文化生产"下的"初级产品",如视觉艺术产业、音乐及表演艺术产业、文化资产应用及展演设施产业、工艺产业等。

(2)影视出版产业:是指"文化销售"下的"次级产品",如电影产业、广播电视产业、出版产业等。

(3)创意设计产业:是指"文化服务"下的"高级产品",如广告产业、产品设计产业、视觉传达设计产业、设计品牌时尚产业、建筑设计产业、数字内容产业、创意生活产业、流行音乐及文化内容产业等。

(4)其他相关产业。

台湾文化创意产业就在主管部门推出文化创意产业发展有关规定后,主管部门拥有财源,也制定了一系列产业发展计划,主管部门给予一定"补助"或"政策引导产业的发展"。时至今日,台湾文化创意产业是否已发展成为一种"产业"?仍有很多争论,许多朋友到台湾参访文创产业,大抵都会失望,无论在都会或乡村,都无法找到现代化的文创聚落,也深深怀疑小规模的文创园区到底能创造多少产值?诚如前述，台湾文化产业的发展既系来自于民间社会的文化自觉与土地认同，则衡量台湾文创产业的产值自然不宜滥用前述所称的“经济目标——经济产值与就业机会的创造”，反而要用“文化目标——生活美学与生命质感的营造”去评断，这是台湾文创产业的特质，如此才能洞悉台湾文创的本质面貌。

二、从故事出发的文创园区

曾几何时，以新基地、新建筑、新空间为主，强调现代化、效率化、商业化的工业园区或高科技产业园区竟然被复制到文化创意产业，摇身一变成为“文化创意产业园区”。科学园区设置的目的是经由政府建构完善的交通运输、银行服务、公共设施、生活机能等，给予相当的免税或特殊优惠，希望让园区内的文化企业集中在一起，以高效率的经营方式让企业彼此之间产生互补互利的群聚效应。然而，吾人皆知，文化创意产业园区的重点应是“文化内涵的创意设计”，乃是通过创意设计所产生出来的“质感”，慢工才能出细活，“经营效率”自然不是重点，尤其文创业者最忌讳以量多取胜、以速度取胜。

必须思考更深沉的问题是：一旦设立了文创园区，则该由政府哪一部门负责？理论上说，应该是最懂文化的文化行政部门主管，然而文化部门却是最不擅长管理文化企业，如何有能力管辖复杂万端的文创产业园区呢？台湾的文化行政部门很清楚地看清了自己的弱势；因此，台湾所谓的文创园区，并非是新建筑、新基地、新建设，而是从故事出发、具有高度文化氛围的文化产业园区。

台湾的文化创意园区，几乎都属于旧有建筑物（或古迹）的活化复苏与再生利用，比较接近上海泰康路田子坊、建国路8号桥、M50、1933老场坊、莫干山路M50创意园等由老厂房改建而成的创意园区，其可容纳的工作室不计其数。

台湾的七大文创园区，台湾文化行政主管部门主管的五大文创园区——台北、台中、花莲、嘉义及台南五大创意文化园。地方政府主管的两大文创园区——台北松山文创园区、高雄驳二艺术特区。每个园区的定位相当不同，台北松山文创园区被指定为台北市定古迹；华山1914文创园区定位为跨界艺术展现与生活美学风格。台中文化创意产业园区前身为台湾公卖局第五酒厂的台中旧酒厂，定位为台湾建筑、设计与艺术展演中心。嘉义文化创意产业园区以“传统艺术创新”为发展主轴；台南文化创意园区以食玩、游乐、技艺三种创意生活加以推广。花莲文化创意产业园区则强调生态与生活并重的东部文化橱窗；高雄驳二艺术特区原是港口仓库，现成为南部艺术家的聚集地。

以华山文创园区的定位而言，被认为是"文化创意产业、跨界艺术展现与生活美学风格塑造"，以"酷"（时尚、前卫、实验）与"玩"（玩乐、享乐、娱乐）为规划主轴，突显华山园区作为跨界创意的发挥空间，扮演媒合跨界艺术、产业互动的场所，建构异业、异质交流结盟的平台，并发展成文化创意产业人才的育成中心。华山整体发展相较于其他园区，较为完整且具有示范性，故后续主要执行重点为制定相关规范及考核机制，通过横向沟通协调促进整体发展。华山创意文化园区所见的建筑物及设施，其前身为创建于1914年的日本"芳酿社"，第二次世界大战由台湾当局接收，改名为台湾省专卖局台北酒工厂，园区定位为跨界艺术展现与生活美学风格。

高雄驳二艺术特区本来是被历史尘封的陈旧港务仓库，当2000年，双十烟火第一次不在台北施放，却决定南下高雄绽放时，为了寻觅适当的放烟火地点，人们终于发现了港口旁驳二仓库的存在，一群热心热血的南部艺文界人士于2001年成立驳二艺术发展协会，催生推动驳二艺术特区作为南部人文艺术发展的基地。2006年，高雄市政府文化局接手驳二艺术特区，推出高雄设计节、好汉玩字节、钢雕艺术节、货柜艺术节、高雄人来了大公仔、Live Warehouse驳二音乐演唱会，这些充满城市创意特质的展演，构筑海港城市的魅力文化与生活美学。

花莲文化创意园区是位于台湾花莲的一座文创园区，其所在地曾是花莲酒厂。花莲酒厂成立于1913年，主要生产红酒、米酒等产品。1944年，花莲酒厂遭到美军空袭，遭到严重损害。台湾当局接收花莲酒厂后，对厂房进行修复，并继续生产酒类产品。1988年，花莲酒厂搬迁至美仑新厂。闲置多年之后，旧花莲酒厂厂房规划为现在的花莲文化创意园区。这个兴建于100年前，占地3.3公顷的历史聚落，涵盖26栋老厂房仓库、优雅利落的园区，文化行政机关以ROT方式委托富有活力与创意的文化企业公司经营，通过文化艺术活动及商业服务，形塑一个充满文创活力与当代生活风格的聚点，成为花东休旅最佳场域。

台北松山文创园区被指定为台北市市定古迹，转型为台北东区最具艺文气息的秘密花园。园区中策划独立性国际设计大展，呈现不同设计领域与文化、艺术、社会交融成果。位于台北市信义区的松山文创园区原为松山烟厂，建于1937年，前身为台湾日治时期"台湾总督府专卖局松山烟草工场"，1945年更名为"台湾省专卖局松山烟草工厂"，1947年又更名为"台湾省烟酒公卖局松山烟厂"，1998年停止生产，2001年由台北市政府指定为第99处市定古迹，并于2010年正式转型定名"松山文创园区"。松山烟厂在战后种植大量植栽，景观优美，停产后已经成为台北市东区最大的绿地。除松山文创园区,松山烟厂旧址目前还有台北文创大楼及兴建中的台北大巨蛋,与松山文创园区分属不同管理单位;台北文创大楼为BOT模式独立经营,不属于松山文创园区营运范围,两者互不隶属。现任台北市长柯文哲对于松山文创园区曾掀起批判的浪潮,希望能够将园区导正为真正的文化园区,引起业界与市民的好感,可惜碍于民意压力,仅以多收"权利金"草草收场,文化焦点反而没有成为重大议题加以讨论。

三、人本的设计思维:设计生活化、生活设计化

台湾文创产业是"以人为本"的设计思维,突破性的创意设计可以对人类生活产生无可估计的影响力,有人说创意设计是"活的影响力",故创意设计绝非是简单的事。英国著名的设计研究大师,曾任设计研究学会(Design Research Society)主席的奈吉尔·克劳斯(Nigel Cross)曾说:设计思维是任何设计者的核心创意过程,我们必须细心地探索潜藏在设计者内心中的神秘能力,当设计者想要设计某件物品时,到底设计者想要表达什么?何以出现某种表达形式?克劳斯认为:设计者本身的智慧、创作经验与深刻的文化体验是让他们拥有独特设计思维的主因,我们必须从设计师的角度重新认知设计者的思维,才能启发我们的创意大脑,发明出让人感动、惊艳的创意作品,这是强调理性科学训练的自然、社会与人文科学科教育者所无法达成的高远目标。因此,奈吉尔·克劳斯主张应以设计者的认知方式(designerly ways of knowing)去观察世界,并将观察出来的要素纳入作品创作中,这是非常重要的设计思维元素。

普雷腾纳·哈梭(Plattner Hasso)等人指出:设计思维是以使用者为中心的创新方法,越来越多的人与机构都感受到这种以消费者需求为中心的创新魅力。然而当前设计者必须面临的挑战是:必须更深入地、更前瞻性地探索使用者之潜藏需求,而且必须对用户潜藏需求提出证据导向的理解(evidence-based understanding),才能设计出令人惊艳的创作作品。

台湾文创的设计思维系以人为本,形成以人为中心的创意设计,过去多年来学术界讨论相关创意设计产品的研究文献不少,例如,蔺草、水结晶意象、妈祖平安符、绿时尚、玻璃工艺产业、玉器、印象丽江、家具产业、故宫礼品等都有不少的创意设计产品之探讨。然而,人本的设计思维可以从"设计者"角度观察,也可以从"使用者"角度观察,而设计者的眼光与使用者的偏好往往是南辕北辙,无法妥协的。例如,台湾故宫许多的创意商品,最受欢迎的往往出于偶然(如"朕知道了"),并非设计者精心设计的结果。因此,人本的设计思维是正确的指向,然而如何缩短设计者与使用者之间的

差距成为台湾创意设计者普遍面临的重大课题。

成立于2003年的财团法人台湾创意设计中心，期望建立以设计为核心的价值网络，以创新、设计及品牌协助台湾企业升级转型，成为台湾最重要的创意设计中心，于是喊出“设计生活化、生活设计化”的概念，颇能切合以人本的设计思维。简言之，当代文创的创意设计必须来自于日常生活起居的启发，让日常生活的元素变成设计者的创作素材，并不需要刻意营造一个与世间绝缘的环境才能产出创意的产品；一旦能够设计出属于生活上常用的、常看到的对象，则设计者创作出来的产品就必然受到用户的青睐。基此，从长远发展来看，创意设计产业的前景在于让国民生活品味的提高，让民众的居家生活都讲求品味，然后设计者针对群众日常生活予以设计化，自然而然就推动了文创设计产业的健康发展。

四、“巷弄文创”展现台湾文创设计的核心

体现台湾文创以人为本的设计思维——设计生活化、生活设计化，最明显的莫过于台湾的“巷弄文创”，这个足以展现台湾“小而美”的“小微文创”，或许是解读台湾文创产业的唯一切入点。当世界各国都高喊文化产业或创意产业的重要性时，台湾当局曾不免俗地顺应世界潮流，推出各种文化创意产业发展计划与立法，但经过多年大力的推展，台湾并没有出现像杭州或其他城市一样，以工业区或高新科技园区的现代化建设模式打造出属于文化产业的“文创园区”，因而让许多官员或学者误会台湾文化创意产业的发展都是虚幻的，“只闻楼梯响，不见人下来”。其实，台湾的文创并不存在于大型购物中心的精品馆，或者五星级酒店的购物厅，而必须从大街小巷发现用心经营生活质感的艺术家，或者从小区出发，细心体会与品味小区小微店家的文创精神，这种小微文创容我引述李仁芳教授出版的《巷弄创业家》一书，姑且称为“巷弄文创”吧。

迥然不同于内地的“高大上”，台湾文创中的创意设计在巷弄发生，巷弄展现了台湾文创设计者对于生活存在感的深入观察、细心体会到用心设计，让使用者感受来自内心的深沉悸动。李仁芳教授的说法很经典：“巷弄创业家”在台湾各地城乡所建立的锦绣地景，触发每位到访者成为心灵的贵族，随时随地都可以进行生活的“壮游”，如台北市的青田街、民生小区富阳生态公园、新北投公园等，只要你能敞开心胸让生活的存在感带动敏锐的观察力，就可以体会台湾的巷弄文创，确实体现了促进国民生活美学素养、提升国民生活质量的高层次目标。

台湾巷弄文创的目标并不在于创造产值，而是企图型塑让人们感受良好的生活风格。因此，在台湾许多乡间田野，经常发现台湾人以自己认同的方式去追求自然健康，人与自然环境和平共存的慢活生活。当然，你更可以发现台湾在地的生活创意设计者通过质朴与回忆的重现，让一间间破旧而有故事的古迹或旧建物重新苏醒过来，让人们重返过去质朴生活，积累文化厚度，提升生活质感。

台湾生活文创的设计思维，其“产业化目标”是否实现在于如何定义产业化概念？文化产业不是电子信息产业，也不是二级制造产业，很难开创出高额的国民生产毛额（gross national product，GNP）；巷弄文创蕴含着文化知识、高质商品、空间美感，并提供深度体验服务与活动，其产值在于为民众开创出国民创意毛额（gross national creation，GNC），故巷弄文创之绩效在于创意的生活设计能否触动人心、能否提出一种特殊感受的生活主张，加深人们对于生活的体验，而不在于创造多少产值。因此，巷弄文创的产品通常都从生活出发，带着设计师的用心，为顾客传达出一种归属、幸福、特别的感觉，让人惊艳，爱不释手，唯有从这种角度才能发现台湾文创设计的精致与用心。

五、文化产业化 vs 产业文化化？

进一步分析台湾文创发展的设计思维战略，一个重要的口号是：“文化产业化，产业文化化”，前者是指传统文化创意工作者专注于文化的传承与发扬，文化相关部门遂提出“文化产业化”的政策，希望文创设计者能以文化为中心，经由创意的设计、包装、营销后，能够发展成为足以创造产值、带来经济效益、提升生活美感的知识型产业，这是传统文化产业的经营方式。

然而，随着文化创意产业愈来愈受到各界重视，也引起其他领域的官员的重视，其中尤以主管传统中小企业发展的经济事务部门为最。他们认为比例高达97%的中小企业，需要出路，渴望生机，最好的途径莫过于注入文化元素于竞争力脆弱的中小企业中，让这些中小企业能够起死回生，重新找回新生命与新出路，因而经济相关部门提出“产业文化化”的主张，意指系以传统产业为核心，以文化作为创意包装与营销，使得传统产业以新面貌、新气质、新风格出现。

为了推动产业文化化的行动计划，台湾经济主管部门委托公立“财团法人中卫发展中心”，为中小企业的产品把脉，重新设计具备新意象、新风格的产品，其设计产品之类别多如过江之鲫。例如，台湾传统的毛巾业者透过创意设计与包装可以变成创

意毛巾，又如华人烹饪常用的酱油业者，经过创意设计与重新包装后，设立酱油博物馆或设计出许多文创商品；此外，还有农夫辛勤栽种的柿子，本来农民创意不足，仅能制成柿饼干销售，价格低廉且不受消费者青睐，但经由创意设计后，销售之路遂拓展开来，如经师傅巧手，融入高级餐厅成为不可或缺的料理胜品，或者设计出“四柿如意”的水晶作品、项链等，颇受顾客欢迎。

台湾推动“文化产业化”的困难在于文化创意工作者向来欠缺成本观念，谈赚钱又嫌太市侩气，如何变成产业化？很多文化工作者或创意设计者只负责创意商品设计，绝不愿意成为生意人，如此使得文化创意产业的发展受阻。至于推动“产业文化化”的困难在于许多传统产业未必具备文化意涵，勉强为传统产业注入文化意涵的结果，让人们更抓不住文化创意产业的内涵；为了解决这个问题，只好抓住一个全世界文创业界从来没有提过的名词——创意生活产业，无疑将文创产业的范围无限地的扩张。简单来说，回到前述所称的台湾文创产业的15+1，其中的15类可说是文创产业的基本内涵，乃是为了实现“文化产业化”的目标而发展出来的产业形态；但后面的1类则是衍生出来的特殊文创产业，乃是为了实现“产业文化化”的目标而发展出来的特殊产业形态；这种“文化产业化或产业文化化”的战略思维，优点是拓展了文创产业的内涵与类型，缺点则是稀释了文创产业的核心，于是发展至今，什么都变成是文创产业，包括食衣住行育乐，变成一个涵盖甚广，却很难抓住核心概念的廉价名词。

台湾文创的设计思维是以人为本，通过“设计生活化，生活设计化”的战略，让人本的创意设计思维得以实现。走访台湾，很难发现现代化的文创园区，也难很在百货公司精品馆中找到“高大上”的文创设计商品。然而，当自由行的游客以“无期而为”的沉淀心情行在街道巷弄上，却偶然发现“小而美”的文创工作室，工作室主人招待客人的方式相当亲切而不失俗气，诚恳而不失矫情，甚至会主动跟你分享这间工作室的秘密，这样的产业样态很难与“文化创意产业”这个时髦的名词联想在一起，而事实上它确实存在于台湾各个角落，为来访的旅客带来偶然的惊喜，成为旅行过后深藏内心深处的宝贵记忆，虽然台湾某些大型企业董事长不屑这种小微文创工作室的经营方式与呈现的格局，甚至讥笑它们是没有出席、格局不大的“小确性”产业。然而，不可否认地，巷弄文创是展现台湾文创的一种形式，很难用极度商业化的衡量标准予以准确的测量，但它为陷入经济转型困境的台湾创造了不少就业机会，更重要的是透过文化创意者的文化厚度提升国民生活质量，促进生活美学，呈现了不一样的生命质感，而这正符合台湾文化创意产业发展有关规定的精神。

文化创意工作者的专长是立基于文化意涵的基础，通过创意设计的手法，将符合生活品味的产品设计出来；对他们而言，将创意设计产品予以产业化、商品化是何其困难；对他们来说，“文化创意”与“产业化”根本是南辕北辙的概念，充满矛盾难以妥协，而这正是文创学术界一直努力的焦点。当我们探索海峡两岸文化创意产业发展经验，如果不能从文化创意者所构筑的生活经验着手，一味地提出产业化、复制化的利诱策略，则文化创意产业将只是一个创造另一场金钱游戏、挥霍物质生活的时髦时尚产业，对于人类的生活品味与生命质感毫无帮助，在后物质社会逐渐成为海峡两岸的共同趋势时，必然会遭遇被淘汰的命运。

工艺美术产业创新服务超市建设探索

内蒙古艺术学院文化艺术管理系 王光文

无论在中国还是在西方,“工艺美术”的概念都源自19世纪晚期的“英国艺术与工艺运动”。以工业文明的出现为分界线,工艺美术可分为传统工艺美术和近现代工艺美术。徐艺乙认为:“传统工艺美术是传统手工艺当中具有美术倾向的部分,其归根到底还是手工艺”。赵屹将手工艺界定为“手艺人凭借个体经验完全以手工劳动进行的或以手工劳动为主、辅助以简单机械工具、按照美的规律进行的造物行为、造物方式和造物过程”。与传统工艺美术属于手工艺不同,近现代工艺美术的归属是复杂的,其行为、方式和过程既可能属于手工性质,也可能不同比例和程度地属于机械性质、人工智能性质等。工艺美术的行为、方式和过程如果是以盈利为目标、具有市场化特征或者相关主体进行了商业化运营,其性质就属于工艺美术产业。20世纪50年代,我国主要依靠工艺美术品出口换汇。2012年,国家统计局将“工艺美术”列入《文化及相关产业分类》的十大类别。2015年10月,中国共产党第十八届中央委员会第五次全体会议将“振兴传统工艺”确定为国家战略。这些事实都表明,工艺美术产业在我国经济体系中占有重要地位。

当今我国的工艺美术产业亟需创新,其迫切性主要体现于:第一,供给与消费的错位有扩大倾向,亟需以创新优化产业供给,进而更好地激发、引导和满足工艺美术品消费需求。第二,亟需以创新解决从业者因循守旧、理念落后、趣味过时、重材料轻创意、重生产轻设计、重样式轻功能、创意和科技附加值低、品牌创建和营销能力差等问题。第三,亟需以创新增强相关企业的竞争能力以及提高传统工艺美术的传承和保护能力。在此背景下,参考科技服务超市和农业服务超市的相关研究,本文提出了“工艺美术产业创新服务超市”的建设构想,其功能主要是为工艺美术产业创新提供自助式、一站式、全程式服务,服务类型包括人才、资金、技术、信息等方面的要素服务;消费、竞争、政策等方面的驱动服务;管理、生产、营销等方面的实践服务;科研、教育、制度等方面的保障服务。

一、工艺美术产业创新服务超市建设的基础和依据

（一）相关政策

2012年2月，文化部发布了《关于加强非物质文化遗产生产性保护的指导意见》，鼓励"以保持非物质文化遗产的真实性、整体性和传承性为核心，以有效传承非物质文化遗产技艺为前提，借助生产、流通、销售等手段，将非物质文化遗产及其资源转化为文化产品"。该政策主要在我国非物质文化遗产分类中的传统技艺类、传统美术类和传统医药类中实施。其中，传统技艺类和传统美术类在外延上属于传统工艺美术。

2014年8月8日，文化部、财政部发布了《关于推动特色文化产业发展的指导意见》，将工艺美术产业列入主要任务的重点领域，要求其在保护多样性和独特性的基础上，坚持继承和创新相结合，促进特色文化元素、传统工艺技艺与创意设计、现代科技、时代元素相结合。

2016年5月11日，文化部、国家发展改革委、财政部、国家文物局发布了《关于推动文化文物单位文化创意产品开发的若干意见》，提出"要充分运用创意和科技手段，推动文化资源与现代生产生活相融合，既传播文化，又发展产业、增加效益，实现文化价值和实用价值的有机统一"。

对于工艺美术产业创新服务超市建设，这些政策的意义在于：第一，突出了传统工艺美术生产性保护的重要性和规范性，为工艺美术产业创新服务超市的相关工作提供了指导和依据。对于仍然有市场、有活力的传统工艺美术，应以生产性保护以及创意和科技手段助其更好发展；对于一些濒危的、传承较为困难的传统工艺美术，以及文物保护单位、博物馆、美术馆、展览馆、档案馆、资料库中的传统工艺美术标本、展品、档案和资料，也能以生产性保护以及创意和科技手段使其焕发生机、再现活力、传播文化、延拓价值。第二，指明了工艺美术产业创新服务超市工作的前提、基础和路径，即以有效传承为前提，以保护多样性和独特性为基础，以创造性转化、创新性发展为路径。第三，传达了对传承、创新以及二者关系的准确理解和深刻辨析。不同于静态的、僵化的保护，传承是在新理念、新技术条件下对传统工艺美术合理内核、精神内蕴的传递和发扬，是不断改进的延续，是学习之后的超越，是"学我者生、似我者死"的过程。所以，工艺美术传承本身就包含创新，传承者应拒绝重复、维持和平庸，应在境

界、修养、学识和技艺上树立起高于前人的标准。事实上，时代变迁一直都将创新能量赋予工艺美术，只不过当今的变迁比任何历史变迁都要剧烈和快速，所以工艺美术的创新需求就更加迫切和显著。不同于纯粹的技术创新，工艺美术创新注重文脉的延续、手工的内蕴和情感的表达，注重新思维、新技术、新材料、新方法与传统的结合。不论什么种类的工艺美术创新，都要以某种程度的传承为基础，都是某种意义上对传统资源的开发和利用，都要体现对传统的认知和尊重，都要体现传承人的情感和寄托，所以，工艺美术创新本身就包含传承，是在传承基础上的发展和超越。

（二）相关产业

根据《全国工艺美术行业普查报告书》（2009），工艺美术包括11个大类、83个小类、1881个品种，2008年产值达5千多亿元。到了2011年，中国工艺美术行业销售产值就已突破1万亿元。2012年7月，国家统计局发布了第2版《文化及相关产业分类》。工艺美术产业作为新增类别成为其10个大类中的第7类，包括工艺美术品（雕塑、金属、漆器、花画、天然植物纤维编织、抽纱刺绣、地毯、挂毯、珠宝首饰、其他）的制造、园林、陈设艺术及其他陶瓷制品的制造、工艺美术品的销售。

在当代，工艺美术产业已不再是传统意义上的独立产业，其不断与设计、制造、旅游等产业相融合，进而在更广范围和更多层面增加了工艺美术产业创新的可能和动力。

工艺美术产业与现代设计业相融合，使现代工业设计、电脑辅助设计、互联网众筹设计、大数据设计等成为工艺美术品生产手段的延伸和补充，进而推出更多风格、更富创意、更具科技含量、更与市场精准对接的新产品。这些产品因现代设计而具有现代感、时尚感和科技感，并且能更好地适应消费者对工艺美术品实用性、便利性、安全性、舒适性、审美性、情感性、体验性等物质和精神需求。同时，现代设计也从工艺美术中汲取养分，使工艺美术在现代设计的各个层面发挥重要作用，从而有力推动现代设计产业的发展。

工艺美术产业与制造业相融合，使传统工艺美术生产的创作性、个体性、差异性、经验性与机器生产的操作性、批量性、标准性、精准性相弥补，使作坊、家庭、封闭、分散的传统工艺美术生产方式与协作、分工、开放、集聚的现代工业生产方式相交叉，使传统工艺美术品的手感、情感、温度与工业品的质感、冷感、精度相结合，使心手相应、顺应材料的传统工艺美术理念与崇尚科技、注重市场的现代工业理念相匹配。对于工艺美术产业，这样的融合有利于提高其效率、质量和产量，降低其生产、经营成本和劳动强度,但也可能使传统工艺美术从业者边缘化,使工业、商业气息掩盖人文、乡土气息,使标准化制造取代个性化创制并减弱不拘一格的审美意象。对于制造业带来的异化,工艺美术从业者往往以艺术和经验进行抵抗,他们尽可能地将审美和经验赋予产品,使人性和艺术属性成为工艺美术的根本属性,甚至以工艺美术表达先锋艺术和实验艺术,使工艺美术成为以手工探索和实验的艺术。此外,制造业带来的异化也会激起人们回归乡土、寻求人伦、表达个性的心理反应。需要关注的是,以3D打印为代表的新兴技术已能将人们复杂、丰富的主观世界物化为客观世界,能根据个人审美需求快速创制出各种物品,包括结构复杂、材质多样、多姿多彩、体现个性的作品,“机之芯”和人之心的距离正在缩短甚至消弭,工艺美术不再是距离人心最近的物化手段。由此,工艺美术的产业属性、审美特征和发展路径必将经历重大变革。

工艺美术产业与旅游业相融合,使工艺美术品和工艺美术体验成为重要的旅游商品和旅游服务,使工艺美术旅游项目在增加创业就业和带动地方经济发展方面发挥着重要作用,使小众化的工艺美术品生产向大众化的旅游商品生产转变。尽管这种转变对工艺美术品的个性化创制、艺术水准等产生了负面影响,但其满足了更多人的工艺美术创业、就业需求,打破了工艺美术品由少数人(各级工艺美术大师、非遗传承人等)生产和少数人(收藏家、高收入爱好者、艺术品投资人、特权阶层)消费的局面。但需要注意的是,不能因此就把工艺美术产业变成单纯扩大规模、追求产量、增加就业和迎合大众的产业,更不能把工艺美术产业变成消耗稀缺资源、浪费珍贵材料的产业,精益求精的工匠精神和传承创新的使命永远是工艺美术产业的主流。

(三)相关经验

1. 不同领域的科技服务超市

科技服务超市是整合、优化科技服务并将其作为超市商品的新型科技服务形态,是科技服务连锁化、集聚化、网络化的产物。科技服务超市按服务范围可分为国际类、全国类和地区类,按服务内容可分为综合类和专业类。

从代表性和关联度来看,以下两个科技服务超市的经验值得工艺美术产业创新服务超市重点借鉴。

江苏省农村科技服务超市。该超市于2008年开始建设,以“有店面、有网络、有队伍、有基地、有成果、有品牌”的“六有”模式,为该省农民、农企、农协、农业园区提供农业科技服务。该超市总店位于江苏省农科院,占地5000平方米,设有农村科技服务成

果展区、农资科技产品展区、品牌农产品展示交易区、农机展区、专家咨询办公区、培训区等功能区，由省财政提供建设和运营经费、省生产力促进中心和省农科院负责具体工作、省科技厅负责宏观指导。其分店有60多个，由地级市（县、区）生产力促进中心和农科企业、农业园区建设，经费构成为“自筹+政府根据绩效给予奖励和补助”。其便利店达100多个，由分店和农业园区、协会、企业、经营大户等共同建设，经费主要来源于自主经营。

广东现代科技服务产品超市。该超市于2011年挂牌开业，由广东省政府发起并提供起步资金，由省科技厅监管和指导，由东奥信息科技有限公司授权运营，以“线下+线上”“总部+分中心/服务站”的服务网络，为广东300多个省级专业镇、20多个省级高新区、大大小小的科技园和产业集聚区以及4万多企业会员提供科技服务。

借鉴以上两个科技服务超市的经验，工艺美术产业创新服务超市总店建设应由政府发起和提供经费并由行业组织或授权企业负责具体工作，其分店建设主体以及建设经费来源应实现多元化和社会化，其建设步骤可采取“试点先行、先实后网、地方推广”的策略，即在工艺美术基础较好的城市试点建设实体总店，然后建设网站，并将连锁分店推广到该城市所辖的其他地方。在推广过程中，应努力提高相关单位和个人对工艺美术产业创新服务超市的认知程度，降低其参与难度，激发其参与意愿，增强参与者自我组织、自我管理和自我发展的能力。为了便于人们了解和选择，应将工艺美术产业创新服务超市提供的商品可视化、有序化，即以图文、影像、实物等视觉形式表达工艺美术产业创新服务内容并将其按照不同类别陈列在超市的实体和网站空间。

2. 公私合作的PPP项目

PPP是Public Private Partnership的缩写，主要指政府（或公共机构）与私有机构通过平等协商和订立合同形成共建共管、共享利益、共担风险的合作机制。2016年6月12日，财政部、教育部、科技部等20个部委联合发布通知，在全国启动第三批PPP示范项目申报筛选工作。其范围包括能源、交通运输、市政公用、水利、环境保护、农业、林业、科技、保障性安居工程、医疗、卫生、养老、教育、文化、体育等领域。截至2016年3月，财政部搭建的PPP综合信息平台收录各地的PPP招商项目7721个，总投资约8.8万亿元。

工艺美术产业创新服务超市在起步期具有准公益性，其服务很多是无偿、低价提供或不以盈利为目的，因而私有机构缺乏独立建设的积极性。若由政府独立建设，则必然存在能力不足、效率低下、财政紧张等问题。因此,其建设最好引入PPP机制,以发挥政府和私有机构的协同效应。

借鉴已有经验,工艺美术产业创新服务超市的PPP建设可采用外包、租赁、特许经营等模式。外包模式是将超市的规划、设计、施工、管理、配套服务等外包给私有机构,政府主要承担项目投资、绩效奖励、补贴发放工作。租赁模式是指先由私有机构完成超市设施建设,然后政府以租赁的方式获得该设施使用权。特许经营模式是指政府授权私有机构在一定期限和范围内建设超市并开展经营活动。

二、工艺美术产业创新服务超市的实体建设

工艺美术产业创新服务超市实体包括总店和分店。其总店建设可有多种构想,其分店建设则是总店构想的地方化。按照"超市+产业"的思路,参考"创客空间"的做法,本文将工艺美术产业创新超市实体划分为管理区、生产区、营销区和创客区。

(一)管理区

该区作为超市管理机构所在地,可设立管理委员会、服务部、人力资源部等部门,其具体职能如下。

管理委员会:制定并落实规章、规划、计划、方案、标准、考核办法、奖惩细则等;主持设施设备建设、项目建设和团队建设;管理建设经费;加强各超市之间的联系,保障总店和分店信息互通、资源共享、优势互补;对各部门进行绩效考核等。

服务部:建立工艺美术产业创新服务档案;按类设定超市服务准入门槛,对服务提供者的资质、业绩、财务状况等进行审查,保障超市服务的专业化和高品质;集成、配置服务资源,指导、评议服务活动,论证、建设服务项目,评价、推广服务成果。

人力资源部:负责人力资源的聘用、引进、开发、管理和培养;广揽素质高、能力强、富有创新意识的相关人才,组建结构合理、素质优良的核心团队;与相关部门、企业、院校、研究机构、培训机构、工艺美术民间组织、工艺美术协会、非物质文化遗产保护机构等建立良好关系,形成支持超市建设的外围团队。

(二)生产区

与工艺美术品生产的两大环节——研发设计和加工制作相对应,该区可设立研发设计部和加工制作部。其具体职能如下。

研发设计部：拓宽资源开发利用范围，转变资源开发利用思路，以满足现实需求、激发潜在需求和引领未来需求为导向，为工艺美术品生产者提供研发设计服务。对于传统工艺美术品，在保留其意蕴和核心技艺的前提下，进行外观、内容、包装、材料、载体、功能等创新，赋予其新的审美价值、情感价值和使用价值。具体而言，外观创新是对传统工艺美术品的造型、图案、色彩、装饰进行创新；内容创新是传统工艺美术品内容的创意表达，或是其他内容的创意转化，如神话传说的动静转化、传统艺术的通感转化、风俗礼仪的场景转化、生活知识的应用转化、名胜古迹的微缩转化、历史人物的造型转化等；包装创新要求与内容相映成辉、具有地方特色、造型新颖别致、强化品牌形象、便于携带运输；材料创新是在保留传统风格的前提下研发传统工艺美术材料的替代品，如"荷兰三宝"之一的木鞋，已有黄金、白银、青铜、钻石、水晶、玉石、塑料、玻璃等几十种替代材料；载体创新是为传统工艺美术研发新载体，如内画工艺美术的载体已由鼻烟壶扩展为灯具、文具、器皿等；功能创新是赋予传统工艺美术品新的功能，如传统剪纸用于动漫制作、立体装饰、服装设计等。

加工制作部：对工艺美术品加工制作的技术、方法、流程、工具、手段进行创新；将机器生产的科学性、精确度和工艺美术品的差异性、个性化进行有机整合，让机器和手工的特质在互补中实现创造性转化；解决加工制作创新中的共性技术和关键技术问题；提供与加工制作创新相关的科研、咨询、政策、法律服务；提高加工制作者的艺术素养和创新能力；为加工制作创新者提供原料、厂房、工作室、作坊、工具、设备等。

以用户需求为目标，生产区的工作可分为6个步骤：设计调研、设计定位、产品概念设计、原型制作与实验、用户测试、生产设计与量产。

设计调研。包括用户调研、市场调研、技术调研、流行趋势调研和传统工艺美术特色调研，用户调研需要对目标用户就生活方式、生活环境、消费理念和消费结构展开研究，在此基础上分析用户需求，包括用户物质需求和精神需求调研。而市场调研、技术调研和流行趋势调研则旨在了解市场竞争格局，了解行业前沿技术，把握流行趋势。传统工艺美术特色调研是对传统工艺美术产品进行全方位解析，解构其造型、结构、材料和工艺等特征要素，理清与之相应的传统生活方式、文化情境、民俗文化和历史脉络关系，为后续传统工艺美术特色定位打下基础。

设计定位。包括工艺美术产品设计定位和工艺特色提炼两个方面。工艺美术产品设计定位包括目标消费群定位、功能定位和形象定位，功能定位主要是对工艺美术产品物质功能角色进行定义，根据现代用户需求，就产品功能目的、使用性、操作性、可靠性、安全性、舒适性和经济性等方面进行定位。形象定位则结合用户精神需求，对产品就外观形象、工艺特色、使用情境和民俗文化等方面进行定义。对传统工艺美术产品的工艺美术特色进行定义和提炼，解构传统工艺美术特征要素，将其分为要素层、工艺结构层和工艺技术层几个部分，提炼出相应特征性元素，为后续创新设计提供素材和依据。

产品概念设计。首先需要根据前期物质功能定位和工艺美术特色定位，就产品的使用方式、功能结构、人机特性和外观造型进行创意构思，探索设计方案形态、结构、材料和工艺的可行性。其次，大胆借助新材料和新技术，结合产品功能结构和外观要求，对材料和工艺进行创新突破。最后，运用符号学原理展开文化形象设计，将传(统生活记忆、民俗和民艺等文化内涵寓意赋予设计对象。

原型制作与实验。由于工艺美术产品的特殊性，在涉及工艺、材料和结构创新时，必须进行实验以保证生产制作可行。各种试验完成后可进行样品打样试制，检验功能、结构及工艺的合理性及设计效果。

用户测试。样品制作完成后，需对目标消费群进行小规模的用户测试，以前期用户需求定位为参照，就产品可用性、好用性、工艺美术特色等展开用户测试和比对。设计定案。根据用户测试反馈的信息，返回前面各设计环节进行调整，对设计方案进行修改，直到取得满意的用户测试结果，最终确定设计方案，并进行结构设计和设计制图。

生产设计与批量生产。这个环节必须结合工艺、结构和材料的特点进行生产设计规划，合理规划工艺流程，制订技术规范，并借鉴机械化大生产的批量化、标准化、流水线等方式组织生产，以提高生产效率、控制成本。

工艺美术产品创新设计是以用户需求为目标的，因此用户需求研究是非常重要，如何利用现代用户研究理论和方法对目标用户进行系统研究，是产业创新的首要任务。为此，应以互联网+工艺美术帮助其产业从“以产品为中心”转变为“以用户需求为中心”，助力产业提升核心竞争力，并积极构建新型价值链，使其产业模式向按需创制、个性化定制、定制化众包生产等方式演进。

(三)营销区

工艺美术品营销创新服务主要有两个着力点:一是市场开拓;二是产品展销。由此，超市的营销区可设立市场部和展销部。其具体职能如下。

市场部:借助新媒体、大数据等技术，创新工艺美术品的市场营销策略、营销方法和营销模式;为客户提供多样化、个性化、精准化的营销服务;为不同类型和档次的工

艺美术品开拓文化市场、礼品市场、旅游商品市场、日用品市场、创意产品市场、家居市场、收藏品市场、艺术品市场、拍卖市场、商业环境市场、城市公共环境市场等；将市场营销数据及时反馈到生产创新服务区，以更好地改进生产创新服务。

展销部：创新性举办工艺美术品的日常展销、主题展销、节事展销等；设计具有知识性、参与性、互动性、体验性、娱乐性的展销活动；收集并分析展销方、购买方、交易过程、物流配送等方面的数据，为工艺美术品展销管理与创新提供依据。

（四）创客区

近年来，创客运动和创客空间风行全球，各国政府对此高度重视并出台支持政策。为加快实施创新驱动战略，顺应网络时代大众创业、万众创新趋势，加快发展众创空间等新型创业服务平台，国务院办公厅于2015年3月11日发布了《关于发展众创空间推进大众创新创业的指导意见》。

参考“创客空间”的概念，工艺美术产业创新服务超市的创客区的定位是提供厂房、工具、设备、原材料等物质以及教学、信息、网络、投融资等服务，以便于创客把创意转化为工艺美术品的开放性场所。该区为创客带来的价值越大，其对创客的吸引力和凝聚力就越大，其服务的附加值也就越高。

为了让创客更快入门和提高效率，该区可为创客提供初级班、工作坊、竞赛场、体验营、孵化室、高级班等类型的教学服务。初级班教学包括工艺美术行业的入门知识学习、基础技能训练、模仿型学习、跟进型学习等。工作坊教学是以工艺美术工作坊的形式，邀请相关专家学者、成功创客、技术人员、工艺美术大师、非遗传承人等，为创客提供思想启发、思维训练、现场指导、实地讲解、答疑解惑、示范操作等服务。竞赛场教学是以不同主题、不同范围、不同层次的工艺美术竞赛，激发创客的学习兴趣和学习动机，实现“以赛促学”。体验营教学是在专业人士的指导下，以团队的形式集中体验工艺美术品的创制和营销过程，强调DIY、做中学和经验分享。孵化室教学是筛选有市场潜力、有产业前景的工艺美术创意和相关项目，然后以孵化这些创意和项目为教学过程。高级班教学主要面向高水平创客，注重培养精益求精、追求完美、不断创新的“工匠精神”，注重思维碰撞、头脑风暴、创意激发和协同开发。

三、工艺美术产业创新服务超市的网站建设

考虑工艺美术产业创新对样本服务、信息服务、技术服务、交易服务、创客服务和

专家服务的需求，工艺美术产业创新服务超市网站可设样本服务单元、信息服务单元、技术服务单元、交易服务单元、创客服务单元和专家服务单元。这些单元应与智能互联网相连，进而能具有大数据的分析和挖掘能力、智能感应能力、把握用户需求能力、产品优化迭代能力、业务运营拓展能力、产品营销推广能力，能提供越来越多的个性化服务。

(一)样本服务单元

工艺美术样本是承载工艺美术精神、理念、技艺、知识、创意、符号的代表性、典型性资源。为了更好地保存工艺美术样本并提供样本利用服务，应在超市网站建设数字化、结构化、模块化、标准化的样本库单元。其建设工作主要包括以下四个方面。

样本分类：根据工艺美术的系统性、复杂性和知识内隐性，从演变、内容、形式、表达、材料、用途、地域等角度对工艺美术样本进行分类。

确立标准：以国家数字化博物馆和信息资源共享工程为参照，确立工艺美术数字化样本采集、存储、描述、管理等方面的技术标准。

样本成库：按照已确立的分类体系和技术标准，用数字摄影、图文扫描、立体扫描、全息拍摄、动作捕捉等数字技术采集工艺美术样本，把非数字格式的样本数字化，然后以样本的入库、存储、描述、查询、统计、管理技术以及情境构建技术、场景还原技术、三维动画技术、虚拟现实技术、语义检索技术、版权保护技术、人机交互技术、服务集成技术等建设样本库。

样本利用：引进或自主研发便于样本利用的软件，为用户提供样本利用服务。其利用方式有独自利用、协作利用、授权利用、转让利用等。

(二)信息服务单元

为提高工艺美术产业创新服务的信息化水平，提高合作方之间、供需方之间的能见度和协调度，该单元主要提供以下信息服务。

公共信息服务：可按照政策法规、行业动态、企业管理、项目建设、市场供需、教育培训、会展节事、知识产权、投资融资、交流互动等类别，提供与工艺美术产业创新相关的公共信息服务。

增值信息服务：个性化信息定制服务、供需信息对接服务、高级咨询服务、广告服务、商机服务等。

（三）技术服务单元

该单元与工艺美术产业创新服务超市的生产区相对应，主要以O2O模式（online to offline）提供工艺美术产业创新相关技术服务，如研发设计及其市场化和产业化、加工制造技术咨询与技能培训、技术成果展示、检验检测、资质认定、质量鉴定、知识产权保护与开发利用等。

为了便于用户了解和选择，该单元应将技术服务可视化并分类上架展示。用户可通过便捷操作在线查阅、咨询、预约、体验、订购技术服务，然后，在线上线下接受技术服务。为保障各方权益，该单元应与行业协会、研究机构、知识产权机构等专业组织合作，对技术服务提供者的资质进行审核把关，对技术服务成果出具认证或鉴定。

（四）交易服务单元

该单元与工艺美术产业创新服务超市的营销区相对应，主要以自建自营的电子商务平台或借助其他成熟的电子商务平台为创新性工艺美术品及相关知识产权提供交易服务。作为参考对象，2010年开张的“故宫淘宝”和2016年上线的“国博天猫旗舰店”，就是为故宫博物院、中国国家博物馆的创意产品提供交易服务的电子商务平台。

为建立信任机制、降低交易风险、保障服务质量，该单元应有严格的信息审查、透明的运作流程、必要的身份验证、全程的交易监督、合理的担保体系、合作的知识产权保护、完善的信用等级评价和第三方支付工具，并方便用户查询、验证、竞价、购买、评价和投诉。为让销售方更好地了解市场、对接市场、适应市场，该单元应做好交易数据的收集、整理和分析工作。

（五）创客服务单元

该单元与超市实体创客区相对应，主要为工艺美术创客提供研发设计、加工制作、成果转化、作品展示、思想交流、经验分享、团队组建、供需对接等服务。

与超市实体创客区相比较，该单元能更好地发挥以下功能：扩大创客规模，汇聚创客智慧；在线市场调研，了解客户反馈；降低创新风险，创造更多机遇；方便知识共享，促进交流合作；加快信息传播，吸引更多关注；降低各项成本，提高创新效率；增加用户参与，拓宽融资渠道；全球展示产品，全程产销互动；关注小众需求，开拓长尾市场。在工艺美术品研发设计阶段，创客可在该单元展示产品创意、设计、雏形，调查用户反馈，调整研发方案。在工艺美术品加工制作阶段，可采取内测、试错、预售等方式了解用户体验，继续产品改进。在工艺美术品营销阶段，可利用各类传播渠道和网络平台与消费者互动，根据消费者体验与建议不断改进产品。在该单元，用户能以悬赏形式发布任务，然后从创客的应征成果中选择自己满意的成果并付费；或者，创客自由发布成果信息，吸引感兴趣或有需求的用户与其联系和交易。

（六）专家服务单元

该单元由超市聘请的相关专家坐镇，专门回答和解决用户提出的问题，为用户排忧解难。用户可在该单元或通过超市开发的App（application program的缩写，即客户端应用程序）挑选专家，可利用视频、语音、文字与专家即时交流，也可利用电子邮件与专家互发信息。

为了规范专家服务并激发专家的能动性，超市与专家应就在线服务时间、服务方式、服务内容等签订协议，超市应根据专家的技术级别、服务质量、用户评价等支付报酬。此外，用户可对专家提供的服务打分、点评并选择是否支付报酬及支付金额。

四、结论与展望

基于工艺美术产业的发展和科技服务超市的经验，本文构想了能为工艺美术品研发设计、加工制作、市场营销和创客活动提供一站式、全程式、自助式创新服务的超市实体和网站。其中，研发设计服务的关键是研发设计人员的集聚、协同和优势互补以及相关资源的整合、共享和优化配置，加工制作服务的关键是强化工艺美术品的市场细分性、生活实用性、现代审美性和科技进步性，市场营销服务的关键是根据企业的行业背景、市场环境、发展阶段、创新要素之间的逻辑关系进行消费价值创新和市场开拓创新，创客活动服务的关键是硬件与软件相结合、线上与线下相结合、创新与创业相结合。

本文没有从利益相关者和影响因素的视角研究超市建设，没有探究产业融合与产品创新的关系，没有拓展到管理创新和商业模式创新的层面。对于这些局限，后续研究可重点探讨以下问题：超市建设有哪些利益相关者？利益相关者的资源、关系及作用是什么？如何使利益相关者在超市建设中形成最大合力？超市建设的主要影响因素有哪些？如何增加、利用有利因素并减少、避免不利因素？如何促进工艺美术产业与制造业、农业、旅游业、建筑业等融合发展，进而实现更大范围的产业创新？如何将超市服务范围从产品创新拓展到管理创新和商业模式创新层面？

从创新程度来看,工艺美术产业创新服务超市将推动工艺美术产业的以下创新:一是渐进性创新。该类创新虽然带来微小变化,但具有累积效果。二是填补性创新。该类创新能填补某一空白,但容易被竞争对手模仿和跟进。三是结构性创新。该类创新能优化工艺美术产业的资源结构、生产结构、技术结构、市场结构、消费结构、人力资源结构等。四是根本性创新。该类创新能颠覆、重构整个工艺美术产业格局。

总之,工艺美术产业应积极利用现代科技创新成果并与相关产业深度融合,推动自身技术进步、效率提升和组织变革,提升自身创新力和生产力,形成更广泛的以创新要素为核心的产业发展新形态。

基于生活美学的产品设计特征探讨

——以NENDO产品为例

同济大学人文学院　王佳琪

让生活更美好，这既是生活美学的命题，也是设计不可回避的职责。生活美学为设计赋予了更高的精神追求和美学趣味，设计因而成为了多数人实现生活审美化的重要路径。通常人们在讨论设计时，但凡涉及美学，往往探讨形态、结构、材质、色彩等具体层面的内容，鲜有从生活美学的理论源头对产品设计进行分析，而这种分析对于当代生活中的设计生产有着启发性的积极意义。本文拟从生活美学的相关理论出发，探究生活美学与设计的关系，并通过NENDO产品的经验来探索蕴含生活美学的产品设计需满足的特征。

一、生活美学——与每个人相关的美学

每个人都在思考人们所期待的世界与生活究竟是什么样的。维特根斯坦说，“美是使人幸福的东西！”[1]美学似乎成为了人们通往幸福世界的捷径，为此，美学这一被期待的、带有神秘感的理论并未被束之高阁，传统美学是被置于哲学的位置，现代西方美学的思考中表现出“转向生活”的倾向，由此逐渐产生关于生活美学的讨论。我们理解生活美学理念下的产品设计，要首先把握住生活美学的根基，理解生活美学与设计何以融合共存。

（一）生活美学的内涵沿革

“生活美学”从传统美学的生活论转向中而来，经历了一个发展过程。自鲍姆加登在1750年的著作《美学》中建构了系统化美学以来，关于美的本质有着各种不同的

[1] Ludwig Wittgenstein. Notebooks 1914-1916,2nd edition. edited by G.H.von Wright and G.E.M.Anscombe[M]. Chicago: University of Chicago press,1984:162.

声音：认为“美在主观”的学说中，以“美是理念的感性显现”的黑格尔和“审美判断四契机说”的康德为巅峰；而认为“美在客观事物”的学说中，则以荷加斯的形式主义“美的线条说”及车尔尼雪夫斯基的现实美学“美是生活说”为代表。美学原属于哲学家与艺术家的形而上的美学趣味，它驱逐了民众的审美活动与经验，而生活美学则是对这种与现实生活隔离的审美的批判，也是对以康德美学为代表的形式主义的批判，它反对康德以来主流美学奉行的“贵族式的精英趣味”，这种力求区别于大众的“低俗趣味”的贵族式文化，意图借由美学来实现对平庸生活的超越。

20世纪以来，美与审美逐渐远离观念世界。胡塞尔从“回到事物本身”的现象学研究出发，主张从抽象的主客体对立转移到人的日常生活世界；海德格尔提出了“人的实际的生活经验”，后被“此在”所代替而固定下来，主张从个人具体的“此在”出发解析人的生存；维特根斯坦认为艺术即是“生活形式”；列斐伏尔提出“日常生活”的概念，主张激发日常生活的能力；舒斯特曼主张“生活即艺术”，等等。总之，美学与生活逐步建立起广泛联系。

在今天，生活美学应走出理论美学、艺术中心和精英立场，回归到生活世界中来，这个世界建立在当代消费文化中，借由商品消费打破艺术与生活的壁垒，使高雅与通俗、精英与平民的界限逐渐消融，更使得审美从艺术体验转向到生活体验中。通过建立在这个语境中的有关生活美学与产品设计的讨论，从当代消费文化的背景下，探讨生活美学在现实生活中关于美的创造和美的体验，以及它对现实生活具有指导作用，能够帮助我们反思生活本身，提出并解决审美问题，进而提升生活质量。

（二）以审美泛化的双重运动为视角的生活美学与设计

在美学演变的过程中，当代“审美泛化”成为十分重要的美学运动，在这个过程中，设计与生活美学逐渐难分难解。刘悦笛认为，这种归属于后现代时代的“审美泛化”是一个双重逆向运动的过程，“一方面是‘日常生活审美化’，另一方面则是‘审美日常生活化’，前者是就后现代文化的基本转向而言的，它直接将‘审美的态度’引进现实生活……后者则是就后现代艺术的大致取向来说的，它力图去消抹艺术与日常生活的界限，但这种趋势在前现代与现代主义艺术那里就已经存在”。[1]这个双向的运动是从20世纪初的艺术生活化与生活艺术化转变而来的，这帮助我们理解生活美学的运动路径，寻找生活美学的方法论。

[1] 刘悦笛.生活美学与艺术经验[M].南京:南京出版社,2007:102.

1. 日常生活审美化

日常生活审美化，是指“普通大众在生存问题业已解决的基础上，为了提高生活质量或幸福指数，而内在地要求在生活中增加的美的要素，乃至审美的态度。”[1]这使得人们的日常生活被“艺术的品质”所填充，“把审美特性授予原本平庸甚至‘粗俗’的客观事物，或者将‘纯粹的’审美原则应用于日常生活中的日常事务。”[2]这种日常生活审美化很大程度上是自发产生的，当代设计在此过程中发挥了巨大作用，日常生活中的任何产品都可能是以审美的方式来加以呈现的，借助设计的手段与商品消费的途径，悄无声息地将精英文化与高雅艺术向大众审美过渡，设计成为提高生活质量与审美情趣的工具。

2. 审美日常生活化

审美日常生活化，是指“前卫艺术家突破传统美学对艺术的界定，力图抹平艺术与生活的界限，从而创造出的‘非艺术’的艺术品。”[3]现代主义的先锋艺术力图用审美的形式表现日常生活，达达主义的杜尚将日常用品直接作为艺术品，波普艺术的安迪沃霍尔把批量生产的广告拼凑成艺术品，似乎大众生活与文化中的一切题材都能成为艺术，尽管有导向生活的倾向，但现代主义的先锋艺术仍是一种“精英的实验”，与日常生活本身仍存在隔阂。而后现代主义则直接将艺术与生活混合成一体，如行为艺术对身体美的倡导、装置艺术对生活实用的介入、环境艺术在大众生活中的普及等，都将视线回归到日常生活世界中。这意味着在雅俗分界的消融中，艺术与设计的边间变得模糊，艺术不拘以产品的形态出现于日常生活中。

3. 设计与美

在审美泛化的语境中，设计与美是分不开的。设计本身是一个现代概念，设计在物质与造型之外，不能缺失美的维度。鲍德里亚说：“工业美学（设计）的唯一目的就是，使那些深受分工影响而被标明了功能的工业物品重新具有一种‘美学’同质。”[4]这种美不是晦涩的，它可以表现为材质、光泽、色彩、肌理等物质美，也可以表现为结构、形状、体量、线条等造型美，更可以是造型与物质间的对称、统一、变化、尺度、对比等而产生的和谐或碰撞的美感。刘悦笛认为后现代的设计形态出现了巨变，“纯‘型’的、抽象的‘美’被抬升至至关重要的位置上。大众生活的表面美化，正是背靠于设计

---

[1] 王江松.生活美学是可能这样的[J].贵州社会科学,2009(2):29.

[2] 刘悦笛.生活美学与艺术经验[M].南京:南京出版社,2007:84.

[3] 刘悦笛.生活美学与艺术经验[M].南京:南京出版社,2007:84.

[4] [法]鲍德里亚.消费社会[M].刘成富,译.南京:南京大学出版社,2000:101.

的演变趋势而形成的。"[1]由此,设计成为生活美学的外化表现形式之一。

(三)从人类需求出发的生活美学与设计

美国社会心理学家马斯洛提出的人类需求层次理论,为我们理解人类需求提供了一种视角,他认为人有一系列复杂的需求,包括生理需求、安全需求、社交需求、尊重需求和自我实现需求5个层次。本文认为,在消费时代这些需求层次互相融合而暧昧不明,消费不再是一种低级的生理需求,衣食住行的物质生活中同样蕴含着对精神世界的表达与审美的需求,审美趣味在人们的消费选择中具有重要作用。基于此,我们以审美趣味为视角,将人类对于生活的美学需求简要分为两大类。

1. 浅层审美需求

我们将对人类的衣食住行等日常物质性生活中所蕴含的审美需求作为浅层审美需求。在这一阶段中,人们从对物质产品的使用功能的基础要求中解放,逐渐要求产品的审美功能。浅层审美需求是一个由浅及深发展的动态过程,在从无到有的基本需求过渡中,人们以物质的数量、重量、体积等因素为主要考虑,往往呈现出"以多为美、以大为美、以奢为美"的审美取向,随着物质的丰裕,产品在使用功能之外,更蕴含着人们的情感、价值观、品味、地位等,甚至成为文化传承、价值宣扬的载体。这种大众文化层面上的审美趣味,往往是深度审美的物化表达,借助于外在事物的表达来实现情感共通,因而成为一种可以被消费的审美。

2. 深层审美需求

我们将非物质生活中的抽象审美需求作为深层审美需求,这包括人们对真、善、美的追求,对自我成长与完善、对人生价值的反思、对自我的超越等。深层的审美需求将审美的维度从外在世界拉回人的内在世界,实现从具象到抽象、从简单到复杂、从形式到意义的转变。深层的审美需求并非只是精英阶层的独享物,实际上大众也过着属于自己的深度审美生活。在文化生产过程中,我们生活在被审美符号所包围的世界中,对于这个世界的认知也成为了审美符号内化而成的自我经验,它塑造了我们的精神世界与认知,这种经验演化过程就成为了深度审美活动,大众自发或自觉地产生的或多或少的审美经验,成为了完善自我、进行深层审美的根基。我们要构建自己的精神世界,就无法脱离这种深层的审美活动,而被审美符号所充斥的世界,也不断引诱出深层审美的需求。无论是在浅层审美需求还是深层审美需求,都可以借助

[1] 刘悦笛.生活美学:现代性批判与重构审美精神[M].合肥:安徽教育出版社,2005:69.

具有生活美学附加值的产品设计来表达与满足。

二、基于生活美学的NENDO产品设计特征

NENDO是设计师佐藤大2002年创立的个人设计事务所，起初从事建筑设计，受到米兰国际家具展的启发，2003年起NENDO开始进行家具和家居产品的跨界设计，"在短短3年之间，佐藤大就将分所开到了现代设计之都米兰。此后的5年里，NENDO从小具规模发展为美国Newsweek评出的全球小型百强企业之一。"[1]经过十几年的发展，NENDO已经成为日本最知名的设计工作室之一，设计领域涵盖了建筑、室内、产品、家具、包装和平面设计，服务包括LOUIS VUITTON、TOD's、Bisazza、Cappellini、Lexus、Kenzo等世界各大知名品牌客户，由其设计的产品借由各大品牌遍布全球，近年在米兰设计周、斯德哥尔摩家具展中大放异彩。创始人佐藤大先后获得"米兰'Design Report特别奖''JIDA30岁以下设计师竞赛奖''JCD新人奖''Good Design奖'等重要设计奖项，被美国Newsweek(《新闻周刊》)评为'最受世界尊敬的100位日本人'之一。其代表作品收藏于纽约现代美术馆、维多利亚和阿尔伯特博物馆、蓬皮社文化中心等世界著名美术馆"。[2]

"NENDO在日文里的意思是'黏土'，意味着可塑性高，自由、灵活、有弹性，可以随意调整，而且平易近人，这也正是NENDO Studio的设计精神。"[3]在NENDO的产品设计中，我们可以感受到由内而外的舒适与会心一笑的趣味，其产品所带来的不仅是生活质量的提升，更充满了对生活的乐观与对幸福的向往，通过对其产品设计特征的归纳，试图探索出蕴含生活美学的设计应具备的基础要素。

(一)NENDO——"为生活创造更多的惊叹号"

NENDO的设计哲学是不断为日常生活中带来小而美的惊喜时刻，正如其网站上所说："在日常生活中隐藏着许多的'！'时刻，我们的目标就是用简洁而有力量的设计，为生活创造更多的惊叹号。"这个原则贯穿在NENDO的设计始终，NENDO并不从天马行空的概念中汲取灵感，而是去发现那些在生活中会被无意识忽略并遗忘的小细节，用设计把小概念中的小故事一项一项地讲好。在这个理念下，NENDO的设计体

---

❶ 车佳楠.佐藤大:我喜欢我的设计简单[EB/OL].(2017-07-11)[2016-05-27]http://www.eeo.com.cn/2014/0711/263354.shtml.

❷ [日]佐藤大,川上典李子.由内向外看世界[M].邓超,译.北京:北京时代华文书局,2015.

❸ Leeble Nendo.让生活充满惊叹号[J].设计,2013:102.

现出了一些鲜明的品牌风格。

1. 严谨有度的极简主义

作为一家日本设计工作室，其风格具有鲜明的日本设计特征，即追求简洁、禅意与功能性的极简主义风格。NENDO的设计总是十分质朴干净，佐藤大奉行着简单就是美的原则，他认为设计应尽量简单易懂，从不轻易使用缤纷的色彩、奢华的设计、昂贵的材质来取悦大众，而是运用设计中的变化与突破使人由衷惊叹；NENDO的设计有着日式的禅意，他严格把控细节，喜爱光影的运用，简单的黑白、几何线条中蕴含着些许的Wabi-Sabi之美，将朴素、谦逊、自然的法则融入设计之中，并让设计作品本身富有让人思考的价值；NENDO的设计简单实用，用他自己的话来说："设计是让事物变得美好。我不认为设计可以改变世界，设计没有这么大的力量。因为我认为设计是解决小问题、让生活变得更好一点、更舒适些，让人们能够发自内心微笑，这是我认为设计存在的理由"。[1]因此他更注重产品内在的使用感，用设计的减法实现产品本身的价值。

2. 率性幽默的北美风格

NENDO的风格在日式简洁之外，同时带有率性、幽默与趣味性的北美风格。NENDO的作品率性自由，喜欢跳离现有的思维模式，勇于打破平衡，甚至使用混搭的手法营造违和感，将两个不相干的事物融合在一起并寻找其共同点；NENDO的作品幽默有趣，佐藤大不想让作品看上去冷冰冰的，希望赋予它们"友好而风趣"的特质，因此与传统的日式设计不同，其设计更添加细腻温柔、温馨浪漫，同时在功能性之外注重产品的趣味性，即使只是一只USB插头，也通过改变造型让设计充满乐趣，佐藤大永远保持对世界上一切事物的好奇心，因此他的创作也一直充满新鲜和风趣。

佐藤大和他的NENDO是东西方设计思想共同作用下的产物，始终用设计解决生活中的问题，提升生活质量，发掘生活情趣，因此成为蕴含生活美学的产品设计中典范。

（二）基于生活美学的NENDO产品设计特征分析

结合生活美学的基本内容和NENDO的品牌风格，本文对NENDO的产品设计进行特征分析，大致总结出以下几点。

1. 功能性

正如佐藤大所说，"设计师的工作不是制作奇形怪状的东西，也不是简单地让物

[1] Ami.他们不能改变世界，却让我们的生活充满奇趣[EB/OL].(2016-01-12)[2016-08-15].http://www.vccoo.com/v/12a5ce.

体看起来更有型，所谓设计本质上就是为解决问题寻找新方法。”[1]无论形式如何转换，设计本身的都必须满足使用的功能需要。NENDO的设计注重解决人们不太关注的细节问题，而这些问题一旦解决，就能让人们在使用中感受到突破以往的舒适感。以Contrast Ruler（图2-22）为例，这把刻度尺仅仅改变了刻度的色彩，通过黑白两种刻度的设置，解决了以往单一色彩的刻度尺在不同颜色的背景上无法准确识别刻度的问题；又如Stay-brella（图2-23）的设计，它是不需要倚仗任何外力可自行站立的雨伞，解决了以往长柄伞难以稳定放置的问题；Hang门（图2-24）的内部有一层2.5mm厚的磁铁，能让人们把不同的配件吸附在上面，如托盘、烟灰缸、花盆、花瓶和其他容器等，这个设计为门增添了储物的功能，生活中难以收纳的、随手摆放的小物品有了合适的归属。解决生活中密密麻麻的可以忍受的小问题，让生活的舒适感上升一大截，这种比“使用”更高一层的功能性使得生活变得愉悦，成为体验生活之美的良好开端。

图2-22　Contrast Ruler

图2-23　Stay-brella

[1] [日]佐藤大，川上典李子.由内向外看世界[M].邓超，译.北京：北京时代华文书局，2015.

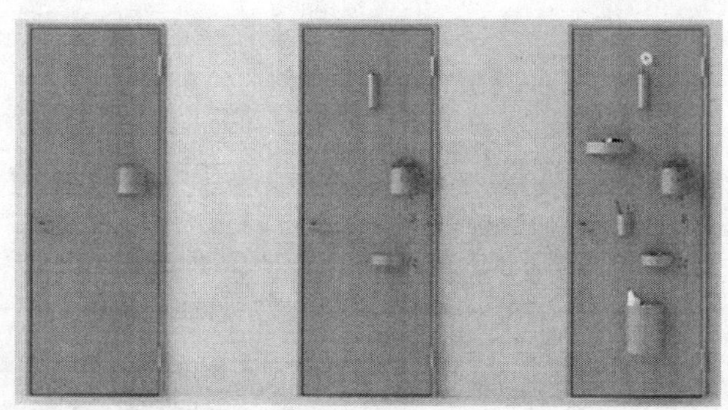

图2-24　Hang

2. 审美性

在功能性之外,NENDO深知受众在选择产品时,不仅要考量其使用价值,同时也注重产品的审美价值。我们从前文的双重审美需求出发,可知产品设计的审美性具有两个层面:其一是产品的表面美化与情感舒适,这种美化一般通过产品的材质、色彩、形状等外在因素来表现。以深海系列家具(图2-25)为例,在材质上,利用委托方Glas Italia最擅长的玻璃切割与黏贴技术,展示玻璃透明纯粹的美;在色彩上,从上到下的连续玻璃层在颜色上如同海水般慢慢加深,由淡蓝色变成了深邃的蓝绿色,这种沁人心脾的蓝色让人心境平和淡然;在形状上,玻璃层的间距以不同的节奏感逐渐缩小,这既打破了同比例置物架的沉闷无趣,也在功能上满足了不同尺度物品的摆放,这种简单、精致和耐人寻味的气质,使人产生良好的使用与心理体验。其二是设计带来的生活反思。NENDO认为设计理念对生活的影响要发展性地看待,NENDO的作品都试图超越了它本身所具有的意义。以家具作品Object dependencies(图2-26)为例,该系列产品并非以往家具惯有的独立模式,它用不同的家具模块互相支撑以达到结构的稳定与功能的完整,把哲学意义的思考和生活的智慧汇集在一个小小的家具中,这种趣味与深度的共融更具精神的愉悦感。这种设计中的审美性,能够一定程度上满足人们的审美需求,不仅能够提升使用者的审美品位,更能让用户在与产品的相处中感悟生活的哲学。

图 2-25　深海系列置物架

图 2-26　Object dependencies

3. 互动性

用户根据自己的需求来完成“最后一千米”的设计与制作，这种设计间的互动能够让用户体验到动手的乐趣和亲手打造个人生活的自豪感。设计从来不是设计者一个人的舞台，他必须考虑设计中自身理念的表达、品牌文化的塑造与用户体验的融合，如果产品的完成度太高，就会像是设计者强迫他们一样如此使用，反而会让使用者感觉到死板和拘束。设计保持了事物原始的状态，剩下的交给人们在使用的时候自主进行设计，这种互动性一方面表现在用户参与设计，这意味着即使是出售同样的产品，也会因用户的参与而带来完全不同的体验，例如可以随意组合的 Brackets（图 2-27 家具，这是一种将“使用过程”也包括在设计之内的设计方式，能够根据用户实际需求而随意组合，带给人们“设计生活”的愉悦体验。cabbage chair（图 2-28）是由三宅一

生衣服褶皱用剩下来的模板纸张卷成圆筒后进行裁剪，一片片剥落下来后形成的椅子，用户可以自己动手剪裁出喜欢的形状，从而做出完全属于自己的与众不同的家具。另一方面表现在用户动手参与制作，家具Ofon（图2-29）追求灵活性的组合方式，用一个硬币就能组装，不仅节约了运输和储存空间，也为用户带来了自己动手的乐趣。

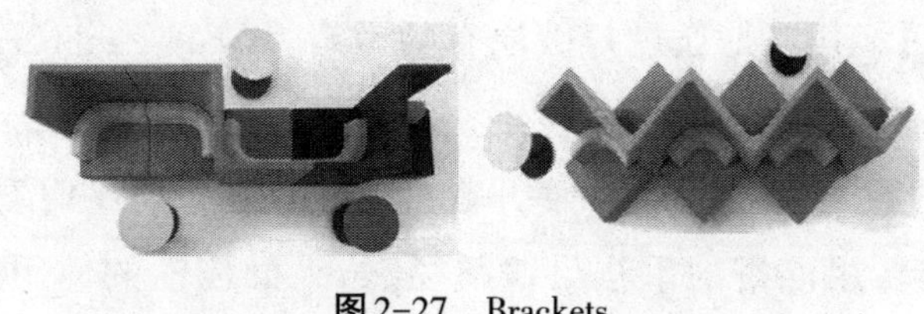

图2-27　Brackets

图2-28　cabbage chair

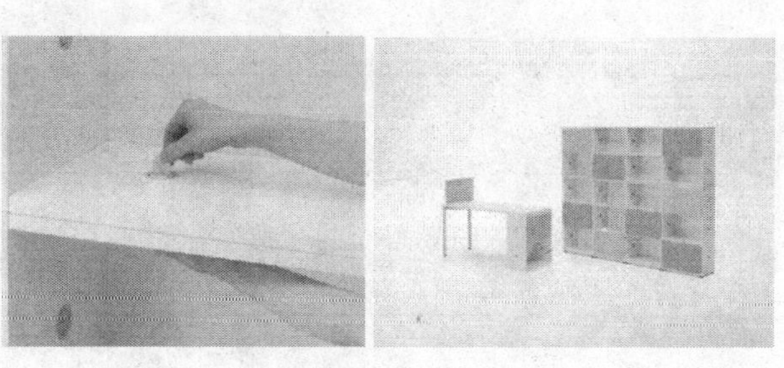

图2-29　Ofon

4. 创新性

创意是让一个产品跳出原本它应该成为的样子，迅速吸引你的注意力的最重要的因素之一。然而创意的实现是从大脑中的思维到具体物质表达的运动过程,这个转换率并不能达到100%,NENDO奉行稳定地将70分的创意做成100分的设计,而不是将100分的创意做成40分的设计。NENDO的创新性有几个显著的表现:其一是通过发现日常生活中的"非日常"的东西,借此营造违和感来实现创新,以Corner(图2-30)门为例,它专门安装在房间墙壁的拐角处,彻底改变了人们对于室内布局的认识,带来耳目一新的感受,由于Corner门打开时格外宽阔,这一实用的设计也能让轮椅更加轻松地进出房间。其二是通过打破原有的平衡,以cubic rubber band(图2-31)立体橡皮筋为例,这个三维的立方体橡皮筋,仿佛是橡皮筋将纸卷成了筒状,打破了橡皮筋必须是二维的圈的概念,别有一番乐趣。其三是通过将平时看似毫不相关的两种事物联系到一起,用混搭的手法另辟蹊径,给人颠覆性的使用感受,以chocolate pencils(图2-32)为例,把巧克力和铅笔两个完全不相干的事物融合在一起,通过削铅笔的动作得到巧克力屑,产生了奇妙的火花。设计本身就是创意的转化,它离不开创意的滋养,这样创意就有两个作用,既要创造性地解决实际的问题,又成为人们打破固定思维、开启新视角的启蒙者,由此实现的对用户自身创造性的激发更具有价值。

图2-30 Corner

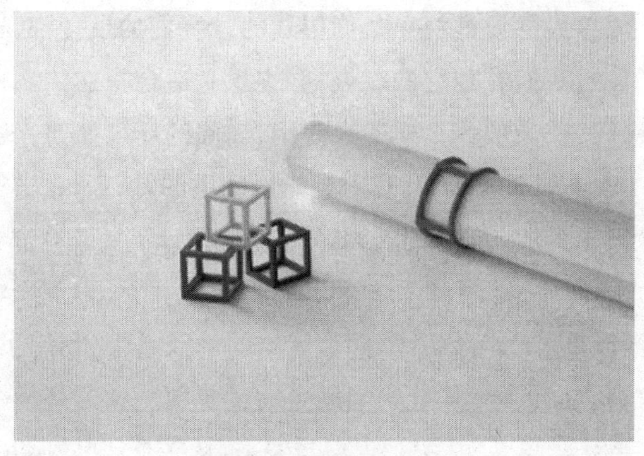

图2-31　cubic rubber band

图2-32　chocolate pencils

5. 和谐性

即使不断打破常规的NENDO，也并未让人感到陌生或难以理解，这是因为NENDO的产品设计在处理与人和环境间的关系时，把具有差异性的因素互补融合而努力构成了一个和谐有机的整体。这表现在：其一，NENDO的产品与产品间总是以平面而非个体的方式呈现，产品间保持明显的相关性，这种产品组合让产品结构张弛有度，并互相弥补各自的缺陷与不足，以NENDO所完成的Bisazza卫浴（图2-33）为例，从浴缸开始到关于水的器械和家具，组成了一个平面化的整体。其二，NENDO的产品把用户的需求放在整个时间轴上来分析，因而建立了产品与用户间长期稳定的关联，这种关联度形成了产品与用户的和谐，他们主张“不要让产品带给人们陌生的突兀感，而是应该给人一种‘相见恨晚’的感觉”，以Baby门（图2-34）为例，他考量到家庭的实际需求，为成年人和儿童进出房间提供了不同尺度。其三，NENDO的产品从来都是整体环境中的一部分，佐藤大的设计视角是仰望式的，“我们的设计都是从手边的东西开始，比如一个杯子。当我们看到它的时候，会去想它适合摆在什么样的桌子上，需要一个什么风格的房间，以及被什么样的人使用，周围的环境如何，城市是个什么样的城市……像这样一点点展开视线，一点点感觉造物主的魅力所在。”[1]像这样把产品放在环境中，产品就不单纯是一个产品，而像为用户设计了一个全新的环境，以Border Table（图2-35）为例，它是一款由5平方毫米金属棒与半径100毫米桌面组成的家具，金属棒依附在不同高度、不同形状、不同位置空间的线条中，利用了房间不规则的小角落、不同规格家具之间的空隙，让空间既生动又实用。和谐是一个永恒的命题，关乎人类与自然，关乎社会与人文，关乎现在与未来，从一个产品到一个和谐空间，需要设计者与使用者的共同努力，而非单方面的臆想，和谐性的实现也就意味着产品的美学价值发挥到了最大化，意味着产品与使用者在物质空间与人文环境里实现了融合与平衡。

图2-33　Bisazza卫浴

[1] [日]佐藤大，川上典李子.由内向外看世界[M].邓超，译.北京：北京时代华文书局，2015.

图 3-34 Baby 门

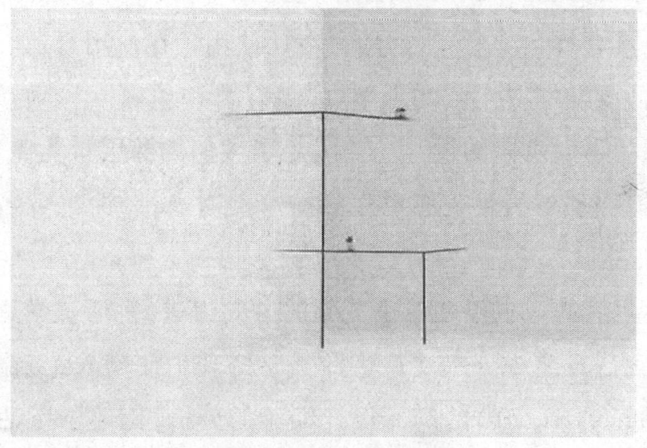

图 3-35 Border Table

三、基于生活美学的产品设计特性应用

通过基于生活美学的 NENDO 产品设计特征的分析，本文认为满足功能性、审美性、互动性、创新性、和谐性等特征的产品具有解决生活实际问题、满足人们的审美需求、提升生活品味的功能，对当下的设计理念具有启发意义。这些特征在应用时具有两个阶段，因此，可以将它们分为基础性特征和附加性特征。

在第一阶段，首先需要在设计中满足其基础性特征，即功能性与审美性。以往我们将功能性先于审美性，也就是先实现产品的使用价值，在此基础上再进行外观的美化。而在产品同质化与消费观念转变的今天，产品的审美价值超越了原有的地位，人们在选择产品时甚至更注重其蕴含的情感、文化、品味、身份认同等要素，因此功能性与审美性的地位是对等的而不是从属的。这就要求在产品设计之初，就要实现功能与审美的平衡发展，融合两者的优势建构一个有机的产品，这一阶段中的设计主要满足了人们的浅层审美需求。

在第二阶段，需要在设计中满足其附加性特征，即互动性、创新性、和谐性。这三者在实现难度上是有先后顺序的，设计者可以较容易地后退一步，简化设计的完成度，从而实现产品与用户的互动，使用者在亲自动手中成为更加鲜活地存在，在冰冷的机器之外寻找到返璞归真的乐趣和力量；而创新则必须依靠对生活的敏感度与思考，捕捉生活中的“灵光一现”，发现那些不容易被捕捉的细节和问题，并以创造性的方式进行呈现，创意不仅能够创造性地解决生活中的问题，往往更是对使用者观念的普及和灵感的激发；和谐性则更加困难，它意味着产品不是简单地造物，而是蕴含着时代精神、文化内涵、情感归属的和谐整体，它离不开设计师对世界的感知、对生活的感悟，这让产品更具有哲学的意味，它的存在让使用者在使用舒适、心情愉悦之余，能够感受到人文关怀或加深对生活的理解，保持好奇和乐观，引导使用者建立健康、积极的生活方式，因而第二阶段的设计主要满足了人们的深层审美需求。至此，具有此种特性的产品就能够基本满足人们对生活的审美需求，因而也可名正言顺地称之为具有生活美学的产品设计了。

当前，我们对生活的追求正朝着审美化的方向迈进，生活美学逐渐以产品的形式融入了我们的衣食住行之中。本文从生活美学的理论演变入手，梳理了设计与生活美学的关系，并通过对NENDO的产品设计经验的分析，阐述了生活美学的产品设计需满足的功能性、审美性、互动性、创新性、和谐性特征，这些特征并非一个品牌或一个产品所独享，而是在普遍范围内具有借鉴意义。优秀的设计具有开启我们对生活的进一步思考的力量，本文希望借此推进工业产品加速实现科技与艺术、生活与美学的融合，并推广生活美学的理念，也希望会有更多人成为生活的设计者，发现每一个生活中的惊叹号！

文创中的设计战略与思维

——文创产品设计的“意义创新”思维分析

苏州大学艺术学院　王言升

文化创意产品设计是基于当前文化创意产业发展所提出的产品设计概念，是文创产业发展的重要内容。分析文化创意产业的特征可知，创意产业的源泉是独特的创造性，创意产业的生命力在于不断地创新。因此，文创产品相对于传统的产品设计，除基本的实用功能和大众化的审美要求等产品设计思维的共性特征外，现代文创产品设计创新的核心内容主要还在于以文化为基础的产品的“意义创新”。所谓“意义创新”，是指打破传统的以消费者为中心的主流意义，以独特的设计思维与创新形式，改变消费大众原本赋予产品的意义，促成超越消费者期望的新意义。“意义创新”是现代文创产品重要的设计战略和思维依据，也是促进文创产品产业化发展的重要力量。“意义创新”针对不同的文创产品，其指向性和思维特征因类而异、多种多样，但通过研究分析与总结，其重要特征主要表现为互动性、颠覆性和价值性3个方面。

一、互动性是完成文创产品“意义创新”的基本模式

在文创产品设计中，意义创新的互动性主要表现为两个方面：一是行为上的显性参与，二是精神上的隐性沟通。二者彼此关联，互为因果，是人们进行文创产品消费的重要行为模式。消费作为一项社会活动，必须经由互动而实现，并体现出双重角色：一方面是为了获得生存所需，即满足基本的物质需求；一方面是为了自我界定社会关系，即满足更高层次的精神需求。因此，只有在生活中将实用的产品和享用的美感结合起来，才能建构出实际的消费需求，才能形成一种产业规模。所以，文创产品的设计需要基于互动而同时满足物质和精神的双层消费需求。另外，从某种意义而言，消费是一种沟通，其基本功能在于能够创造意义，从而制造与维系社会关系。通过消费，人们与产品之间产生互动，以此来满足人们的生存需要、实现人们的欲望、提

供梦想素材、彰显社会差异、区分个体角色等一系列社会与个人目的。因此，互动性是“意义创新”的基本行为模式。

互动性作为实现意义创新的重要途径，在产业化发展的要求下，必须建立在良性、有效的基础上，且互动的形式、内容、目的等要直观可视、易于实现，同时必须具备新意义的机能。如Artemide公司设计的Metamorfosi灯具（图2-36），其设计意义并不是让人单纯看得见或作为常规的照明用具，其深层的意义是要让人感受其所发出的光。因为“设计不光是创造漂亮的形式，也应该要能预期到使用者的需求从而提出愿景”（卡洛塔·德贝维拉卡Carlotta de Bevilacqua）。因此，在现代市场的激烈竞争中仅仅是设计美丽的灯具本身，已经无法满足市场的需要，也无法取得竞争的优势，创新策略必须激进才能与竞争者有所差异，其本质是重新界定产品的意义。因此，基于意义创新的激进策略，Metamorfosi灯具设计采用了“人性之光”的概念，设计了具有满足人们对喜悦的欲望以及人际互动的需求，使用者可根据当下的心情、情境与使用目的，通过遥控装置来调整环境灯光的色彩，这对于消费大众心目中灯饰所代表的意义来说，是相当激进的创新，因为它使得消费大众的注意力从物体转变为光线，从而使这项创新能极大地满足心灵的幸福感受。因此，意义创新的应用让Artemide公司重新创造了消费大众购买灯具的理由：即不是因为灯具美丽，而是因为它让人觉得更好。

图2-36　Metamorfosi灯具

意义可以决定产品的成功与否，这是意义创新的重要作用。特别是文创产品设计，基于意义的沟通会通过两个方面来吸引消费大众，并满足消费大众的需求。其一是实用功能，这是由产品性能与技术发展来推动的，是产业发展中的普遍现象，也是最基础的保障；其二是关乎感受与意义是进行产品设计的重要理由。原因在于，消费大众使用产品时的深层心理与文化缘由，意味着消费者拥有个人或社会动机。个人动机可以联系到心理或情感意义，如功利心理、自我满足心理等。社会动机则是关于

象征与文化的意义，如身份地位、自我形象、社会责任等。无论是个人动机还是社会动机，这些多元化的需求都需要与产品的直接互动才能得以实现。

为产品赋予意义时，试图将产品性能与意义严格区分开来并不可能。在设计实践中改变一项产品功能而维持原有意义与变更功能以大幅度创新产品意义，二者之间的差异是非常巨大的。变更功能以大幅度改变产品意义，其创新的最终目标在于创新意义，也就是从“功能随意义”上升到“功能创意义”。因此，意义创新是改变文创产品的创意、设计、制作以及产业化发展的核心内容。如Kartell公司在创造“书虫”(Bookworm)书架时，在意义表达中并未依循书架单纯的摆放书籍的功能造型按部就班、因袭传统，其在设计中虽然延续了书架的传统概念，但事实上，“书虫”书架没有固定的造型，而是一条狭长的彩色聚氯乙烯板。这种材质是半硬式的，拥有不锈钢板的弹性，使用者打开后便会自然展开，呈现出条形板的原始状态，之后使用者可依照自己的爱好与审美趣味将书架弯曲成各种想要的造型，以与产品的直接互动来满足自己的创造欲望，并在获得一定的实用功能的同时诠释出创新的意义(图2-37、图2-38)。“书虫”书架所传达的主要信息自然可以被理解为：“想知道我是什么？那么我需要你来诠释才能成为你独一无二、创意十足、品味高雅的艺术品”。因此，“书虫”书架的最大价值不在于物质性的本身，也不在于其功能，而是在于使用者通过互动引发的个人想象力，即对“意义创新”的深度解读。因为“书虫”书架的使用需要一个二次“创作”的过程，在这个“创作”过程中，需要使用者具备一定的相对成熟的运作方式、创意思维和审美品味，只有这样，书架的创新意义才能助其彰显出“我属于文化精英”“我具有创造力”“我艺术修养很深”等的精神满足感。

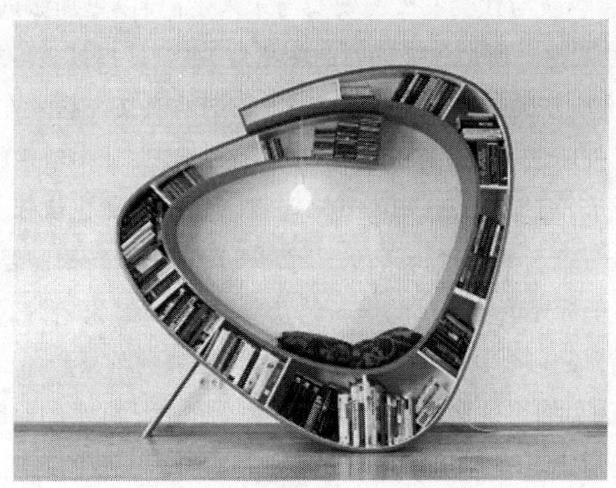

图2-37 书虫(Bookworm)书架

图2-38　书虫(Bookworm)书架

文创产品设计唯有被观赏者或使用者理解、诠释及发挥时,意义才能得以彰显,即意义创新必须透过目标人群自愿参与的审美经验及社会性的交流互动才能得以建构。因此,意义创新是来自于使用者与产品之间的互动,产品可成为一个互动平台,并为使用者提供意义创新的空间。虽然物品的本身不会轻易发生改变,但产品的意义可能会因互动的不同而大幅变动。所以,文创产品设计的真正独特之处,也就是真正与其他创新形式的不同之处,在于能改变消费大众原本会赋予产品的意义,并基于互动进而促成创新意义的产生。

二、颠覆性是达成文创产品"意义创新"的重要途径

文化创意产品设计的实践思维,不能只建立在对"传统的依赖"和对"文化积淀的膜拜"上,应当结合科技与社会发展的现实与未来走向,以更加激进的战略思考进行意义创新的颠覆性表达。所谓意义创新的颠覆性,主要是指打破传统意义,以更加创新的思维逻辑缔造全新的、未曾有过的或超过预期的意义内涵。在传统产品设计过程中,传统的意义创新法则是从了解顾客的行为开始,设计中常用的市场定位、消费者定位、功能定位等,都是基于已知的基本需求和浅层的文化认知为基础,以满足常规需求为目的,以需求上的改进为手段。而颠覆性意义创新则需要打破消费者的心理预期,创造出高于常规消费需求的全新的意义内容。如"果粉"们(苹果产品的忠实或狂热用户)热衷MacBook、iPod、iPhone、iPad等一系列的苹果产品(图2-39、图2-40、图2-41),他们会因为拥有这些产品而引以为傲。其中最重要的原因之一,就是颠覆性的意义创新超乎了他们的想象和预期。特别是在音乐产业的发展过程中,iPod产品

的出现，不仅颠覆了产品本身的意义创新，而且彻底颠覆了全球音乐产业的发展模式以及市场格局。

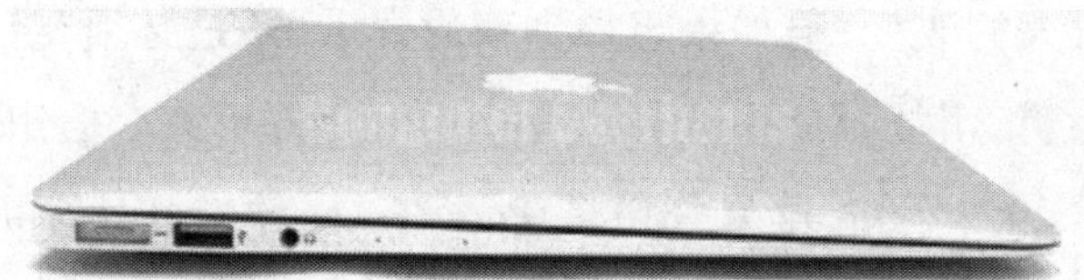

图2-39 MacBook Air笔记本电脑

图2-40 iPhone6智能手机

图2-41 iPad平板电脑

音乐产业的发展从早期的黑胶、磁带、CD(DVD),一直发展到当前的互联网时代。随着时代的发展和科技的进步,黑胶、磁带、CD(DVD)已成为过去,而基于互联网初期的传统音乐产业模式也并未发生本质的变化,音乐消费的模式相较于黑胶、磁带、CD虽然有了较大的改变,但如果想得到新的音乐,还是必须要到音乐公司或唱片公司的网上下载专辑,市场发展模式与产业格局变化并不大。但iPod的出现,导致一切都发生了改变。2002年初,苹果公司将iPod、iTunes软件和计算机之间进行了无缝连接,以更方便地给iPod用户提供一个简单、安全且合法的下载音乐的方式。于是,乔布斯创立了"iTunes商店",并争取五大唱片公司的数字音乐的销售权。同时,乔布斯坚持在iTunes商店出售单首歌曲,这在一段时期内造成了和唱片公司之间最大的分歧,因为音乐产业传统的盈利模式是在一张专辑中主打两三首好歌,另外填充一些一般的作品,然后一起打包出售,消费者为了获得想要的歌曲就必须买下整张专辑。很显然,这一销售模式对消费者而言产生了诸多不良的消费体验。基于此,乔布斯决定把一切都整合在iTunes商店里,方便了用户的同时也保证了唱片公司的利益,同时也促进了音乐创作的质量。2003年4月28日乔布斯推出了iTunes商店,在6天内就卖掉了100万首音乐,这是传统音乐产业模式无法做到的。因此,乔布斯宣告:"这将作为音乐行业的一个转折点被载入史册",事实证明的确如此。随后iTunes商店在第一年一共卖出7000万首歌曲;2006年2月卖出了第10亿首歌曲;2010年2月卖出了第100亿首歌曲。从此传统音乐产业开始面临一个严峻的挑战,也使得传统音乐产业的格局发生了重大的改变。发展到现在,音乐产业的传统模式已被彻底颠覆。

不仅在产业模式上,在产品设计上也体现出了乔布斯的颠覆性意义创新理念。其中对于iPod的设计和意义表达,他最主要的理念就是"简化",让iPod真正易于操作。因此,乔布斯打破常规,完全突破传统认知,要求iPod上不能有开关键,他认为开关键是没有必要的,无须专门设定"按下去→等待关机→再见"这样一个流程,可以设计成"不操作→自动休眠→触摸任意键→自动醒来"(图2-42)。这看起来简单,其实背后隐含的是技术与设计的创新。同时,他对于产品的外观颜色也有与众不同的想法,不只是机身、耳机、连接线,甚至是电源适配器都是采用"纯净"的白色。因此,白色使iPod成为了一个标志。2001年10月23日,乔布斯以他那标志性的产品发布会隆重推出了iPod,(乔布斯的产品发布会形式也体现出强烈的意义创新的内涵,被后来众多的企业纷纷模仿)于是消费者掀起了一股iPod热潮。在智能手机流行之前,iPod无疑是成功的典范。分析其成功的原因可知,iPod的意义创新代表了苹果品牌的核心价值:即诗意与工程紧密相连;艺术、创意和科技完美结合;设计风格既醒目又简

洁。这些意义内涵与设计理念体现出苹果品牌强烈的意义创新意识，同时也是iPod成功的最重要的因素，直至现在的智能手机系列依然延续了这一价值理念。

图2-42　ipod播放器

文化创意产业的奥妙在于文化资源与科技创新的结合。苹果公司的颠覆性意义创新，不仅表现在产品本身的与众不同和产业运作上，更重要的是基于科技创新的力量建立了一套生活情境：即消费者从iTunes商店租或者购买影片、下载音乐，以iPod聆听，而备份资料与上传应用程序皆通过无线传输进行。通过这一创新的营销方式和消费体验，使得受众在好奇、喜悦、便捷和满足中达到接受的目的。在这种情况下，传统的CD与DVD便无用武之地，因此，苹果公司推出的笔记本电脑MacBook Air也没有配备光驱。对此，贾伯斯说："我们认为多数使用者不会想念光驱，我们认为他们不需要光驱"。他的自信来自于他相信大家将需要什么、将不会想念什么。他所提供的产品是意义的创新而非单纯的技术创新，虽然技术必不可少，但其作用是辅助于创新意义的达成。同时，意义的激进创新并非源自于以使用者为中心的途径，而是超越使用者的期待，以使用者无法割舍的超愿望得到满足来实现说服消费者的目的。正如乔布斯所说："消费者想要什么就给他们什么，但那不是我的方式。我们的责任是提前一步搞清楚他们将来想要什么……人们不知道想要什么，直到你把它摆在他们面前。正因为如此，我从不依靠市场研究，我们的任务是读懂还没落到纸面上的东西。"乔布斯的这番话也正是对意义创新颠覆性表征的最佳注解。

三、价值性是实现文创产品"意义创新"的必然结果

文创产品设计是创意经济发展的重要内容。创意经济是一种正在全球兴起的新生发展范式，其核心内容是创意、知识、信息等已经被人们认识到是推动全球化经济

增长与发展的强大动力，它不仅可以促进社会包容、文化多元性和人类社会的发展，同时也拥有创造收入、增加就业和出口创汇的潜力。所以，经济是文创产业发展的动力来源，也决定了文创产品的文化性质和产业发展方向。在文创产品的创新设计过程中，实现产品的价值是达成经济效益的主要手段。因此，价值是意义创新的目的，也是意义创新的必然结果。意义创新的价值性表征是文创产品设计获得经济效益的主要来源。当某一个具有意义创新的设计产品能成功实现时，意味着这一产品肯定拥有强大而独特的个性，能让它快速有效地从无差异的竞争产品中脱颖而出，从而创造更高的获利机会。因为大众对产品的传统意义的认知，更容易让意义创新的价值得以有效地凸显，并引起我们的重视。另外，文化元素、技术手段等是否具有价值优势，能否进行产业化开发，关键是看其是否具备吸引力、影响力、凝聚力、感召力，即是否被大众接受和推崇，是否具有市场增值潜能。基于这一战略考虑，瑞士Swatch手表的意义创新为我们准确演绎了价值性表征的丰富内涵。

我们知道在钟表产业界，瑞士钟表企业是全球公认的业界龙头，其精密的机械装置是其价值与价格的集中体现。因此，有赖于这一独特的优势，直到，20世纪70年代中期瑞士钟表一直独领风骚，在全球的市场占有率高达近40%，并成为瑞士无可争议的文化象征。但在20世纪70年代后期，随着石英机芯与数字式显示屏的出现，其市场占有率便开始节节败退。具有讽刺意味的是，石英机芯最早是由瑞士钟表商发明的，但因其缺乏激进的意义创新意识，却未能完全理解其中的价值潜力，反而放弃了石英机芯，因为石英机芯无法让他们发挥在精密机械与组装上的核心竞争力。然而日本与香港厂商却善用了石英，席卷了钟表低端市场，并在一定时期内大获全胜，对瑞士钟表业造成巨大的冲击。到了20世纪70年代末期，瑞士仅在高档钟表的小市场独居领导地位，以每年销售800万只表而达到市场占有率的97%。然而对于年销售4200万只的中端市场仅占3%，年销售4.5亿只的低端市场更是无占有率可言。就这样，经过短短10年左右时间，瑞士1600家钟表公司关闭了1000家。同期日本最大钟表商“精工表”所生产的手表数量，已等同于整个瑞士钟表业。

20世纪80年代初期，尼古拉斯·海耶克（Nicolas G.Hayek）担任瑞士银行业者的顾问，这些银行面临瑞士两大钟表厂商瑞士钟表工业联合公司（SSIH）与瑞士钟表工业总公司（ASUAG）引发的危机。海耶克研究了瑞士钟表产业之后，建议两家厂商合并，直接与亚洲厂商在低端市场竞争。他们的竞争利器，就是推出便宜的Swatch塑胶手表，以彻底颠覆手表在民众心中的意义，以及消费者想到瑞士时的看法。我们知道，精密是瑞士钟表的传统工艺的灵魂，也是其主要的文化象征，更是其不可或缺的文化资源，但在对传统文化资源的开发中，也应体现对现代生活方式的适应能力，创意也要符合时代审美要求，以使之能够获得新的生命力与生存发展空间，这样才能产生价值。基于这一认识，在意义创新的表达上，Swatch的款式设计以着眼于流行时尚为核心内容，并以“系列”的方式推出（图2-43）。同时仿效时尚界的做法，每年推出两个系列的商品，并将年轻人的流行文化语言与时事结合于大量的手表款式中，与时尚配件一样，用低廉的价格让年轻人可以拥有多块手表，以利于他们进行流行时尚的搭配。

图2-43　swatch系列手表

Swatch除了在功能意义上激进创新外，技术意义上也大幅创新。它不仅采用了最新的石英机芯，同时在产品结构上也打破常规，以与手表传统组装流程相反的程序将手表零部件直接在底部表壳组装，以超声波焊接封起，并将传统指针式手表的150个零部件缩减至51个。如此以来，每只手表就能在全自动化的工厂中仅以67秒便组装完成，生产效率大大提高，劳动力成本大幅下降。更重要的是，这种标准模组化的架构，可以方便设计师快速地创造出新的系列。另外，Swatch的设计依然保留采用指针式表面，而非使用LED或液晶显示屏，其用意在于，指针式机芯可以让瑞士厂商在表壳内组装零部件，藉以继续凸显其原有的核心竞争优势。经过这一系列的意义创新举措，1983年该公司售出110万只Swatch；1984年售出400万只；1985年售出800万只，到1992年共卖出了1亿只。而推出Swatch的SMH集团更是受益良多，1983年，SSIH与ASUAG合并时，集团营收共计15亿瑞士法郎，亏损1.73亿瑞士法郎。10年后SMH营收达到30亿瑞士法郎，获利超过4亿瑞士法郎，重新成为全球钟表厂商的龙头，市场占有率达到了14%。

Swatch的成功体现出“消费大众购买产品时，不光是因为产品能做什么，更是因为产品代表什么意义”［雪尼·列维（Sidney Levy）］。正如海耶克所说：“我了解我们卖的不光是消费性产品或名牌产品，我们销售的是情感商品。……手表可能成为你自我形象的重要部分。……我们不光是提供一种时尚给民众，……我们最终是在提供个人文化。”因为，文创产品就是将创意内容、文化价值和市场目标结合在一起而成为知识经济活动的产物，它对经济和社会发展具有重大的“溢出效应”。因此，如果产品有意义，就不需要配备过多的强大功能，因为人们喜爱一种产品的时候，无论这项产品的实用价值是高或低，都会愿意比单纯考量实用价值时支付更高的价格。所以，具备意义创新的产品能为企业获得直接显现的利润。这是因为市场需求决定经济活动的价值，决定产业存在的必要性，而产品创新与意义创新最能解决使用者的切身体验，且意义是真实的、具有价值潜力的。在意义创新中，若给予消费大众的产品是独一无二的，民众甚至愿意包容些许品质缺陷，因为他们会认为这代表很有个性。就像许多运动跑车的发动机引擎发出的刺耳的轰鸣声，从驾乘的舒适度来讲，并非是值得炫耀的优点，但从意义的角度看，它却是跑车爱好者们推崇的个性标签，以至于要通过改装进一步加大轰鸣的分贝，提升个性彰显的力度。

设计需要“创意”，创意中重要的内容就包括“创造新的意义”。现代文创产品设计的核心竞争力也在于“创造新的意义”和“意义创新”的达成。“意义创新”包含互动性、颠覆性和价值性3个重要表征，三者之间相辅相成、互为依托，共同构成了“意义创新”的内涵。其中，互动性是完成意义创新的基本模式；颠覆性是达成意义创新的重要途径；价值性是实现意义创新的必然结果。另外，“意义创新”并非一成不变，它会随着时代的发展、技术的进步、市场的变革等一系列因素而与时俱进，在大浪淘沙中上演产品更迭的宿命，正如音乐产业发展过程中，磁带更替了黑胶、CD更替了磁带、iPod更替了CD，而当下智能手机又更替了iPod。于是，留声机（唱片机）变成了藏品、随身听（walkman）成为了回忆、音乐播放器化身为远去的背影。时至今日，在科技发展日益迅猛的热潮中，可穿戴智能设备、植入式设备等又开始崭露锋芒，展现出强大的意义创新力量，它们何时会成为下一个更替者，让智能手机渐行渐远成为历史的过客，我们拭目以待。

旅游纪念品设计与澳门文创产品开发

上海大学数码艺术学院　徐凌志

文化创意产业的兴盛有赖于文创产品的开发，而文创产品的开发离不开创意与设计。本文从澳门旅游纪念品设计大赛的实践切入，探索设计与创意对澳门文创产品开发的作用与意义。

一、澳门旅游纪念品设计大赛的意义与成果

（一）以旅游衍生品作为载体推动旅游业有效发展

澳门旅游纪念品设计大赛暨高峰论坛是澳门中西文化创意产业促进会主办的知名文创活动，一年一度在澳门举行。之所以选择旅游纪念品设计作为切入点探索澳门文化创意产业的开发途径，是有所考虑的。

澳门回归祖国15年来，经济建设与社会发展都取得了瞩目的成就。2015年，澳门的本地生产总值（GDP）为3687.28亿澳门元，人均GDP为57.48万澳门元，折合71984美元。尽管博彩业的持续减收使澳门的经济呈现下滑趋势，但据美国传统基金发布的2015年度“全球经济自由度指数”报告透露，澳门在全球经济体的排名仍处于第34位；而在亚太地区的排名则为第9位。

然而，尽管发展速度较快，澳门仍有自己的软肋，经济结构不平衡即为其中之一。为了改变博彩业一业独大的不合理状况，在中央政府支持下，澳门特区政府提出了“经济适度多元化”的口号，致力于建设“世界旅游休闲中心”和“中国与葡语系国家商贸合作服务平台”。在此过程中，文化创意产业与旅游、会展、中医药等产业备受重视，正在给澳门经济带来新的发展态势与新的机遇。因此，如何促进上述产业，特别是旅游业的有效发展，是澳门特区政府需要认真对待的一个重要问题。

国内和国际的经验表明，作为旅游衍生品重要门类的旅游纪念品开发事关旅游

业、会展业和文化创意产业的兴盛，正是新经济振兴的希望所在。“旅游衍生品是指具有地方特色，富有纪念意义的旅游商品。旅游衍生品不同于一般的商品，它能反映旅游地的特色，浓缩了地域和民俗风情，沉淀着旅行的记忆。旅游衍生品是一个国家或地区历史与文化的缩影，它是该旅游地独有的特色商品，在旅游市场上具有独占性的商品。”然而，“目前我国旅游衍生产品的开发还处于不成熟的阶段”，主要表现为“旅游衍生产品种类结构单一、品质低劣、缺乏时代特色、地区特色不明显、缺少纪念性、缺少统一规划等问题”。澳门同样存在类似的状况。“旅游衍生产品往往能跨越时空的界限，让旅游者留下永恒的记忆。在旅游业发达的世界各地旅游景点，必定有繁荣的旅游附属品市场。有些旅游附属产品甚至跨越国界、越洋畅销。澳门在这一领域尚处于很低的水平，在各处景点几乎买不到值得珍藏的旅游纪念品就是例证。”

为了改变上述状况，选择旅游纪念品设计作为突破口，发动海峡两岸四地乃至其他国家的设计师参加竞赛，就显得格外重要。此举能够有效地推动旅游纪念品的设计与开发，进而促进澳门旅游业的健康发展，是一件对于澳门经济建设与社会发展都有利的好事。

（二）以旅游纪念品为突破口推动澳门旅游衍生品开发

旅游纪念品堪称主要的旅游衍生品。有人认为，旅游衍生品包括广义和狭义两大类，广义的旅游衍生品甚至包括与旅游业密切相关的酒店业、餐饮业；而狭义的旅游衍生品则指与旅游地有关的特色小商品，主要有当地的土特产和体现当地特色的旅游纪念品。由于土特产多属农副牧业天然产物，而澳门因地域所限，根本就没有农业、副业和牧业，因此，对澳门而言，旅游纪念品开发应当也可能成为推动旅游衍生品产业的突破口。

自2011年以来，澳门中西文化创意产业促进会抓住设计这一关键环节，主办“澳门旅游纪念品设计大赛及高峰论坛”系列活动，以推动旅游纪念品的发展，这一活动至今已连续举办6届。为了充分体现活动的本土价值，组织者特意以列入世界文化遗产的澳门历史城区为载体，每年确定一个与澳门有关的鲜明主题。至2016年，以“珍藏澳门”为起点，经历了“记忆澳门”“印象澳门”，直至2014年回归祖国15周年之际的“回归澳门”，2015年的“创意澳门”、2016年的“生态澳门”旅游纪念品设计围绕“澳门”这一总主题展开，突出了澳门特色和历史文化内涵。主要来自海峡两岸四地的专业设计师、高等院校师生、业余设计爱好者，甚至还有中学生和市民，积极参赛，踊跃投稿，每届大赛可征集到的作品数以千计。经过权威性的专家评审组认真评审，每年总会有一百数十件作品脱颖而出，获得不同级别的奖项。

为了总结澳门旅游纪念品设计的丰硕成果，除了一年一度举行颁奖典礼和高峰论、举办获奖作品展以外，还于2014年末将4年来参赛和获奖的百余件优秀作品结集出版。构思新颖、图文并茂、制作精美的《澳门旅游纪念品设计大赛优秀作品集(2011—2014)》，不仅是澳们旅游纪念品设计事业的成果展现，也预示了澳门文化创意产品开发的美好前景。这一成果已于2015年12月荣获第四届澳门人文社会科学研究优秀成果奖著作类优异奖。

(三)旅游纪念品开发的关键在于设计

大赛获奖作品从总体上看，获奖优秀作品体现了较高的设计水平。首先表现为构思精巧。每年都会举办获奖设计作品集成的展览，展出的“数十件获奖作品、数以百计的优秀作品，无不凝聚着设计者创造性思维的灵感，产生了强烈的视觉冲击力”。令人耳目一新。

其次表现为优秀设计作品特色鲜明。“围绕‘澳门’这一总主题，历届参赛作品都能尽力将澳门元素融入设计之中。只需对优秀作品稍作浏览，便能发现：大三巴牌坊、妈阁庙、东望洋灯塔、水波纹路面、葡式瓷砖、塔香，以及博彩用具等代表澳门文化的元素，已被大量引进旅游纪念品设计，体现出独特的个性，也给人们留下深刻的印象”。

与此同时，优秀设计作品也具有较显著的可开发价值，不少作品早已超越了纸上谈兵的初级阶段。2012年的获奖作品“澳门土风——多用旅行帽”就被主办方制成礼品赠送嘉宾与获奖选手，得到一致好评。

最后，活动体现了理论与实践相结合的方针，在观念转变和学术创新方面也有所建树。每年举办颁奖典礼时，总要邀请重量级的著名专家来澳门“澳门旅游纪念品设计高峰论坛”举行专题演讲。大师们围绕设计理念、设计文化、文创产业动态和当代旅游经济发展方向等重大论题畅所欲言，令听众大开眼界、深受教益。树立先进的当代设计观念，这正是“澳门旅游纪念品设计大赛”系列活动引起社会关注并受到欢迎与赞誉的主要原因之一。

二、澳门文创产品开发的有效方针

以小见大，澳门旅游纪念品市场的状况，能够反映特区旅游业和文化创意产业的水平；旅游纪念品开发的经验和教训，同样值得文创产业参考借鉴。我们愿结合自2011年来澳门旅游纪念品设计大赛的一些案例，探讨澳门特区文化创意产品开发的有效方针。

（一）挖掘历史文化内涵

顾名思义，要想成为旅游纪念品必须满足两个基本条件，一是同旅游有关；二是具有纪念价值。同旅游有关不难做到，难的是具有纪念价值，使得到的人愿意留存而舍不得丢弃。要想做到这一点，最好的办法是使旅游纪念品富有一定的历史文化内涵。因为历史文化是长期积淀和传承的产物，能够勾起人们的回忆，引发人们的思念。

优秀的澳门旅游纪念品设计往往具有较深刻的内涵。在历届获得较高奖项的作品中，有好几件引用了葡萄牙瓷砖画作为主要元素。如2011年的“葡韵瓷盘”，2012年的“澳门土风多用旅行帽”“中葡餐具”，2013年的“澳门记忆丝巾”，都吸收了葡萄牙瓷砖的图案、色彩和风格，有的还引入帆船、葡萄牙土风舞、大三巴等经典葡式建筑等元素。一眼望去，便能勾起对澳门400多年来中葡交往历史的缅怀，引发对中西文化碰撞和多元文化荟萃这一美好情景的向往。2011年有一件获奖作品名为“祝福—盘香首饰”，是以妈阁庙中供奉的塔香作为基本造型设计的耳坠，放在手中顿时就会使人产生一种虔诚崇敬的心情，不由自主地联想到妈祖崇拜的悠久宗教习俗与文化传统。由此可见，这些旅游纪念品正是以历史文化内涵而博得游客青睐的。

澳门文化产业的开发也应当遵循这一原则。澳门固有的历史文化资源比较丰富，5000年中华文化的传承，近500年西方文化的介入，两种文化的接触、碰撞、交流而逐渐互相渗透、互相融合，造就了万紫千红的多元文化集锦。以列入世界遗产名录的历史城区为代表，澳门可以再利用的历史文化资源正是开发文创产业的依托。沿着这个方向深入挖掘，澳门将开发出极具价值的文创产业。

（二）保持鲜明个性

历年大赛中，不少旅游纪念品的设计方案之所以能从参赛的大量作品中脱颖而出，具有独特的个性是重要原因。由于参赛的作品数量较多，我们每年都有机会接触数以千计的稿件。毋庸讳言，有不少作品大同小异，很容易淹没在浩如烟海的同种或同类设计方案之中。2011年有参赛者投稿的“郑家大屋窗花U盘”获得了二等奖，此后每年都有不少各种各样的U盘参赛，尽管其中也有个别比较精巧的设计，但

大部分都大同小异，缺乏新意，以致有评委建议今后不要再有如此同质化严重的作品评奖。

然而，尽管主题相同，有的作品却能以与众不同的独特风格独占鳌头。例如，市场上用作游戏器材的棋类很多，但大部分玩法一般，缺乏新意。2011年澳门首届旅游纪念品设计大赛（当时称作“旅游品礼品设计大赛”）期间，上海一位设计师提交的“澳门玩具棋”就独树一帜。他将一般棋类的基本结构同博彩元素、数学计算等因素巧妙地结合起来，设计了一种新颖独特的棋类游戏，在众多参赛作品中表现出明显的优势，荣获一等奖。再比如，由于澳门同莲花存在不解之缘，很多旅游纪念品设计选择“莲花”作为主体。但是，大部分参赛者只是在设计中借用了莲花的外形。而在2014年赛季中，淘宝网“谧悦手信”文玩店主设计了由“白玉雕莲凤眼菩提颈链”“雕莲白菩提根情侣手钏”和“莲花菩提银链项链”组成的“莲说”创意首饰系列，以其高雅内秀的个性风格博得好评而荣获铜奖。即便是这类小玩意儿，也需要追求个性化。2014年参赛作品中有一件名为“回回相扣”，实际上是极普通的回形针，但作者将这款回形针根据澳门代表性建筑物（新葡京酒店、旅游塔、科学馆、金莲花等）的外形，加工成异类回形针，终因逗人喜爱而获奖。

这个道理同样适用于文化创意产业开发。近年来，澳门提出与邻近省区联合开发“一程多站”式旅游的设想，但怎样才能取得理想的效果值得研究。同样是一程多站的旅游线路，假如只是机械地“搭配”，未必能吸引到足够的客源。倘若能够根据旅游目的地之间的历史渊源或文化关联性，开发特有的旅游线路，则往往能收到意想不到的好效果。如可以根据澳门社会的发展历程，追寻福建（尤其是闽南）、广东等地早期移民的迁徙路线，开发追根溯源式的“再现历史”的特定旅游路线。在这样的一程多站线路中，澳门具有不可替代的地位和作用，据以开发的文化创意产业也将标新立异，得天独厚。

（三）转变观念与时俱进

人类的旅游活动古已有之，旅游纪念品源远流长，人们认真探讨旅游纪念品的设计问题也由来已久。然而，即便是历史悠久的事物，也应当随着时代的步伐不断前进，不能老是停留在原有的水平上。从澳门旅游纪念品设计大赛的情况来看，力求转变观念、与时俱进，是旅游纪念品设计获取成功的诀窍。

旅游纪念品设计观念转变的关键，首先在于增加科技含量。在当今时代，随着经济的迅速增长和科学技术的突飞猛进，文化事业也“水涨船高”，包含着越来越多的科技成份。澳门旅游纪念品设计大赛的参赛作品同样体现着这一特点。在2013年的大赛中,获得最高奖项的作品叫“旅游纪念品互动生成装置”。它并非传统意义上的实物性旅游纪念品,而是“转盘和计算机相结合的特殊装置,可供使用者根据自己的爱好选择人物局部元素和澳门著名景点,生成各种漫画风格的明信片。进而借助设计出的动漫数码数据库,开发多种衍生品,包括微信微博头像、手机盖、挂件、茶杯图案、T恤图案等”。如此多样化的功能是传统意义上的旅游纪念品望尘莫及的。

旅游纪念品设计观念的转变也应体现在对传统的借鉴与改造。“旅游纪念品设计对传统的借鉴不应该满足于中国元素的重复,照抄照搬,而是以传统符号造型为‘中国元素’,对传统符号造型进行再创造,以现代的设计观念对传统造型中的一些元素加以改造、提炼和运用,使其既有传统文化气质,又有时尚特色。”

旅游纪念品设计转变观念还在于改变思维模式。在过去很长的时间内,人们似乎觉得旅游纪念品是否优秀主要在于是否美观、是否精致、是否珍贵。然而,现代人的评价标准正在发生变化,随着高科技时代和信息化社会的到来,新颖性越来越受到青睐,是否具有创意成为人们挑选旅游纪念品时的首要标准。2014年大赛中获得特等奖的“胖兜——旅游卡牌游戏APP”正是这样的作品。它“将传统的纸质卡牌运用到移动设备上,供智慧手机和iPad等移动终端使用,同时还增添了澳门历史文化的背景,用户在赏玩游戏时还能了解澳门的历史名胜与风土人情”。这样的设计无疑使人耳目一新,用设计者自己的感言来说,就是要追求互联网思维。文化创意产品开发同样如此。澳门新濠天地推出的大型水上汇演《水舞间》,正是因为“以文化为魂,以科技和艺术为体,中西协奏,亮点纷呈”,才得以跳出传统演艺节目的窠臼,成为“澳门演艺业的金字招牌”。

人类社会进入21世纪已经有10多年了,文化创意产品开发既面临着竞争激烈的严峻挑战,又遇到了前所未有的大好机遇。旅游纪念品设计的状况使我们由小见大,预见到澳门文创产品开发和文化创意产业的美好发展前景。

文创中的设计战略与思维

——建构文化创意产业之区域创新系统

元智大学人文社会学院 蒋淑萍

20世纪90年代后期，全球经济进入更剧烈的知识经济竞争阶段，国家经济优势取决于“知识创新”与“信息运用”。“知识创新”来自创意、创造力，有很多灵感来自固有文化元素，因此结合“文化”与“创意”的“文化创意产业”，成为当前各国重视的产业趋势，且通过信息传播的力量，形成一种风潮。在此时代氛围下，客家产业重获生机，并以“客家文化创意产业”“客家数字内容产业”在产业领域与市场消费中崭露头角。此外，对于知识经济兴起，创新系统成为因应全球化趋势而兴起的创新学说，主要专注于探讨资本、技术与人才快速流动的时代，在跨国及跨区域的竞争下，如何借由区域（地方）政府建立创新系统，增进区域经济竞争力。换句话说，产业创新能力无法单靠政府制度设计与引导达成，更需立足于成熟的区域创新能力。因各个区域之资源与优势皆有所不同，借由区域的竞争与合作，激发出不同的创新力，增进在全球化潮流中的竞争力。区域创新系统为国家创新系统的基础或子系统，具有地方性的特质，包括政策渗透性、整合性与执行弹性，以避免政策僵化的有效政策创新系统，通过一区域之政府、研究机构、大学与企业等创新主体间的资源流动知识扩散与学习，与竞争与合作关系等，提升区域的整体竞争力。

一、台湾文化创意产业的发展背景

台湾从2000年开始将文化创意产业列为重点培育的产业之一，台湾文化建设委员会（以下简称文建会）于1995年提出“文化产业化、产业文化化”的概念，成为了台湾推动文化创意产业总体规划的基础。通过文化和产业的结合来为传统制造业之经济发展思维，注入新的活力。其中“文化创意园区”的规划为文化创意产业的聚集发展提供了平台，实现艺术文化与商业之间的有机结合。以文创园区建设为核心，增加产业群聚和完善园区的协助设施，建立文创产业的产业链。在营业额方面，文创产业的营业额占台湾GDP的比重一直稳定维持在5%~6%之间。由于对文化创意园区的大力建设，以创意为核心的文创产业在台湾实现了持续健康的发展，充分发挥产业特质多样性、小型化和附加值高的特点。在经济全球化的挑战下，总体来看，文创园区的建设带动了文创产业的快速发展，在城市形象提升和地区经济拉动方面成果显著。

（一）客家文化产业的定义

客家文化产业的定义以地方食物、农特产品、地方观光、旅游等生活艺术内涵为主（符合小区域文化产业的概念），慢慢拓展到创意产业影子的商品设计、服饰时尚、风格研发等方向。其在辅导企业特色商品，包含包装设计、品牌建立、产业精进等。客家文化创意产业也实践了“产业文化化”“文化产业化”的概念，原有许多客庄的传统经济，如客家腌制食品和手工艺品，因为客家桐花商标与符号的导入，强化包装设计，转型与升级成为客家文化创意产业商品。“产业文化化”是利用故事叙事方式或亲身体验感动，将产业赋予特殊文化的意义，区隔其他地区的产业，形成该产业的独特性。“文化产业化”则是无形的文化资产的产业化，注重心灵上的感动，运用文化特色，将生活文化、生态文化、生产文化等加以发挥应用于产业。而因为客家文化创意产业的推动，让客家族群从幕后走向台前，客家文创产业从隐性转换成光彩夺目的台湾文化代表标志，从边缘非主流文化逐渐往核心与主流舞台移动。目前，政府为客家产业从商品包装设计升级辅导，到客家等路大街网路通路与目前实体通路的铺设，到客家博览会的展销活动的举办，投入许多人力与资源。协助客家地区文化与产业相结合，发展具有客家特色之文化创意产业，并且协助传统产业之转型与创新，以创造就业机会，带动地方经济发展，发扬客家文化。

（二）客家文化创意产业的发展特点

1. 人与创意文化的融合

客家文化有其独特性，文化的价值与可贵正在于多元化及丰富性，20世纪80年代以后，台湾当局开始对台湾各地区具有地方特色文化进行推广、保存、展演的工作，地方也快速兴起一股唤起草根意识与延续传统文化的运动，于此，诸如各县市文化设施、各地的文史工作室、地方型爱乡协进会等逢勃发展，对于不同于一般汉文化的客家文化而言,保存发扬其传统是很好的时机。

2. 文化创意产业成为地方发展的重要策略

随着工业化与都市化过后,各国家和地区逐渐转移至环境、景观、人文、艺术及生活质量,“文化”成为表现生活质量与精神的重要体现。工业化之全球经济生产促成地方传统的社会结构与价值认同,造成地方独特性消失的危机感促成地方意识觉醒,因而地方文化发展渐受重视。目前各国家和地区遂开始将文化政策置入其都市发展策略,并且产生文化“保存”“再生”改善再利用与“文化消费”“文化产业”新的消费与经营形态等,针对此新一波文化创意产业浪潮,各国家和地区皆开始将文化政策融入于其发展策略中,且与当地地区居民生活相互结合,寄望对于独具特色的地方性文化创意产业,延续文化深根并能促进经济的发展,借以成为新的竞争力以带动地方的发展。

二、创新系统的与科技创新

创新系统的提出始于1985年,由丹麦学者Bengt-Ake Lundvall提出,当时主要用于说明实验室、研究机构与客户之间的互动关系。后续研究则根据各种形态的“创新系统”功能与应用广度,将其概分为“国家创新系统”“区域创新系统”及“产业创新系统”3个层次,以下分述之。

(一)国家创新系统

继承Lundvall对于“创新系统”的构思,英国经济学家Christopher Freeman 于1987年提出“国家创新系统”的概念,强调各组成要素(产、官、学、研)间的互动关系,及借由此互动关系所形成之创新构思与动力。

(二)区域创新系统

Philip Cooke于1992年首先提出“区域创新系统”概念,并将其定为“以区域为主体,结合在地与外来资源之创新系统”;Erkko Autio 认为“区域创新系统”的组成结构系由“知识应用和运用”与“知识产生与扩散”两子系统借由相互交流知识与人力资源而成;“知识应用和运用子系统”由企业、顾客、供货商、合作者与竞争者组成;“知识产生与扩散子系统”则由技术中介机构、劳动中介、公共研究机构和教育机构组成。

（三）产业创新系统

产业创新系统可分为“技术系统”构面与“产业环境”构面。技术系统构面内含本质与扩散机制、技术接受能力、产业网络链接及多元化创新机制4个项目；产业环境构面则包含生产要素、需求条件、相关及支持性产业及企业组织、策略与竞争程度等元素。

区域创新系统为国家创新系统的基础或子系统，具有地方性的特质，通过一区域之政府、研究机构、大学与企业等创新主体间的资源流动知识扩散与学习，竞争与合作关系等，提升区域的整体竞争力。唯有建构完善的区域创新系统，才可依此构筑发展优良的国家创新系统。

区域创新系统为20世纪90年代时，因应全球化趋势而兴起的创新学说，专注于探讨在资本、技术与人才快速流动的时代，在跨国及跨区域的竞争下，如何借由区域（地方）建立创新系统，增进区域竞争力。换句话说，产业创新能力无法单靠政府制度设计与引导达成，更需立足于成熟的区域创新能力。因各个区域之资源与优势皆有所不同，借由区域的竞争与合作，激发出不同的创新力，增进在全球化潮流中的竞争力。

因此，若从内涵定义区域创新系统是由区域网络各个节点（厂商、大学、研究机构，政府与协会等组织）在协调作用中联结创新，并融入区域创新环境而组成系统。地方创新系统的子成员间，随着频繁的知识交流而变得更加密切，网络链接也在区域创新子系统的成员间形成，由于知识产生的外溢、运用及搜索等差异，而有不同形态的表现，同时赋予地方创新系统不同的风貌。

一般而言，区域创新系统的作用有下列3项：

（1）区域创新系统为国家创新系统的基础或子系统，具有地方性的特质，通过一区域之政府、研究机构、大学与企业等创新主体间的资源流动知识扩散与学习，以及竞合关系等，提升区域的整体竞争力。

（2）区域创新系统各个节点／子成员间，随着频繁的知识交流而变得更加密切，网络链接也在区域创新子系统的成员间形成，由于知识产生的外溢、运用及搜索等差异，而有不同形态的表现，同时赋予各地方创新系统不同的风貌。

（3）在区域创新系统的核心概念中，学习具有举足轻重的地位，甚至于产生“学习型区域”（learning region）的模式，并使得学习成为区域政策的重要原则；特别是在20世纪90年代以后成为欧盟区域政策的核心设计原则。“学习型区域”强调区域为聚落系统，故区域为有机组织，带有技术学习、管理选择和知识开发能力。

结合文化创意与科技创新，于产业发展的基础上，探讨科技创新与文化创意产业发展的思维，提出运用科技创新与文化创意密切结合的机制，科技创新将在发展文化创意产业的过程扮演引领角色，并带来不同的风貌。

三、台湾苗栗地区客家文化产业发展概况

台湾的客家人主要分布在北部如桃园、新竹县、苗栗县三县，以及南部的高、屏两县。苗栗县政府所在地苗栗市，昔称"猫狸"，就是由来自广东部落的客家人胼手胝足开发出来的。清乾隆年间，广东省梅县、尧平、陆丰、海丰等地的客家人纷纷渡海来台湾，由当时的后拢（今后龙）、公司寮（今龙港）登陆，然后溯后龙溪进入苗栗盆地，当年最早的开发地为苗栗市内的南苗地区。苗栗县人口55万余人，多数散居于沿海平原及山间盆地，其分布大致由沿海地区向东部山区逐渐稀疏。由于地形的阻隔，依纵贯铁路行经地区，苗栗有海线、山线之分，海线地区居民多福建漳、泉等地移来的闽南人，山线及中港溪流域居民多为广东移来的客家人，原住民则分布于泰安、南庄山区。依语言来分，全县客家人约占11%，闽南人约占33%，原住民占1%，其他省籍约占5%。苗栗县居民祖籍，除原住民尚待历史学家考证外，其余均来自内地。一群先后播迁来台的中华子孙。苗栗县原乡客家人中国的迁徙民族，唐山过台湾早期的台湾平原开发中，客家人占总移民人口的第三位，仅次于漳州与泉州人；其凭着在内地原乡垦山的经验和刻苦团结的客家精神，在台湾开垦近山的丘陵区，使台湾达到几近全面性的开发。"客家"之称的由来，有着"客居他乡而以为家"的意思。因为久违中原老家，因此特别重视根源，今日苗栗地区的客家人在苗栗地域上定居早已经过300多年，已衍生了另一种苗栗区域客家文化。

（一）苗栗地区客家文化产业发展

苗栗县历经二三百年来的开发，先住民、新住民在这区域上交流，基于居家生活、农业需求及地方产业发展，留下许多丰富的文化资产。例如苗栗县具有知名的陶瓷、木雕、漆器、编艺等工艺品，造就特殊的苗栗客家工艺文化意象。但随着时代的迁移，许多工艺老艺师、匠师等渐趋凋零，许多传统工艺也渐渐流失，加上新时代经济文化的冲击，随着工商社会的发展，信息科技的日新月异，使得传统工艺慢慢受到忽视与遗忘的危机，同时也导致工艺文化的断层和流失。虽然说全球化浪潮对台湾许多传统产业造成冲击，但是台湾当局致力于发展文化创意产业，文化创意产业不仅带来丰

厚的经济产业的发展，更让文化的保存与社会的发展呈现新的风貌。地方工艺为文化创意产业的核心项目，因此如何保存传统工艺，使之能够发扬光大，乃后继者无可规避的重责大任。对于拥有丰富工艺等文化资产的苗栗来说，如何针对现有工艺特色传统，导入科技元素，加并推动再造，以文化创意产业模式，再造地方工艺特色产业，是苗栗工艺产业之新契机。诸如陶瓷、木雕、编织、农特产品等，经深入研究与筛选，以文化创意理念，并结合学界与民间力量，发展具有科技感及现代特色之工艺产业，以期能成功地诠释苗栗工艺文化产业之新风格。

（二）苗栗地区客家文化园区

苗栗地区主要客家文化与产业园区，主要有客家文化发展中心苗栗园区、桐花公园客家大院以及猫里客家学院。对苗栗地区3个园区的现况，依据各园区设置缘起与目的，如何落实各个客家文化（物）馆的使命及地位，并结合在地资源，带动周边区域观光产业，促进经济发展以及建立协力网络关系进行说明。

1. 客家文化发展中心苗栗园区

1999年台湾当局规划“苗栗县客家文化园区设置计划书”，2008年修正为“台湾客家文化中心——苗栗园区计划修正计划”，规划设立苗栗园区位于苗栗铜锣，园区将以汇聚世界各地客家文化、整合台湾客家学术研究资源，结合周边客庄工艺产业，完整呈现台湾客家文化之美，兼具典藏、研究、展示、产业推广及观光旅游功能，并以全球客家文化与产业之研究及交流中心为定位，功能包括客家文化主题调查与研究、客家文化产业扶植与育成、客家文化内涵之展示与推广、客家文化资产之典藏与应用、客庄在地资源之整合与运用、公共服务设施设备充实维护计划、行政管理施设备充实计划等。2012年5月正式营运，将传统融入现代，台湾接轨全球的苗栗园区，供为文化保存、产业发展与观光交流之平台，园区设计表达客家人尊重自然天性，建筑依势而建，间接展现客家迁徙移民的生活态度。内部与外部的树状结构设计与紧密贴合的玻璃帷幕，颠覆过去文化馆舍方正厚重的印象。建筑设计更符合九大绿建筑指标，获得“黄金级绿建筑标章”，是一座兼具绿色环保与节能减碳的文化设施。

2. 桐花公园客家大院

桐花公园内设置客家大院，原意是作为桐花公园的管理站，渐渐发展成传统匠师与现代建筑师共同构思的“客家大院”，使得这座三合院融合了古典与现代建筑美学。大院从2008年底起进行规划设计，2009年中建筑施工，至2010年4月完工。客家

大院位于铜锣乡，建筑物目前面积约300坪，规划理念包含“遵古、模仿、创新手法并用”“开放观光与深耕客家同步”“体验与解说整合”“硬件与软件兼具”“长远规划与分期实施”。目前客家大院功能及设施方向，如客家艺术村、客家书院、客家山歌户外剧场、客家文化学习馆、门楼、角楼、展览室、住宿室、照墙、半月池、菜园等，让客家大院成为“活的三合院”，意即客家人来到这块土地生活后，认同、热爱这块土地，并定居下来，以此为新家园、新家乡，因此牌匾下方对联横批即写道“客居苗栗永为家”。也可以解说是贵客来到客家大院，感到宾至如归，感到有家的亲切感、归属感。

3. **猫里客家学苑**

猫里客家学苑位于苗栗市南势里，原为车辆修护保养场所，面积近1公顷，土地因闲置许久，故予以空间再利用，将旧地予以重建，整体建筑以客家传统建筑(黑瓦、白墙)予以修复呈现，作为日后苗栗市及邻近乡镇推动客家文化活动的新据点，2011年2月8日成立“猫里客家学苑”。馆舍朝向多重机能运用，并结合苗栗客家文化园区，呈现多元客家文化特色。学苑以提升客家文化设施之功能、增加其使用率，并充实客家活动之深度与小区参加之广度，以促进在地文化之传承、累积、成长与创新，营造出一个可艺、可文、可展的艺术文化多元空间，并结合当地异业联盟以振兴产业经济，以在地文化深耕及永续经营为学苑目标。以苗栗特色“蓝染”文化为例，客家蓝衫象征客家人勤俭、朴实的传统本性，苗栗县志中记载到，苗栗的制糖、制材、染料等产业曾盛极一时，且大菁植物的栽植，正符合苗栗丘陵地形，因此，希望借此悠远的人文资产与地缘关系，创造出专属苗栗特色的蓝染文化。客家学苑即设置蓝染常设展、蓝染体验营并进行相关人才培训等。

(三)苗栗产业创新中心

工业技术研究院于2015年设立苗栗产业创新中心，基于科学园区是高科技创新区域创新系统的典范，工业技术研究院主院址位于新竹科学园区扮演创新驱动的角色，故将高科技产业能量延伸至苗栗地区，以苗栗产业创新中心，链结在地研发机构及学校，形成联合辅导团队，启动苗栗地区创新研发能量，推动多元主题的产业创新服务，持续为苗栗产业导入跨部会创新研发资源，协助在地产业升级辅导，创造产业多元价值。苗创推动中心最主要是整合在地学研联合服务团队，进行主动访视、深度诊断、微型辅导及特色产业聚落等推动，导入政府资源，并建立技术、人才、市场与资金的媒合平台，进而培育厂商创新研发能力，提升产业竞争力，创造产业新价值。例如以粉末冶金、高值陶瓷、智能观光服务为主题，未来也将扩展至其他产业聚落，让苗栗从传统产业升级提升为高值化、特色化产业。

（四）苗栗地区的学研机构

大学院校为创新系统之人才培育摇篮，设立于苗栗地区之大学院校，计有亚太创意技术学院、仁德医护管理专科学校、国立联合大学、慈济大学（苗栗校区）、育达科技大学5所，以国立联合大学为例，成立多年客家研究学院，旨在研究与发挥客家文化，促进社会之和谐发展，尤其着重培植足以阐扬客家文化以改善族群社会之专业人才。就推动策略而言，客家研究学院致力于研究与推广客家语言和文化之传播，以及协助促进客家族群之社会经济发展。具体言之，联合大学对推展客家文化产业着力为多；另外，亚太创意技术学院特创设茶陶创意研究所，与在地茶陶文化结合，进行茶陶专业科学研究，及茶陶文化之美感与艺术化研究，提升台湾茶陶文化发展，增进台湾茶叶界人士与陶瓷创作者的专业素养。另外，育达科大则为推动苗栗特色主题之智能观光服务，通过信息与通信科技与智能生活科技之导入，协助苗栗地区中小企业厂商经营转型，创新商业服务模式，进而推升苗栗服务产业国际化及科技化，激发地方服务产业创新与商机。

（五）苗栗地区的地方文化产业协会

苗栗地区多达600家地方文化产业协会组织，小区发展协会的组成是基于维护地方文化的使命，因此由地方居民发起组成一个协会，维护地方文化资产，推动观光及营销地方文化。地方文化产业协会利用园区及各小区活动中心的客家文化研习，经常举办客家活动及推广客家文化及产业，例如苗栗是个知名的观光地区，该地区成立旧山线文化产业协会，负责的工作除了基本的文化古迹维护外，还包括环境的绿美化、清洁及艺文活动的安排、产业推广营销宣传等。

四、建构科技创新与文化创意产业之区域创新系统

过去，国际上以科技创新为基础的科技园区发展均已有相当好的经验，以台湾科学园区已有成功带动高科技产业发展的成功经验，并形成科技创新聚落。文化创意产业的发展，主要依靠创意实现跨越式发展。需要转变文化资源优势为文化产业优势和经济优势，走高端创意产业发展之路，是否可以仿效科技创新园区的经验？以苗

栗地区已有建立深根的客家文化基础，并具有良好文化园区环境，具特色大学院校，文史及文化产业协会的活络，产业创新中心等，皆是发展区域创新系统的良好基础，如何建立良好之协力网络，互动关系扮演了重要的文化创意产业领导和桥梁的角色，各不同机构之信息的流通和资源的相互支持，进而活络地方产业，创造地方最大经济效益，并以科技创新带动区域文化创意产业之创新动能，由本文归纳提出以下建议。

（一）融合科技创新与文化创意结合，形成文化创意新元素

科技在文化创意产业发展中具有加值作用，利用科技创新基础和优势融合文化创意产业领域的各类创新资源，建立各类应用技术平台和资源共享服务体系，搭建公共技术创新服务平台，为文化创意开发应用新科技提供，技术开发工具平台、测试平台等服务可能为必需的；此外鼓励企业组建产业技术联盟，加强引导和招商引资，提高创意产业与其他产业的关联度。

（二）以文化园区为创新基地，建构创意产业联盟

苗栗地区区域内之三大客家文化园区，应以产业规划为核心，带动特色客家文化创意产业发展。首先建立苗栗区域文化创意产业创新基地，并制定详细的产业扶持政策；其次，规划特色产业发展蓝图，打造成以创新与创意文化产业为特色的现代文化主题突出的典范区域，实现文化创意与地方产业的融合。例如在客家文化、媒体传播、文化娱乐等领域已形成相当的发展基础，文化园区应利用企业之间的互动关系，在确定研发设计、数字娱乐、文化艺术、数字传媒与出版、广告策划等重点发展产业领域的同时，借鉴新竹科学园区经验，建设创意产业加速器，打造创意产业联盟。

（三）发挥大学创新及人才培育战略

文化创意产业对人的素质要求不低于高科技产业。要加快文化创意产业发展，位于苗栗县内大学院校可对贡献于苗栗地区客家文化产业与知识的注入，短期积极开展地方人员教育和技能培训工作，长远人才培训包含文化创意产业发展中高端人才、主导产业人才、创业创新人才、技术服务人才、客家语系优秀人才为中坚等。例如猫里客家学院内之多媒体声光相关之展示是由台湾联合大学的师生投入，亚太创意技术学院对于陶艺产业的创新人才培训；此外，学者专家也担任顾问和幕僚角色，协助文化园区积极整合地方客家产业、团体及社会力量等相关资源。

（四）加强连结在的文化产业协会与文史工作者

有许多小区社团都会利用文化园区此创新平台做农特产品或是文创商品的贩卖，例如桐花公园客家大院在苗栗县境内对于客家事务和活动的重要性；而对于非苗栗县民或是非客家人，桐花公园客家大院也扮演了认识客家、认识苗栗的观光入口。此外，苗栗县政府除了将苗栗县内客家园区和资源妥善整合和分配，也贯彻政府客家政策推动于地方的角色。各个小区发展协会在从事客家相关活动时，都会与在地之乡镇市公所接洽，因此，在经费和资源的申请方面乡镇市公所有一些竞争的意味，应加强连结在的文化产业协会之合作。

（五）设立文化创意产业发展基金

文化创意产业发展的支持不仅仅展现在对某个或几个文化产业活动的协助上，这种支持还应展现在管理创新、人才培养、知识产权保护等方面，是全方位的辅导与协助。因此设立文化创意产业科技发展基金，可以参采科技产业模式，采取财政补贴、贷款担保、无偿和有偿补助等保证文化产业发展的稳定投入。同时，还将设立开放式文创智财中心，提供知识产权登记、展示、发布、保护、策划、交易、服务等于一体的服务，为创意产业的发展提供各项技术支持。应可充分发挥文化创意产业的创新能力，积极支持和引导以产业化为主体，学研机构共同参与，在重要产业领域开展创意产品实现，扶持文化创意产业产业价值链。

第三篇

城市文化与区域发展

CHENGSHI WENHUA YU QUYU FAZHAN

环形地带文化空间的生存状态与权利

——关于首都城乡结合部文化生态问题的若干思考

首都师范大学文学院　包晓光

本文的问题，直接来源于两点：第一，2008年10月，中共中央召开第十七届中央委员会第三次全体会议，引人瞩目地提出了农村改革发展的问题。建设社会主义新农村被提高到深入贯彻落实科学发展观和全面建设小康社会的新的历史高度。会议作出的《中共中央关于推进农村改革发展若干重大问题的决定》（以下简称“决定”）虽未直接提出城乡结合部的问题，但是，《决定》提出的统筹城乡经济社会发展、构建新型工农和城乡关系、建立健全以工促农、以城带乡机制、推进城乡基本公共服务均等化，实现城乡、区域协调发展等战略思想和原则，实际上已经把城乡结合部的建设和发展问题鲜明地揭示出来。第二，从2008年6月到2009年6月，我们以“首都城乡结合部文化生态研究”为课题，对北京市城乡结合部文化生态问题进行了一年的调查研究。通过该项研究，我们认识到，城乡结合部文化生态问题亟待重视，城乡二元结构矛盾在这一环形地带有着最鲜活的体现。但是，长期以来，城乡结合部由于其非城非农、亦城亦农、迁移变动的特点，成为政府管理和政策落实的难点和盲区。因此，人们往往忽视它的文化生存状态，似乎城乡结合部就应该是一个文化上的模糊地带，就应该是一个藏污纳垢的所在。在笔者看来，这种既有观念已经不适合城乡统筹协调可持续发展的需要，漠视了城乡结合部文化主体的存在和权利。本文试图从文化生态学角度对城乡结合部文化主体的存在和生存状态进行剖析，以揭示城乡结合部文化生态的价值以及改善和优化的迫切需要。

一、城乡结合部文化生态的性质与定位

要理解城乡结合部文化生态的性质与定位，首先应从文化说起。近代以来，关于

“文化”，众说纷纭，在各种界说中，美国著名人类学家克莱德·克鲁克洪（Clyd Kluckhohn）的说法比较好地抓住了“文化”的基本特质。他在一篇评论中对文化作了这样的界定：所谓文化是指“某个人类群体独特的生活方式，他们整套的‘生存式样’”。换言之，“文化是历史上所创造的生存式样的系统，既包括显型式样又包括隐型式样；它具有为整个群体共享的倾向，或是在一定时期中为群体的特定部分所共享”。❶参照这一定义，结合中国文化的实际，我们尝试对文化的内涵作如下界定：所谓文化，是特定的人类社群在一定的历史时期里形成的足以体现该社群的精神、气质和独特追求的行为模式、思维模式和情感模式的综合体。它为该社群的成员所共享，并以某种方式反复。它在观念层面、制度层面、器物层面、符号层面、行为习俗层面均有体现，相应地展现为观念文化、制度文化、器物文化、审美文化、符号文化、行为习俗文化6方面。

这一基本理解包含如下几层意思：第一，文化是主体的文化，阐释文化离不开主体，人是文化的创造者和享用者。这里的人不是抽象的，而是具体的、在一定历史期里创造并使用文化规则的社群。文化具有历史性，它是随着历史的发展而发展演变的。第二，文化是观念化的成果及其形式，但却离不开物质，物质的基础性和优先性是毋庸置疑的。正如马克思所说：“物质生活的生产方式制约着整个社会生活、政治生活和精神生活的过程。不是人们的意识决定人们的存在，相反，是人们的社会存在决定人们的意识。”❷因此，我们说物质生活的生产方式、人们的社会存在同样制约并决定着人们的文化。第三，文化作为行为模式、思维模式和情感模式的综合体，是相对稳定的，并反复出现在文化主体的生存和生活活动之中。第四，文化的表现是丰富多彩的，在观念、制度、器物、符号、习俗、审美等方面均形成了相对稳定的文化领域。这一划分为我们理解和分析某些文化形态提供了方便。

20世纪中期以来，随着新的科技革命的开展，经济全球化进程加剧，中西方之间以意识形态为主导的文化龃龉日益加深。20世纪后期，随着东西方意识形态壁垒的瓦解，网络资讯时代的降临，巨量信息充斥了文化空间，极大地改变了人们的生存和交往方式，使得人们的精神和心灵前所未有地依赖于物质财富、现代技术平台和信息媒介的力量。一种叫做文化经济的新的社会生产和消费模式通过现代化媒介运营深入到每一个角落。在此情形下，人的文化生存状态问题变得格外突出。生存在这一

❶[美]克莱德·克鲁克洪，等.文化与个人[M].杭州：浙江人民出版社，1986:6

❷[美]克莱德·克鲁克洪，等.文化与个人[M].杭州：浙江人民出版社，1986:6

语境下的个人，都可以空前自觉地感受到自身固有的文化心灵和惯习[2]与他者之间的矛盾与冲突以及同化与顺应，如何安顿自己的文化生存是一个空前广泛的时代课题。

"生态"一词指的是生存状态，它是人们思考自然与社会的一个角度，相应地可以区分为自然生态和社会生态。文化生态是社会生态的一个考察对象和领域，指的是主体人的文化生存状态。换言之，它不是人的活着本身，而是人的"活法"的总和。"生态"(eco-)一词源于古希腊字，意思是指家(house)或者我们的环境。"文化生态"概念的提出，一方面彰显了人的文化自觉，另一方面则凸出了人对自身精神家园的危机意识。概言之，文化生态这一概念揭示了人们在经济全球化、信息网络化、传媒大众化、资源稀缺化时代对自身精神生活状态、品质、价值与意义的关注。它同时也构成了反思和批判的角度，督促人们反思发展问题，批判文化资讯泛滥时代的文化贫乏和文化失衡。

本文关注的焦点是城乡结合部文化生态问题。基于对"文化"和"文化生态"的上述理解，我们可以将城乡结合部文化生态界定为相对稳定地居住和生活于那里的人们所创造和享有的文化，这一文化的性质、状态、结构、功能、过程就是城乡结合部文化生态。

美国学者菲利普·巴格比在谈到城市与文化和文明的关系时说："文明就是城市的文化，而城市则可定义为一种聚居点，其中许多(更确切地说，多数)居民不从事食物的生产。一种文明则是一种可以在其中找到城市的文化。"[3]的确，城市是人类文明的成果，而城市的精髓就是它的文化。回顾人类文明发展史，不难看到，城市的发展在其中扮演了极为重要的角色。"聚居点"的说法只是在原始的意义上描述了城市的状态，实际上真正意义上的都市是在工业化时代诞生和发展起来的。伴随着现代化的发展，城市功能日益多样化，城市日渐成为政治、经济、产业、文化的中心。作为这样的中心，城市为人口的大规模趋附与聚集提供了动力和前提条件。目前，人口百万的城市已不算大，超千万的巨型都市也不算稀罕。人们不仅以人口来衡量城市的大小，还以GDP是否超千亿美元来衡量城市的规模。这也说明当代巨型都市不仅是一个巨大的消费场，同时还是一个巨大的生产中心与财富中心。都市经济在现代化国家中往往具有举足轻重的地位，它生产的巨额财富为它的庞大消费创造了物质前

❶ 马克思.政治经济学批判.序言(1859)//马克思，恩格斯.马克思恩格斯选集(第二卷)[M].北京：人民出版社，1971：82.

❷ 法国社会学家皮埃尔·布迪厄术语。在布迪厄看来，惯习是一种生成性结构，它塑造、组织实践，生产着历史；但惯习本身又是历史的产物，是一种人们后天所获得的各种生成性图式的系统，正因为这一点，布迪厄称惯习是一种"体现在人身上的历史"。

提。当今都市所谓"生产"当然绝非"食物"的直接生产,这种生产要复杂得多。一个像北京或上海那样的超大型现代化都市,它生产或创造财富,更多的是依靠政治中心、文化工业中心、高科技产业中心、金融中心、国际贸易中心、会展中心的地位。现代超大型都市比以往任何时候都更加依赖全球化的市场与贸易。当代都市生产者的生产活动早已摆脱了地域和空间的局限,特别是其中先进的形态,已经与世界经济密不可分。越是这样的都市,其聚集和趋附的引力就越大,这种聚集和趋附所带来的不仅仅是国内国际资本与技术,还有源源不断的人力,既包括知识性人才,也包括较少受到完善教育的农村劳动力。就对都市抱有梦想而言,都市对前者和后者实际上都是一样的。另外,不管都市如何现代化,都市劳动者如何享有农业劳动者所没有的收入与自由,都不可能离开对农业生产的依赖。农业提供的初级产品及其加工产品为都市提供了赖以生存的物质基础,满足了都市劳动者的基本生存需要。不仅如此,不管都市劳动者的劳动如何国际化全球化,他的生存和生活都不可能摆脱当地化。所以,对当地自然时空、自然资源、文化资源、城市服务和消费资源的占有和消耗,会随着城市的大型化和超大型化而急剧增加。

事实表明,随着都市的扩张,都市需要更大的地理空间来包容日益增加的人口资源,为了满足这些人口的生活和劳动需要,城市需要进一步扩大产业规模和市政边界。以北京为例,改革开放后至1992年以前,北京近郊城乡结合部主要分布在二环以外的区域。1994年建成通车的三环路是城市建设向外扩张的重大标志,随之而来的是近郊城乡结合部逐渐由二环路附近转移到三环路附近。近年来,北京城市环线快速路建设进一步加快,继三环之后,四环于2001年6月、五环于2003年11月全线建成通车,六环预计将在2009年建成通车。与环路建设相辅相成,呈辐射状的城际高速路和网状轨道交通的建设步伐也明显加快,以交通设施建设为龙头的城市基础建设,极大地推动了城市拓展的进程。从中我们看到,城乡结合部的位移加快了,相应地,城乡结合部的面积也扩大了。实际上,随着中国经济的快速增长,各地城镇发展都在演绎着类似的过程。都市规模越大、人口越多,对周边资源的索取和占有就越多,城乡结合部就越大,乡村的面积就越小,一系列的开发建设使中国的耕地以更快的递减速度逼近18亿亩红线。

城乡结合部是扩展中的城市,是衰变中的乡村。这个进程伴随着人们对都市的趋之若鹜而变得不可阻挡。城乡二元对立与冲突在二者之间挤压出一个环形地带,在这里,城与乡构成要素的交流、融合非常活跃,频繁的能量、资源、信息交流使得这一地带生机勃勃。当然,城乡结合部在人们的印象中是城市污水和垃圾处置的地方,是棚户区,是身份莫名的外来务工者聚居的天堂,是杂乱无章的乡镇企业聚集的地方。“脏、乱、差”在任何一个环形地带都是难以根治的痼疾。

的确,在人们的既往观念中,有充足的理由向城乡结合部投以鄙视的目光。城乡结合部恶劣、落后的文化生态,与都市核心区的高雅生活形成了巨大的反差。但是,对城乡结合部文化生态的认识如果仅限于此,显然是不正确的。我们认为,城乡结合部是城市化进程的必然产物,城乡结合部文化生态的性质、状况、水平有其物质的现实基础。只要城市化进程存在,城乡结合部就会存在;只要城市化发展思路不改变,城乡结合部文化生态就不会根本改变。

二、城乡结合部文化生态的结构、功能与价值

依据我们对文化的基本理解,要说明城乡结合部文化生态的结构、功能和价值,首先应当分析创建、享有、接受、应用这一文化生态的主体。根据对北京城乡结合部的调查,笔者将城乡结合部文化生态主体划分为如下几种。

第一种,城乡结合部管理者阶层。管理者阶层从区县党政机构到镇、乡、村、社区组织,队伍可谓庞大。他们掌握着城乡结合部行政管理资源、组织资源、自然资源的调配和管理权,在制度文化方面,他们是当之无愧的体现者、实施者和享用者。以北京为例,一些村镇集体开发搞得轰轰烈烈的地方,大都有村干部的身影。他们是改革家,城乡结合部的“瓦片经济”与他们息息相关。必须将这一群体视为城乡结合部文化主体的一部分,他们不仅多方位地参与了城乡结合部文化建设与规划,而且现实地创造了城乡结合部的官文化。

第二种,都市市民阶层。该阶层包括由于都市中心区改造,享受优厚政策补偿外迁到城乡结合部的居民。这部分居民在都市中心地带生活已久,带有明显的都市生活烙印。以北京为例,北京老城改造使一定数量的老北京居民外迁到城乡结合部,他们带有比较地道的北京文化味道。一部分政府企事业单位职工将自己的家安置在城乡结合部。这里相对便宜的房价、较好的空气质量、日益便捷的交通,使一些政府雇员、大学教师、企业白领、中小业主甘于在此落户。在这一阶层中,还应包括那些持有外地户口、外籍护照的各类成功人士。他们居住于此的时间有限,即使是在这有限的时间里,他们也是一个数量较少的自我封闭的群体。在某种意义说来,都市市民阶层是城乡结合部文化生态主体的中上层。他们创建了城乡结合部的小区文化、庄园文化、别墅文化和会馆文化。

第三种，村镇原住民阶层。随着城市化进程，他们的土地被政府征用，或被村镇集体开发经营。由于耕地所剩无几，从事农业经营的收益逐日递减，于是将这有限的土地转包或挪做他用。近年来，城市化进程加快，催生了所谓“瓦片经济”。不少村镇原住民通过与开发商合作开发住房项目或自建住房出租等方式，获得了不菲的经济收益，自己也摇身一变，由“失业”农民成了住进楼房的食利者。与“瓦片经济”相适应的是“瓦片文化”。在一些村镇，村民私搭乱建成风，出租房屋缺乏管理，社会治安和环境卫生条件极差。这部分居民表面上看似乎已经脱贫或致富，但实际上失去了赖以生存的土地，其文化身份也已变得模糊不清。

第四种，乡民阶层。这是城乡结合部中的“乡”的元素。这部分人大都居住在城乡结合部靠近“乡”的地区。城市化的脚步虽然近在咫尺，但尚未将其踏在脚下。他们在依然保有土地的同时，还享有与城市交通之便。因此，他们当中的不少人通过经营“绿色农业”“休闲农业”“观光农业”“农家院”，以及从事农产品加工，摆脱了单纯的土地种植者的角色，而成为城乡结合部的农业生产经营者。他们创造的文化具有农家气派，但也浸透了商业精神，可以称作农商文化。

第五种，流民阶层。这里所谓“流民”并非贬义，而是指由外地流动到都市谋生而暂时厕身在城乡结合部的人士。这部分人的构成也很复杂，既有在都市漂泊打工的其他城市的人，也有在都市打工的农民工。除了打工一族，还有一些是外地谋生者，他们以为在大都市淘金容易，可以谋得某种机会，能够在都市的利益盛宴中分一杯羹。这部分人的一个共同特征是都没有本都市的城市户籍，因而无权享受户籍居民在就业、教育、医疗方面的权利。流民阶层的一个重要组成部分是农民工，他们为都市的扩张提供了大批廉价劳动力。而都市则以城乡结合部为他们提供容身之所。官方媒介近年来颇为重视农民工的生存和文化权利，甚至把农民工视为新的产业工人。这实际上也反映了他们作为都市弱势群体的地位。流民阶层是城乡结合部文化主体中的下层民众，他们抛弃乡村，厕身城乡结合部，看起来是一种自觉自愿的选择，实则是城乡之间巨大的贫富差别所致。他们拥有自身的文化符码，但是，在大都会文化的挤压之下，其文化身份必然陷于尴尬境地。流民阶层在城乡结合部创造了流民经济，同时也形成了与之相适应的流民文化。

总括上述五项，城乡结合部文化主体大体由管理者、都市市民、村镇原住民、乡民、流民阶层组成，并相应地形成了官文化、小区文化、庄园文化、别墅文化、会馆文化、瓦片文化、农商文化、流民文化。这些文化样态纠结在一起，现实地构成了城乡结合部的文化生态。

城乡结合部文化生态呈现出多主体的特点，在宏观上形成了五光十色的环形文化地带。然而，这只是一种形象描述，实际情形要复杂得多。城乡结合部文化生态结构既是动态的，又是多元的，呈现为城乡之间复杂的功能结构。在该结构中，首先应该明确的核心部分当然是主体人，一切阐释都离不开人的主体因素。正是由于主体人的巨大差别，才直接导致了城乡结合部文化生态的巨大差异。下面我们利用文化6方面的划分来简要描述一下城乡结合部文化生态结构与功能，以见出其价值与意义。

器物文化是城乡结合部文化生态结构中最基础的部分，器物本身的形态、性质、水平，主体人对器物的占有和使用的方式，简言之，器物与人的关系，构成了最基本的文化。器物文化的前提是经济基础、物质生产水平及技术装备程度。恩格斯在谈到观念文化与物质基础的关系时指出："人们首先必须吃、喝、住、穿，然后才能从事政治、科学、艺术、宗教等等；所以，在一个民族或一个时代的一定的经济发展阶段，直接的物质生活资料的生产便成为基础，人们的国家制度、法律观念、艺术和宗教观念，就是从这个基础上发展起来的，因而，也必须由这个基础来解释，而不是像过去那样做得相反。"[1]显然，恩格斯的观点是正确的，我们观照城乡结合部文化生态，也应该从最基础的东西出发，即从城乡结合部的衣、食、住、行的对象、手段与方式出发。在城乡结合部，主体衣、食、住、行这些最基本的对象化行为上所传达出的模式和规则就是器物文化，器物文化是物质生活所直接表现的有意味的形式。需要指出的是，在市场经济日益发达的今天，器物文化不仅仅体现在静止的器物本身及其价值上面，同时还体现在对器物的持有、使用和交换方面。主体如何持有和使用器物，如何交换器物，体现了他的文化生态。如上所述，城乡结合部主体构成是高度复杂的，因此，其器物文化的表现也十分复杂。既有形态高雅的器物文化，也有污秽低级的器物文化。从整体上看，城乡结合部器物文化的平均水平是比较低的，一方面远逊于都市中心区器物文化水平，此外，又不如乡村器物文化质朴。从功能角度来说，器物文化的性质与水平，是主体文明程度的体现。

制度的孕育、形成、制定，到最后的确定与执行，这个过程本身就是文化，制度内容本身更是纯粹的文化观念。本文所说的制度文化是指城乡结合部文化生态最组织化的部分。如果说器物文化是城乡结合部文化生态的基础，那么，制度文化就是这一生态体系运行规则所传达出的文化意味。通过调查，我们体验到城乡结合部制度文化是无处不在的，制度的健全与不健全、落实与不落实、有效与无效、制度与主体的关

[1] 恩格斯.在马克思墓前的讲话(1883)//马克思，恩格斯.马克思恩格斯选集(第3版)[M].北京：人民出版社，1972:574.

系，均构成制度文化的内容。在北京城乡结合部邻近都市的部分，我们目睹了都市制度文化与乡村制度文化尖锐矛盾的场景。前者是发达的社区管理，制度健全，社区面貌整洁有致，人们精神面貌祥和。后者是失灵的村镇管理，习惯取代了制度。以北京昌平区回龙观北某村为例，因风闻该地即将拆迁，村民们便大兴土木，纷纷在村里的道路两旁和院内搭建简易房，以谋求可能的征地补偿。他们将成排的简易房租给外地人，使当地的居住环境迅速恶化。笔者尝试与当地政府联系，结果是互相推诿，乡与村两级管理基本失灵。当制度文化失灵的时候，人们就会按照习惯来行事，而最坏的情况则是制度让位于陋习，陋习于是成了一道文化景观。

观念文化是文化6个方面中最形而上的部分。对个体而言，观念文化是主体通过后天的环境教育、家庭教育、社会教育自觉或不自觉地习得的，是他对世界和社会的意识与看法。在城乡结合部，观念文化的表达除官方媒介外，还有民间的自发表达。以北京为例，我们调查了城乡结合部的一些外来打工者家庭，特别就消费观念问题与他们交谈。我们发现，外来打工者家庭虽然向往都市的繁华生活，但是，仍然难掩漂泊之感。在都市边缘，他们是无根的。这样的家庭几乎谈不上什么文化消费，这方面的花费总是被控制在最低限度。相反，虽然家庭贫困，但是，外来务工者家庭普遍重视对子女的教育，他们希望把节省下来的钱用到孩子的教育上，使他们摆脱父辈的命运，将来出人头地。他们对城市的认识是肤浅无知的，有的是受想象的驱使盲目来到都市的。他们对城市和城里人充满疏离感，贫富差距拉大了这一距离。在北京城乡结合部，兴建了数量可观的别墅、高档会馆和消费中心。这些地方往往景致优美，令人心旷神怡。但是，它们蚕食了大量的土地，也引起了城乡结合部低层人士的不满，用他们的话来说，这些高档次消费场所不是为城乡结合部的人服务的。

符号文化最精粹的表现当然是语言文字，同时还应包括其他各种传达特定意义和信息的人工符号与图形。笔者到过多所城市的城乡结合部，所观照到的城乡结合部符号文化状态是令人心酸的。概括来说，城乡结合部的符号文化具有形式不规范、内容不雅训、传播环境恶劣的特点。符号文化的生态一方面受经济基础因素的决定，另一方面，直接受人们的文明程度、精神面貌和教育水平的制约。符号文化的混乱与低俗，反映了城乡结合部文明和教育程度的低下。

审美文化指的是人们在从事审美活动的时候表现出来的一些稳固特征。从审美文化产品的供应来说，城乡结合部尚处在匮乏状态，无法与成熟的城市社区相比。首先是载体的匮乏，如电影院、图书室（馆）、文化活动场所的不足。其次是品质的低劣。虽然不能一概而论，但是，正是在城乡结合部，我们看到了大量的贩卖盗版光盘等现象。第三是种类的有限。实际上，在城乡结合部，最廉价的老少咸宜的审美方式是看电视，除此之外，可选择的余地很小。城乡结合部审美文化还应包括城乡结合部景观文化对人们的审美熏陶。除各种自然和文化景点之外，城乡结合部的会馆、小区、别墅、健身场等大都环境优美，给人以审美教育。但是，这里的穷富疏隔也令人忧虑。

城乡结合部的行为习俗文化可谓异彩纷呈。以北京为例，如果到回龙观地区转一转，就会发现，这里的人来自五湖四海，南腔北调。他们将各自的地域和习俗文化带到了北京。都市是个文化的大熔炉，熔炼出来的很难说是单一的文化体。在城乡结合部，来自同一地方的人们，凭借习俗文化结成老乡，所以乡亲文化是城乡结合部习俗文化的一个重要的组成部分。值得指出的是，城乡结合部行为习俗文化在文化生态结构中是最日常化而又最根深蒂固的东西，甚至可以说是习焉不察。但是，它在左右人们对城乡结合部文化观感方面有举足轻重的作用。目前，行为习俗文化中的陋习部分在城乡结合部还司空见惯，如何克服它，是一个难题。笔者一直以为，燃放爆竹虽然是中国古老的文化，但却是一个陋习。原来，北京春节将自由燃放烟花爆竹的地方设在城乡结合部（五环外），现在，这一自由向城内扩展，这也算是城乡结合部行为习俗文化对都市的一场胜利吧。

城乡结合部文化生态虽然存在许多问题，但是，我们不能因此而否定它的价值与理由。文化毕竟受经济基础和物质生产性质与水平的决定，一味谴责城乡结合部文化生态的恶劣是不恰当的。换一个角度来说，在城乡二元结构体制中，城乡结合部的价值是不可取代的。城乡结合部既是都市的收纳箱，也是乡村的收纳箱。在此意义上，它比都市和乡村都要宽容。然而，当都市一味地将自己的问题倾泻在那里而不加解决时，城乡结合部的文化生态就会劣化，成为都市病。

三、城乡结合部文化生态的优化与重建

城乡结合部文化生态生成的历史一直伴随着都市化进程，都市与城乡结合部如影随形。以往人们不大理会城乡结合部文化生态问题，但是现如今，这个问题已经无法回避。最新出版的城市发展蓝皮书告诉我们，中国拥有百万以上人口的都市已达118个，每两个中国人中就有一个是城里人，当然这里面包括离开土地进城务工的农民。官方媒介频频呼吁要严守18亿亩耕地红线，而同时，城市对乡村的蚕食——如果不是鲸吞的话——则依然持续。这看起来有一点像金庸笔下周伯通的左右互搏之术，各

有各的理路。在笔者看来,既然粗放式的不可持续的经济发展模式已然亮起红灯,就应该果断采取措施,遏制城市的盲目扩张。在城乡二元体制内,城乡结合部文化生态问题不可能得到有效解决,所以,要优化和重建城乡结合部文化生态就应该改变经济发展战略。

首先,应从城乡一体化的思路重新认识城乡结合部的价值。改革开放30年,城乡结合部文化生态持续恶化,充分反映了中国经济发展中城市与乡村的失衡,这种状况已不能长期维系中国经济的可持续发展。《中共中央关于推进农村改革发展若干重大问题的决定》强调城乡统筹发展、城市反哺农村,体现着中国经济发展思路的转变。城乡结合部文化生态问题的根源并不在城乡结合部本身,而在城市和乡村。对城市而言,要想拥有一个令人愉快的城乡结合部,就应该改变自身的发展模式。这包括抑制扩张的冲动,理性对待城市发展问题。其实,并非所有的城市都可以最终发展为巨型都市,好的城市并非就是大的城市,令人愉悦的城市往往是小的和富有特色的。城乡结合部如果仅仅定位为城市收纳箱和城乡过渡带,就不会根本解决城乡结合部文化生态的劣化问题。所以,城市要将城乡结合部发展纳入自身的发展之中来认识。换言之,城乡结合部可以有自身的文化定位,在城乡一体化进程中发挥独特作用。对乡村而言,要想拥有一个令人愉快的城乡结合部,就应该解决“三农”问题。超大都市的过度聚集和趋附力,导源于农村的相对贫困,城乡差距越大,城乡结合部文化生态问题就越大,所以,加大对乡村的支持是迫切需要的。

其次,应加大对城乡结合部基础设施和社区文化建设的支持力度。北京市近年来城乡结合部道路等市政基础设施建设比较快,在那些基础设施比较好和比较完备的地方,其文化生态也明显优于其他地方。良好的环境本身对文化就有建设性的作用。都市应加大城乡结合部社区建设,这是改善和优化城乡结合部文化生态的有效途径。在调查中我们发现,在北京这样的现代化都市,城乡结合部的小区已成批涌现,形成了社区文化。社区文化的有效管理明显优于村镇式管理,它为社区居民提供了一个比较好的文化空间。

第三,都市过度集中的政府机构、文化资源、教育资源、医疗资源应适度迁移到城乡结合部,这样可以缓解中心区的压力,同时也会改善城乡结合部单纯的都市收纳功能。北京市位于城乡结合部地带的回龙观、龙泽、天通苑等大型社区,都曾拥有“睡城”的称号,其对都市的收纳功能非常明显。住在那里的大批白领朝九晚五,在城铁站形成汹涌的人潮。他们在城里工作,在城乡结合部睡觉。因为城乡结合部的居住成本低,市内的工作收入高。如果城乡结合部不仅仅是睡觉的地方,同时还是工作的地方，那么整个社会的工作成本就会大幅降低，交通拥堵现象就会大大缓解。近年来，城乡结合部的企事业单位、医疗机构、教育机构有所增加，但是一些配套改革还严重滞后。以医疗为例，在北京市一些发展较好的城乡结合部地区，纷纷建立了社区医院，本来非常方便，但是一些单位由于拥有内部医院，规定职工必须到单位看病，即使需要单位外就医，也必须到指定的一两所公费医疗定点医院看病，否则就报销困难。诸如此类脱离实际的规章制度，严重地浪费了社会资源，增加了城市运作的总成本，同时也阻碍了城乡结合部社会功能的健康发展。

说到底，城乡结合部文化生态的优化与重建是一个生存问题。只有提高到生存的高度，才能给予城乡结合部文化生态的价值与意义一个合理的估计。任何一个城市都离不开城乡结合部的收纳，离开城乡结合部的收纳功能，一座城市再现代化也难以生存。我们应该看到，城乡结合部对都市的收纳功能是有限的，这种收纳也非单纯的容留。只有当城乡结合部本身能够将这种“容留”转变为“宜居”的时候，这种收纳才是成功的。所以要对城乡结合部文化生态进行优化与重建。

城乡结合部文化生态的优化与重建是一个融合问题。长期以来，城乡结合部媒介城乡二元，二者既对立又统一，但却没有有效地融合。缺少融合的城乡结合部，是社会经济不发达、生存环境脏乱差、不安全因素较多的文化劣生态。目前中国社会尚处在社会主义初级阶段，城乡差别、工农差别还将长期存在。因此，都市经济和都市文化也必然长期保持优势和魅力。在此情况下，如何弥合城乡裂隙与矛盾，使城乡结合部成为一个健康和谐的文化体，在一个相当长的历史时期内都将是一个具有挑战性的高难度的课题。

城乡结合部文化生态的优化与重建是一个发展问题。不发展，问题就无法解决。而发展又会带来新的问题。北京市委十届五次全会决议指出，城乡结合部是发展活力最强、人口资源环境矛盾最突出、城乡一体化要求最迫切的地区。如何加快城乡结合部改革发展的步伐，彻底治愈阻碍城乡一体化的顽症，是事关首都发展全局的重中之重。在笔者看来，对任何一个处在现代化路途中的都市来说情况都是如此。问题的关键是我们如何认识“发展的全局”，如何实现可持续协调发展。

城市形象塑造与对外传播

——以杭州G20宣传片为例

浙江传媒学院文化创意学院 洪长晖

刘易斯·芒福德曾经这样描述城市："城市缘起于人类的社会需求，同时又极大地丰富了这些需求的类型与表达方式"[1]。而几乎毫无疑问地，每座城市在表达这些需求的过程中不会（也不应该）拘泥于某一种方式，千姿百态的城市不仅增加了人类存在的丰富性，而且更能够在自然与人造物之间形成沟通的桥梁。换言之，城市应该有着各自的形象，以契合而不是扭转自然本身的各异其趣。

一般而言，城市形象指的是城市给人的印象、感受和记忆的综合。从视觉上来说，优美的建筑、干净的道路、特色的商店、美丽的旅游景点、完善的生活设施等，都是构成良好城市形象的基本要素；在感观上，市民行为、公职作风、文化氛围、风土人情等，也是塑造城市形象的特色内容。还有一些特殊的情景会让人爱上一座城市，有人说爱上一个人就会爱上一座城，一句熟悉的口音，一首本地小曲等都是一座城市的标志和象征。

概括来讲，城市形象是指城市以其自然的地理环境、经济贸易水平、社会安全状况、建筑物的景观、商业、交通、教育等公共设施的完善程度、法律制度、政府治理模式、历史文化传统以及市民的价值观念、生活质量和行为方式等要素作用于社会公众，并使社会公众形成对某城市的认知印象总和。

从这些叙述也可以看出，城市形象涉及一个塑造和建构的过程。而且，随着全球化和人口流动性的增加，城市形象传播的对象越加广泛与多元，就中国城市而言，在短短数十年间就开启了城市形象对外传播的国际化想象，尽管不同城市在此一方面的进程和成效不一，可是让城市"走向国际"的渴望却是殊途同归。关于此，前些年全国有数十个城市宣称要建成国家化大都市即是一个明证。

[1] 刘易斯·芒福德.城市文化[M].宋俊岭，等，译.北京：中国建筑工业出版社，2013:3.

对外传播对象日趋广泛与多元，这又反过来要求作为传播主体的城市自身在形象塑造上要有新的思路、新的方式、新的样态。在G20峰会即将于杭州召开之际，该市发布的城市宣传片可以称得上是一次成功的对外传播实践。

一、G20与杭州城市形象宣传片

2015年12月1日，中国从土耳其手中接过了G20峰会主席国的接力棒，并定于2016年9月4—5日在浙江省杭州举行第11次G20峰会。习近平主席强调，中国主办G20峰会，“既体现了国际社会对中国的高度信任，也展示了中国愿为国际社会作出贡献的真诚愿望”。事实上，G20峰会在杭州举办，也可以视作中国政府对杭州的高度信任，同时又展示出杭州作为一座城市“走向世界”的真诚愿望。

众所周知，G20已经成为当今世界处理国际事务、进行全球治理时一支非常重要的力量。作为一种多边磋商和解决的机制，峰会的举行不仅备受瞩目，而且其举办地也会在相当长一段时间里吸引全世界的目光，成为举办城市在全球范围内塑造和传播自身形象的最佳时机。

表3-1是2008—2015年G20会议议题及会议地点。

表3-1　2008—2015年G20会议议题及会议地点

时间	地点	主要议题
2008年11月	美国华盛顿	探讨金融危机的原因，提出加强合作、反对贸易保护
2009年4月	英国伦敦	同意向IMF和世界银行等机构提供总额1.1万亿美元资金； 要求加强全球金融监管，对不合作“避税天堂”实施惩罚； 成立金融稳定理事会（FBS）取代之前的金融稳定论坛
2009年9月	美国匹茨堡	向发展中国家分别转移5%和3%的IMF份额和世界银行份额；确保经济持续复苏，推动全球经济再平衡；抵制贸易保护主义；金融监管改革，限制金融高管薪酬；IMF改革与增资；汇率和储备货币问题
2010年6月	加拿大多伦多	要求发达经济体削减财政赤字；推动金融监管改革；提出“强劲、可持续和平衡的增长框架”

续表

时间	地点	主要议题
2010年11月	韩国首尔	确认国际货币基金组织份额改革方案；建立全球金融安全网；在各国的发展能力和全球发展之间建立良性循环链的体制
2011年11月	法国戛纳	欧洲国家的主权债务问题；重振经济增长；创造就业；维护金融稳定；促进社会融合和令全球化为人类需求服务
2012年6月	墨西哥洛斯卡沃斯	创造高质量就业；向国际货币基金组织增资4500亿元；改善金融市场运作，打破主权债务与银行债务之间的恶性循环；促进金融包容性；反对各种形式的贸易保护主义；加强粮食安全，控制商品价格波动；消除贫困，实现强劲、可持续、平衡的经济增长；加大反腐败力度等
2013年9月	俄罗斯圣彼得堡	扩大投资和刺激全球经济复苏；经济"去海外化"和协调行动打击逃税；确保基础设施和中小企业进行长期投资；尽快落实2010年国际货币基金组织份额和治理改革方案；加强在能源领域的合作，确保能源市场信息更加准确和公开；保护环境、应对气候变化
2014年11月	澳大利亚布里斯班	到2018年前使G20整体GDP额外增长2%以上；制定"全面增长战略"；提出"全球基础设施倡议"，成立为期四年的全球基础设施中心，成立全球基础设施基金；降低青年失业率
2015年11月	土耳其安塔利亚	包容和可持续发展；确保包容性增长，创造就业并使全社会共享增长的红利；到2025年实现将G20各成员中最有可能被劳动力市场永久抛弃的年轻人比例降低15%的目标；为中小企业(SMES)提供支持，促进知识共享；提出公共和社会资本合作(PPP)模式指南
2016年9月	中国杭州	主题是"构建创新、活力、联动、包容的世界经济"。五大重点议题包括："加强政策协调、创新增长方式""更高效的全球经济金融治理""强劲的国际贸易和投资""包容和联动式发展""影响世界经济的其他突出问题"。

我们可以注意到，历次举办城市中有像华盛顿、伦敦、首尔这样的所在国首都，也有像洛斯卡沃斯、安塔利亚这样一些原先并不具有全球知名度的城市。而毋庸讳言的是，杭州在此前虽然已经具有一定的国际知名度，但是在其城市形象的对外传播上

依然处于起步阶段。所以,该市非常有意识地想借助G20峰会的契机,提升城市形象塑造和对外传播的水准,近期发布的一系列城市宣传片就是其中一个典型动作。

陆晔等人认为:“城市形象宣传片可以被视为有关一座城市、有关城市景观以及内生于其中的都市生活的一种特殊文化展示,体现对特定的相关都市景观及其文化价值的可参观性的理解,是媒介将都市转变为一种影像,进而借此代表都市生活的一种特殊形态”[1]。以这一主张对照近期杭州在城市宣传片上的一系列动作,或许可以补充两点:第一,城市形象宣传片还是试图“复活”城市演变脉络和历史积淀的努力,其文化内涵与呈现的质量将直接影响到受众对该城市的理解和想象;第二,与前述一致,随着全球化与人口流动性的增加,城市形象宣传片需要扩展自己的受众对象,尤其是作为系列呈现时更是如此。对于这一点,杭州在此次城市形象宣传片的运作过程中就采取了多版本的方式,语言上涵盖了中英文等,时长上从30秒到16分钟,投放媒体则涵盖了从BBC到纽约时代广场等多种地点与形态。总之,杭州的G20城市形象宣传片试图将对外传播的对象拓展至尽可能的多数。

二、G20杭州系列形象宣传片的策略解析

从现有的反馈来看,G20杭州系列城市形象宣传片称得上是一次成功的对外传播实践,对杭州城市形象的建构、尤其是国际传播起到了非常好的促进作用。从其整个策略上看,有几点值得注意。

(一)城市形象是塑造,而非发现

如果我们将城市形象宣传片看做一个视觉文本的话,就很快能够理解贝拉·迪克斯所说的,作为地标的景观通过文化展示对城市的建构,亦是对当代都市文化“广泛的公共意识”(wild public understanding)的培养[2]。此次杭州发布的系列形象宣传片都在通过城市的各种标志性景观,来构建出杭州作为旅游城市、历史文化名城、山水园林城市、创新创业城市等指向的形象。这些景观在个体单列的时候可能是零碎的,只能片段式地传递某一方面的信息,但是,一系列形象宣传片透过各种形式的拼贴(pastiche),形成纷繁而规整的意义。这也正是美国传播学者格罗斯伯格特别强调的:“意义包括能指之间的接合,这种关系是依据代码而形成的。从更广泛的层面上看,这个

[1] 陆晔.都市景观的影像化与意义共享——以上海城市形象宣传片的受众解读为个案//黄旦.城市传播:基于中国城市的历史与现实.上海:上海交通大学出版社,2015:129.

[2] 贝拉·迪克斯.被展示的文化:当代“可参观性”的生产[M].冯悦,译.北京:北京大学出版社,2012.

过程说明文本仅仅是在与代码发生关系时才有意义，它们在代码中被解释或定位，也因此能和更广泛的、使用同样代码体系的文本体系联系在一起。”[1]

意义是一个传受双方共同作用的过程，而在城市形象宣传片的制作传播过程中，关于城市的形象也在彼此的“协商对话”中被塑造起来，一方面，这样的形象可能是千人千面，另一方面，它又必然有着共同的核心要素，或者可以称得上是“一个形象，多种表述”。换言之，并没有一个静态的、恒久不变的城市形象摆在那里，等着人们去发现。从某种意义上看，“发现”城市形象更近乎一种“本质主义”的论调。

（二）城市形象片是修辞，不是宣传

尽管遵从惯例，我们将G20杭州对外传播的系列动作称为“城市形象宣传片”，可实质上笔者更愿意强调系列形象片的修辞意味，而非宣传。

首先，如所周知，宣传（propaganda）一词从第二次世界大战时期就已经被视作一个贬义词。在普通公众的日常话语里，宣传也被赋予了负面意义，以至于公众尤其是西方公众一提“宣传”，就会产生天然的拒斥感——事实上，今日世界的所谓“公共关系”“营销沟通”等等，又有多少就是现实生活中旨在影响大众的“宣传”实践的另一个称谓？[2]传统意义上，宣传就是“通过重要的符号，或者更具体一点但欠准确地说，就是通过故事、流言、报道、图片以及社会传播的其他形式，控制意见。宣传关注的是通过直接操纵社会暗示，而不是通过改变环境中或者有机体的其他条件，控制舆论和态度”[3]。对照之下，可以发现（而且我们得强调指出），G20杭州城市形象宣传片具有“迥异于宣传”最为突出的两个特征：第一，它们并不是试图要去控制舆论和态度。时至今日，恐怕稍有媒介素养的人都承认，控制舆论和态度已然是“不可能的任务”。城市形象宣传片的使命在于搭建一个可供生发各种意义的平台，让受众因势而动，各取所需。这就好比一家餐馆，它必须提供丰富的菜单，以吸引食客的到来，同时它能做的只是通过自身的食材、烹调技巧等努力让食客识别其特殊风味，从而形成对这家餐馆殊途同归的想象。第二，城市形象宣传片关注的不是“直接操纵社会暗示”，而是力图改变环境的其他条件。这种改变的尝试，就是修辞。

美国新修辞学派代表人物伯克说过，修辞是借由符号（语言）激发合作的行为，所

---

[1] 劳伦斯·格罗斯伯格.媒介建构：流行文化中的大众媒介[M].祁林，译.南京：南京大学出版社，2014:164.

[2] 刘海龙.宣传：观念、话语及其正当化[M].北京：中国大百科全书出版社，2013:4.

[3] 拉斯韦尔.世界大战中的宣传技巧[M]张浩，田青，译.北京：中国人民大学出版社，2003:22.

以他主张修辞要达到的目标是“认同”而非“说服”[1]。仅仅从效果来看，且不论两者谁更容易达成，至少“认同”比“说服”更具有战略意义和长久稳定性，因为它改变的是环境，让接触者共同生产出关于这座城市的形象。也正因如此，修辞的技巧就极为重要，国内学者陈望道先生当年在《修辞学发凡》中就提出：“修辞技巧的来源有两个：第一是题旨和情境的洞达，这要靠生活的充实和丰富；第二是语言文字可能性的通晓，这要靠平时对现下已有修辞方式有重返的了解”[2]。不嫌夸张地说，G20杭州系列形象宣传片显现了极为高超的修辞技巧。例如2016年8月12日首登CNBC的《相约浙江》（时长60秒）就引起极大反响，除了在CNBC刊播外，还迅速在微信朋友圈刷屏。一位微信用户就做出了这样的评论：“杭州这个宣传片做得非常好，非常容易跨文化传播：视觉元素体现了地域独特文化与历史，城市经济结构特征，经济地理位置等。叙事节奏感明快，不拖沓，有层次感！从杭州到浙江到中国，最后延伸全球，空间层次感好。时间上，从古代走入现代……片子的形象元素也是西方容易接受的，并且体现了自我的独特与自信，而不是为了迎合西方人的偏见。”[3]

由此可见，G20峰会杭州系列城市形象宣传片的成功实非偶然。当然，除了上述的这些特色之外，也绝不能忽视像社交媒体勃兴、杭州城市固有知名度等这些作用因素，这些因素共同促成了此次传播实践。而从对外传播的角度来考察，杭州利用此次G20峰会举办的契机，实实在在地做了一次城市形象的塑造和传播，成效卓著，影响深远。

[1] 从莱庭，徐鲁亚.西方修辞学[M].上海：上海外语教育出版社，2007:11.

[2] 胡百精.说服与认同[M].北京：中国传媒大学出版社，2014:76.

[3] 引语来自笔者微信朋友圈，考虑微信特点，替原作者匿名，所有权归原作者。

记忆场所、城市更新与文化发展

上海交通大学国家文化产业创新与发展研究基地　李康化

中国正处于大发展大繁荣的阶段，城镇化建设不断加快，城市更新不断推进，城市面貌正在发生着巨大的变化。然而，这种看上去可喜可贺的繁荣景象背后却隐藏着许多问题，如文物古迹的破坏和不当修复，古村落的建设性破坏等等，在中国新型城镇化建设全面展开快速推进的初期造成了许多无法挽回的遗憾，给繁荣发展的喜悦蒙上了一层阴影。

2013年全国"两会"上，冯骥才委员提出了城镇化过程中文物古迹的保护问题，指出"不能在城镇化的过程中把自己的文化'化'掉了"，并且对各地大举进行"古城"和"文物"复建的现象进行了批判，指出现在的复建"是因为此前都拆完了，拆完后又开始做假的了""这种做法是对城市的进一步破坏，把历史的原物销毁之后弄一个'垃圾'"；[1]2014年"两会"上，民进中央在《关于在城镇建设中加大古村落保护力度的提案》中提出了城镇建设中的"建设性破坏"问题，指出"五千年历史留给我们的千姿万态的古村落的存亡，已经到了紧急关头，'千城一面''万镇一面'正在向农村蔓延，极可能衍生为'万村一面'"；[2]2015年"两会"上，冯骥才委员再次提出了古村落消失的问题，表示"2000年全国有360万个古村落，2010年是270万个，十年就消失了90万个，现在的自然村只有200万个左右""1天100个村落就没有了"。[3]这些发自内心的声音让我们认识到，文化遗产保护工作的深入推进迫在眉睫。

随着城镇化建设的加快，尤其是城市更新的推进，随着文物保护工作的实际开展，我们发现，除了深入，文化遗产保护工作还需要进行内涵和覆盖面的拓展。在城市更新的过程中，有许多老城区的近代建筑乃至现代建筑被大量拆除以用来在这些

---

❶ 郭少峰."不能在城镇化过程中把文化'化'掉"全国政协委员、中国文联副主席冯骥才表示，城镇化和留住传统不是对立的，是一致的[N].新京报，2013-02-26(A06).

❷ 吕巍.民进中央建议：加大古村落保护力度[N].人民政协报，2014-03-03(10).

❸ 金辉，冯骥才.1天100个村落就没有了[N].经济参考报，2015-03-06(A03).

寸土寸金的中心地带进行新的房地产开发建设，这些建筑年代不够久远，不足以进入受到法律保护的文化遗产名录，但是有些是见证了历史的名人故(旧)居，有些是承载了一代人成长和生活的记忆与情感的公共场所，并且有着独特的时代印记和建筑风貌，曾经的辉煌一朝被夷为平地不免让人唏嘘。因此，这些近现代建筑遗产的保护和再利用，或者说城市更新中记忆场所应该何去何从开始成为从政府、学界到广大民众迫切关注的焦点和热点。

上海徐汇区历史底蕴深厚，文化资源丰富，作为曾经法租界的所在和之后上海城市发展的副中心，是中西文化的交汇地，近代海派文化的发源地，百年电影、百年唱片等现代文化产业诞生地，拥有历史悠久的龙华寺和龙华塔，昔年远东第一大教堂徐家汇天主堂，衡山路-复兴路历史风貌保护区内宋庆龄故居、巴金故居、武康大楼、百代公司旧址“小红楼”等大量历史建筑，也拥有黄浦江西岸滨江老码头、老工厂、老机场等丰富的近现代工业遗存资源。在建设“现代化国际大都市一流中心城区”的过程中，徐汇区不断吸纳和学习世界各国成功经验，并根据自身资源和愿景进行自我调适，探索适合徐汇发展的规划建设路径，这其中，徐汇滨江在“记忆场所”与“城市更新”之间的博弈上已经逐渐探索出自己的路径。

一、记忆场所与场所精神

记忆场所的概念最初来自于历史学，是由法国历史学家皮埃尔·诺哈1978年在编写《新史学》中提出来的。诺哈在研究集体记忆的过程中发现，历史遗留的地方空间对于地域文化认同的建构有非常大的贡献，因此主张通过研究碎化的记忆场所来拯救残存的民族记忆与集体记忆，找回群体的认同感与归属感。他在1984—1992年之间编辑了《记忆场所·共和国》《记忆场所·民族》和《记忆场所·统一多元的法兰西》3部宏大著作，使得记忆场所这一概念在欧洲广为传播，衍生了“统一欧洲的记忆场所”“德国的记忆场所”等概念。[1]上海交通大学建筑系的陆邵明教授一直在进行国家社科重大项目“我国城镇化进程中记忆场所的保护与活化创新研究”的相关研究，他提出“记忆场所主要是指具有保留并能繁衍集体记忆的特色场所”“是普通市民赖以生活、工作、休闲之处，是乡愁的重要物质载体”，从主题来看可以分为5类，“第一类是学校、文化宫等文化类场所；第二类是大礼堂、会馆、集市等生活休憩类场所；第三类是老码头、旧车站、粮油站等生产性场所；第四类是教堂、公墓、祠堂等宗教纪念

[1] 陆绍明.拯救记忆场所 构建文化认同[N].人民日报，2012-04-12(23).

性场所；第五类是风貌街巷、亲水边界、自然风景与其最佳观赏点等特色场所”；并且指出“不仅要关注公共性建筑，还要关注公共空间，如小巷、街角、骑楼等；不仅要关注场所语境，也要关注一些记忆片断，一段情人墙、一座风雨桥、一棵具有独特意义的树木等等”❶。

伊塔罗·卡尔维诺在《看不见的城市》一书中写道：“城市不会诉说它的过去，而是像手纹一样包容着过去，写在街角，在窗户的栅栏，在阶梯的扶手，在避雷针的天线，在旗杆上，每个小地方，都一一铭记了刻痕、缺口和卷曲的边缘。”❷记忆场所都是来自于已经逝去的某一个时代，于是即便没有历史文物那种厚重的时间沉淀，也同样被时间刻下了独特的印记。这种内涵是只有真实度过的时间可以带来的，这正是那些各地大肆建造中的所谓古建筑、古街、古城所缺乏的，也是大量遭到建设性破坏的记忆场所无可挽回地失去了的重要财富。同时，这些建筑、空间、物品都曾经参与过某一些人的某一段生活。C.亚历山大在《建筑的永恒之道》中说，“一个地方的特征是由发生在那里的事件所赋予的……是这些时刻的活动，参与其中的人，以及特殊的情境，给我们的生活留下了记忆。住房、城市的生活不是由建筑的形状或装饰和平面直接给予的，而是由我们在那儿遇见的时间和情境的特质所赋予的。总是情景让我们成为我们自己。……建筑和城市要紧的不只是其外表形状、物理几何形状，而是发生在那里的事件”。❸因此，这些记忆场所最深刻也最重要的内涵就在于其中承载的每个人独一无二的一段段记忆，正是这些记忆向这些场所投射了太丰厚太深沉的情感，从而让这些场所在时间长河中拥有了生命力。

“在个体层面，记忆场所可以让每一个主体在时空变迁中构建社会身份及其精神慰藉；在社区层面，记忆场所有助于建构邻里文化的认同性与社会纽带；在地方区域层面，记忆场所的图谱将是地方城镇的风貌特色、地域文化、风土人情与其环境品质构成的重要部分；在民族与国家层面，记忆场所网络将极大地丰富与传承民族传统基因”。❹在城镇化建设和城市更新的过程中，为了达到商业化、现代化的目的，进行着大规模的“造城运动”“造村运动”，虽然对历史文物、文化遗产进行了一定程度上的有效保护，但是大量记忆场所无可挽回地遭到铲除，城市里越来越多整齐划一的商务大厦、居民社区、购物广场取代了过去各具特色的建筑和空间，或许有一些经过了精心

❶陆绍明.留住“乡愁”需保护活化“记忆场所”[N].文汇报，2015-06-17(5).

❷伊塔罗·卡尔维诺(Italo Calvino).《看不见的城市》[Z].王志弘，译.台北：时报文化出版社，1993.

❸C.亚历山大.建筑的永恒之道[M].赵冰，译.北京：知识产权出版社，2002.

❹陆绍明.留住“乡愁”需保护活化“记忆场所”[N].文汇报，2015-06-17(5).

设计在未来会成为新的记忆场所,但是已经大大改变了城市的面貌、改变了居民的生活,让居民丧失了对生于斯长于斯的城市的熟悉感和亲切感,城市建设和更新中出现的“千城一面”现象则剥夺了居民的归属感和认同感,造成乡愁无处安放的状况。“唤起乡愁的重要因素是家乡中的空间意象。这种因故土而生的空间意象是构成乡愁的基础性要素,远远超越了诗歌、文学、音乐、电影等的影响。……留住身边的记忆场所实际上也是对相关群体与个体的尊重”。❶

这些记忆场所的深刻内涵可以用另一种理论来进行解释,即“场所精神”。场所精神是一个建筑现象学概念,由诺伯舒兹(Christian Norberg-Schulz)于1979年提出。诺伯舒兹在《场所精神——迈向建筑现象学》一书中,对场所精神进行了详细的阐释,提出场所“不只是抽象的区位(location)而已。我们所指的是由具有物质的本质、形态、质感及颜色的具体的物所组成的一个整体。这些物的总合决定了一种‘环境的特性’,亦即场所的本质。一般而言,场所都会具有一种特性或‘气氛’。因此场所是定性的、‘整体的’现象,不能够约减其任何的特质,诸如空间关系,而不丧失其具体的本性。”“场所产生的前提是必须在一段时间里保存其认同”“在场所精神的发展过程中保存了生活的真实性”,因此记忆场所就有了“记忆”的属性。海德格说,“我等系由物所定”,因此在进行自我认同之时,我们也需要借助“物”——“场所是一个具体的‘这里’,有特殊的认同性(identity)”“我们的环境不只有能够造成方向的空间结构,更包含了认同感的明确客体。人类的认同必须以场所的认同为前提。”“当人定居下来,一方面它置身于空间中,同时也暴露于某种环境特性中。这两种相关的精神更可能称之为‘方向感’(orientation)和‘认同感’(identification)。想要获得一个存在的立足点,人必须要有辨别方向的能力,他必须晓得身置何处。而且他同时得在环境中认同自己,也就是说,他必须晓得他和某个场所是怎样的关系。”“人是环境整体中的一部分……如果我们忘了这点,将导致人类的疏离感和环境的崩溃。在具体的日常感受中归属于某一个场所,即表示有一个存在的立足点。”“在我们的环境脉络中,‘认同感’意味着‘与特殊环境为友’。……就现代都市人而言,与自然环境的友谊已沦为一种片段的关系。相反的,他必须与人为的物认同,如街道和房子。”因此,在城市之中,对于自我认同和安全感、方向感的确立,人们需要借助于那些留下了记忆、涵养出了场所精神的记忆场所。❷

上海是近代工业发祥地,是中国工业文明的摇篮,民族工业诞生地,“到20世纪30

❶陆绍明.留住“乡愁”需保护活化“记忆场所”[N].文汇报,2015-06-17(5).

❷诺伯舒兹.场所精神:迈向建筑现象学[M].施植明,译.武汉:华中科技大学出版社,2010.

年代，上海工厂总数占全国工厂总数一半以上。1949年上海共有各类工厂10000余家，成为全国最大的工业城市”。而对于上海本身工业的空间分布来说，由于交通运输、给排水的便利以及工业的聚集效应等条件和因素的影响，“工业建筑多集中于苏州河北岸和黄浦江西岸”。[1]徐汇滨江的这些近现代的工业遗产作为“生产性场所”是记忆场所非常重要的一部分，记录着上海的城市变迁、技术进步、经济发展，并且与城市中大量居民息息相关。同时，徐汇滨江在场馆聚集效应之外还有着另一项相比其他区位工业遗产资源的优势，即区域内的滨水空间。水是生命之源，自古以来人类便有着逐水而居的习惯，“人类的文明与水共存。人类在河湖之滨，发展起富有‘水与绿’的城市”“河流孕育着城市的生命，酝酿着城市的灵气，蕴藏着城市的历史”“水是人的生命，也是城市的生命。河流作为在城市中所残留下来的宝贵的自然空间，既是城市的自然遗产，也是社会的文化遗产。”[2]在人们更加注重生活质量、居住环境的今天，滨水空间得到了更多的关注，水的灵性和人们生来对水的亲近使得城市规划和房地产开发中经常出现“亲水空间”等概念，于是这些位于滨水空间的工业遗产也因为水的存在增加了一份灵气和活力。

二、场所精神与城市更新

城市是一个动态系统，城市的经济、社会、环境、空间形态处于不断的发展之中。……城市更新是上述经济、社会、环境和空间动态发展的直观表现，也是城市政府对这些动态发展在不同时间、地点形成的发展机遇和挑战所采取的政策行动。城市更新的意义，即将老化了的都市区域和建筑景观作有计划、有效性的现代化更新，改善人居环境和条件，探寻城市深层结构性问题，寻找持续改善城市经济、社会、物质形态和环境条件的方法，提供注重城市更新综合性、整体性、关联性的问题解决方案，对城市更新地区的经济、社会等生态结构进行调整，从而解决城市衰退的根本矛盾，重新唤醒旧城区生命活力。

“‘中国的城市化’和‘美国的高科技’被西方学者并列为将影响21世纪人类发展进程的两大关键元素。可以预见，作为人口数量最多、经济发展速度最快的发展中国家之一，中国未来50年的城市化进程将会在资源供需、经济发展、科研技术以及文化

---

❶张松.历史城市保护学导论——文化遗产和历史环境保护的一种整体性方法(第二版)[M].上海：同济大学出版社，2008:212.

❷张松.历史城市保护学导论——文化遗产和历史环境保护的一种整体性方法(第二版)[M].上海：同济大学出版社，2008:36~39.

产业等各个领域对全世界产生举足轻重的影响。”[1]在这种城市更新和繁荣发展的整体趋势下，我们需要重视的不仅仅是对记忆场所历史文化遗产的保护，还需要以更长远、更宽广的视角去审视记忆场所蕴藏的可能性，“将现代功能有机地注入传统建筑与街区”“让弥足珍贵的传统空间得以高端、高效利用，让传统文化得到新生和延续，同时也能给自身带来独特的魅力，在同业中可独领风骚，给社会经济发展注入更多的文化内涵，达到多赢的局面”。[2]这种“现代功能”包括了具有文化创意基因的商业、商务、旅游、设计、展览展示、创客空间、文创园区等，在合理的规划之下不仅可以提高资源利用效率，为街区带来新的生机活力，还可以为街区丰富新的文化内涵，培养新的习惯，蕴养新的故事，增加新的记忆。这种城市更新的模式已经有了一些先例，“如果说20世纪90年代空间在城市更新中成为概念和资源，但那多半还是一个没有历史承载没有集体记忆没有社区结构的类资本的概念，新天地、田子坊、苏州河沿岸旧仓库旧厂房等保护性改造的项目，则在空间生产上弥补了之前缺失的成分，提供了旧城更新的新的可能途径和新的空间故事。”[3]

相比于需要小心翼翼进行保护的历史建筑、历史街区，徐汇滨江以及其他区域的工业遗产大多处于相对比较偏僻的地段，随着技术的革新失去了原有的功能，仅仅是保护又不足以充分利用空间资源，也没有历史街区那样强烈的吸引力，于是相比保护更加需要进行更新和激活。“这些大多破败不堪的公共空间资源，以租赁使用的低廉成本和遗产保护的高尚理由而得到保存和再利用，成为艺术和设计创意产业的时尚场所。……使本来话题沉重的‘工业遗产保护’，成为了一种轻快惹眼的流行时尚……作为这场时尚运动最早一批的敏感者和发起者，却大都不是刻板的保护主义者。作为骨子里追求个性表现的艺术家和建筑师，他们真正关心的并非遗产保护，而是处心积虑地不断制造出有意味的城市文化事件，而主题就是工业空间残骸的再生，这搭着了上海在后工业时代延承近代工业建筑遗产的脉搏。正是这样一批精英的执着追求和行动，客观上避免了一些上海工业历史空间‘样本’的丢失。而创意产业本身是否改性变质，对城市历史空间存续而言反而倒是次要的了。”[4]

从细节来看，在城市更新和文化产业共同发展的过程中，一个非常直观、非常突出并且已经产生大量成效的做法是“棕地”开发再利用。“棕地”(Brownfield Site)最早、

[1] 李玉峰.新遗产城市:世界遗产观念下的城市类型研究[M].北京:中国建筑工业出版社,2012:5.

[2] 冯斐菲.旧城谋划[M].北京:中国建筑工业出版社.2014:120.

[3] 于海.城市更新的空间生产与空间叙事——以上海为例[J].上海城市管理,2011(2).

[4] 常青.旧改中的上海建筑及其都市历史语境[J].建筑学报,2009(10).

最权威的概念界定，是由1980年美国国会通过的《环境应对、赔偿和责任综合法》（*Comprehensive Environmental Response*，*Compensation*，*and Liability Act*，CERCLA）作出的。根据该法的规定，“棕地是那些因为现实的或潜在的有害和危险物的污染而影响到它们的扩展、振兴和重新利用的用地和建筑”。[1]在城市更新进程中，大量陈旧废弃的工业建筑、工业空间占据了大量空间资源，但是谁来治理、怎样治理成为了一个难题。而文化产业成为了棕地开发再利用的方向，废弃的工业空间经过部分设计改造重新焕发活力，而文化产业发展中大量涌现的私人博物馆、美术馆等也找到了一个可以充分发挥、自由展示的完美空间，传统与现代，冷硬的工业与弹性的艺术交相辉映，相生相成。徐汇滨江的龙美术馆、余德耀美术馆、西岸艺术中心等就是其中的突出代表。

中国在大范围、大规模的建设期之后，空间资源的有限制约了建设的迅速扩张，同时，建设较早的部分载体开始老化甚至废弃，一些生活空间因为曾经的经济条件制约而显得不够舒适，与居民开始追求生活水平、居住质量提高的大环境产生了矛盾，一些商业设施、生产空间随着经济发展、技术进步失去了原有的价值而被荒废，于是重建为主的城市更新开始了。然而随着开发建设的推进，在重建过程中又产生了新的矛盾。土地的价值引起了投资者的高度关注，大范围的爆破、拆除和疯狂的地产建设开始失去控制，一些旧城商业街区的更新改造，金融街、中央商务区等项目的建设改变了原有的区域生态，对城市风貌特色、城市遗产、城市肌理和城市记忆产生了严重的破坏。此外，在城市更新的进程中，出现了“绅士化现象”，即“城市中原先低收入阶层居住的社区被中高收入阶层移入所取代的社区变化过程”[2]。这些社区都是处于旧城区域，有着大量记忆场所的留存，也有着社区独特的原住居民文化氛围和生活特色，因此吸引了较高收入阶层的迁入。

在城市更新中怎样进行记忆场所的保护，怎样控制和利用文化创意产业以及“绅士化”现象激活记忆场所活力，这些困惑同样可以通过场所精神的理论来寻找一些解答。诺伯舒兹在《场所精神》一书中指出，“相同的空间组织，经过空间界定元素具体的处理手法，可能会有非常不同的特性”“特性一方面暗示着一般的综合性气氛（comprehensive atmosphere），另一方面是具体的造型，及空间界定元素的本质”“构成一个场所的建筑群的特性，经常浓缩在具有特性的装饰主题中，如特殊形态的窗、门及屋

---

[1]刘伯英，冯钟平.城市工业用地更新与工业遗产保护[M].北京：中国建筑工业出版社，2009:39.

[2]清华大学建筑学院.城市规划资料集第八分册：城市历史保护与城市更新[M].北京：中国建筑工业出版社，2008:227.

顶。这些装饰主题可能成为'传统的元素',可以将场所的特性转换到另一个场所。"可见场所精神是可以借助建筑等载体进行保护传承的,也就是对记忆场所的核心内涵进行了延续。同时,诺伯舒兹还指出,"场所结构并不是一种固定而永久的状态。一般而言场所是会变迁的,有时甚至非常剧烈。不过这并不意味场所精神一定会改变或丧失。"在应对城市更新中的经济环境、文化背景等的不断变化时,"首先,我们得指出在某种限制下,任何场所必须有吸收不同'内容'的'能力'。场所不只适合一个特别的用途而已,否则将很快就失效。其次,一个场所很显然可以用不同的方式加以'诠释'。事实上,保护和保存场所精神意味以新的历史脉络,将场所本质具体化。我们也可以说场所的历史应该是其'自我的实现'。一开始的可能性,经由人的行为所点燃并保存于'新与旧'的建筑作品中。因此一个场所包含了具有各种不同变异的特质。""场所精神的形成是利用建筑物给场所的特质,并使这些特质和人产生亲密的关系。"这就为我们在城市更新中进行记忆场所激活指出了一条道路,即在一定范围有选择地进行保护,同时对旧的场所进行新的诠释;延续建筑物赋予场所的特质,同时通过让更新后的场所与人产生关系来形成新的场所精神、培养新的场所记忆。

三、城市更新与文化发展

一座城的重生有很多种方式,可以全部推倒了重建,用林立的大楼垄断蓝天;也可以保留下历史的精华,以更温暖的方式改造,让往昔的风物焕发出新的荣光。城市更新既是出于城市经济结构转型的刚性需求,也要考虑城市记忆和市民情感的价值评估;既要注重现实的经济收益,也要权衡未来的文化收益。城市更新中的艺术干预,对于去工业化导致的老城区大量工业遗迹废墟化,却迎来了文化产业的成长性机会。巴黎左岸、伦敦南岸和上海西岸,提供了大致相同的空间实践和文化实践。

(一)巴黎左岸

"巴黎左岸"原本只是一个地理概念,泛指位于塞纳河南岸地区的圣日耳曼大街、蒙巴纳斯大街和圣米歇尔大街。索尔本大学(巴黎大学文学院)、三语大学(法兰西大学)、四国学院(法兰西学院)三所大学的存在为左岸地区的文化氛围营造提供了良好的基础,并且这一因师生学习和使用拉丁语而被称作拉丁区的区域成为了左岸最早形成的文化核心区域。14世纪法国国王查理五世将王宫迁至塞纳河右岸,商业经济也随着政治权利中心的转移而在右岸蓬勃发展;17世纪路易十四将王宫迁入凡尔赛宫，作为巴黎前往凡尔赛宫的必经之路，众多达官显贵、社会名流进入了左岸地区。与右岸繁忙的商业经济氛围不同，左岸的知识分子、社会名流们有着更缓慢的生活节奏和对文化享受的追求。1686年，巴黎第一家咖啡馆——普各伯咖啡馆在圣日耳曼大街开启了咖啡与艺术的邂逅，此后各种书店、画廊、咖啡馆、电影院、唱片公司开始入驻左岸，为艺术家、知识分子等提供了更多的消费空间和休闲空间，吸引了大量艺术家的驻足，从而让左岸日渐发展成为世界级的文化艺术重地。

此外，在19世纪，巴黎东部沿塞纳河两岸地区工业化程度就比较发达，从19世纪中叶奥斯特里茨火车站和托尔比亚克火车站综合楼建成开始，整个左岸地区逐渐成为铁路、工厂、仓储用地。第二次世界大战之后，随着工业的技术进步和现代化发展，大量的工厂失去了原有的功能而被废弃，再加上法国国营铁路公司针对私有铁路的合理化组合和现代化建设，奥斯特里茨火车站周边的这片工业区逐渐衰落成为工业废弃地。20世纪80年代，在举办世博会和奥运会的背景下，人们开始意识到左岸的衰落和地区发展的失衡，1990年正式着手制定巴黎左岸改造规划，利用两大火车站之间的工业和铁路废弃用地，逐步进行改造更新，在保护左岸历史风貌的同时打造文化、教育、办公、居住等多功能融合的综合区。[1]在巴黎城市规划院制定的规划中，左岸被分为3个片区，根据不同的资源环境实行分段治理，针对不同的功能定位进行整体区域更新。“A段为旅游区，位于中心区域，汇集了巴黎许多宏伟的古典建筑，集聚了世界艺术之都的精华，如小凯旋门、荣军院、罗浮宫、埃菲尔铁塔等，主要发展旅游业；B段为旅游和商业的混合区，其功能既包括发展旅游业，也包括兴建商业建筑，发展商业；C段为工业区，将B段原有工厂、厂房迁至此，实现统一规划和管理”。[2]在改造更新中，一方面对承载着左岸历史记忆的工业遗存进行了保护和修复，例如对奥斯特里茨火车站进行了内部加建商业店面的清理，修复了建筑的原貌；另一方面对工业遗存进行改造，开发其新的空间功能，例如著名的建于1919—1924年的巴黎面粉厂厂房改造后成为了大学的教学楼等。

总体来说，巴黎左岸有着悠久的历史，从而拥有了丰富的历史文化遗产资源，为旅游业的发展打下基础；长久以来孕育出的文化艺术氛围和生生不息的文化艺术生命力使“巴黎左岸”成为世界闻名的文化艺术品牌；合理的规划、准确的定位既保留了城市记忆、历史风貌，传承了左岸的魅力，又利用工业遗存激发出左岸新的活力。

[1] 任国岩.巴黎塞纳河左岸地区改造规划与建设[J]..国外城市规划，2004(5).

[2] 孙静毅.徐汇滨江地区功能定位与产业规划研究[D].上海：华东理工大学，2011.

(二)伦敦南岸

“伦敦南岸”即伦敦泰晤士河南岸地区,比肩于久负盛名的“巴黎左岸”,同样是世界闻名的文化艺术中心,也同样是经过城市更新焕发了新的生机。由于地理环境的客观因素影响,泰晤士河北岸发展一直优先于南岸,南岸在早期主要为北岸的开发提供支持和服务,处于次要地位。随着北岸的不断开发,人口密度迅速增长,于是在18世纪南岸成为了上流阶级私人享有的娱乐休闲花园所在。同时,南岸作为大英帝国曾经的码头仓储区,大多货物都是在此进行中转,到19世纪时,泰晤士河沿岸就布满了仓库和码头。英国的城市化和工业化速度与规模在19世纪都处于空前的发展之中,泰晤士河沿岸地区因其滨水区位优势而开始形成工业的集聚,相对北岸来说,尚余更多开发空间的南岸地区诞生了大量工厂。二战之后,随着大英帝国的衰弱和远洋运输、工业生产技术上的革新,南岸的货运仓储和工业生产功能逐渐消退,遗留下大片的废弃码头仓储区和工业废弃地。

1980年,英国政府通过了旨在以建筑遗产再利用为核心、推动衰败地区再生的《地方政府规划与土地法案》。为了治理工业污染、重新激活泰晤士南岸地区、推动伦敦整体城市更新,1993年,政府在南岸投资了上亿英镑进行基础设施、旅游产业建设,通过对码头、仓库、工厂等工业遗存的风貌保护与功能更新,逐渐形成了如今作为伦敦最具活力艺术集聚区、欧洲最大艺术中心、世界现代艺术圣地之一的泰晤士南岸艺术区。

英国是世界上最早提出“创意产业”一词的,英国政府从1991年就开始重视创意产业的发展。2003年,伦敦市长提出伦敦市的文化战略目标是维护和增强伦敦作为“世界卓越的创意和文化中心”的声誉,打造世界级的文化城市,提出了“创意城市”理念。伦敦作为世界创意之都的整体背景环境和英国政府对文化创意产业的重视,使得南岸地区在进行城区更新之时重点推进了文化创意产业的发展,在南岸艺术区的建设中将文化创意融入记忆场所之中,为这些记忆场所增添新的文化艺术魅力。

如今的南岸集现代文化、旅游、休闲、商业功能于一体,场所记忆、历史风貌、现代设计、文化创意等众多元素互相交织,拥有世界三大现代艺术展览馆之一的泰特现代美术馆,英国艺术节中心,莎士比亚环球剧场,世界上最富盛名的剧院之一英国国家剧院,英国最知名的两大剧院——新维克、老维克,皇家节日音乐厅,英国国家博物馆,被誉为“伦敦最完整的美术馆”的海沃美术馆等丰富多样的文化艺术场所,每年吸引着300万参观者前来享受文化艺术盛宴。其中,泰特现代美术馆是由建于1947年的

Bankside发电站改造而成，是专门展示20世纪艺术品的专题美术馆，在对发电厂建筑遗存进行最大程度利用的同时，加入符合伦敦创意城市定位的创意设计元素，让传统与现代、工业与艺术在此融合碰撞，成为南岸艺术区的灵魂。[1]

（三）上海西岸

巴黎有左岸，伦敦有南岸，而徐汇有西岸。徐汇区位于黄浦江西岸，有长达11.4千米的滨水岸线，与巴黎左岸、伦敦南岸从很多方面来看都非常相似，同样有着悠久的历史、丰富的记忆场所、沉睡的工业遗存，都需要通过城市更新中对记忆场所的开发再利用唤醒城区活力。2011年末，徐汇区第九次党代会提出打造“西岸文化走廊”品牌工程战略后，“上海西岸”成为徐汇滨江地区的新称谓被广泛使用。徐汇西岸一直以巴黎左岸、伦敦南岸为目标，希望能够发展成为具有同样世界知名度的文化艺术品牌，同时也并非对已有的左岸、南岸模式进行模仿复制，而是根据自身的资源进行发展规划，制定了与左岸、南岸不同的核心功能定位，打造自身品牌特色。

西岸所在的滨江地区曾是中国近代民族工业的摇篮之一，曾集聚了包括龙华机场、上海铁路南浦站、北票煤炭码头、上海水泥厂、上海飞机制造厂等众多工业设施和重要的民族企业，是当时上海最主要的交通运输、物流仓储和生产加工基地，承载了中华百年民族工业历史。2010年，上海市启动“黄浦江两岸综合开发计划”，徐汇滨江成为上海市“十二五”规划六大重点建设功能区之一。2012年，经上海市徐汇区人民政府授权，注册资金6.6亿元的国有独资企业集团上海西岸开发（集团）有限公司（简称“西岸集团”）成立，全面承担徐汇滨江地区9.4平方千米范围内土地储备与前期开发、基础设施投资建设、功能开发与招商引资、整体运营与综合管理等职能。一方面，参照世界各国的棕地复兴成功经验，徐汇滨江创造性地运用“上海CORNICHE”的设计理念，针对滨江空间和工业遗存实施保护性开发和亲水公共开放空间打造；另一方面，遵循“规划引领、文化先导、产业主导”的总体开发思路，上海西岸围绕“西岸文化走廊”品牌工程、“西岸传媒港”等核心项目，着力打造汇集国内外顶尖文化艺术、信息传媒、时尚设计、创新金融等业界领袖的国际级滨水文化金融集聚区，目标成为与巴黎左岸、伦敦南岸比肩的，独具魅力与活力的世界级滨水新城区。

针对滨江记忆场所中的建筑载体的保护性开发来说，西岸已经有了一些成绩。2014年建成开馆的龙美术馆西岸馆选址原北票煤炭码头，对北票码头遗留下来的构筑物“煤漏斗”进行了保留，作为“斗廊”在“伞拱”结构的美术馆主体建筑中间与清水

---

[1] 苏秉公.城市的复活——全球范围内旧城区的更新与再生[M].上海：文汇出版社，2011.

混凝土质地的主体建筑形成视觉呼应。细腻的清水混凝土质地让新建的龙美术馆具有了与北票码头相符的工业感，与北票码头的历史风貌和记忆情感相互呼应，大胆的伞拱结构设计又具有现代艺术美感和创意设计元素，楼顶的江景平台让黄浦江景一览无遗，是龙美术馆与北票码头气质的完美融合。余德耀美术馆同样于2014年开放，其原身是上海飞机制造厂机库。在改造过程中，余德耀美术馆保留了机库原有的结构和外观，在最大程度保持机库风貌的基础上，重新进行空间设计。老机库的历史沧桑感和新建的玻璃大厅的现代设计感互相交织，再加上内部的现代艺术作品，让余德耀美术馆成为西岸又一颗明珠。2015年正式对外开放的西岸艺术中心同样是上海飞机制造厂的遗存，保留原250#厂房的大跨度空间，将空间震撼力延续下来，东、西立面山墙的打通处理则展示出了开放的姿态。这些记忆空间激活项目不仅激活了各自依附的载体空间，更是带动了西岸整体的文化艺术发展，成为西岸美术馆大道的初始力量。

除了已建成使用的项目，西岸还将继续推进对滨江地区工业遗存资源的更新激活。计划于2017年投入使用的油罐艺术公园选址原中航油油罐，保留作为工业遗存的5个不同大小的油罐，利用油罐内特殊的空间结构开发综合性艺术展示功能，同时对周边环境景观进行改造，打造公共艺术为主题的开放性公共绿地公园。同样预计于2017年开放的另一个公共空间跑道公园位于原龙华机场跑道所在地，建成一个全长1.6千米，宽80米，富有航空历史文化印记的带状公园，在沿袭龙华机场的历史记忆的同时在未来创造属于跑道公园新的公共空间记忆。原龙华机场航站综合楼也将于2017年改造成为龙华航空文化中心，在保留原龙华机场航站综合楼的基础上增建部分展示用房，用以展示龙华机场航空历史文化，宣传航空科普知识，与龙华直升机场、航空服务业集聚区项目形成组群，共同发展通用航空服务平台。

对于滨江地区整体空间的更新改造，西岸充分利用了黄浦江岸线，优选国际征集方案，以“上海CORNICHE”为设计理念，目前已建成3.6千米亲水岸线，并于2010年对外开放。“CORNICHE”（海滨大道）的概念源于欧洲，是指法国、意大利、西班牙等国在海滨休闲旅行城市建造的既可散步观景又可驾车欣赏的滨水大道，也指其周边聚集的文化、商业、住宅共同组成的品质生活、精神享受。西岸开放空间充分利用了滨江空间的记忆场所遗存，利用原南浦站2.5千米保留铁轨打造“谷地花溪”，利用4万平方米码头改建亲水平台，保留轨道道岔、信号灯、蒸汽火车，对场地原址石材进行再利用，将原煤炭传送带改造为高架步道，创造性融合了南浦站站台、塔吊、海事塔等记忆元素，在原有空间肌理的基础上建设滑板广场、攀岩墙、户跑步道、篮球场、公共绿地等公共开放场所，吸引居民和游客的到来和逗留，提高居民生活质量。

此外，西岸始终坚持文化载体建设与文化活动举办同步，利用重生的和新生的载体和滨江开放空间，不断引入国际性品牌文化艺术项目，通过各种艺术展、音乐节活化西岸空间和载体资源，丰富西岸文化艺术魅力。例如震撼滨江绿地的风暴电音节，中国首个融合顶尖当代艺术与设计的国际性大型博览会西岸艺术与设计博览会，上海首个本土大型户外音乐节西岸音乐节，全球唯一的以建筑与当代艺术为固定主题的国际双年展西岸建筑与当代艺术双年展，2015年于余德耀美术馆举办亚洲首展的大型互动艺术装置作品《雨屋》，2016年开年于西岸艺术中心举办的2016上海艺术设计展等。2016年年初，2015年中国人居环境范例奖获奖名单公布，徐汇滨江公共开放空间作为历史文化遗产保护主题范例项目获此殊荣，徐汇区在记忆场所与城市更新上的创新探索已经开始受到瞩目和认可，未来以西岸传媒港为核心的项目建设将推动徐汇区逐渐发展成为上海新的文化艺术中心。

需要特别指出的是，文化空间既可以被理解为承载文化内容的“空间实践”，也可被理解为以空间作为媒介的“文化实践”。对于前者，空间作为一种容器，文化作为一种“存在”；对于后者，空间作为文本，文化成为一种“生成”。1980年以来的中国文化空间是国家意识形态、社会主义市场经济、空间生产、技术进化、文化转向、美学实验，以及公共生活转型等多种领域的符合交织体。它既是中国现代化进程的一部分，也同时呈现出不同于西方全球化进程中的诸多特殊性。上海从来就是一个世界主义都市。只要是好的，有品质的，特别是西洋的、摩登的、时尚的，一律拿来主义，东西通吃，即所谓的“海纳百川”。生活在上海是有福的，因为等于生活在世界，一个流动的、橱窗一般美轮美奂的世界。不过，真正繁荣的与其说是“上海的文化”，不如说是“文化在上海”。

致力于地方再生与文化经济的品牌构建

——以桃园大溪木艺生态博物馆为例

台湾中原大学文化创意研究中心　林昆范

一、序论

台湾于2008年开放大陆游客观光之后，观光人数逐年快速攀升，2015年虽然突破1000万人次，但是观光客的平均消费金额却不升反降；到访中国大陆的观光客人数虽然名列全球第三位，但是总量却只达5760万人次。正所谓“他山之石，可以攻玉”，以全球观光人数排名第一的法国为例，到访观光客人数高达8450万人次，不但远多于全法国6600万的总人口数，观光客对于“百闻不如一见”的信息欲望，以及物质之外的附加价值等要求甚高，在一般有形的游览购物之外，更醉心于无形的文化、风土、艺术、工艺等多元层面的探索，牵引包括观光产业在内的整体经济更加活络，这使我们不得不多加思索，在表象的量化数据之下，如何提升内在的产业质量。

日本政府于2003年开始制定观光立国政策，这是继贸易立国与技术立国之后提出的另一项国家战略，为带动日本经济与社会发展进行探索，并以包括中国大陆、台湾、新加坡与中国香港等大中华经济圈，设定为主要的争取对象。日本观光振兴协会于2009年依据产业变化重新定义观光产业，将产业范围划分为三层结构：第一层的核心为旅行业、住宿服务业、主题观光设施业、观光特产品业、活动公关业、运输业等；第二层的关联团体包括社会、教育、行政、学术、劳动等；第三层的关联产业包括银行业、保险业、饮食业、农林水产、特产制造业等，俨然成为以观光为火车头的产业战略（寺岛实郎，2015）。

据此，各个城市乡镇、观光景区或商圈，在导入品牌规划、形象设计、文化创意商品系统，并借此提升服务质量与整体形象之际，研究开发与设计规划团队需要通盘思考，此项品牌系统如何触动旅人出游的动机，这些触动装置包括如何呈现季节时令的变化、表现地方文化的差异，以及令旅人感受到与自己习以为常的故乡有着截然不同的特色，让观光成为名副其实的"观国之光"，进而采取"百闻不如一见"的实际行动。

二、研究流程

台湾桃园市的大溪，位于大汉溪上游，早期为凯达格兰族与泰雅族的生活场域，坐拥充足农业水源、茂密林业、丰富矿产等天然资源。清朝中叶开始，随着陆续的产业开发，樟脑产业兴盛、平原物产丰饶及矿产开发，街区发展逐渐成形，繁荣兴盛。之后随着时代演进，稻米、樟脑、茶叶、煤矿、河运渐渐消失，目前大溪老街的经济主轴以木器工艺、豆干加工，以及因应历史保存运动及宗教民俗活动所衍生之文化服务及休闲旅游为主，虽然近年来到台湾的境外观光客逐年增加，但是到大溪旅游的人数并未有明显增长，消费形态与文化内涵等服务内容亦尚待转型与提升。本研究希冀通过对大溪的文献探讨、资源盘点、实地调研等前置作业，藉此建立内部认同度与外部认知度均佳的品牌识别系统，并以此导入后续发展的媒体宣传、环境导视与文创商品的规划与设计等，以期有效凝聚大溪的地方形象，提升大溪的生活质量与观光价值(图3-1)。

策划阶段			企划阶段			设计阶段				执行阶段				经营阶段		
理解产业现状	探索企业优势	理清经营理念	进行现地调研	凝聚计划目标	掌握品牌特质	确立视觉形象	发展视觉系统	规划系列商品	连结环境空间	品牌形象设计	文创商品设计	环境标识设计	空间景观设计	整合品牌形象	持续品牌信息	建立品牌文化

图3-1　品牌构建的工作流程图

三、研究架构

形象是由许多经验与信息的联想所联结而成的复合价值体，形象与观光客之间存在许多接点(touch point)，包括标志、名称、报导、电视节目、广告、店头、人员、商品、服务、网页、口碑、简讯等(博報堂ブランドデザイン，2006)；以地方形象或观光品牌为例，参与者的实际经验是首要因素，但对于即将参与的消费者而言，友人的感想、杂志的报导、广告的内容等因素，都是影响形象价值的条件。换言之，组织或企业进行形象建构必须考虑所有资源的利用，并进行有效率的形象管理与适切的形象设计。经由文献探讨，本研究汇整大溪的主要资源包括生态的山林、生活的河港、生产的木艺、文化的街屋，相关的发展脉络如以下所述。

（一）河港与街屋

和平老街的建筑本体早在1850年即陆续成形，虽然是大溪较晚发展的地区，却因为紧连着大汉溪码头，繁荣兴盛的程度可以说是后来居上。1896年中日甲午战争，老街上许多的建筑遭日军炮击焚毁，1918年市区实施拓宽道路时，又拆去原有的旧店面，新建为今日所见的街道立面，并增设骑楼走廊，造就了现今特殊的大溪街屋。台湾在日据时期历经明治、大正、昭和3个年号，受到明治维新思潮的影响，尤其表现在建筑和家具造形方面，许多从西方中世纪、文艺复兴、巴洛克，一直到印象派的艺术风格引进，与本地传统形式结合而有所谓的“大正式”建筑。1919年实施街道改建计划，强制老城区店面要整齐划一，街屋立面采用巴洛克式浮雕山墙（图3-2）。大溪老街因风格独特的街屋牌楼立面，吸引大量观光客到此休闲及旅游，因此，衍生许多外来业者于街道上、骑楼下，或承租店面，经营观光服务相关产业。

图3-2　融合闽南特色与巴洛克风情的街屋山墙立面

（二）山林与木艺

大溪拥有着丰富的森林资源，清朝时大汉溪上游盛产的名贵木材在此集结，材料不虞匮乏。随着河运兴起，大溪一跃成为重要的河港后，造就了不少巨商富贾，也创造了豪宅和华丽家具的需求，不少从大陆引进的匠师纷纷在大溪落籍，并广募门徒，进而培育众多手艺精良的工匠。由于大陆师傅传授技巧的不断改进，再加上良好的气候利于材料处理，大溪拥有得天独厚的发展条件。木器师傅的手艺，加上周边山林盛产的红桧、槐木、樟木、梢楠木等上等木材，以及大溪特佳的漆料，逐渐建立起家具之乡的美誉。大溪木器工艺的种类繁多，包括桌、椅、柜等各色家具，供桌、神案、神主等祭祀用的木器，以及花台、毛笔架等品项琳琅满目，订制的客户不但来自台湾各地，来自日本、美国的也不在少数。

如以上所述，大溪老街历史悠久，文化资源丰富，但是产业活动仅集中于部分区域，且多为浅薄性的消费活动，无法充分运用及展现大溪之艺文特色。本研究希冀从地景、人文、产业、历史出发，通过文化再生的思维，藉由文化创意、品牌识别、服务设计、环境导视系统等介质，明确定位大溪木艺生态博物馆在地方产业发展中的领航角色，连结地方政府与民间力量，带领地方经济往下一个里程碑迈进。本研究架构如图3-3所示。

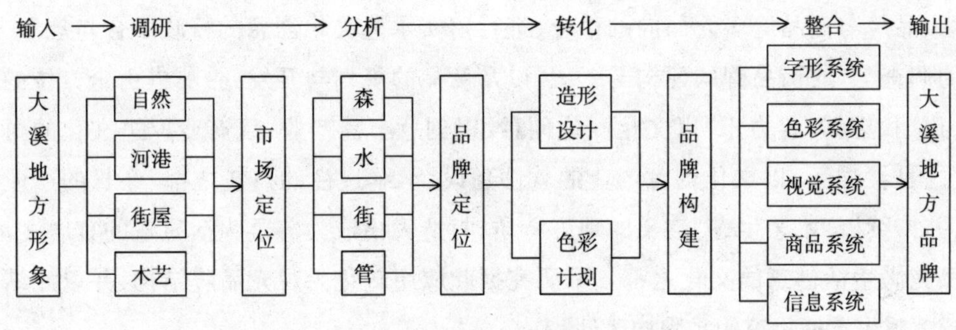

图3-3 构建地方品牌的研究架构图

四、分析与讨论

文化旅游形态的观光客，对于"百闻不如一见"的体验需求较高，因此，若能适切连结文化服务与创意商品，将整体的视觉、听觉、嗅觉、味觉、触觉等五感体验进行有效整合，发挥独特的地方特色，配合适切的品牌经营与营销管理，将可发展成为具备国际特色的观光产业、文化产业或创意产业，进而将有形的商品与无形的服务，朝向高单价、高获利、精致化与时尚化等方向发展。

(一)地方品牌的结构

发展"一村一品"成果卓著的日本，于近年接续推动"品牌育成支持事业"计划(JAPAN BRAND)，以期藉由地方产业的振兴，将中小企业扶植成为畅销全球的品牌。为期最长可达4年的品牌育成计划，辅导内容包括策略、设计、新商品开发、资讯传播、展示会、通路开拓、智慧财产权及企业化过程，这项品牌建构计划区分为以下6个面向，可作为发展地方文创品牌的借鉴：传统的延续、传统的活化、物产的特色、观光的体验、活动的集客、信息的传播(ナガオカケンメイ，2008)。大溪以传承有序的木艺产业发展成为名闻全台湾的木艺重镇，"一村一品"的经营模式，可为大溪木艺产业导入适切的文化创意思维，在特色探索、资源联结与品牌建构等方面，提供更完备且多元的可能性。

针对“大溪木艺”地方产业的建置、内容发展与永续经营，桃园市政府于2015年在大溪成立木艺生态博物馆，2016年进行大溪品牌的构建，2017年预定发展大溪文创产业，通过博物馆平台的资源整合，着力于展现地方文化特色、联结观光休闲、进行国际化营销、推动文创品牌等工作，而大溪的木艺职人们也以民间的力量，应可朝向政策、市场、品牌与商品等多元面向的整合，进行落实木艺文化创意的行政统合与规划、产业的调查与分析、品牌的建构与育成，以及商品的规划与开发，希冀借由全方位的思维与总和规划，致力于“以文化深化创意，以创意丰富产业，以产业促进文化的再投资”之良性循环，以文化创意产业的软性建设，承续过往的技艺之都、今日的产业之都，并持续以“木艺生态”广义的地方特质，打造大溪成为着重生活质量的宜居之都，以及充满生活创意的文化之都。本研究据此应用转化为观光品牌结构，并以此结构进行大溪木艺博物馆的品牌构建(图3-4)。

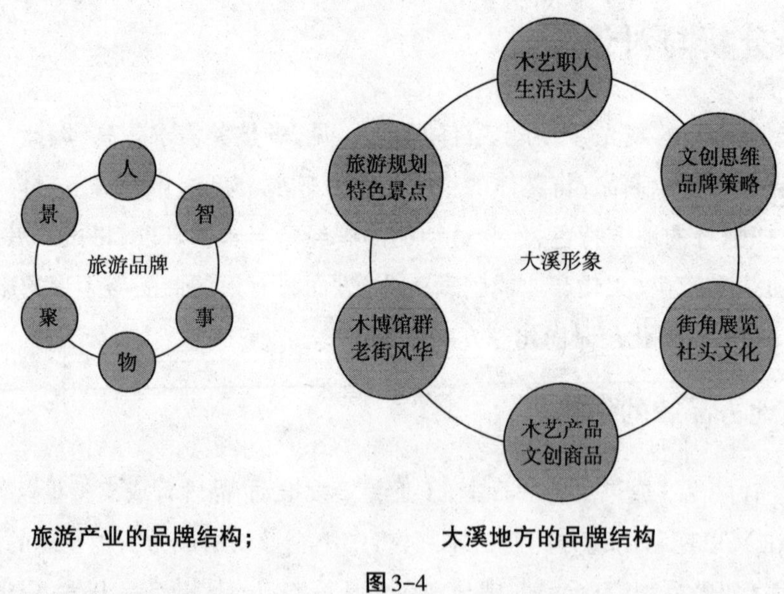

旅游产业的品牌结构；　　大溪地方的品牌结构

图3-4

(二)地方品牌的策略

近年来，多数的大型企业与全球创意城市已将市场策略与管理策略整合为“品牌策略”，这是因为品牌策略在今日信息化社会的经营模式中，已成为不可或缺的因子。时代从造物的工业化社会进展到今日的高度信息化社会，企业或组织提供的不仅是实体的商品或服务,同时也对市场传达企业符号与企业信息的“信息价值”;换言之,品牌价值即是理念与行动等信息价值的总和。在过去工业化社会的市场策略中,首重实质商品的特色,若没有商品的产出,就无法进行商业行为;在现今信息化社会中,可藉由品牌的力量进行新商品或服务的研发与销售,发挥信息的实际价值。

大溪木艺生态博物馆的对外营销,为了方便记忆而简称为“木博馆”,最大的特色在于不是一个存在于建筑内展示木艺产品的空间,而是将整个大溪城镇当作一座博物馆,以文化遗产的概念进行延展,致力于大溪木艺产业的保存推新,并且展现常民的生活形态。目前木博馆的直属范围遍及20余座日式建筑的“公有馆”,串连10余家民间自发性加入共同运营的“街角馆”(需通过木博馆的审查)。馆方积极结合在地社群的能动性,保存、展演并创新大溪丰富的文化生态与木艺发展,成为民众休闲、学习及文化观光的亮点,让大溪生活文化能够变成一门显学(图3–5)。在整体规划之中,为展现符合大溪木艺生态博物馆理念之品牌识别系统与环境导视系统,并将大溪的木艺文化朝向在地化、时尚化、生活化等方向转型。本研究将各个品牌接点进行适切的调整与统合,之后再依据视觉原理进行主视觉、辅助视觉、色彩计划、宣传系统与文创商品等设计应用,以成功营造在地化、系统化、精致化与现代化等综合效益。

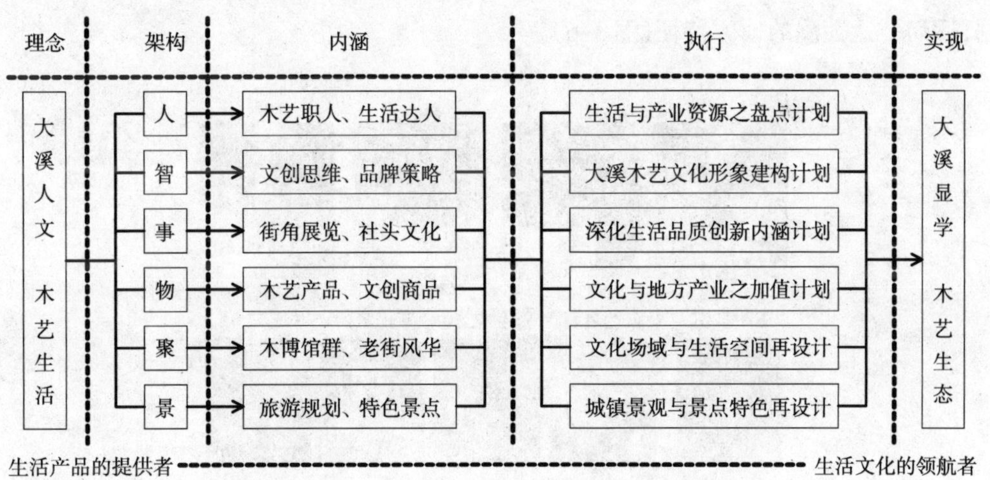

图3–5 大溪的地方再生与品牌构建构想图

五、调研与设计转化

大溪历经清朝、日据、民国等时期,是一座被山水美景环绕,以木艺兴业的百年城镇，时光荏苒，至今仍然充满活力与生机。本研究通过文史考据，在造形计划方面，为突显木博馆重视生活文化的价值与理念，将大溪意象中的山林河港、中西日融合的牌楼街屋、常民生活的神将文化，结合百年木艺产业，融入本研究的设计规划之中，以营造出具有人文气息的地方形象，创造独特的大溪特质，期使大溪成为充满魅力的生活空间与文化场域。在色彩计划方面，通过实地调研，探寻当地的象征色彩后进行分类，汇整出足以诠释大溪形象的色彩组成，并且考虑环境融合与识别机能之间的平衡，规划出符合大溪形象的色彩系统。

（一）地方的色彩计划

每座城市的色彩意象，来自于当地的历史脉络与风土民情，对色彩会有不同的偏好与理解，同时也是对城市政治、经济、文化的具体反映。本研究于大溪进行地方色彩调研，从公有馆舍、传统街屋、寺庙建筑、信仰器物、大汉溪河坎及自然景观中归纳出30多个代表色，包括日式建筑磨石子墙面的中灰、古道石板的深灰、闽南式庙宇匾额的贵族红、金纸及线香的民间红、大汉溪的水蓝、河阶石头的棕黄、木艺产业的深棕等。在当地环境中萃取出的象征色彩，经过机能转化后，运用于大溪的地方形象、环境导视、街角馆识别、文创商品，以及公共宣传品等，希望通过这些系统化的色彩计划，适切传达大溪的地方特征（图3–6）。

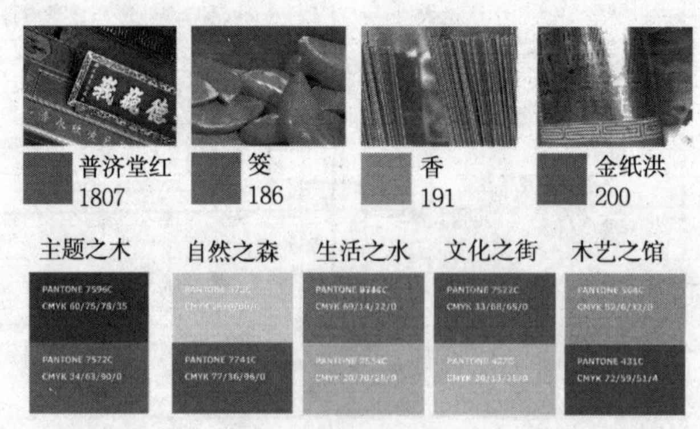

图3–6　萃取大溪象征色彩进行色彩计划

（二）地方的造形计划

本研究经过前述的资源盘点，归纳大溪的象征形象为山林、河港、街屋和木艺（木博馆），这些接点见证大溪成为木艺文化聚落的过程，也正是“木艺生态博物馆”的开馆精神与任务范围，木博馆原有主视觉的“木”，代表木艺，小篆字体的象形亦可视为图像，因此，本研究延续此形象，针对4个品牌接点，进行精简词汇为“森”“水”“街”“馆”，再通过象形文字的造形描绘，并结合大溪形象的造形与色彩，发展出对应大溪形象的造形系统。规范木博馆在使用这4个辅助视觉之际，能够因应不同的业务属性，使用适当的造形系统，整体规划区分为人文系统的“公有馆”与“街角馆”，以及自然系统的“山林”与“河港”，皆能与原有的主视觉进行组合，延伸出应用的辅助系统（图3-7）。

图3-7　大溪形象的造形转化与色彩应用

六、环境的导视计划

本研究从地景、人文、产业、历史出发，通过文化再造，藉由视觉形象、服务设计、动线规划以及整体环境规划，以期能适切定位木艺生态博物馆在大溪产业与文化发展的重要地位，在上述基础设计的后续规划，考虑短期的实施效益与市场反应，让大众感受到发展地方品牌带来的实质效益，本研究拟定导入城镇的环境导视系统，作为首要的应用设计。

日常生活中，当人们进入陌生的环境时，眼睛一开始寻找的就是想去的方向、自己所身在的位置，以及当地的相关视觉信息等。因此，视觉标识系统存在环境当中必须蕴含环境信息，人们可借由标识建构环境认知，标识运用视觉传达方式也能营造环境气氛，甚至装饰美化环境。因此，本研究以品牌形象与环境场域的氛围，作为环境标识系统规划与设计的要素，并统整大溪现有的标识系统，分析现况，提出具体改善的方向与方法，利用大溪特有的木材质感，呈现大溪独特的视觉形象，并展现适切的地方精神；在色彩应用方面，主色彩采用深色木材色调，以呈现出朴质的意象，使其融入整体环境的氛围之中；辅助色彩以4个象征色彩作为提示，不但有助于辨别信息内容，与主色亦达到高视别性的效果；在造形应用方面，大溪最具代表的视觉印象，即是老街上充满人文气息的巴洛克建筑立面，本研究将其转化为环境导视系统的辅助造形，依据上述各项使用条件与形象特质，在不同所需的地点规划身分型、指示型、定点型与综合型的导视系统，使其在提供必要的环境信息时，也能在瞬间吸引目光，产生对大溪形象的联结与认同（图3–8）。

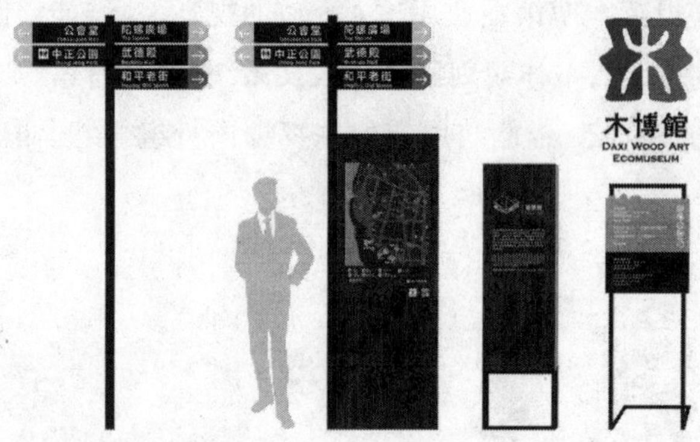

图3–8　大溪品牌形象应用于环境导视系统的设计

七、品牌的延伸计划

大溪木博馆的设立宗旨，乃是期盼通过公有馆舍的资源，串联民间街角馆的能量，进而发挥产业振兴的效果，并且创造文化观光的整体效益。然而，现代博物馆的角色与功能，不应止于保存收藏与展示教育，更可拓展至资源整合、产业支持与区域联结等层面。从经营管理与品牌建构的视点而论，在严肃的藏品与展品之外，品牌与延伸创意商品的经营，往往可以配合营销策略发挥更灵活与更广大的影响。其中，最特别的是来自民间自发性的力量，经由木博馆审核补助的街角馆，他们皆是大溪当地具有特色的产业或店家，每位负责人都是街角馆的馆长，由市政府授予象征荣耀的职人证，担负传承大溪精神，传播大溪品牌的任务（图3–9）。

图3–9　街角馆系统也是木博馆品牌的一环

本研究考虑品牌的拓展性与媒材的普遍性，以纸质延伸品作为大溪形象最佳的品牌接点，分别选定无偿发行的导览折页，以及价格亲民的文创卡片，期盼在品牌推广之初，即可通过这些大量发行、唾手可得的品牌媒介，加速品牌的拓展与有效传播。博物馆的导览折页设计，依据本研究问卷访谈的结果，游客对于街屋巴洛克式牌楼的印象非常强烈，因而将充满人文气息的老街形象融入设计之中，营造五片折页由低而高的层次，使游客拉开折页后进入图文导览，就如同进入大溪百年风华的时光隧道，背景设定为浅色木纹，与木博馆的主题链接，这些细致的设计，期待旅人在结束旅程后当作纪念品收藏，持续发挥大溪品牌的影响力（图3–10）。

图3–10　以大溪百年建筑牌楼为意象的导览折页

纸质的文创商品用以宣传、推广大溪文化为主要导向，加入转化后的在地文化元素与森水街馆的故事联结，以发扬并完备大溪木艺生态博物馆的整体概念。本研究以“森、水、街、馆”4个品牌故事为设计理念，正面以木版画风格绘制具有独特意涵的故事图像，色彩延续品牌计划的色系，进行画面的浓淡调整。这4款图像故事与色彩计划皆承续大溪品牌精神的文创卡片，希冀诱发游客触景生情的效用，产生兴趣后讨论、理解大溪的品牌意象，进而有效拓展大溪的品牌价值（图3–11）。

图3–11　以大溪品牌故事为设计理念的文创卡片

八、结论

本研究在执行此项地方形象构建的过程，历经了发现问题、理解问题、对应需求、实地调研、问卷调查、品牌规划、设计构想、视觉呈现等阶段，针对品牌前端的设计发想，以及品牌后端的落实经营，汇整结论如下所述。

（一）创意规划阶段

品牌定位与视觉理念确立之后，便进入形象选定的阶段，也就是主视觉创意的汇聚，将视觉理念中导引出来的视觉元素，予以细腻的定义，并汇集成视觉设计的基本架构。此一开发流程，显示今日的品牌构建（branding）与过去的CI（corporate identity，企业识别）大相径庭，CI时代的标识如同印章一般使用，重点在于视觉形象的广泛复制，使其成为具有意义的认知符号；现今的品牌构建，除了过去的识别机能之外，必须着眼于经营的差异化，需要考虑的要素，包括形成主视觉的信息、色彩计划、搭载视觉形象的媒介、辅助视觉与辅助接触点等相互关系，以创造完整的形象环境；亦即，在创意规划阶段必须有所认知，视觉设计并不能直接创造品牌形象，而是厚植发展品牌的基础，唯有通过大众的体认，才能构建成功的品牌。

（二）落实经营阶段

视觉形象的完成，并非品牌构建的结束，而是形象经营的开端，如同在开发主视觉时，对品牌定位与设计理念的检视，经由日常生活对所有媒介的体验，以凝聚整体的视觉形象，标识系统内的造形计划与色彩计划，即是所有媒介的原点。管理所有的品项或媒介的工作甚为复杂，重点在于对大众的信息传达务必明了易懂，以建立明确的品牌形象，在所有的接触媒介之中，最难以掌握的要素即是“人”；亦即，大众对所有工作团队（包括策略、规划、设计、服务）的印象，也是形象构建的一部分。人的外在行动如同“形象设计”，而内在的用心就如同“形象沟通”，唯有通过内外的“形象管理”，才能形成品牌的承诺与信赖，因此，实施形象接点的统合管理，包括无形的教育训练与营销推广，以确立地方形象并提升竞争力，正是在品牌构建之中，最重要且最有效果的方法。[1]

---

❶ 本研究为“桃园市立大溪木艺生态博物馆”委托“中原大学文化创意研究中心”，执行“大溪形象视觉系统建置计划”产学项目之部分成果，特此铭谢。

从普通农家院到特色民宿

——杭州千岛湖景区民宿发展策略

中国传媒大学经管学院　刘雨丝　杨树雨

随着经济的不断发展,人民的生活水平也越来越高,越来越注重休闲娱乐。而伴随着城市化进程的加速,许多城市人都想要返璞归真,放慢自己的生活节奏。在这样的背景下,乡村旅游越来越热。乡村自然的风光、慢节奏的生活以及其独特的文化吸引着众多平日在城市中奔波劳累的游客。伴随着这一发展趋势,许多乡村因地制宜开发出了许多乡村休闲娱乐项目。其中,发展最快也最吸引人的一项就是乡村民宿。

杭州千岛湖,作为我国一个重要的自然风景区,其旅游业发展较为成熟。但是,该地区的乡村民宿却并没能得到同步的发展。因此,本文将对该地区的乡村民宿进行分析,提出一些相应的发展策略。

一、农家院、农家乐与乡村民宿的定义

当前中国的乡村旅游住宿方式主要有三种形态:一是最普通的农家院;二是具有综合性的农家乐;三是比较成熟的乡村民宿。目前,这三种形态是一种共存的状态。在乡村旅游开发比较落后的地区主要是第一种形态,乡村旅游开发较好的地区则主要是第二、第三种形态。一般来说,农家乐和农家院的花费较低,而民宿的收费水平则高低不等。游客主要以周边城市居民为主,供这些城市居民来体验乡村生活,回归自然。

(一)农家院

农家院是指村民自建的供游客住宿的农村住宅。它作为农民的一种创收途径,出现在乡村旅游刚刚兴起的时期,是一种比较低级的乡村旅游住宿形态。农民将自己

的农家院进行简单的改造，供来乡村旅行的游客居住。游客们在这里除了住宿以外，还可以吃农家饭，体验农家生活，例如和农民一起采摘、垂钓等。但是，这种农家院一般开发程度较低，住宿环境较差，游客的旅行体验会受到一定程度的影响。

（二）农家乐

农家乐是指以农民家庭经营为基础，以田园风光和农家情趣为特色，集餐饮、娱乐等功能为一体的一种新兴旅游、休闲和度假方式。

这种农家乐的形态相对农家院来说，已经有了较大的提升。不仅住宿环境得到了较大的改善，开发也更加多元化、立体化。游客除了可以在这里住宿、吃饭，还能够体验到更加丰富的乡村活动。除了传统的采摘、垂钓等，还有多种多样的民俗活动。但是，这种农家乐形式开发程度也不够高，服务意识比较单薄，缺少文化内涵，对后续发展缺少合理规划。

（三）乡村民宿

乡村民宿是指利用自用住宅空闲房间，或者闲置的房屋，结合当地人文、自然景观、生态、环境资源及农林渔牧生产活动，为旅客提供一个充满乡野文化气息的住所。乡村民宿最早是由英国的B&B模式发展而来的。当时英国乡村旅游大热，于是很多人将自己房子的一部分或是全部拿出来进行出租，提供住宿和晚餐。而后，这种民宿形式流行至欧美。我国发展较早也比较成熟的是在台湾地区。目前，云南丽江、浙江杭州等地也有发展比较成熟的民宿。

这种民宿相对于农家院和农家乐来说，最大的不同就在于它注入了更多乡村文化的内涵，将文化与旅游更好地结合了起来。同时，相对于农家院和农家乐主要以个体经营方式为主，乡村民宿除了个体经营外，还有很多专门的投资方进行投资规划，民宿质量得到很大提升，专业化和产业化程度也更高。

二、国内外乡村民宿发展现状

（一）国外乡村民宿发展现状

由于乡村民宿最早就起源于欧洲，之后流行到美国，发展时间较久，已经形成了比较成型的乡村民宿产业，如英国、法国、意大利等国家，乡村民宿已经不仅仅局限于住宿和餐饮功能，更是形成了集观光、休闲、教育和体验等为一体的多元化、多功能和多层次的经营模式，有些地区还形成了民宿联盟或是建立了相应的管理机构，监管机制十分成熟，民宿产业的规模和效益同步增长。例如在意大利，全国20个行政大区已经全部开展乡村旅游，约有7500个可供住宿的农庄，仅托斯卡纳大区每年接待的国内外游客就在20万人次以上。❶

在亚洲，日本的乡村民宿发展得较为成熟。但日本的民宿不是任意开放的，而是需要经过官方授权的财团法人的辅导、审核，通过认证、登记后方可营业。日本乡村民宿最大的特色就是重视游客体验，往往会有各种活动招徕客人。例如务农活动、牧场放牧以及各种节庆活动等。

（二）我国乡村民宿发展现状

我国乡村民宿的发展从20世纪80、90年代的农家乐开始，到现在仅仅有20年左右的时间，尚处于发展的初步阶段。但是，近些年来，在政府的支持下，以及人们对民宿的认同不断加深，乡村民宿也得到了快速发展。

1. 乡村民宿的类型

（1）城市周边的农家乐。围绕着大中城市周边几十至百余千米，利用便利公共交通或自驾条件，通过一、两个小时的行程到达由当地农民自家开办的休闲住宿地点和设施。特点是路途近，交通方便，来回不需很长时间，来者以休闲为主。

（2）景区的个体民宿。现在，很多的景区周边也开办了很多民宿。一方面是由于景区本身环境较好，适合发展民宿；另一方面，一些自然景区离市区较远，交通不是很方便，游客可能没法当天来回，这时候就产生了一些民宿来供游客入住。但这些民宿也大部分都是周边居民自发的，往往缺乏管理，会出现乱收费等现象。来住宿者是以观光为主。

（3）专门规划的民宿。在一些比较热门的旅游城市或地区，如云南丽江、西藏拉萨等地，都有很多发展得比较成熟的乡村民宿。这些民宿经过当地政府或是专业设计人员的指导，建设得十分精致，同时还宣传了当地的文化，充分体现了当地特色。来住宿者不仅仅是为了休闲和观光，他们还有享受型特征，对吃住有较高的要求。

2. 乡村民宿存在的问题

（1）质量参差不齐，同质化明显。由于我国的乡村民宿尚处于发展的初期，因此，

❶ 王铄.采用比较研究探索中国乡村旅游发展的新途径[D].武汉：华中师范大学，2007

很多地方的乡村民宿都还是比较落后的，而在一些旅游产业较为发达的地区，乡村民宿的发展则更快。因此，呈现出了一种质量参差不齐的局面。

同时，因为民宿的经营者大多在之前没有经验，只能从模仿学习一些比较优秀的民宿开始。这就造成了很多地区的经营模式、服务内容等方面极其类似，特别是在一些特色地区，如少数民族旅游地，各家民宿基本大同小异。

(2)服务意识淡薄，难以满足游客需求。由于很多乡村民宿都是村民自己建造的，因为其自身的文化修养和思想意识的局限，仅仅将民宿视为谋生的手段，认为提供一些简单的食宿即可，并没有想到对其进行全面的规划。这就导致了民宿的服务层次不高，内容少，很难很好地满足游客的需要。

(3)文化内涵较弱，缺少当地特色。很多民宿主开办民宿仅仅是为了赚钱，而并没有想到要承担起文化宣传的责任。其实，民宿是游客们了解当地特色文化的一个重要平台。一个好的民宿，不仅在建造设计的时候会体现当地的风土人情，更会将当地的文化元素融入许多细节之处，让前来入住的游客在不知不觉中便被这种文化氛围所熏陶。

三、千岛湖景区民宿现状分析

(一)千岛湖景区民宿发展的优势

1. 得天独厚的自然资源

作为"世界三大千岛湖"之一的杭州千岛湖，其丰富的自然资源可以说是得天独厚的优势。湖区风景资源类型丰富、品质优良、分布面广。不仅有千姿百态的大小岛屿和港湾形成风景独特的"湖上迷宫"，其森林覆盖率更是达到了95%，这也使其被称为"绿色千岛湖"。除此之外，千岛湖的动物资源也十分丰富，冬季候鸟、老鹰叼鱼、相思会歌等现象都十分精彩。

坐拥如此丰富的自然资源，可以说为发展乡村民宿提供了极大的优势。毕竟，游客们选择入住乡村民宿的最大原因就是想要回归自然，放松身心，千岛湖的风景对他们是具有极大的吸引力的。

2. 深厚的文化底蕴

要想打造精品民宿，光有周边的自然景观是不够的，更重要的是要有文化内涵。只有将民宿与文化结合起来，才能真正体现地方特色，打造品牌，实现长久经营。

千岛湖所在的地区淳安，素以“锦山秀水”“文献名邦”著称，隋唐以来，逐渐形成了独特的淳安文化。这里原本有两座古城，因为兴建淳安水库，这两座古城都被蓄水淹没。此外，这里还有丰富的特色民间艺术和手工艺，例如别具一格的民间跳竹马、睦剧表演和淳安的“三雕”：木雕、石雕、砖雕等。这些深厚的历史文化底蕴都是千岛湖地区发展民宿的重要资源。

（二）千岛湖景区民宿发展的劣势

1. 民宿产业业态尚未形成

这一问题是很多地区的民宿都存在的一个普遍现象。因为千岛湖民宿尚处于发展的初步阶段，虽然民宿不少，但大多都是比较低端的村民自营民宿，中高档民宿明显短缺。同时，各家民宿基本都是“单打独斗”，没有形成合力。因此，当前的千岛湖民宿呈现一种“散、小、弱”的局面，以个体经营为主，民宿质量参差不齐，各经营者之间没有形成规模集聚优势。

2. 产业特色不明显，缺少文化内涵

千岛湖现在出现了一些比较好的民宿，例如清溪山居、云水格等，但是却缺少代表性。当人民提到千岛湖民宿时，并没有能马上想到的代表民宿。这些现有的民宿在与周边村落的结合及体验活动的开发等方面，还有很大的提升空间。

此外，千岛湖景区的很多民宿都是外地的投资商进行投资建造的，对本土文化并没有深入了解，因此很多民宿都没能真正体现当地的文化内涵，无论从民宿的外观、内部设计还是服务，都很难让人体会到本土的文化特色。

（三）千岛湖景区民宿发展的机遇

1. 更加便利的旅游交通

因为千岛湖远离市区，其交通的便利性对旅客的出行意愿有很大的影响。预计于2018年建成的杭黄高铁串联起了从杭州到黄山的最美风景线，设计时速达到250千米，建成后，从上海到淳安只需2小时，从杭州到淳安只需要一小时，这无疑会将千岛湖的辐射范围扩大，吸引更多的游客。

2. 处于发展初期，市场潜力大

千岛湖民宿仍处于尚待开发的初期阶段，市场潜力很大，加上其得天独厚的自然优势，这里很有可能成为未来乡村民宿的新坐标。

3. 政府的大力支持和推动

可以说,当前的千岛湖民宿正面临着发展的黄金时期。杭州市政府一直想要推动乡村民宿的发展,将其作为发展农村经济的新业态和农民增收的新途径。政府先前实施的“三改一拆”“五水共治”“美丽乡村建设”等人居环境改善工程,为杭州市民宿经济的发展提供了良好的生态环境。2014年,杭州市将现代民宿作为重点扶持的八大新兴业态之一,并出台了《关于加快培育发展农村现代民宿业的实施意见》等相关政策。同时,政府在资金上也给予了很大的支持,下发了《杭州市农村休闲业发展扶持项目及资金管理办法(试行)》,一次明确了现代民宿业的扶持办法。[1]此外,政府还加大了对于杭州民宿的宣传,试图将优质民宿打造为杭州的新名片。

4. G20在杭州召开的红利辐射

前不久,G20在杭州召开,一时之间,杭州成为了人们关注的焦点,这无疑将进一步地促进杭州旅游业的发展。千岛湖作为杭州的重要景点之一,自然也会引得人们的关注。因此,当地的民宿可以借助这一东风,将自己的品牌进一步推广出去,以吸纳更多的游客。

(四)千岛湖景区民宿发展的威胁

1. 集团酒店的夹击

对于当前的千岛湖民宿来说,其最大的威胁就是当地的集团酒店。这种山水围绕的自然景区,向来是各大酒店的必争之地。例如最早的千岛湖洲际,它位于羡山半岛,正对着千岛湖八景,是绝佳的观景地。还有其他一些新的酒店也相继在这里开展圈地运动。那么,在这种前后夹击的状况下,民宿如何能够寻找新的切入点实现突破性发展,这还有待观察。

2. 周边同类竞争者的威胁

当前,浙江省的乡村民宿可以说是遍地开花,很多地区的乡村民宿都已经做得相当成熟。以莫干山民宿为代表的一批精品乡村民宿吸引了很多游客,随着莫干山机场的建成,从上海到莫干山仅需56分钟,这更为其发展铺平了道路。这些民宿发展较为成熟的地区无疑是千岛湖民宿有力的竞争者。如何能在这些同类的竞争者中找准自身特色,不陷入同质化的泥潭,才是千岛湖民宿应该注意的问题。

---

[1] 阮雯.民宿业发展新态势与政府行为分析——基于杭州民宿的调查研究[J].山东行政学院学报,2016(2).

四、千岛湖景区民宿发展策略

(一)更加多元化的经营投资主体

就我国目前的乡村民宿来看,主要有四类经营和投资主体。一是村民自主经营,二是“公司(组织)+村民”共同投资经营,三是私人合伙投资,四是委托流转经营。其中,委托流转型经营可以说是千岛湖地区民宿开发的主要类型,该类型是通过招商将古村落出让给民宿投资集团经营。这种投资经营的方式优势在于能够让更加专业的人士来进行民宿的经营和管理,能够保证充足的资金投入,避免了村民自营时的资金不足问题以及在建造和运营方面的困难。但是,此种投资经营模式的缺点在于很难保障在开发过程中村民与投资方的利益平衡。开发商对于古村落的开发必然是从自身利益出发,而村民的利益则不一定会得到保障,同时也存在对古村落过度开发的潜在危险。

其实,无论在哪里,民俗的投资和经营主体都不应该是单一化的,这样市场会太死,缺少生气。引入更加多元的投资主体,不仅可以让市场更加具有活力,加速民宿产业的扩张,同时各个投资主体之间也能够相互制衡,避免一家独大。

(二)独具特色的民宿设计

民宿的设计是其带给游客的第一印象,因此一定要在门面上下功夫。千岛湖现有的大部分民宿都是当地村民自己经营的农家乐,他们仅仅是对自家的房间进行简单的改造,因此无论是在外观设计还是功能布局上都很简陋,这不仅影响游客的住宿体验,同时也影响整个风景区民宿品牌的打造。当然,这很大程度上是因为村民资金和欣赏品味都有限而造成的。因此,对于这一部分资金和能力都有限的民宿主来说,政府应该给予一定的支持。目前较为合适的方式,就是对其进行统一的规划和补贴,将民宿设计为统一或相近的风格,整体提升民宿的质量。

而无论是政府统一规划的普通民宿,还是个人或其公司投资的高端精品民宿,在设计时都应该考虑以下两个最基本的问题。

1. 风格选择

打造民宿的首要问题就是对民宿风格进行选择,因为风格最能够体现一个民宿的特色。而在进行风格选择的时候就要考虑到以下两点因素:

(1)与周边环境相协调。因为千岛湖是一个自然风景区,因此,民宿在进行设计时就要考虑到与周边自然环境的协调。例如可以更多地运用木质等自然材质,房间装饰可以多一些植物,以此来凸显自然的气息,营造一种轻松惬意、远离世外的氛围。

(2)与当地文化相融合。除了和周边环境的和谐,千岛湖民宿在设计时还应该注重与当地文化的融合,在建造过程中植入具有当地文化特色的元素、符号、色彩等。例如在民宿中融入江浙地区的园林文化,让游客体会到南方的温婉素雅。

2. 功能布局

一个乡村民宿要想吸引客源,打造品牌,最重要的因素之一就是其功能性。合理规划功能布局,才能更好地满足游客的住宿体验。

对于一间民宿来说,其承担的主要功能有居住功能、休闲功能和娱乐功能。其中,居住功能是最重要的。在进行功能布局的时候要充分考虑到游客的需求,室内外综合规划,动静分区,同时也要考虑到客房组合形式的多样性等。此外,一定要注重细节的打造,让游客能够充分感受到家的温馨,而不仅仅是住在一个酒店,否则就违背了其选择民宿的初衷。

此外,由于千岛湖位于郊区,住在这里并不像在城市里那么方便,休闲娱乐的场所较少。因此,当地民宿就要考虑到如何满足游客的休闲娱乐需求。例如,可以在民宿中打造酒吧、娱乐室等功能区,使游客即使不出门也不会觉得无聊。同时,这也能吸引更多青年游客前往。

(三)丰富文化内涵和提升经营者素养

乡村民宿不应该仅仅是一个供游客休憩的落脚地,还应该是乡土文化的守护者。入住的游客通过民宿这扇窗口,应该能够窥见将其孕育出来的这片土地上的文化。因此,乡村民宿的经营需要结合乡村的人文、自然等资源,为游客提供更加深度的乡村文化体验。

此外,文化的注入也是民宿拓展盈利的渠道之一。民宿中可以摆放一些具有当地特色的艺术品或手工艺品,入住的客人如果喜欢的话可以直接买走。或者对于一些主题性民宿来说,完全可以进行衍生品的开发,在民宿中进行展示和售卖,形成文化的产业链。

要使乡村民宿真正做到和文化的融合,光靠民宿主自己可能还不够,毕竟很多民宿主都是文化素养有限的村民。因此,建议可以从以下两个方面着手。

1. 引进专家团队陪伴成长

因为我国的民宿发展时间本来就不长，很多民宿主在开办民宿的时候其实也是摸着石头过河，这时候如果能有专家团队从他们开办民宿初期就给予专业性的指导，并在民宿的发展过程中一直能够提供帮助，那么民宿主则会少走很多弯路，并且民宿的质量也能够得到很大的保障。

2. 对骨干业主进行人才培训

千岛湖政府可以定期举办培训班，对当地的一些骨干业主进行培训。这一方面能够指导这些业主更好地经营民宿，另一方面也能够激发他们的热情。同时，这也是一个很好的学习交流机会，各业主之间可以互相学习经验，交流心得，共同推动当地的民宿业发展，而不是各自为营，互不关心。

（四）积极的互联网营销

以前，民宿主要靠传统模式进行营销，即通过朋友推荐、上门营销等方式，这种方式不仅效率低，而且效果并不明显。而随着很多线上预定民宿平台的出现，民宿行业迎来了巨大变革。

当前，中国在线客栈民宿预定市场正处于爆发式增长期，数据显示，2014年在线住宿预订市场交易规模达到522.6亿元人民币，较2013年的412.1亿元人民币增长了26.8%，在2014年OTA市场整体交易规模2798.2亿元人民币中占比达到18.7%。由此可见，在线住宿预订市场规模正在进一步扩大。这其中，作为非标准住宿的重要组成部分的民宿，占有相当大的比例。因此，千岛湖民宿也应该赶上这一潮流，积极利用互联网将自己的民宿品牌推出去。

1. 利用现有的民宿预订平台或是进行自建

一个便捷有效的预订平台对民宿来说是至关重要的。不仅民宿主能够及时更新和修改房间信息，游客也可以更加方便地进行信息查询和预定。在这一平台上应该主要包括以下功能和内容：民宿相关信息、房间预订、在线客服、意见反馈等。可以说，这一平台决定了顾客对民宿的第一印象。

2. 扩展民宿与顾客之间的交流渠道，建立情感纽带

民宿经营者可以通过网站、微信、微博等渠道与顾客进行更加直接的沟通，使顾客能够获得更加丰富的信息，并得到帮助。这种沟通方式不仅能够确保信息的准确

传达，同时也能很快地拉近民宿主与顾客之间的关系，使双方产生情感上的相互认同，增强用户粘性。如果顾客对某间民宿有好感，不仅可能会产生二次入住的行为，同时也会在其朋友圈内进行宣传，扩大宣传效应。

3. 扩大网络宣传力度

民宿主可以在一些知名的民宿网站或是旅游网站发布自己的宣传信息，或是邀请一些网络红人入住并让其在网络上进行宣传，以此达到更好的宣传效果。此外，民宿主还可以建立自己的微信公众号、微博账号等，多渠道地对民宿进行宣传，扩大宣传规模。

结语

综上所述，尚处于发展初期的千岛湖民宿虽然拥有许多得天独厚的自然和文化资源，但仍旧有很多地方需要改进。如果能根据其自身情况进行综合、理性的分析，对当地的民宿产业进行合理的规划，对现有的农家乐进行改造升级，相信在不久的将来，千岛湖必将会成为乡村民宿的新地标。

台湾文化创意产业群聚的影响因素之实证研究

台湾元智大学社会暨政策科学学系　刘宜君

随着台湾整体产业结构改变，台湾地区主管部门为协助活络地方经济，提高产业附加价值及创造地方就业机会，由相关部门依据权责推动文化创意政策。本研究结合消费经验与政策评估的角度，以台湾民众为电话调查对象，从民众的观点评估文创产业聚集的形成与影响因素。本研究先说明文化创意产业的定义与范围，以及文化创意产业群聚相关研究，作为问卷设计的基础，并进行实证分析与结果讨论。

一、文献检阅

（一）文化创意产业定义与范围

文化创意产业近年成为世界各个主要国家的关注焦点，成为一种新的潮流，借由地方文化的推展、艺术的创作、商业机制的运作等，让各地具有文化特色的传统，发展成为具有商机的创意商品，创造文化的附加价值，并促进产业经济的发展，亦推展在地文化。台湾地区主管部门在2002年将文化创意产业列入“挑战2008：台湾发展重点计划”，期望通过文化创意产业的发展，持续台湾经济在国际竞争压力下的竞争优势，使台湾成为亚洲文化创意产业的平台，保持领先地位。地区主管部门文化建设委员会“2004年文化创意产业发展年报”中揭示面对发展中国家的兴起，与全球产业（包括台湾）的外移大陆，过去台湾赖以维生的制造业因为西进造成现在产业的空档，需要有更适合的产业做递补。其中知识经济附加价值最高的类型是以创意为核心的生产领域，文化创意产业结合所产生的灵感、创意，为本地区带来新的发展潜能、商业化的机会，进而创造经济成长与工作机会。[1]

---

[1] 朱信泰，李传房.探讨文化创意产业的文化物品形态特质现况发展与未来趋势[J].设计研究，2014(5):148~157.

世界各国对文化创意产业的定义内容完全相同，但具有以下相同特征。

(1)与文化领域息息相关。

(2)涵盖整个文化的价值链。"价值链"指的是产品或服务递送到消费者手中前，所有由单一或数家厂商所提供的加值过程。

(3)注重私人企业，目前文化产业大多由私人企业所构成。[1]台湾文化创意产业发展相关规定界定文化创意产业及相关产业类别，为源自创意或文化积累，通过智慧财产的形成及运用，具有创造财富与就业机会的潜力，并促进全台湾民众美学素养，使台湾民众生活环境提升的产业，包括视觉艺术产业、音乐及表演艺术产业、文化资产应用及展演设施产业、工艺产业、电影产业、广播电视产业、出版产业、广告产业、产品设计产业、视觉传达设计产业、设计品牌时尚产业、建筑设计产业、数位内容产业、创意生活产业、流行音乐及文化内容产业、其他经中央主管机关指定的产业。文化创意产业政策必须同时兼负经济及文化的任务，使文化能够商品化，也使商品得到艺术的加值；既肩负经济发展的使命，而且随着物质的全球流动，又能承继文化扩张的功能。[2]

(二)文化创意产业群聚相关研究

1. 产业群聚的意涵、形成与特色

群聚经济是指借由共同区位产生的内部及外部经济节省营运成本，促使特定产业及人集中于某一个地理区位的主要经济因素。[3]"产业群聚"(industrial cluster)是地区特定产业发展成功与成熟与否的一项重要指标。[4]Marshall首先开始针对产业群聚现象进行分析，发现产业群聚是一群同性质企业大量集中在同一地理环境。[5]也即产业群聚是指在某一特定区域中，一群在地理上邻近或更相互关联的企业或机构，存在着共通性与支援性的连结，以及既竞争又合作的关系。产业群聚除了指产业的地理邻近性，更包含产业生产与社会网络。不同产业的混合性活动有着空间异质性和产业专业化的关联，造成同一种产业群聚在不同地点出现产业空间群聚和区域专业化。产业群聚重视产业价链中生产、分配、消费活动等整体环节中的互助互利特质，并进

❶李璞良.林怡君译.丹麦的创意潜力[M].台北:典藏艺术家庭,2003.

❷杨志诚.文化创意产业的政策思维：文化资本的体制建构[J].逢甲人文社会学报,2014(28):1~23.

❸ Cinti T.(2008) Cultural clusters and districts: The state of the art. In Philip, C. & Luciana, L (Eds). Creative cities, cultural clusters and local economic development. London: Cheltenham.

Mommaas, H. (2009) Spaces of culture and economy: Mapping the cultural-creative cluster landscape. In L. Kong and J. O'Connor (Eds). Creative economies, creative cities: Asian-European perspectives. London: Springer.

❹ Porter,M. E.(1990) The Competitive Advantage of Nations.London:Macmillan.

❺ Marshall,A.(1920) Principles of economics.London:Macmillan.

行厂商间水平或垂直合作，以促进文化创意产业的连结效应与网络。[1]创意群聚指的是主要有一群具有创意才能的人，能从事创意产出，而创意产出通常是和环境及社群互动之累积而设计出来的，这些创意活动通常聚集于固定的地点，称为创意群聚（creative clusters）。[2]

产业群聚发展因素可从不同的观点讨论。例如从交易观点分析群聚活动产生的原因，包括：①交易性的依赖：与业者实质的投入产出有关，空间邻近的业者间实质交易的关系、成本降低带动的连带实质经济效果。②非交易性的依赖：透过社会文化的聚集力量强化“面对面的接触过程”“社会与文化的互动过程”“知识与创新的强化过程”，形成大规模的群聚。[3]其次，从促成因素分析，产业群聚发展因素包括：①生产型因素：学术研发机构、硬体基础设备、当地特有资源、场地租金价格、垂直水平的产业链、关键厂商的领导。②需求型因素：有能力消费的市场。网路关系因素：资讯与网际网路科技、生产创作的资讯与知识之互动网络、非营利组织的经营管理。③文化商品价值因素：品牌化商品、地域行销、地域品牌。④政府支援因素：政策法规的制定。⑤空间地理因素：优越的区位条件。[4]

产业群聚形成的效果，包括：①具有成本优势：缩短运输路程、降低交易成本、降低公共设施成本、降低企业成本、有效降低运输和通信成本。③确保充足的资源：劳动市场的汇集、各类型生产者的汇集。④形成市场效应：降低投资风险、领导市场、符合顾客需求的产品与服务、提升产品品质。⑤社会效应：就业机会增加、公共设施不足的改善、地方声望效果、提升地方社群知识、地方文化形象及价值、强化社会凝聚力。⑥提升竞争力：创新的组织文化、创新活动的增加、创新技术的提升、提升生产效率。⑦建立密切的网络关系：互信互赖的共同体、合作又竞争的共同体、技术和知识的分享、供应链便捷、资源共享、建立联盟、活络的网络关系、资讯流通。⑧形成聚集经济：提升经济的凝聚力、带动区域经济成长。⑨建立产业汇集：形成更具规模的产业群聚、产业属性的互补。[5]

---

[1] 曾宪娴.蔡依.台北市文化创意产业群聚现象之研究——兼论华山创意文化园区执行机制[J].环境与艺术学刊，2011(9):91~108.

[2] 祁政纬.创意群聚效应对都市区域再生的影响——以中山双连创意街区为例[D].台北:政治大学智慧财产研究所，2012.

[3] 周志龙.全球化、国土策略与台湾都市系统变迁[J].都市与计划，2002.29(4):491~512.

[4] 陈美甜.文化创意产业群聚发展之评析——以台中创意文化园区为例[D].台中：东海大学行政管理暨政策研究所，2010.

[5] 祁政纬.创意群聚效应对都市区域再生的影响——以中山双连创意街区为例[D].台北:政治大学智慧财产研究所，2012.

至于产业群聚的形成方式,包括垂直与水平连结、知识与学习、群聚成长与发展。第一,垂直与水平连结分为垂直向度与水平向度。垂直向度是由作用不同,但彼此互补活动的节点所构成。水平向度是由从事相似活动的节点组成,这些节点的组成基于竞争,生存取决于领先竞争者。因此,行动者将会复制成功的竞争对手,且加入其他元素后,产生自我强化的生产变异性。第二,知识与学习的群聚是为直接接近基础设施与集体资源、劳力,提供专业产出的互补性产业,尤其是隐性知识的传递。[1]第三,群聚成长与发展主要通过其他区位厂商的移入、吸引新厂商加入这个地方既有的产业、群聚里的既有员工发现新商机,开始独立经营。[2]

最后,产业群聚的特色,包括:①创意人才集中的社区,而且这些人分享新奇的事物,但不一定是相同领域的主题。②让传媒发挥效果的地方,让地方的人、关系、想法、观念,碰撞出不同的火花。③多样性、充满刺激以及可以自由表达的环境。④开放以及不断变化的人际网路,培养个人的独特性与认同感。[3]

2. 文化创业产业群聚的意涵、形成与特色

将前述产业群聚应用在文化创意产业时,形成文化创意产业群聚。文化创意产业为具有高度结构化的产业,范围内的多项产业,彼此相互渗透、重组,形成更多元的产业,使得文化创意产业呈现“创意产业群聚化”的样态,可从地理空间的概念上,表现出区域聚焦发展的趋势。[4]文化产业群聚为一群相关联的业者选择同一产业园区或区域进行集聚的进驻与相关产业的生产、展览等活动,例如创意文化园区发展文化产业群聚,达到文化创意产业化的目的。[5]不同的文化创意聚落由于各自的历史背景、地理环境、人员组成等因素,造就不同的风格与样貌。例如,都会区具有紧密社会经济结构关系、多样的文化设施、景观与外来人口迁入特性等,适合创意群聚的生成。[6]杨胜钦指出让文化创意产业活用于地方特色产业,先尊重地方的资源特色,加上自由的创意发挥,居民对地方活动的积极参与,对于地方特色产业先凝聚共识目标明确,

❶范燕芬.文化创意产业之空间群聚分析——以台北市手创材料批发零售业为例[D].新北:台北大学不动产与城乡环境学系研究所,2012.

❷ Richardson, H. W.(1979) Regional Economics. Champaign, IL: University of Illinois Press.

❸]National Endowment for Science, Technology and the Arts (2009) The Geography of Creativity.Retrievedfromhttp://business.queensu.ca/test/centres/monieson/docs/knowledge_resources/databases_and_research/geography-of-creativity.pdf

❹古珮菁.苗栗地区传统产业的新春天——以文化创意产业为例[D].苗栗:联合大学资讯与社会研究所,012.

❺祁政纬.创意群聚效应对都市区域再生的影响——以中山双连创意街区为例[D].台北:政治大学智慧财产研究所,2012.

❻邱咏婷,余倩玮.文化创意聚落对民众生活美学影响之研究[J].国民教育,2014.54(5):44~56.

透过多元学习机制及资讯公开化。[1]文化创意活用地方特色产业所需投入的人力数量多、资金少，对于有效解决失业人口、提高产品价值和塑造地方特色有非常助益之处，借由地方特色产业经济发展稳固，创造就业机会、充裕地方财源。

二、调查研究设计与实施

（一）研究设计

本研究针对文化创意产业群聚认知与评估的调查，问卷设计主要询问受访者对于文化创业产业政策的意见，包括对于文化创意产业的分类同意度、对于台湾文化创业产业的业者形成产业群聚之意见、对于发展为产业群聚有利于业者的经营之意见、文化创意产业群聚的形成，受到影响的因素、台湾当局积极发展台湾的文化创意产业之意见、台湾当局协助台湾文化创意产业的发展之意见、台湾文化创意产业的发展具有前景同意度。至于个人背景资料，包括居住县市、职业、个人平均月收入、年龄、最高学历、出生年、性别。

（二）研究实施与分析方法

本研究问卷调查的母体为居住在台湾地区各县市（含离岛）20岁以上的成年人，2015年6月19至24日以电脑辅助电话访问系统（Computer Assisted Telephone Interview，简称CATI）执行抽样与随机拨号。本研究进行调查抽样时，电话号码的产生方式为以台湾电话用户住宅号码簿作为抽样资料库，亦即固定成功样本数之后，依各县市人口比例以电脑乱数随机排之，形成抽样架构。

本研究利用随机拨号法的处理程序，总计抽出9000通的电话后，再以乱数重新排列，避免样本涵盖率不足的问题。有效接通访问样本为5558个，成功调查1068个样本。在95%的信心水准下，抽样误差约正负2.99%。

三、研究结果分析

（一）样本特性分析

在有效样本中，如表3-2所示。受访者以女性为多，占62.0%，而男性占38.0%。

[1]杨胜钦.台湾文化创意产业之地方特色产业管理——以玉荷包村为例[J].东亚论坛，2015(487):11-20.

就年龄而言，受访民众年龄以“50~59岁”的受访人数最多，占22.9%；其次为“40~49岁”，占22.1%；“70岁(含)以上”的受访人数最少，占2.6%。第三，受访民众教育程度以“大学、专科”者占人数最多，占50.9%；其次为“高中(职)”，占30.9%；学历为“初中(含)及以下”者最少，占8.6%。第四，受访民众以职业属“家庭主妇”人数最多，占16.1%；其次是“服务业”，占15.3%；职业属“农渔牧”的受访民众占人数最少，占2.0%。第五，受访民众收入“3万至5万元以下”，占27.5%；“11万元以上”的受访人数最少，占2.2%；以“无收入”的受访人数最多，占29.1%，可能以家庭主妇为多。第六，受访者以居住于“新北市”为多，约占20.9%，其次是居住于“台中市”，占14.9%，“金门县”“连江县”的受访人数最少，各占0.1%。

表3-2　受访者之社会经济背景特性

项目	内容	次数	百分比(%)	项目	内容	次数	百分比(%)
性别	男	406	38.0	教育程度	初中及以下	91	8.6
					高中(职)	325	30.9
	女	662	62.0		大学(专科)	535	50.9
					研究所以上	101	9.6
年龄	20岁以下	69	6.3	家庭平均月收入	3万元以内	230	23.9
	20~29岁	149	14.0		3至5万元内	264	27.5
	30~39岁	220	20.6		5至7万元内	113	11.8
	40~49岁	236	22.1		7至9万元内	30	3.1
	50~59岁	245	22.9		9至11万元内	23	2.4
	60~69岁	123	11.5		11万元以上	21	2.2
	70岁及以上	28	2.6		无收入	280	29.1
县市别	台北市	22	2.0	职业	军公教警	102	9.6
	新北市	223	20.9				
	台中市	159	14.9		服务业	181	162
	台南市	95	8.9				
	高雄市	59	5.5		商业	123	11.6
	桃园市	108	10.1				
	基隆市	25	2.3		劳工	85	8.1
	新竹市	24	2.2				

续表

项目	内容	次数	百分比（%）	项目	内容	次数	百分比（%）
县市别	新竹县	24	2.2	职业	农渔牧	21	2.0
	苗栗县	39	3.6				
	彰化县	79	7.4		自由业	64	6.0
	南投县	32	3.0				
	云林县	37	3.5		退休人员	67	6.3
	嘉义市	23	2.2				
	嘉义县	19	1.8		家庭主妇	171	16.1
	屏东县	47	4.4				
	宜兰县	26	2.4		学生	120	11.3
	花莲县	16	1.5				
	台东县	6	0.6		无业	38	3.6
	澎湖县	4	0.4				
	金门县	1	0.1		其他	107	10.1
	连江县	1	0.1				

（二）文化创意产业认知与资讯管道调查分析

在有效样本中，关于文化创意产业意见管道的调查结果如表3-3所示（复选题）。受访民众以通过“电视媒体”管道者人数最多，占51.7%；其次为透过“网站”，占13.7%；“报纸杂志”者，占13.2%，显示受访民众透过管道获知文化创意产业为传播媒体。至于“其他”项目，包括学校、自身从事相关职业、经过附近、旅游、广播、看展览得知等。

表3-3　受访者透过管道听过文化创意产业（复选题）

项目	次数（次）	百分比（%）
电视媒体	746	51.7
网站	198	13.7
报纸杂志	191	13.2
亲朋好友	103	7.1
文创活动宣传	73	5.1
商家	16	1.1

续表

项目	次数(次)	百分比(%)
FB(粉丝专页)	37	2.6
其他	80	5.5
总和	1444	100.0

(三)文化创意产业群聚形成因素与政府辅导的调查分析

第一,受访者文化创意产业群聚形成的影响因素(复选题),在有效样本中,如表3-4所示。受访民众以认为“交通便利”者人数最多,占27.4%;其次为认为“附近有热门景点”,占20.3%;“附近有同行业者”者,占16.9%。其他原因如消费者意识、财团制度、政策影响、具有丰富文化资源等。调查结果的人数排名前五项影响因素,分别是“交通便利”“附近有热门景点”“附近有同行业者”“附近有学校”与“附近有公园”,合计为84.4%。此一结果,可以从促成因素分析,文化创意产业群聚发展受到需求型因素、空间地理因素的影响。

表3-4 受访者认为文化创意产业群聚形成的影响因素(复选题)

项目	次数(次)	百分比(%)
交通便利	466	27.4
附近有热门景点	345	20.3
附近有同行业者	287	16.9
附近有学校	187	11.0
附近有公园	150	8.8
附近有政府机关	138	8.2
其他	125	7.4
总和	1698	100.0

第二,受访者认为台湾当局应该协助文化创意产业方法之意见,如表3-5所示。受访民众以认为“培育人才”者人数最多,占27.9%;其次为认为“资金补助”,占19.6%;“行销宣传”者,占17.9%。其他做法如向他人学习、举办比赛、台湾当局提供平台、各方面都需并重等。调查结果的人数排名前四项协助方法,分别是“培育人才”“资金补助”“行销宣传”与“民众参与”,合计为74.3%。由此可知,民众亦认为人才与经费是文创发展的核心要素。

表3-5　受访者对于台湾当局协助文化创意产业方法之意见

项目	次数(次)	百分比(%)
培育人才	298	27.9
资金补助	209	19.6
行销宣传	191	17.9
民众参与	95	8.9
技术协助	75	7.0
经营管理	44	4.1
法令松绑	29	2.4
其他	130	12.2
总和	1068	100.0

(四)文创政策满意度意见分析

本研究调查文创政策意见满意度的结果详见表3-6。"台湾当局目前文化创意产业的分类"获得51.4%的受访者表示同意(包含"同意"与"非常同意"),表示不同意者(包含"不同意"与"非常不同意")合计有11.0%,有37.6%的受访者表示"普通";"台湾文化创业产业的业者,已经形成产业群聚"获得64.6%的受访者表示同意(包含"同意"与"非常同意"),表示不同意者(包含"不同意"与"非常不同意")合计有17.8%;"发展为产业群聚,有利于业者的经营""台湾当局积极发展台湾的文化创意产业"与"台湾的文化创意产业发展具有前景"分别获得80.5%、73.5%与82.5%的受访者表示同意(包含"同意"与"非常同意")。结果显示超过八成的受访民众同意文创产业发展为产业群聚,有利于业者的经营,以及认同台湾的文化创意产业发展具有前景,而有超过七成的受访民众同意省政府积极发展台湾的文化创意产业。

表3-6　受访者对于文创政策满意度之意见

单位:次数(百分比%)

项目	非常同意	同意	普通	不同意	非常不同意	总和
政府目前文化创意产业的分类	25 (2.3)	524 (49.1)	402 (37.6)	114 (10.7)	3 (0.3)	1068 (100.0)

续表

项目	非常同意	同意	普通	不同意	非常不同意	总和
台湾文化创业产业的业者，已经形成产业群聚	47 (4.4)	623 (60.2)	188 (17.6)	190 (17.8)	0 (0.0)	1068 (100.0)
发展为产业群聚，有利于业者的经营	63 (5.9)	798 (74.7)	127 (11.9)	79 (7.4)	1 (0.1)	1068 (100.0)
政府积极发展台湾的文化创意产业	132 (12.4)	653 (61.1)	145 (13.6)	131 (12.3)	7 (0.7)	1068 (100.0)
台湾文化创意产业发展具有前景	110 (10.3)	773 (72.4)	116 (10.9)	66 (6.2)	3 (0.3)	1068 (100.0)

此外，本研究为能深入分析受访者的意见差异，亦进行受访者背景变项与调查意见的检定分析。

第一，"受访者年龄对于文创政策的意见"之差异分析。根据ANOVA的分析，受访者收入对于文创政策的意见之情形见表3-7。在"同意台湾文化创业产业的业者，已经形成产业群聚"项目方面，"40~49岁"年龄受访者评价明显高于"60~69岁"年龄受访者；其他年龄受访者之间皆未达统计显著性，表示不同年龄受访者之间呈现一致的意见。

表3-7　受访者年龄对于文创政策的意见之差异分析

项目	(1) 20岁(含)以下	(2) 20~29岁	(3) 30~39岁	(4) 40~49岁	(5) 50~59岁	(6) 60~69岁	(7) 71岁(含)以上	F值	事后比较(Scheffe)
台湾政府目前文化创意产业的分类	3.63	3.48	3.40	3.35	3.48	3.37	3.21	2.246	

续表

项目	(1) 20岁(含)以下	(2) 20~29岁	(3) 30~39岁	(4) 40~49岁	(5) 50~59岁	(6) 60~69岁	(7) 71岁(含)以上	F值	事后比较(Scheffe)
台湾文化创业产业的业者,已经形成产业群聚	3.52	3.48	3.50	3.67	3.53	3.31	3.25	3.113*	(4)>(6)
发展为产业群聚,有利于业者的经营	3.75	3.79	3.81	3.83	3.84	3.65	3.61	1.692	
政府积极发展台湾的文化创意产业	3.67	3.61	3.68	3.82	3.82	3.59	3.71	2.173	
台湾文化创意产业发展具有前景	3.87	3.89	3.88	3.79	3.88	3.93	3.75	0.802	

说明:(1)*表示p<0.05达显著水准。(2)在平均数计算部分,分析时将“不知道”设为遗漏值,其余选项为1为“非常不同意”、2为“不同意”、3为“普通”、4为“同意”、5为“非常同意”。

第二,“受访者收入对于文创政策的意见”之差异分析。受访者收入对于文创政策的意见差异情形详见表3-8。受访者收入与文创政策的意见满意度等项目,“省政府目前文化创意产业的分类”“台湾文化创业产业的业者,已经形成产业群聚”“发展为产业群聚,有利于业者的经营”“台湾当局积极发展台湾的文化创意产业”“台湾的文化创意产业发展具有前景”,皆未呈现显著的意见差异(p>0.05)。换言之,不同收入的受访者对于“台湾当局目前文化创意产业的分类”“台湾文化创业产业的业者,已经形成产业群聚”“发展为产业群聚,有利于业者的经营”“台湾当局积极发展台湾的文化创意产业”“台湾的文化创意产业发展具有前景”等方面的意见满意程度相近。

表3-8　受访者收入对于文创政策的意见之差异分析

项目	(1) 无收入	(2) 3万元以下	(3) 3万至5万以下	(4) 5万至7万以下	(5) 7万至9万以下	(6) 9万至11万以下	(7) 11万以上	F值
台湾当局目前文化创意产业的分类	3.48	3.50	3.38	3.13	3.40	3.43	3.19	2.008
台湾文化创业产业的业者,已经形成产业群聚	3.48	3.54	3.57	3.55	3.23	3.48	3.38	1.042
发展为产业群聚,有利于业者的经营	3.76	3.74	3.81	3.91	3.90	4.00	3.81	1.621
台湾当局积极发展台湾的文化创意产业	3.64	3.80	3.77	3.72	3.73	4.40	3.33	2.173
台湾的文化创意产业发展具有前景	3.87	3.87	3.85	3.88	3.90	3.91	3.71	0.234

说明:在平均数计算部分,分析时将“不知道”设为遗漏值,其余选项为1为“非常不同意”、2为“不同意”、3为“普通”、4为“同意”、5为“非常同意”。

第三,“受访者学历对于文创政策的意见”之差异分析。根据ANOVA的分析,受访者收入对于文创政策意见的差异详表3-9。在“同意台湾当局目前文化创意产业的分类”项目方面,“高中(职)”受访者评价明显高于学历“研究所以上”的受访者;在“同意发展为产业群聚,有利于业者的经营”项目方面,“高中(职)”受访者评价明显高于学历“初中以下”的受访者,且“大学(专科)”受访者评价明显高于学历“初中以下”的受访者;最后,在“同意台湾当局积极发展台湾的文化创意产业”项目方面,“高中(职)”受访者评价明显高于学历“初中以下”的受访者,且“大学(专科)”受访者评价明显高于学历“初中以下”的受访者。此外,其他项目皆未达统计显著性,表示不同学历受访者之间呈现一致的意见。由此可知,因为产业群聚、文创分类较为复杂,学历较高的受访者具有较高的政策认知。至于对于文化创意产业发展具有前景之意见,不同学历受访者意见一致。

表3-9　受访者学历对于文创政策的意见之差异分析

项目	(1) 初中 以下	(2) 高中 (职)	(3) 大学 (专科)	(4) 研究 所以上	F值	事后比较 (Scheffe)
台湾当局目前 文化创意产业的分类	3.45	3.54	3.40	3.21	5.925*	(2)>(4)
台湾文化创业产业的业者， 已经形成产业群聚	3.52	3.58	3.52	3.33	2.309	
发展为产业群聚， 有利于业者的经营	3.52	3.80	3.85	3.74	6.914*	(2)>(1)、 (3)>(1)
台湾当局积极发展台湾的 文化创意产业	3.44	3.82	3.73	3.68	4.732*	(2)>(1)、 (3)>(1)
台湾的文化创意 产业发展具有前景	3.70	3.89	3.89	3.76	2.988	

说明：(1)*为p<0.05达显著水准。(2)在平均数计算部分，分析时将"不知道"设为遗漏值，其余选项为1为"非常不同意"、2为"不同意"、3为"普通"、4为"同意"、5为"非常同意"。

四、结论与建议

(一)研究结论

文化创意产业近年成为世界各个主要国家的关注焦点，成为一种新的潮流，借由地方文化的推展、艺术的创作、商业机制的运作等，让各地具有文化特色的传统，发展成为具有商机的创意商品，创造文化的附加价值，并促进产业经济的发展，亦推展在地文化。文化创意产业结合所产生的灵感、创意，为国家带来新的发展潜能、商业化的机会，进而创造经济成长与工作机会。

产业群聚是指在某一特定区域中，一群在地理上邻近或更相互关联的企业或机构，存在着共通性与支援性的连结，以及既竞争又合作的关系。文化产业群聚为一群相关联的业者选择同一产业园区或区域进行集聚的进驻与相关产业的生产、展览等活动，例如创意文化园区发展文化产业群聚，达到文化创意产业化的目的。[1]产业群聚的形成是一个复杂的、动态的过程，产业群聚发展因素可从不同的观点讨论。例

[1]祁政纬.创意群聚效应对都市区域再生的影响——以中山双连创意街区为例[D].台北：政治大学智慧财产研究所，2012.

如，从交易观点分析群聚活动产生的原因，包括交易性的依赖、非交易性的依赖。从促成因素分析，产业群聚发展因素包括生产型因素、需求型因素、文化商品价值因素、政府支援因素、空间地理因素等。

本研究问卷调查的母体为居住在台湾地区各县市（含离岛）20岁以上的成年人。有效接通访问样本为5558个，成功调查1068个样本。在95%的信心水准下，抽样误差约正负2.99%。

研究发现文创产业群聚形成的影响因素，分别是“交通便利”“附近有热门景点”“附近有同行业者”与“附近有学校”。受访民众获知商家的文创商品资讯的渠道，分别是“电视媒体”“浏览购物网站”“参加文创活动”与“报纸杂志”。受访民众消费文创商品的最主要目的，分别是“实用”“造型特殊”“纪念”与“美观”。此外，从消费端的角度，促销方式、地方特色、包装设计、文化特色因素为购买产品的主要考量。

在“同意发展为产业群聚，有利于业者的经营”项目，学历在“高中（职）”受访者评价明显高于学历“初中以下”的受访者，且学历在“大学（专科）”受访者评价明显高于学历“初中以下”的受访者；在“台湾当局积极发展台湾的文化创意产业”同意项目，“高中（职）”受访者评价明显高于学历“初中以下”的受访者，且“大学（专科）”受访者评价明显高于学历“初中以下”的受访者。

（二）研究建议

本研究根据研究发现提出下列建议：

第一，研究发现民众认为文创产业群聚形成的影响因素，分别是“交通便利”“附近有热门景点”“附近有同行业者”与“附近有学校”。在做法上，建议台湾当局对于各县市文创产业的聚集情形加以检视，强化其交通便利与热门景点的关联性，并在政策上鼓励文创产业聚集的发展。

第二，由于不同背景变项的受访者在文创政策认知或满意度态度差异不大，例如年龄、收入对于政策满意度意见一致性高，仅不同学历的受访民众有较为明显的意见差异。建议台湾当局对于不同学历的受访者透过分众化方式提供文创政策的相关政策知识与消费资讯，达到政策宣导的目的。

运河流域城市文化创意产业园区建设探讨

——以淮安市为例

淮阴师范学院传媒学院 柳邦坤

一、依托运河文化资源优势，变资源优势为产业优势

运河流域城市一般都具有发展文化创意产业的优势和条件，因为“文化是创意产业的主要内容，历史文化底蕴深厚的城市更容易形成创意产业集群。”[1]运河流域城市大多是全国历史文化名城，京杭大运河不仅沟通了南北，使漕运曾经创造过辉煌，促进了运河流域城市经济和社会发展，而且留下来十分丰厚的物质文化遗产和非物质文化遗产，这些珍贵的文化遗产资源是运河流域城市进行文化创意产业开发的不竭源泉和坚实基础。

获得“运河之都”称号的淮安市，是运河文化遗产最为丰富、集中的运河流域城市之一。在国家文物局公布的大运河申报世界文化遗产预备名单中，立即列入的遗产点共有65项，其中江苏省有25项，淮安占江苏省的接近半数，共有11项，遗产点数量在35个申遗城市中位居榜首。“淮安入选申遗预备名单的遗产点不仅数量最多，而且种类齐全，囊括了水利工程遗产、专司征收运河过往船只税费的管理机构、仓储管理及其设施、漕政管理机构等等。”[2]2014年中国大运河申遗成功，淮安作为大运河申遗的重要节点之一，共有2处遗产区（清口枢纽、漕运总督遗址），河道1段（淮扬运河淮安段）、遗产点5处（清口枢纽、双金闸、清江大闸、洪泽湖大堤、总督漕运公署遗址）被列入申遗文本。

淮安运河物质文化遗产资源异常丰富，主要有各类水工设施，如河道、涵闸、码头、堤坝等，其中淮安至扬州河段是中国大运河最古老的河道，运河水利设施最有影

[1] 金元浦.文化创意产业概论[M].北京：高等教育出版社，2010:196.

[2] 李倩，董记.大运河申遗见证淮安运河之都地位[N].淮安日报，2011-06-09(A3).

响的有清口水利枢纽、高家堰洪泽湖大堤等；古建筑、古遗址等，其中有较大影响的有泗州城遗址、镇淮楼、文通塔、漕运总督公署遗址、河道总督署遗址、淮安府衙、清江浦丰济仓遗址、淮安榷关遗址、淮安钞关遗址等；聚落型遗址主要有淮阴、清江浦、淮安等古城遗址，码头、河下、王营、西坝等运河古镇遗址，以及一些运河历史文化街区。

淮安运河非物质文化遗产资源也极具多样性、丰富性，淮安市共先后公布了4批市级非物质文化遗产，有十数个项目入选江苏省非物质文化遗产名录，有数个项目入选国家级非物质文化遗产名录。从分类看，比较有影响的非遗项目：民间文学类有韩信传说、水漫泗州城传说、巫支祁传说；民间音乐类有十番锣鼓、运河号子、洪泽湖渔歌、南闸民歌等；民间舞蹈有金湖秧歌、洪泽湖鱼鼓舞、花船舞、马灯舞、龙舞、宋集跑驴；曲艺有淮海琴书；传统戏剧有淮剧、淮海戏、泗州调、京剧荀派艺术；民间美术有博里农民画、蛋雕、瓷刻等；传统手工技艺饮食方面主要有淮扬菜烹制技艺、码头汤羊肉烹制技艺、洪泽湖小鱼锅贴烹制技艺、盱眙十三香龙虾烹制技艺、软兜长鱼烹饪技艺、天妃宫蒲菜烹饪技艺、朱桥甲鱼烹饪技艺、文楼汤包制作技艺、平桥豆腐烹饪技艺以及钦工肉圆制作技艺、涟水鸡糕制作技艺、淮安茶馓制作技艺、老侯野鸭制作技艺、高沟捆蹄制作技艺、高沟今世缘酒酿造技艺等。器具制作方面主要是渔具制作技艺、木船制作技艺、洪泽湖水车制作技艺等。手工技艺还有结艺、草柳编、河下纸扎等；民俗风俗礼仪有洪泽湖渔家婚嫁习俗等；传统医药有吴鞠通温病疗法等。其中我国四大菜系之一的淮扬菜烹饪技艺影响最大、最久远，淮安是淮扬菜的主要发祥地之一，2002年淮安荣获“中国淮扬菜之乡”称号。此外，影响最大的非物质文化遗产主要是淮剧、淮海戏、京剧荀派艺术、十番锣鼓、金湖秧歌等。

文化景观遗产有洪泽湖、白马湖、高邮湖、宝应湖等人工化自然景观；里运河文化长廊、古淮河（废黄河）风光带、盐河风光带、老子山等运河河流文化风景区；洪泽湖高家堰旅游区、清口水利风景区、淮安水利工程枢纽区等水工文化景观。

淮安除上述丰富的物质文化遗产和非物质文化遗产资源外，还有因为是漕运指挥中心、河道治理中心、漕粮仓储转运中心、漕船制造中心和盐政税务中心“五大中心”以及“运河之都”的地位形成的独特的运河文化；因为是《西游记》作者吴承恩故里和作品诞生地而形成的《西游记》文化；因为是淮扬菜的主要发祥地而形成的饮食文化；因为是周恩来故里和诞生地以及曾诞生了韩信、关天培、梁红玉、周信芳、郎静山、滑田友等大将、大英雄、大家而形成的伟人文化和名人文化；因为是洪泽湖等湖泊汇集之地而形成的大湖文化等等。淮安历史文化底蕴深厚，人文荟萃，在沿运城市中凸显鲜明的特色。

淮安因为处于京杭大运河特殊的地位和位置，为文化创意产业开发提供了地利之便，又由于丰厚的物质文化遗产资源、非物质文化遗产资源和以运河文化为代表的各类人文资源，给文化创意产业开发提供了得天独厚的条件。淮安应依托优势，积极打造特色文化创意产业，尽快把文化资源优势变为经济优势。利用创意引领文化产业发展，通过建立创意园区，引入创意企业入驻和引进创意产业人才，打造精品项目和知名品牌，拉动文化消费，形成集聚效应，加大文化创意产业增加值在GDP中的比重，成为支柱性产业，促进区域经济发展。

二、辟建文化创意产业园区，实施龙头带动战略

（一）文化创意产业及文化创意产业园区界定

文化创意产业，是以文化为根基，以创造力为核心，以产业为主导。文化创意产业是文化产业体系的重要组成部分，更强调和注重创意，英国提出创意产业的概念时就突出“创意”这一内在的本质要求，创意产业是“源于个体的创意、技能和天分，通过知识产权来创造财富和就业机会的产业。”英国政府把创意产业划分为广告、建筑、美术和古董市场、手工艺、设计、时尚、电影、互动休闲软件、音乐、表演艺术、出版、电脑软件、电视和广播等13个门类。[1]我国文化创意产业一般包括广播影视、动漫、游戏、音像、传媒、文博旅游、演艺娱乐、文学与艺术品原创、工艺与设计、雕塑、环境艺术、广告装潢、服装设计、软件和计算机服务等方面的创意群体。

文化创意产业园区也称为集聚区、集群等，“前身是支持和孵化新建高新技术企业而兴起的‘科技园’‘开发区’‘高新技术区’、企业孵化器；也称企业创业中心、‘创意中心’‘企业中心’‘支持中心’‘工作坊’等。”[2]它是创意产业的研发设计基地、生产制作基地和交易营销基地，是企业发展的平台，国内比较有影响的文化创意产业园区如北京中关村创意产业先导基地、798艺术区、潘家园古玩艺术品交易区、大兴国家新媒体产业基地、宋庄原创艺术与卡通产业集聚区，上海春明艺术产业园、八号桥生活时尚中心、康泰路创意产业基地、传媒产业园、张江文化科技创意产业基地等，杭州的西湖创意园、运河天地创意园等十大创意产业园区，南京的创意东8区、世界之窗创意产业园、亚洲创新创意产业园等，香港的数码港以及台北的华山1914创意文化园区等。

---

[1] 何言宏.英国创意产业发展的基本经验[J].群众，2012(1):79.

[2] 金元浦.文化创意产业概论[M].北京：高等教育出版社，2010:193.

文化创意产业园区(集聚区、集群),“是在文化创意产业领域中,由众多独立又相互关联的文化创意企业以及相关支撑机构,依据专业化分工和协作关系建立起来的,并在一定区域集聚而形成的集群。它不是那种低端加工业的汇聚,而是以文化艺术等为内容,以高科技技术作为基础设施,以相互接驳的产业形成链条,打破原有行业界限进行优化重组,拥有迅速顺畅交换传播的数字网络和一个高度市场化的交易平台的高端产业形态。”[1]

依托文化资源发展文化创意产业,必须高度重视文化创意产业园区建设。辟建文化创意产业园区,可以为文化创意产业开发搭建平台,通过园区来引领和带动文化创意产业发展,引入企业和资本,引进创意人才,使园区成为孵化器,打造文化创意产业开发的集群,放大文化创意产业的集聚功能,从而推动经济的转型发展。

(二)辟建文化创意产业园区要坚持打造特色

淮安辟建文化创意产业园区可根据自身优势,合理布局,打造特色鲜明的园区。一是依托高校计算机、艺术设计、广告、影视等专业,打造动漫、游戏、软件开发、工艺品设计、广告策划等创意园区。二是依托运河文化资源,打造旅游、演艺、影视拍摄、休闲等创意园区。三是依托新闻媒体、文学艺术、出版印刷等单位,打造影视制作、数字广播影视、网络信息内容服务、流动多媒体及手机媒体开发等创意园区。四是抓住城区西南里运河与京杭运河两岸的化工厂等工厂搬迁(进行景观提升和生态环境建设)的契机,利用旧厂房辟建创意园区,重点发展视觉艺术、工艺美术、环境艺术、广告装潢、工艺礼品、工业设计等产业,并打造成与上海田子坊近似的特色游览地。

这样,通过辟建若干个特色鲜明的创意园区,形成城市文化创意产业集群,形成苏北腹地、大运河流域重要文化创意中心,增强辐射力,提高影响力,使淮安成为文化创意产业开发、创意产品设计、创意产品流通交易的重要城市。

(三)辟建文化创意产业园区的几个问题

1. 资金问题

资金问题是制约文化创意产业发展的一个重要因素,是确保顺利推进创意产业园区建设的主要问题,特别是像淮安这样地处苏北的经济欠发达地区,辟建文化创意产业园区,更要重视资本引进。应实行市场化运作,引入包括银行、投行、风险投资、私

[1] 金元浦.文化创意产业概论[M].北京:高等教育出版社,2010:191.

募基金等多元化资金进入文化创意产业，放宽文化产业市场准入机制，探索以动员社会资本为主、官民共同投融资的运作方式，特别是积极吸纳风险投资基金。关键是要制定相应政策，降低投资者风险，保证投资者的利益回报。淮安对来淮创业者、投资者实行的101%服务就是行之有效的重要措施。引入开发文化创意产业的投资者，更要在政策上优先扶持和在服务上热情支持，比如设立创业基金、担保基金等，这样“小微企业才能放手一搏、做大做强”。[1]创造“洼地效应”，形成资本流。

2. **项目问题**

一个好的项目可以支撑起整个园区，可以带动整个园区发展。如由平均年龄只有25岁的年轻团队创办的创意企业艺谷文化产业集团，就独自、独资运作了江苏江阴文化产业园，又在上海嘉定区南翔镇运营了第二个园区。江阴的园区主要围绕金一公司的贵金属设计展开，是金银贵金属艺术收藏品、高端邮品的研发设计中心，运营3年多时间，已打造出“金一文化设计之都”和“金一现代传媒营销之都”，是一个集电子商务平台、600座呼叫中心以及生产、物流、仓储等职能为一体的产业基地，年销售突破30亿元。艺谷南翔镇文化产业园区改造了亚洲最大的单体画廊。[2]如果淮安能够成功引入一个类似的项目主体，就可以使园区建设落到实处，撑起创意产业开发的半壁江山。在龙头的带动作用下，创意产业会插上腾飞的翅膀。

3. **人才问题**

进行文化创意需要特别注重创造性、创新性、原创性、开创性，由于创造性是文化创意产业开发的核心，对创意人才的要求就更为严格。辟建文化创意产业园区最需要的是复合型人才，淮安开发文化创意产业，更是需要一大批创意人才，特别是这样几种类型的人才最为紧缺：影视动漫人才、文学艺术创作人才、工艺工业设计人才、策划创意人才、新兴媒体人才、高科技人才、经营管理人才、资本运作人才、经纪中介人才、推广营销人才等。要积极引进文化创意的领军人物、高端人才，引进文化名人，引进创意团队。有了名人，才能打造名园，培育名企，开发名品，创出名牌。应为人才引进制定优惠政策，给创意人才营造宽松、和谐氛围，提供良好的工作、生活环境和条件。要努力培养本土人才，如本土的民间艺人、非遗传承人、广告人、装潢设计者、演艺人才、文化旅游开发人才等，通过在职学习提高、“送出去”培训等途径培养，地方高校也应开设相关专业，更好地为地方经济和社会发展服务。

---

[1] 王斯敏.历无畏“号脉”文化创意产业[N].光明日报，2012-03-10.

[2] 张玉玲.创意创造价值——艺谷文化产业集团发展初探[N].光明日报，2012-02-08(12).

4. **机制问题**

创办文化创意产业园区，需要建立科学合理、高效顺畅的运行机制。地方政府应加大服务、支持力度；科学规划，顶层设计。改善和优化服务，不断提高服务水平和质量，“一个好的园区，至少要为入驻企业做好四个方面的服务：公共科技服务平台、经营咨询服务、高效灵活的金融支持、知识产权保护。”[1]制定园区发展规划，确定园区发展战略、文化创意产业开发重点，理清思路，稳步推进，改善环境，为创意开发提供自由空间。建立相应制度和政策，如关于发明创造及艺术创作奖励、知识产权保护等方面的规定和政策。

三、确立文化创意产业园区重点，选择优先发展门类

运河流域城市发展文化创意产业园区，应开拓文化创意产业发展空间，优化创意产业布局。坚持引进和自主开发相结合，发展创意产业，开发相关创意产品，形成创意产业集群，通过优化资源组合形成规模优势，使之做大做强；合理布局，实施重点突破，坚持创意产业与科技的融合，通过科技创新，使运河特色文化创意产业内涵发展，使之做精做优。以品牌扩大影响，靠规模壮大产业，走一条自主创新、自我突破，富有运河文化特色的文化创意产业发展之路。

在以下几个门类优先发展：

(1)发展数字动漫产业与软件开发产业。运河流域城市文化创意产业园区应把动漫产业作为主要发展门类，打造运河流域城市动漫产业带。淮安应依托淮安广播电视集团、淮安报业集团等媒体，依托淮阴工学院、淮阴师范学院、淮安信息职业技术学院等高校，依托淮安出国留学人员创业园、淮安软件园，搞好动漫游戏、新兴媒体、软件产品的开发。重视本土文化资源的深度开发，重点抓好《西游记》、水漫泗州城等题材的游戏、动漫创作，把淮阴区作家孙大文创作的“金猫”系列长篇童话开发成动画精品，把淮安掼蛋网做成一流游戏网站。推进“互联网+”战略，利用数字技术、信息技术开发创意产品，打造文化精品，满足消费者的多元化需求。

(2)发展视觉艺术、工艺美术、工业设计、时尚设计、环境艺术、广告装潢、工艺礼品、出版印刷等产业。依托媒体广告中心、出版单位、印刷企业、广告公司、高校广告与艺术设计专业、装饰协会等部门和单位，以市区西南里运河与京杭运河沿岸的化工厂等工厂搬迁后的废弃厂房为创意园区，打造淮安的“798”“田子坊”。可在园区为高

[1] 王斯敏.历无畏“号脉”文化创意产业[N].光明日报,2012-03-10.

校艺术设计、广告专业学生提供优惠政策创建工作室，鼓励在校期间参与创业，实现高校学生社会实践与创意开发的对接。旅游纪念品开发应在莲荷产品、芦苇编、纸扎等地方特色方面下功夫，开发富有创意和文化内涵的商品，拉动文化消费。

(3)发展影视创作等传媒产业和戏剧创作等文学艺术产业。创建以反映运河历史文化为主题的影视基地，在运河畔如淮安区河下古镇或淮阴区码头镇等地，兴建运河题材影视剧拍摄外景地，将其打造成为集影视外景拍摄、旅游、影视制作为一体的影视文化产业园。通过影视制作公司进行运作，摄制以反映运河漕运、河道治理等题材大戏，筹拍如以陈瑄、万恭、潘季驯、于成龙、靳辅、张鹏翮、高斌、郭大昌、黎世序等治理运河河道有功的名臣为主人公的影视剧；筹拍以韩信、关天培、梁红玉、吴承恩、周信芳等为主人公的影视剧精品。以《西游记》为题材，多创作影视精品。淮安是京剧教主王瑶卿、京剧大师周信芳、京剧表演艺术家宋长荣的故乡，可打好京剧牌，如举办全国性王瑶卿、周信芳纪念活动，并积极申办全国性京剧艺术节、京剧票友大赛。淮安又是淮剧、淮海戏的主要流传地，依托专业院团，打好地方戏曲牌，如与旅游结合，与旅行社合作，进行定点定时在小剧场、茶社或戏剧产业园演出，为游客提供特色旅游项目，同时也为地方艺术院团提供经营发展途径。

(4)发展艺术展览、艺术品流通等产业。淮安是摄影师郎静山故里，以郎景山艺术馆为核心，打造摄影艺术大本营，举办世界或亚洲、全国性“郎景山杯”人像摄影大赛、风光摄影大赛以及其他与摄影相关的活动，使淮安成为摄影比赛、展览的主办地。另外，淮安还是著名雕塑家滑田友的故乡，淮阴区曾成功举办“滑田友奖”全国母爱主题雕塑大赛，优秀雕塑作品已在东方母爱公园“落户”，还可继续举办全国或亚洲“滑田友杯”雕塑大赛，依托运河辟建以表现运河历史文化为主题的大型雕塑公园。依托淮安是内地重要的台资集聚高地的优势，引进台湾艺术企业和知名艺人到淮安，联手打造艺术产业园，促进摄影、雕塑、书画、琉璃等艺术品的创作，并提供展示和交易平台，实现两岸艺术品创作、生产、销售等方面开展合作的双赢。依托文庙古玩市场建立艺术品交易市场，通过扩大规模、提升档次，使文庙及周边地区形成民间工艺品、古玩字画、花鸟虫鱼、小饰品、小商品、地方风味小吃、旅游纪念品的集散地和集聚区。

(5)发展娱乐、演艺产业。建设大型《西游记》主题公园，将《西游记》文化、《西游记》故事多种门类的艺术表演及休闲娱乐等融为一体。引入国内大型娱乐企业兴建淮安的“欢乐谷”，辐射苏北，辐射周边省份。筹拍《运河之都》大型运河水上实景演出剧目，穿插十番锣鼓、运河船工号子、洪泽湖渔歌、南闸民歌、泗州调、金湖秧歌、洪泽湖鱼鼓舞、花船舞、马灯舞、龙舞、宋集跑驴等地方特色浓郁的表演，展现运河流域风土民情，以及当年漕运的繁盛情景。创作音乐剧《大将军韩信》(或《淮阴侯韩信》)，丰富运河文化旅游内容。通过打造演艺品牌，让游客住下来，又有玩乐，不仅可以丰富旅游内容，体验运河文化，还可以拉动文化消费，促进运河沿岸百姓就业。

(6)发展以淮扬菜为主的美食产业。依托淮安区美食街、清河新区淮扬菜展示馆，开展淮扬美食品鉴、体验之旅，将淮扬美食游与创意结合起来，让游客体验烹饪的乐趣。同时开展洪泽湖捕鱼、洪泽湖捉大闸蟹、盱眙捕捉小龙虾等体验旅游。恢复一些老字号饭店，如淮安区河下古镇的以烹饪鳝鱼为特色的鳝鱼馆宴乐饭店，与文楼饭店、震丰园等老字号饭店一道进行品牌宣传，使其成为外地游客慕名品尝淮扬美食的必到之地。为了把旅游中的“购”落到实处，兴建一处大型游客购物中心，汇集高沟捆蹄、淮阴码头汤羊肉、涟水鸡糕、淮安茶馓、洪泽湖湖鲜、老侯野鸭、盱眙十三香龙虾、天妃宫蒲菜、钦工肉圆、高沟今世缘酒等地方名优特产品，其中美食产品将加工与售卖结合，让游客体验制作过程，放心、明白购物。

(7)发展文博旅游产业。淮安已建淮安市博物馆、淮安市会展中心、周恩来纪念馆、苏皖边区政府旧址纪念馆、黄花塘新四军军部纪念馆、漕运博物馆、清晏园河道总督博物馆、淮扬菜文化博物馆、西游记博物馆、郎静山国际摄影艺术馆、长荣大剧院(荀派艺术馆)、淮安名人馆等开展文博旅游的精品场馆，为了更好地突出运河文化特色，挖掘运河文化底蕴，发展文博旅游，宜规划新建一批博物馆，在丰济仓遗址兴建“天下粮仓”漕粮博物馆，再现漕粮仓储的历史；在清江督造船厂遗址建造漕船博物馆，复建若干艘年代不同、风格各异的漕船，再现漕船制作工艺；在淮安区河下古镇或淮阴区王营镇西坝这两个都曾是淮北盐重要集散地的古镇，筹建淮盐博物馆，再现当年淮北盐储运的繁盛景象。这样加上已建的漕运博物馆、清晏园河道总督博物馆，反映淮安作为运河流域“五大中心”相关内容的博物馆即一应俱全，可给运河特色文博旅游增加精彩内容。在保护好运河文物遗址遗迹的基础上，合理利用文物资源，推动旅游开发，真正做到“让文物活起来”。

四、结语

运河流域城市发展文化创意产业，要重视园区建设，发挥园区的带动作用，依托园区形成人流、物流、资本流。运河流域城市建设文化创意产业园，要彰显运河特色，打运河资源牌，做好园区与区域文化的互动，放大运河成功申遗的口碑效应，使运河文化创意发展步入快车道，扩大影响力。另外，应进行相邻运河城市的联动，如旅游园区建设，可以进行城市间的合作，考虑线性文化遗产的特殊性，尽量消解城市间的壁垒，联手进行营销传播，开发客源市场，如淮安与扬州联合推出淮扬古运河之旅及淮扬菜品鉴之旅；淮安与宿迁、徐州合作推出汉文化之旅，可以使运河文化旅游内容更加丰富多彩。

以文塑城,以文铸城:
城镇化进程中文化规划的创新路径

中国传媒大学文化发展研究院　齐　骥

文化规划作为城市创新和发展的工具,是对城市文化资源深刻认知的基础上,探讨城市文化资源如何有助于城市的整体发展,从而进行鉴别创新项目、设计创新计划、整合各种资源、指导创新战略实施的过程[1]。它整合了政治、经济、社会、环境、文化等方面的内容,以高度的集成性和系统的科学性,为文化发展战略动提供"顶层设计"的综合指导,为城市改造与更新提供协同创新的价值核心。

一、城市规划的文化命题

文化是城市保持其独特性和竞争优势的核心资源。在全球文化创新的背景下,世界城市在城市形态、制度规范、市民行为等方面日趋雷同,只有文化上的区别显得尤为重要、更有价值。每个城市的文化特征和文化品质为城市在竞争中创新发展、脱颖而出提供了土壤和资源。

追溯城市规划的发展历史,弗里德曼于1986年提出"世界城市"标准并指出,"纽约、伦敦、巴黎、东京等世界级城市的竞争力不仅体现在经济上,更体现在社会、文化等领域的综合竞争力上,文化对城市规划和发展的影响越来越显著。"[2]归纳文化在城市发展中角色,世界大都市的发展给出对文化这一重要命题的基本认知:文化已经成为新世纪城市发展的新核心,文化战略先行是政府推进城市文化发展的必由之路,成功的城市文化发展与管理始终是政府与市场、民间互动作用相得益彰的结果,而城市

❶ 屠启宇,林兰.文化规划:城市规划思维的新辨识[J].社会科学,2012(11).

❷ 陈超,祝碧衡,周玉红.世界大都市的文化特征及发展路径//叶辛、蒯大申.上海文化发展报告(2009)[M].社科文献出版社,2009:56~79.

文化空间布局的“多中心”化趋势似已不可逆转，文化成为城市核心竞争力的重要组成部分等等[1]。从全球范围看，“文化城市”的历史性出场使“文化”成为一种发展战略，并日趋受到地区和国家层面的推动与重视，逐渐成为城市转型发展的基本方略和落脚点。无疑，文化为旧城复兴和新城建设源源不断地注入发展动力，又润物无声地提供增量支撑，在城市规划和区域设计中扮演着越来越重要的角色，它已经融入城市并改变着城市的生活、生产方式，甚至成为城市整体不可割裂的组成。

“文化规划”是实现“文化城市”的顶层设计，国际化城市在发展和转型的过程中，普遍重视文化规划在全球化和城镇化进程中以及城市可持续成长中的作用。例如在北美、欧洲和澳大利亚等西方国家，文化规划已经被作为一种有效的规划方法建立起来，在伦敦、巴黎、纽约和首尔，文化规划也已经成为区域发展战略和城市规划设计中的重要组成并在城市更新中发挥着重要的功能。可以说，全球化与城镇化的加速为“文化规划”提出了新的要求，文化规划不仅成为当前我国城市发展必须直面的成长尺度和城市规划必须纳入的内容体系，而且成为城市治理的政策工具，城市更新的竞争实力和城市转型。运用文化的思维、融合文化的境界、导入文化的维度、容纳文化的尺度、应用文化的方法、掌握文化的技术手段来丰富和完善城市规划的科学性和完整性，提高城市规划指导城市建设的实际作用，已成为当前城市规划的迫切命题。

从我国城市规划的现实境况看，文化规划鲜有被纳入城市规划的核心体系，更没有影响国民经济和社会规划，究其原因，一方面，迄今为止，由西方或前苏联输入的规划观念和规划手法，受制于其短暂的历史或过分渲染的工业化成就，对文化传统则普遍存在某种忽视的倾向。即使是诸如对古城古街区保护这样的规划项目，也只着眼于建筑形体的维持，而对其博大精深的传统文化内涵未加阐扬。[2]另一方面，长久以来的政绩观使城市规划宏观指导层次上缺少对社会效益的综合考量，从而使规划缺少文化内涵进而影响到城市禀赋的发挥和城市特色的塑造，在微观技术层次上则往往因节约成本追求效益而导致设计复制，从而使规划编制过度市场化和简单工程化，无法体现其固有的价值观和人文关怀，进而丧失了城市的独特魅力。

在文化日益成为城市生活场景和社会图景的新时代，在文化产业日趋成为城市增量创造的新增长点并驱动城市发展的新阶段，立足于以传统文化资源的盘活创造城市发展的增量，以业态创新引领城市更新的模式，以多元化和多样性的价值创造提升城市发展的层次，以集群式和集约化的发展路径提高城市治理效率的文化规划问题

[1] 顾朝林.城市竞争力研究的城市规划意义[J].规划师.2003(9).

[2] 林炳耀.21世纪城市规划研究的前沿课题[J].城市规划汇刊，1997(5).

的探讨，已成为城镇化进程中城市更新和产业转型的重要命题。

二、城镇化进程中文化发展的困境和挑战

"文化规划"以城镇化作为开展研究的背景和底色，旨在探索一种由产业结构非农化引发生产要素流动和集中，使原来农村的生产方式、生活方式、思维方式逐渐与城市接轨并最终实现城乡一体化的更加优化的社会演进路径。近年来，尽管随着城镇化建设的不断推进，制度创新日益深化，市场经济日趋成熟，城市群空间结构不断适应市场经济发展方向和市场资源配置方向，逐步演绎出愈加丰富的形态和模式，但是，与城镇化速度相伴的，是不断被湮没的城市记忆，被破坏的城市遗产和被消解的乡愁。

（一）土地城镇化快于人口城镇化，城镇持续成长驱动力不足

新型城镇化的核心在于"以人为本"。然而从目前我国许多地方的城镇化路径看，更多的是一种"被动"城镇化，也就是基于土地资源稀缺性的现实境况下，农民主观上不愿意被城镇化或还没做好城镇化的准备，但由于受各种客观原因，如"趋利性"的商业开发影响而不得不放弃农业生产方式和乡村生活方式，这一缺少文化自觉意识的城镇化路径，使城市的空间布局与资源环境承载能力不相适应的问题现在越来越突出，也使以土地扩张为导向的"规模城镇化"难以为继和以"人口红利"为支撑的低成本城镇化模式难以为继，显然，传统城镇化发展模式已不再适应现代城市建设的发展要求。如何提高城镇化的文化质量，优化城镇化文化空间，提升城市文化治理水平，是新型城镇化必须直面的现实问题，也是当前城镇化进程中文化发展面临的困境和挑战。提炼和设计一种在"以人为本"基础之上"以文塑城"的城镇化发展路径迫在眉睫。

（二）城镇需求与供给间矛盾凸显，文化发展亟待供给侧改革

新型城镇化是城乡一体，区域协调发展的城镇化。随着城镇化进程的加速，城乡居民的文化需求逐渐向品质性、多元化方式转型，消费模式也从模仿型、排浪式向个性化、多样型方向转变，但城乡文化供给的质量和水平相对滞后，文化发展与城镇化进程及城镇居民的文化需求不相适应。一是城镇文化产品与服务的供给过剩和供给不足同时存在，例如一系列"下乡"文化产品和服务遇冷与以"苹果"产品为代表的电子产品引发的购买热潮及释放的城乡消费需求并存，国内旅游消费市场增速下降与

海外奢侈品消费持续升温、部分品质型家居用品境外抢购和海外代购不断升温并存。二是文化发展中城乡差距和区域鸿沟逐渐扩大。在发展模式和发展路径的选择上，城乡文化产业和东西部地区文化产业的发展模式缺少因地制宜、各具特色的成长路径，在文化发展中，盲目接受型破坏式开发和浅表粗放式开发方式并存，城镇化破坏性开发导致城镇需求与供给之间的矛盾不断凸显。立足于调整文化发展结构，优化城镇产业结构，实现城镇空间正义的文化发展供给侧改革势在必行。

（三）城镇文化保护传承困难重重，顶层设计亟需创新与突破

在城镇化浪潮中，传统文化的文化安全日益受到全球化对文化价值的消解和经济快速发展对文化空间挤压的双重挑战。一方面，城镇化经济导向使文化遗产在城镇混合空间中生存和发展的困境愈加突出。许多文化遗产的原生地来源于生产力不发达的民族和农村地区，成为当下城镇化进程波及的主要空间。在信息触角愈加发达、文化变革愈加迅速的时代，传统文化及其空间或正成为以“文化自卑”为代表的“文化包袱”，并演绎为它们日益强烈和迅速要摆脱的束缚。而令人更加忧虑的是，文化规划的滞后使传统文化在城镇化与经济增速的博弈中缺少合法性。文化安全一方面由于法律效力低，处罚权限、处罚力度有限，执行难度较大，对违法违规者起不到约束和震慑作用；另一方面，由于城市规划对文化空间和文化生态的整体设计和评价考核缺少参照指标，文化安全在城镇化夹缝中的创造、传播和传承的空间和表达方式也缺少有效的保护机制。立足创新、以人为本的城镇化“顶层设计”和因地制宜、循序渐进的城市文化规划迫在眉睫。

三、城镇化进程中文化规划的立足点

“文化规划”将城镇化和规划均作为动态的“过程”，旨在探讨一种立足于将文化融入城市并改变城乡生活方式的平衡式结构，探讨一种标榜着基于传承与创新的城镇化发展理念，更彰显着一种凝练城市精神、塑造城市价值的城镇化发展思路。

（一）以文塑城，正确认识文化规划

文化规划是以文化价值引导城市成长、激活城市能量的重要途径。文化是城市保持其独特性和竞争优势的核心资源。以“文化绘标”的方式观察城市发展进程，凸显城市文化特色，规划城市产业发展，可以使城市的传统文化得到极大的挖掘与弘扬；

现代文明得到极大的拓展与彰显；人的整体素质得到极大的完善与提升，实现城市建设、生态风光、人文景观、城市风貌和人居环境的全面、协调、可持续发展。

理解文化规划与建设的真正含义以及文化政策空间的核心内涵。在我国，文化规划从整体上而言大多是政府主导，借助智库力量而开展的战略性研究和策略性顶层设计。政府的职责是保证先进文化的前进方向，弥补市场失灵，提供公共文化服务。文化规划如何运用好政策工具和规划杠杆，为文化产业可持续发展和科学布局提供合理并富有成长空间的发展路径，是文化产业规划要解决的重要问题。

理解区域发展格局中文化规划与建设的内涵。以文化的思维对城市的各种功能加以认识考察，发现城市的创新空间和转型方向。将文化资源置于创新实施的中心，来整合城市的各种资源，达成城市的和谐发展。保持文化的地方特色，无论是经济的还是社会的规划，文化规划只有与一个地方的文化相协调，才能达成整体的鲜明的效果。从文化的角度考虑和制定各类公共政策、在文化资源和公共政策之间建立一种相互影响、相互协同的关系，开展城市创新决策。这里的公共政策涉及经济发展、住房、健康、教育、社会服务、旅游、城市规划、建筑设计、市容设计和文化政策本身。开放性、跨领域、交叉式的思考能力、企业家精神、组织管理能力是文化规划的核心能力。从文化入手，仔细研究文化的各个方面，鼓励与其他学科达成交叉，激发城市创新转型。❶

（二）以文兴业，优化城镇产业结构

文化规划是不断寻求城乡文化认同和消弭城乡文化疆界的过程。文化是一个民族的粘合剂，也是族群认同的根基。文化的被消解，民族也将失去共同的价值信仰。城镇化是为适应产业结构调整和经济发展需求作出的战略调整，是为创造优化合理的生存空间、消费结构作出的发展布局，城镇化不应该泯灭文化特色、淡化文化传统、消解文化基因，而应在基于文化认同前提下，以文化自觉为内在的精神力量，重塑文化价值，以文化创造活力激发城市探索集约高效、功能完善、环境友好、社会和谐、个性鲜明的新型城镇化路径。

文化规划有助于推动城市重新梳理文化资源，发现文化禀赋，重塑文化价值，进而促进城市能量的释放和产业结构的优化。以城镇化促进产业结构的优化，可以更好地将农民从个体生产和经营体制中解放出来，以现代企业制度实现分工与合作，有效提高产业效率；以城镇化促进要素结构的优化，可以充分地发挥政府的宏观调控和

❶ 屠启宇，林兰.文化规划：城市规划思维的新辨识[J].社会科学，2012(11).

市场的资源配置作用，为农民提供生活安置和产业转移的地点，提供安置的配套环境与配套政策，从而消除“离土不离乡”“进厂不进城”的现象，真正实现“人的城镇化”。

文化规划有助于推动文化产业的发展，通过产业融合、产城融合实现城市发展的迭代创新，拉动城市升级。当前我国尚处于工业化中期阶段，第二产业产值比重整体上升且在三次产业中占绝对优势，但其就业弹性低于产值比重仍然较低的第三产业，因此，中国目前的产业结构优化升级对于农村剩余劳动力的有效转移还缺乏真正的带动力，对城镇化的拉动作用还不是很大。[1]文化产业具有的调整结构、优化资源配置、拉动城市就业等方面的特性，恰好弥补了城镇化的问题与不足。通过文化规划优化城市发展的产业路径，可以更好地实现城市有序更新与全面创新。

（三）以文化人，传承城市基因文脉

文化规划是保护城镇化进程中文化遗产安全的有效工具。文化遗产以关注文化传承与创新为出发点，从文化景观到历史街区到文物古迹到地方民居，从传统技能到社会习俗，构成了记录“活态性”、体现“传统性”、具有“整体性”的文化遗产群落。城镇化进程中的文化遗产，以其特有的作用，在历史文化教育、乡土情结维系、文化身份认同、城镇特色塑造等方面维系着一个地区和民族的文化生态系统，这一系统不仅构筑了人们生产、生活必需的物理空间，更构筑了人们赖以生存与发展的文化空间。保护传承文化遗产就是守护文化安全，守护文化记忆，守护人们理想的精神家园。

城镇化破坏性开发是文化遗产记忆濒临消弭的主要症结。在文化规划缺位的城镇化进程中，旧城改造往往使历史城区、历史街区的整体环境日益恶化，本应成为城镇发展核心文化景观的历史城区、历史文化街区和历史建筑等遗产，在拆建中毁坏。而新城开发又往往忽略文化遗产的生存空间，城市功能、城市环境与城市精神、城市文化难以有机地统一起来。文化规划可以有效把控文化遗产的差异性和不可控性，通过构建城镇发展与活化文化遗产规划框架，改变以单一保护规划为主导的遗产保护规划技术框架，建立以城市发展战略和总体规划为统领，以保护规划为基础，以城市设计为支撑，以详细规划和建筑设计为具体落实手段的规划技术体系，从而对不同区域、不同禀赋、不同经济发展阶段和不同文化风貌地区的文化遗产展开不同路径的保护方式与创新手法。

---

[1] 杨文举.中国城镇化与产业结构关系的实证分析[J].经济经纬，2007(1).

四、文化规划创新发展的路径思考

“文化规划”是城市创新图变的精湛“技术”,更是城市传承嬗变的万能“工具”,它既秉承着文化的精神,又遵循城市自然山水格局,建立城市与自然相融的空间结构,它既加持着文化的灵性,突显着文化的特色,又延续着文化的风貌,创造着优美的城市轮廓、景观视廊、建筑风格与色彩。如何以文化为驱动力,在有效提高城镇化“速度”的同时,以文化自觉和文脉传承增加城镇化“深度”,以文化遗产赋予城镇化“温度”,以优化城市布局和城乡综合配套加深城镇化“力度”的本土化解决方案,是城镇化进程中文化发展必须直面的命题,也是文化规划创新与实践的方向。

(一)提高文化规划的工具性,规范规划流程管理

文化规划既践行着技术的公约,以协作式、参与式、渐进式规划的技术路径,推进着城镇的有机更新,又遵守着标准的规制,既保障着既有土地权属和居民权益,又约定着历史文化保护、公共设施完善、公共绿地及开放空间建设、城市功能和形象提升等内容的设计。从这一维度看,文化规划是城市发展的“顶层设计”不可或缺的战略视角,是实现城市文化空间的综合协调,国土资源开发利用和生态环境保护整治的相互协调的重要条件。因此,文化规划要着力提高工具性,加强技术规范和流程管理。

第一,秉承系统性原则,加强文化规划目标管理。文化是城市的灵魂,是城镇化的重要组成部分,文化规划的目标应充分考虑新发展理念下经济社会发展的各个领域和环节,应全方位、多角度、立体式凸显文化发展的系统特征。文化规划的目标设定,不仅要体现在文化产业对经济增长的驱动上,而且要体现在丰富人民群众的文化生活,创新文化消费的内容和形式,提高社会文化发展水平和拉动就业等方面的综合评价上。

第二,遵循次序性原则,推动文化规划分布实施。文化发展常讲常新,文化传承源远流长,文化对城市的形塑作用是一个长期的过程,文化规划应明确区域文化发展和文化改革创新的先后次序和重点任务,通过有计划、分步骤地组织实施,不断在重要领域和关键环节取得突破,直至实现最终目标。由于城市文化的整体规划多为中长期规划(保持一定时期内文化产业发展的稳定性和文化产业政策的延续性),并且由于城市和地区间文化发展水平和所处阶段不同,即使同一城市,其不同区域之间文化发展资源禀赋也各自不同,进而导致发展路径和发展目标的千差万别,因此,需要阶段性或差异性地推动文化规划的实施。

第三，围绕落地性要求，强化文化规划评价反馈。文化规划的落地首先要基于当前文化发展的基本形势和以往文化成长的具体情况，结合文化空间、文化产业和具体项目等作出综合性预测和计算，使规划在具有前瞻性的同时保持较高的操作性。其次，要强化文化规划的实施效果跟踪和实施动态反馈，构建文化规划的文化评价指标，一方面，结合区域内城市规划和人口发展的具体情况提炼出影响文化资源保护和使用的指标，从而引导人们对文化资源更为有效地利用；另一方面，综合考虑一、二、三产业对城市经济结构和功能的影响，提炼出实现文化与其他城市发展要素内部协同一致的评价标准，制定出保障基本文化权益的指标体系，更好地激发群众参与城市文化建设的能动性，为城市文化发展提供源源不断的动力。

（二）秉持文化规划的独立性，拓展规划战略视角

城市代表了我们作为一个物种具有想象力的恢弘巨作，证实我们具有能够以最深远而持久的方式重塑自然的能力；城市也代表着人类不再依赖自然界的恩赐，而是另起炉灶，试图构建一个新的、可操控的秩序。城市作为要素集聚的富集之地，是多元文化、多维生态的熔炉。而城市规划是城市建设和发展的蓝图。以广阔的视角、全球化的眼光、战略性的思维规划文化发展路径，设计文化产业成长模式，是新型城镇化进程中文化创新和发展的有效方式。

秉持文化规划的独立精神。在全球化背景下，世界城市在城市形态、制度规范、市民行为等方面日趋雷同，只有文化上的区别显得尤为重要、更有价值。秉持规划的独立精神，是城市成长和建设的“破立并举”的过程。一方面，文化规划的独立性是保持文化特色的重要条件，是城市文化价值凝练的萃取过程和城市文化特色升华的推演过程；另一方面，文化规划的独立性，是增加文化规划自觉意识的基本前提，是通过“顶层设计”优化城市结构、解决城镇化进程中的城市发展矛盾和文化发展困境的实现过程。

拓展文化规划的战略视角。文化规划的路径是全球视野下“顶层设计”与“路线图”并行不悖的有效范式。城市的演进展现了人类从草莽未辟的蒙昧状态到繁衍扩展至全世界的历程。文化规划即建立在传承城市记忆、绵延城市文脉、永续城市基因、发掘城市性格、重塑城市品质的基础上。文化规划的编制，首先需要广阔的视野和战略的思维，以广泛吸纳和融合世界城市多元文化和多维生态为积淀，以注入人文关怀、关注人文精神、融入人文内涵的思考和探索，设计城市文化产业发展的战略路径。

（三）优化文化规划的时空性，编制多规合一规划

城市改造和更新不仅应保护文物古迹、历史环境、非物质遗产，还应以实现整个区域的自然、经济、文化可持续发展为目标，将“顶层设计”与“产业路线图”结合，以实现城市文化空间的综合协调，国土资源开发利用和生态环境保护整治的相互协调，不同行政区域之间及区域内城市之间和城乡之间的统筹协调，人口、经济、文化、科技、环境及资源等系统及其内部各要素之间的有机协调。

重塑文化规划的空间尺度，实现城市发展的空间正义。城镇化的核心是“人的城镇化”。城镇化是寻求城乡文化认同，实现理想身份，消弭心灵距离的空间尺度重塑过程。文化规划则是以“时间无限”弥补“空间有限”并改造、重构和创造新空间的过程。城市空间的重塑不仅仅是城市建筑空间的无序扩大，更是城市居民心灵空间的有序升级的过程。因此，增强城市空间公共文化产品的供给，提高城市空间公共文化服务的能力，构建兼具时代性、创新性和开放性特征的公共文化服务保障体系，是适应“人的城镇化”的基础。重塑空间尺度的核心价值，是给每一个生活在其中的人建构一种有人生价值的工作与生活方式。从这一角度看，城市不仅是一个居住的地方，更是一个通过就业和创业实现理想价值的地方。[1]因此，在城镇化的物理空间层面打造宜居宜业的便捷高效尺度，在城镇化的文化空间层面打造具有人本价值和归属精神的邻里尺度，是实现“人的城镇化”的重点。

明确文化规划的“时间表”和“路线图”，实现城市产业的优化升级。文化产业规划是面向未来的文化产业发展的“时间表”和“路线图”，是城镇化背景下对未来发展趋势进行充分判断和全面掌握基础上的“行动指南”，其规划的重点是掌握并驾驭文化产业发展趋势，结合城市自身特点和经济社会发展规律，进行综合判断并制定发展蓝图。文化规划应当以发达的文化产业和配套周全的文化服务为基本要素。就前者而言，发达的文化产业体系是建设国际城市的重要组成，是衡量城市文化竞争力的主要依据。文化产业在激活城市内在文化要素、刺激消费需求、转变增长方式和调整产业结构、扩大就业规模、完善城市功能、展示城市风采、提高城市竞争力和美誉度、知名度等方面，发挥着重要的、不可替代的作用。就后者而言，文化设施是营造城市文化环境必不可少的要素，具有国际水平的科技、文化、教育设施及国际性科技文化交流中心，是评价全球城市的重要标准。

---

[1] 张鸿雁.中国新型城镇化战略面临的十大难题及对策创新[J].探索与争鸣，2011(1).

实现文化发展与城市成长“双规合一”的协作规划。城市规划与文化规划的双规合一越来越成为城市演进的要求。随着城镇化进程的不断推进，外部环境与内生动力的变化使得未来的城乡发展无法沿袭既有的路径，粗放、短视的治理模式已经难以为继。同时，随着城乡规划日益为社会公众所认同与熟悉，越来越多的社会主体要求通过城市规划来表达自身利益诉求。城市规划与文化规划的“双规合一”，正是在基于文化认同前提下，以文化自觉为内在的精神力量，以文化创造活力激发人们探索集约高效、功能完善、环境友好、社会和谐、个性鲜明的新城市发展空间的主体行为，体现了以“文化弹性”和“文化自觉”推进文化治理的路径创新。城市规划与文化规划的“双规合一”通过主动寻求一种创造性文化增生的范式实现了文化的包容性发展，以较强的规训弹性，实现了沟通协作下的多元治理，有助于改善社会管理模式[1]。实现可从单向度的规划立法到多向度的规划协商，是文化规划的范式创新，更是文化治理的路径创新。

五、结语：面向未来的文化规划

在我国城市快速发展、城镇化进程不断加速的时代里，“文化规划”仍然方兴未艾。许多区域将产业增加值奉为圭臬的城市治理时代，文化规划或在某种程度上常流于形式，难以全面测度出城市的文化脉搏和城市的历史温度。因此，面向未来的“文化规划”如何秉持一种基于城市本质品格的真诚，维护一种面对城市发展历史的坦诚，更坚守一种规划城市蓝图的责任，任重而道远。

面向未来的“文化规划”，或是基于“物质尺度”的统计数据基础上的大胆构想，或是源于“城市肌理”的理性规划基础上的创意构思，或是始于“社区改造”的拆建修补基础上的空间再造。但是，在“文化规划”的镜像里，古老的风景可以散发出城市更新的永恒韵味，亘古的遗产可以盘活为创意人群的思想聚落，滨江水畔的田园景致可以开辟并引导新的生活潮汐，交通廊道的纵横格局可以承接产业转移并引导新城开发，居住社区和产业园区可以因为文化纽带的植入而成为产城融合的富庶城市功能区。

面向未来的“文化规划”，旨在恪守每一个城市历史与文脉的真诚、力图激活每一个城市公民的创造力，致力盘活每一个城市的存量资产并释放改革红利的同时，并试

[1] 胡惠林.国家需要文化治理[J].学习时报，2012(6).

图建立一种基于“规划”的文化秩序。从这一维度上说，“文化规划”是审慎和公允的。而面对如何在避免城市开发建设因为规划的“刻板”与“趋同”使城市呈现出“千城一面”境况时，“文化规划”必须认真地回答以下问题：如何以富有创新和远见，又不失科学与理性的规划城市发展，引导最优化的产业组织方式和要素配置方式，实现城市文化的空间组织更加优化，产业空气更加活跃，市场体系更加健全。

文化旅游型城市文化重构问题研究

中国传媒大学文化发展研究院　宋朝丽

近年来，文化旅游业对经济的推动作用越来越明显，许多城市都开始挖掘自身的文化资源，发展文化旅游。但并不是所有发展文化旅游业的城市都是文化旅游型城市。文化旅游城市应该用以下3个标准界定比较科学：一是文化旅游产业成为本地经济增长的支柱型产业，参照国家对支柱型产业应占到GDP5%的标准，文化旅游业占比达到本地GDP收入5%以上，可以成为支柱型产业；二是文化旅游业对相关产业的辐射和带动作用，衡量标准包括周边产业的完善程度和对居民就业及收入情况的影响。以此标准进行衡量，国内目前有很多文化旅游型城市，然而在发展过程中，这些城市面临着文化建构方面的失落与迷茫，不太清楚城市的文化定位和发展目标，盲目跟风攀比，千篇一律，出现文化城市没有“文化”的局面。重新思考文化旅游城市的文化建构，对于这类城市的健康持续发展具有非常重大的意义。

需要指出的是，本文所指的“城市”概念，指的是近代工业社会意义上以工业生产为主要生产方式的群体聚集地，区别于以农业为主要生产方式的农村和城市郊区，城郊民宿、休闲农业等业态不在本文的研究范围之内。

一、文化旅游型城市面临的文化困境

美国学者诺瑟姆（Ray M.Northam）1979年提出了城镇化的S形曲线理论，当城镇化率达到30%时，城市化将进入快速发展阶段，而当城镇化率达到70%以后，城镇化基本处于饱和状态，发展速度放缓。截至2015年末，中国城镇化率达到56.1%，城镇常住人口7.7亿[1]，近10年来，中国城镇化速度以每年1%以上的速度增长，而“世界城镇化一般的年均增长速度为0.3~0.5个百分点”[2]。快速的城市化使得城市发展过于关注眼前

[1] 数据来源：国家统计局网站。

[2] 周一星.城镇化：不是越快越好[N].光明日报，2006-03-27(6).

经济利益，贪大求全，对文化资源的开发也存在盲目开发、错位定位等问题，致使一些优秀的文化资源和文化遗产被破坏，甚至很多旅游城市出现同质化的问题，应当引起足够的重视。

（一）城市文化定位的迷失

城市文化定位是城市文化发展的根基，成功的定位有助于塑造美好的城市品牌形象，提高城市的知名度，如水上之城威尼斯、时尚之都巴黎、“人间天堂”杭州等，城市的文化定位是在综合考虑城市地理位置、自然环境、经济社会发展基础、人居环境、历史文化的基础上经过长期深思熟虑形成的，体现了城市的发展理念。然而在快速的城镇化过程中，很多城市对文化发展的理念思考得并不成熟，有些城市盲目模仿西方国家和一流城市，暴露了文化上的不自信，例如在城市建设目标中提出“誓将××市打造成东方芝加哥”“东方小巴黎”“西部夜上海”等；有些城市则提出有些空泛的城市口号：“爱情之都”“浪漫之都”“娱乐之都”“休闲之都”的城市标语充斥在城市旅游宣传广告中；还有些城市过于关注吸引力原则，一味追求眼球经济，忽略城市的文化品位，如合肥推出的城市旅游口号“两个胖胖欢迎您”、宜春旅游政务网打出口号“一座叫春的城市”，还有“中国浴城”“游承德，皇帝的选择”等。这些城市的文化定位要么崇洋媚外，要么过于轻率，或者过于低俗，体现出城市规划者在文化定位方面的迷失。

（二）城市文化个性的消亡

城市文化是一个城市的精神和灵魂，是一个城市区别于其他城市的标志。近年来，文化旅游城市也存在“千城一面”的问题，有些城市上马文化旅游项目，发展文化地产，兴建各种文化主题公园和文化产业园区，甚至以文化地产的名义进行“圈地运动”，发展其他商业项目；自“印象”系列实景演出取得成功以来，很多城市结合自身文化资源开发实景演出，掀起了实景演出热潮，很多创意陈旧、粗制滥造的旅游演出项目盲目跟风上马，出现旅游演出泡沫；许多城市以各种会展、论坛、节庆、文博会等方式吸引游客和投资，大同小异，缺乏创新；文化旅游产品雷同，没有体现出城市本身的文化特色等，致使很多人失去了到城市进行旅游的兴趣，宁愿选择到国外游或探险游。

（三）城市文化精神的衰落

城市精神是城市文化的核心，是对城市居民理想、信念、价值取向等多个方面的概括和凝练。城市精神具有凝聚人心、统领行动、唤起斗志、催人奋进和其他任何东西都无法替代的作用。[1]市民素质是城市精神的基础，而城市精神更多地体现为城市文化的目的感，即什么样的感受使得生活充满了意义。美国著名城市学家伊里尔·沙里宁曾说过："让我看看你的城市，我就能说出这个城市的居民在文化上追求的是什么。"然而在城市化进程中，一些急功近利、大拆大建的做法正在将城市的记忆慢慢抹除，大量的"旧城改造""危旧房改造""仿古街打造"，不注重保护城市中的文化景观、历史街区、文物古迹、传统民居等文化遗产，不注重城市人居环境的打造，导致城市出现文化危机，城市文化精神旁落。人们到城市旅游，感受到更多的是城市的商业气息，而不是该城市的文化氛围。

二、旅游城市的文化建构机理及模型构建

（一）城市文化建构的机理

城市文化的建构，应该从城市精神、城市文化、城市意象3个层面展开，这3个层面之间的关系是层层递进的，以城市精神为内核，城市文化为中间层，最终形成人们对城市的感知和态度——城市意象。具体模型如图3-12所示。

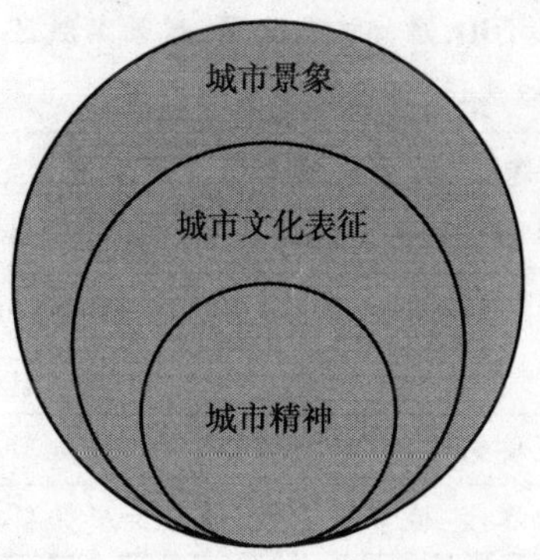

图3-12　城市文化体系示意图

[1]卢娟.提升城市文化品位，塑造城市精神[EB/OL].(2015-12-31)[2016-06-12].http://www.ccmedu.com/bbs10_7489.html.

在这个示意图中，城市精神是城市文化体系构建中最核心的部分，城市精神凝聚了一座城市的历史传统、精神积淀、社会风气、价值观念以及市民素质等诸多因素，对这些因素进行核心提炼与准确概括。城市精神的打造需要考虑两个因素：城市的自然资源禀赋和文化资源禀赋。前者包括城市所在的地理位置、拥有的山川、河流、矿产、土地等自然因素，是城市固有的不动资产；后者包括城市的政治定位、历史传统、文化遗产、生活习惯、民俗风情等人文因素，是城市看不见的无形资产。城市精神要在这两个基本属性的基础上去提炼。需要指出的是，现在虽然很多城市提出了自己的城市精神，但普遍存在两种问题，一种是没有找准城市定位，城市精神没有反映出城市应有的文化底蕴和精神面貌，从而流于形式；另一种是将城市精神仅用于口号宣传，并未将这种精神融入到城市发展和规划的理念中，更没有能将城市精神融入到城市的日常生活和文化血脉中去，从而使得城市精神失去了应有的统领地位。

围绕城市精神这一核心，城市打造属于自己的城市文化表征。城市文化表征是城市可视化的景观表达，目前学界普遍采用凯文·林奇的研究结论，将其分为道路、边界、标志物、节点、区域5要素，需要进行精心设计，如区域设计，可以将相似风格、相似色彩、相似功能的建筑规划到一个区域，从而给人带来视觉冲击力，留下深刻的印象。

表3-10　城市旅游景观要素类型及内容

要素类型	内容
区域	城区CBD、RBD或TBD、历史文化街区、风景名胜区、高科技园区、公园和园林绿地、大学园区及其功能区域、郊区及县镇辖区等
标志物	城区最高最大的建筑、历史最悠久的景观和建筑、建筑设计创意最有特色的建筑物、具有人文内涵和象征意义的建筑、山地水体等独特的自然景观等
节点	机场、火车站、码头等城市门户、城市广场、重要的交通网络交叉点、重要的交通站点、桥梁等
路径	旅游通道、城区主要街道、步行街、河流水系等
边界	城市边缘、街区分界线、城乡分界线、城市景观分界线、水域景观岸线等

资料来源：吴红霞硕士论文《城市旅游形象提升系统研究》。

文化是连接城市建筑和人之间的桥梁。城市文化最终要关注的是人在城市生活中的感受，个体之间的共同感受构成公众感受，即城市意象。城市意象（the image of the city）的塑造是当今城市文化研究的热门话题，最早由美国环境设计理论家凯文·林奇（Kevin Lynch）在其著作《城市意象》一书中提出，凯文·林奇将城市意象定义为人们所接受的稳定的城市结构，是建立在人对城市的感知体验基础上的认知图景。"似乎任何一个城市，都存在一个由许多人意象复合而成的公众意象，或者说是一系列的公共意象，其中每一个都反映了相当一些市民的意象。如果一个人想成功地适应环境，与他人相处，那么这种群体意象的存在就十分必要。"[1]由此可见，城市意象是人们在城市物质基础上对城市的感知、经验、理解和认识。在全球化的冲击下，城市文化的同质性造成城市意象的相似性，需要引起城市规划者的足够重视，对城市意象进行重塑，提升城市的个性化水平，重塑城市的文化价值观。

（二）文化旅游城市文化体系提升系统模型的构建

文化旅游城市作为一类特殊的地域空间综合体，具有自然、地理、人文、经济、社会等多层次符合结构特征。系统论定义出系统的边界并把系统模型化，以便认同其中重要的组成因素和这些因素之间的反应类型，最后决定个体和整体的联系。[2]

结合上文对城市文化体系的分析，本文构建了旅游城市文化体系提升系统模型，如图3-13所示。

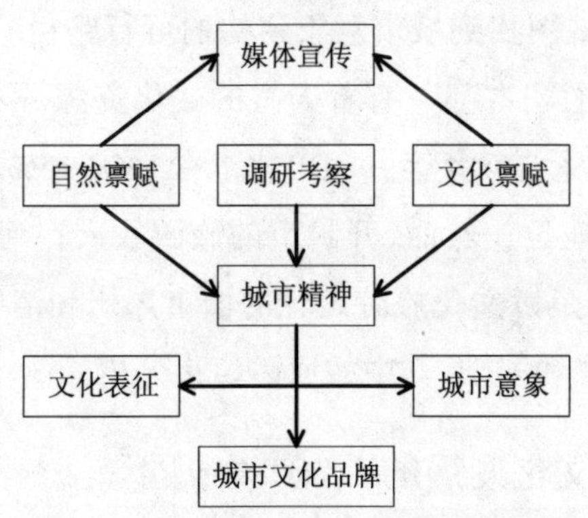

图3-13 城市文化体系构建模型

在城市文化体系的构建中，首先要在梳理城市的自然资源禀赋和文化资源禀

[1] 凯文·林奇.城市意象[M].方益萍，何晓军，译.北京：华夏出版社，2001:35.

[2] 陈卫星.传播的观念[M].北京：人民出版社，2004:52.

赋，在广泛征集专家学者和市民意见的基础上，充分了解市民对城市的感知、印象和期许，从而掌握现有的城市意象是什么。在此基础上，进一步凝练出城市精神，并在城市精神的指引下，塑造城市特色文化，城市文化外化为城市文化表征，是客观存在能够看到的，对其提升一方面应该关注具体的景观设计理念，另一方面需要有前瞻性的城市景观控制。而公众对城市文化表征的看法和评价则形成城市意象，城市意象的提升途径包括提供精细化的旅游服务环境、人性化的居民利益平衡等，营造宜居的人文环境。城市文化品牌的形成及文化个性的凸显除了依靠文化表征和城市意象外，也离不开媒体形象传播，如有感染性的城市定位口号、渗透性强的媒体宣传渠道等。

文化旅游城市文化建构的目的并不仅仅是为了形成城市文化品牌，提升城市文化竞争力，而是为了提高文化旅游城市居民的生活品质和精神凝聚力，文化旅游的发展不仅仅是为了吸引外来游客和投资者，更是为了城市文化得以传承和发展，城市文化个性得以彰显。

三、旅游城市文化重塑与价值重构：基于古城开封的实证分析

本文选取开封市作为典型样本，运用SWOT分析法对其城市文化建构情况进行分析，以个案剖析的方式，试图找到城市意象建构的可行路径。之所以选择开封作样本城市，是因为开封作为"七朝古都"，有着丰富的文化资源，根据2009—2012年开封市统计年鉴，开封旅游业收入连续4年占GDP比重在13%~15%之间，已经确定了在当地国民经济中的支柱产业地位。然而，开封市的旅游收入在河南省旅游总收入中所占的比重并不高，远低于不是以文化旅游定位的城市郑州和洛阳，甚至不如旅游资源不如其丰厚的周边城市焦作和安阳，其中的原因值得分析。

（一）开封市城市文化发展的SWOT分析

1. 优势（Strength）

（1）文化资源丰富。开封被称为"七朝古都"，先后有战国时期的魏、五代时期的后梁、后晋、后汉、后周、北宋和金代后期在此建都，建都时间长达450年在谭其骧的《〈中国七大古都〉序》中，将开封列为七大古都中之"第二等古都"，认为其重要程度在

西安、北京、洛阳之后，与南京相当。[1]。全市共有文物古迹237处，其中国家级文物保护单位13处，省级文物保护单位24处。历史上有很多知名的故事如水浒传、三侠五义、包青天、杨家将、岳飞等，将开封的文化知名度提升到一定的高度。开封保存了北宋时期的建筑铁塔和繁塔，明清时期的古城墙等，开封的民俗和小吃、历史街区、大量非物质文化遗产，以及开封地下掩埋的六座城池，都为开封增加了浓厚的文化色彩和巨大的文化开发潜力。

(2)文化旅游业发展成熟。1982年，开封市被国务院列为全国首批历史文化名城，凭借其“七朝古都，北方水城，文物遗存丰富，城市格局悠久”的资源优势，开始发展旅游业。修复了包公祠、龙亭、大相国寺、翰园碑林等大量古建筑，打通了开封的水系，在《清明上河图》的基础上修建了大型主题公园清明上河园，并打造了《大宋·东京梦华》的水上实景演出；将菊花作为市花，每年9~10月举行大型菊花展，这些都取得了很好的城市文化宣传效果。

(3)文化基础设施逐步完善。2003年“郑汴一体化”发展战略提出以来，给开封市的发展带来了前所未有的机遇。交通的便利带来了更多的旅游客源，餐饮业、住宿、娱乐等旅游周边产业也都逐步完善。在“十三五”规划中，开封市新增了10大基础设施项目，包括开港大道、市体育中心、涧水河综合治理工程、智慧城市3个中心等，这些基础设施将会给开封市的城市形象带来很大的改观。

2．劣势(Weakness)

(1)旅游产业链短，附加值低。开封市将旅游业作为城市经济发展的支柱型产业，也是开封城市形象塑造的主要手段。然而，目前开封的旅游业主要还是门票经济，门票收入、餐饮收入、住宿收入占据了旅游收入的大半壁江山，而其他配套项目，包括购物、娱乐、体验等非基本性旅游项目则收入比较少；旅游产品形态单一，文化附加值低，导致游客购买力不强；缺少能够长时间游玩的项目，加上“郑汴一体化”的交通便利条件，很多游客在开封的停留时间不会超过一天，产业效益低下。

(2)城市文化精神不明确。目前，开封对城市文化的宣传主要以宋朝都城文化为主，强调北宋的民俗、工艺、小吃、市井生活、文化娱乐项目，有意识地打造北宋武侠仁义精神，但缺乏对城市文化的整体塑造。这其中包含城市文化价值观的问题，所有历史的辉煌都是为现在城市的美好生活打下基础的，一味强调历史的文脉，忽略了城市现代居民的精神生活，缺乏对当下生活的关注，这样的城市文化是不灵动的、没有生

[1]陈桥驿.中国七大古都[M].北京：中国青年出版社，2005.

机的。事实上，现代开封人所共有的文化气质并不明确，对自己所在的城市的文化内涵也并不是很了解。

（3）城市宣传力度不足。与南宋古都杭州相比，作为北宋都城的开封知名度并不高，其中固然有经济基础薄弱的因素，但也跟开封的城市宣传力度不足有很大关系。开封并没有全国知名的文化品牌，很多人不了解开封的特色文化和文化内涵。比如，很多人知道杭州的宋城演艺集团及其演出节目“宋城千古情”，对开封的宋城文化产业园区却不是很清楚，开封的实景演出《东京梦华》的知名度也不是很高。可见开封的城市文化宣传和营销力度还是不够。

3. **机会（Opportunity）**

（1）国家对文化产业战略的重视。自2002年国家提出发展文化产业以来，文化产业受到了政府层面的高度重视。“十二五”期间提出要将文化产业培养成国家支柱型产业，2014年的10号文件提出文化与相关产业融合发展的概念，更是为开封发展文化旅游提供了政策支持。河南省“郑汴一体化”战略为开封发展文化产业提供了便利的交通条件，开封市也将文化旅游作为经济发展的支柱型产业，提供大量的资金和技术支持。借助政策利好的东风，开封城市文化建构正逢其时。

（2）民众文化消费意识的提升。当人均收入超过3000美元时，文化消费将呈现出井喷状态。随着居民可支配收入的提高，居民的文化消费意识将逐渐提高，而且消费的层次会更加高端化和多元化，单纯的景点参观和特色小吃模式已经不能满足消费者的需求，这就为开封文化旅游及其转型升级提供了迫切的动力。

4. **威胁（Threat）**

（1）外部竞争的加剧。随着文化经济化和经济文化化的加剧，文化成为城市发展的重要推动力。全球各个城市都开始重视文化的保护与开发，积极开展城市文化品牌建设工作，导致城市文化品牌建设的竞争加剧。另外，与国内很多城市相比，开封城市文化遗产保护并不是很到位，加上文化资本缺乏有效整合，品牌效应尚未充分发挥出来。因此，要提高城市的文化竞争力并不容易。

（2）同类城市的竞争。开封将城市定位为“七朝古都”，这一定位的优势并不是很明显。在民众眼中，“七朝古都”与“六朝古都”“九朝古都”并没有太大的区别。就城市文化特色来看，周边其他城市的文化特色更加明显，如洛阳的牡丹节和龙门石窟，郑州的嵩山少林寺，安阳的殷墟。相比于这些周边城市，开封的人文和自然景观特色都不是很鲜明，文化品牌建设受到一定的挑战。

表2 开封市城市文化塑造的SWOT分析

内部 / 外部	优势(Strength)	劣势(Weakness)
	1. 丰厚的文化资源 2. 成熟的文化旅游业 3. 逐步完善的基础设施	1. 旅游产业链短,附加值低 2. 城市文化精神不明确 3. 营销宣传力度不足
机会(Opportunity)	SO策略(利用)	WO策略(改进)
国家对文化产业的重视 民众文化消费意识的提升	强化优势文化产业 完善相关配套产业	文化与科技相融合 拉长旅游产业链
威胁(Threat)	ST策略(关注)	WT策略(消除)
外部竞争的加剧 同类城市的竞争	明确城市文化定位 塑造城市文化气质	凝练城市精神 加大城市文化品牌营销力度

(二)开封市城市文化塑造策略研究

1. SO策略(利用)

强化优势文化产业。开封市的优势文化产业是文化旅游业,要进一步将旅游与文化相结合,提升旅游的文化附加值。进一步挖掘开封市丰富的历史文化资源,有效整合现有文化企业及文化资源,形成规模效应和品牌效应;降低市场准入门槛,允许更多的民间资本进入文化旅游领域,激发旅游市场的创造力和活力。

完善相关配套产业。加强协作与资源整合,带动相关产业发展,包括商贸、餐饮、住宿、娱乐、会展、物流等旅游服务业的发展。同时,可以将开封市的旅游资源与周边旅游资源整合,如朱仙镇等。以文化旅游的方式打造开封市的城市文化形象,扩大城市知名度。

2. WO策略(改进)

文化与科技相融合。资金和技术是开封市城市形象塑造的短板,尤其是在技术层面,需要在文化塑造中更加重视。像日本的经济省,每隔一段时间就会发布产业技术路线图,其中就包括内容产业技术路线图,详细罗列在技术方面应该跟进的目标,跟踪国际先进技术,如我们最近关注的VR、AR技术,日本的技术路线图很早就开始跟踪了。开封市"十三五"规划中提出智慧城市建设,表示对科技的重视程度已经提升了。

拉长旅游产业链,提升产品的文化附加值。拉长旅游产业链,除了完善配套措施以外,还包括上游的旅游内容生产,下游的旅游产品开发等。鼓励文化企业及从业人员进行内容创新,开发优质原创内容产品;提炼开封市特有的文化要素,将其融入到旅游产品的设计开发中，形成形态多元内容丰富的旅游文化产品，从各个层面提升城市产品的文化附加值。

3. ST策略（关注）

明确城市文化定位，塑造城市文化气质。城市文化是在城市居民长期的生活过程中形成的，是生活方式和生活习惯的汇总。每个城市都有自己独特的地理位置、历史背景和人文环境，单独从历史上将开封定位为“七朝古都”显然是简单粗暴的。给一个城市进行文化定位是一件非常困难的事，需要在充分了解城市的风土人情、文化特色及生活方式的基础上，在对城市进行感知、分析、综合的前提下提出独到的见解。开封市的文化定位及城市文化气质的塑造，需要有一个成熟的顶层设计理念，在此基础上，将这一理念贯穿到城市的建筑、街道、广告、影视、特色产品、市井生活等方方面面中去，逐步形成城市的内生文化力量。

4. WT策略（消除）

凝练城市精神，加大城市文化品牌宣传力度。城市精神有两个作用，对内凝聚人心，增强居民的城市文化认同感，对外宣传城市特质，扩大外界对本城市的认知。近年来，国内很多城市都进行了城市精神大讨论，如上海的城市精神是“海纳百川而服务全国，在艰苦奋斗中追求卓越”、杭州的城市精神是“精致和谐，大气开放”、北京的城市精神是“爱国、创新、包容、厚德”等。开封也应该在广泛征集社会各界意见的基础上，科学合理打造本土城市精神。并在此基础上，打造出城市文化精品，通过影视、广告、传统媒体、新媒体等形式加大对城市的宣传，扩大城市知名度。

此外，“人们聚集到城市中来是为了居住。他们之所以聚集在城市里，是为了美好的生活。”[1]文化旅游城市的文化宗旨在于为人们提供更美好的生活模式，城市居民的幸福指数、生存状态、文化自觉与文化自信，都是城市精神的外在体现，也是城市文化宣传不可忽视的因素。培养旅游城市本土居民的主人翁意识和文化自觉，使本土居民实实在在地感受到旅游业发展带来的益处，也是城市文化品牌传播的重要手段。

---

[1] [美]刘易斯·芒福德.城市文化[M].宋俊岭，等译.北京：中国建筑工业出版社，2009:517.

台湾文创园区产业群聚问题探析

元智大学人文社会学院　房　芳

一、产业群聚与文创园区

19世纪末，英国近代经济学家马歇尔在其《经济学原理》一书中提出了产业区理论并开始关注产业地理集聚现象。此后，区位经济学家们不断对此理论深入研究，韦伯提出了包括交通条件和资源指向、共享辅助性服务和公共设施带来的成本节约等集聚要素在影响工业地方性积累和分布中的影响的观点；熊彼特从创新角度阐述产业集聚现象，认为产业集聚有利于创新，创新又是产业集群发展的推力。[1]1990年，美国哈佛大学教授波特在其《国家竞争优势》一文中首先使用了产业集群（Industry Cluster）一词，他认为产业集群是指在特定区域中，具有竞争与合作关系，且在地理上集中，有交互关联性的企业、专业化供应商、金融服务、相关产业的厂商及其他相关机构等组成的群体。[2]产业集群是工业化过程中的普遍现象，在工业时代有着巨大影响力。随着近年来各国大力发展文化创意产业的步伐加快，文化创意产业成为产业集群中的新秀，而其中文创园区则更是格外引人注目。

文创园区发源于20世纪七八十年代，欧美国家为解决进入后工业时代旧工业城市（区）转型的问题，先后提出了都市再生（Urban Regeneration）空间政策及以艺术主导之都市发展政策（Arts-Led Urban Development），在工业废墟上建置文化创意园区并以此为据点，作为城市创意阶层的培育中心，以吸引人的资源取代传统的土地及自然资源，即以智慧资本拓展为经济资本，吸引创意阶层进入城市中心，将城市塑造成为革新与创新中心，接续再以此创新中心为核心，作为周边创意产业的培育基地。[3]从设

❶ 史征.文化产业园区发展研究——机理评价对策[M].杭州：浙江工商大学出版社，2013.

❷ 邵培仁.杨丽萍.中国文化创意产业集群及园区发展现状与问题[J].中国媒体发展研究报告，2010.

❸ 杨敏芝.创意空间：文化创意产业园区的理论与实践[M].台北：五南图书，2009.

立文创园区最初的目的可知,文创园区是城市创意的中心据点和创意阶层群聚的场域,文化创意产业园区和产业群聚密不可分。西方学者在对文化园区(Cultural Quarter)、文化特区(Cultural District)定义时都强调了这一点:Comedia 在 1991 年就指出,文化特区之必要条件就是文化活动之存在,并应该包含完整的文化生产行为(提供产品、服务)与文化消费(购买、参观与游览)。[1]Hans Mommaas 认为:于一个与以往大不相同的空间形式中,集合了从生产到消费等文化活动与文化功能,这个空间可能为独立的建筑形式或较大的复合建筑中,也可能包含完整的特区或区域网络。[2] John McCarthy 认为在强烈的文化创意产业空间簇群导向下,有助于发挥合作、聚集经济之效用,并最小化必要设施成本,故文化特区明确鼓励有关文化用途之消费、生产的高度集中。[3]从上述学者的论述中可知,文创园区(或文化特区、文化区)需具备地理聚合空间、完整的产业链、竞合关系网络等要素,以实现降低成本和规模经济效应等目的。

文创园区产业集群主要由园区主管部门、园区内各类企业或机构组成,也包括园区内基础设施、人文环境和政策环境等因素。文创园区产业集群网络是一个复杂的系统,具体包含4个方面:知识创新网络,包括园区创意人才和信息;生产资料网络,包括物资和资金;产品网络,包括各类文化产品或服务;环境网络,包括政策、法律(如知识产权保护法)和各类中介服务等。构建文创园区产业集群网络需要从3个层面着手:一是宏观层面——政策层面,即政府在规划及指导园区发展时,关于园区定位、核心产业、经营方式等宏观因素的制定。二是中观层面——园区层面,即园区管理部门的管理、服务方向的明确。三是微观层面——企业层面,即园区内各类企业或机构在参与产业群聚过程中的协同发展意识和行为。下面本文将以从这3个层面探讨台湾文创园区产业群聚问题。

---

❶ Comedia, The Position of Culture, Appendix to London World City Report, London Planning Advisory Committee, 1991.

❷ Mommaas, Cultural Clusters and the Post-industrial City: Towards the Remapping of Urban Culture Policy, Urban Studies, Vol.41, No.3.

❸ McCarthy, The Application of Policy for Culture Clustering: Current Practice in Scotland, European Planning Studies, Vol.14, No.3.

二、台湾文创园区产业群聚现状

(一)台湾文创园区设立的背景

进入21世纪后,台湾希望藉由产业的转型,利用本土文化来强化台湾的独特性,力争实现经济上和社会上的双重效益。2002年台湾有关部门提出了《挑战2008-发展重点计划(2002—2007)》,首次将发展文化产业提升至重点产业政策的层面;2009年的《创意台湾——文化创意产业发展方案行动计划》中提出六大旗舰计划,以期达到"攻占华文市场,打造台湾成为亚太文化创意产业汇流中心"的愿景。在文化创意产业政策中,又以"文化创意园区"最受各界瞩目,自2003年至2013年的十年间文化创意园区编列的预算已超过500亿新台币,每年投入在文化创意园区的预算占整体文化预算的40%以上,凸显相关部门认为投入创意产业发展的园区运作模式有指标作用。[1]

台湾现有7个较为成熟的文创园区,皆以古迹或历史建筑闲置空间活化的形式设立。其中包括由文建会通过减资缴回国家的方式将台湾烟酒公司之台北、花莲、台中、嘉义等酒厂旧址及台南仓库群等5个闲置空间规划而成的华山1914文化创意产业园区(以下简称"华山文创园区")、花莲文化创意产业园区、台中文化创意产业园区、台南文化创意产业园区和嘉义文化创意产业园区,还包括由旧仓库空间规划而成的高雄驳二艺术特区和由旧烟厂转型的台北松山文创园区等。这些文创园区的设置和相关政令基本由台湾省文化部门制定并执行,园区设立后大多通过促参模式委外经营,也有一些采用租赁方式由高校或文创企业经营(见表3-12)。下面以台湾文创产业之旗舰——华山1914文创园区为例来探讨台湾文创园区产业群聚问题。

表3-12　台湾主要文创园区基本情况汇总表

园区名称	园区面积	园区定位	目前营运主体
华山文创园区	7.21公顷	会展演中心、设计、生活美学	ROT案:台湾文创公司 OT案:台湾电影文化协会 BOT案:华山文创公司(解约中)
花莲文创园区	3.38公顷	文化艺术产业结合观光	ROT案:新开公司
台中文创园区	5.6公顷	台湾建筑、设计、 与艺术展演中心	主要由文资局营运, 其中1栋OT委外营运

[1] 黄瑞玲.台湾产业遗产"资产化"和"文创化"的政策历程与争议:以松山文创园区为例[J].文化资产保存学刊,2014(29).

续表

园区名称	园区面积	园区定位	目前营运主体
台南文创园区	0.56公顷	创意生活产业	南台科技大学租用
嘉义文创园区	3.92公顷	传统艺术创意	新嘉文创公司租用
松山文创园区	7.8公顷	台北市原创基地	台北市文化基金会营运古迹区 BOT案:台北文创公司
驳二艺术特区	6.9公顷	创新、实验、前卫	高雄市政府文化局营运

资料来源:研究者绘制。

(二)华山文创园区的设立及产业群聚现状

1. 华山文创园区的前世今生

华山文创园区位于台北市中心精华地段,前身为创建于1914年的日本“芳酿社”,后为台湾省烟酒公卖局台北酒厂。其在台湾烟酒公卖时代业绩辉煌,但终不敌工业时代没落大环境的影响,加之都市发展及环保考量等因素,于1987年4月1日搬迁至台北林口工业区后原厂址废弃闲置。酒厂厂区内完整地保存了日据时期制酒产业建筑群,极具历史价值与艺术美感,闲置10年后,被艺文界人士发现并喜爱。1997年金枝演社进入废弃厂区演出被指侵吞国产案引起艺文界人士群起声援,1999年其成为艺文界人士、非营利团体或个人的创作空间——“华山艺文特区”,从而实现了从废弃酒厂到多元化艺文场域第一次转变。2002年,文建会为解决华山艺术表演权与公民文化权之间的争议,同时引入产业的概念,将其调整为创意文化园区,作为全台五处旧空间活化再利用计划中的一部分。2005年封园改造后重新开放,改造过程中注重结合周围环境进行景观再造,园区内有公园绿地、创意设计工坊及创意作品展示中心,既有艺文界人士交流学习的场域,也有推广营销创意作品的空间,还有供民众休闲娱乐的场所,服务的目标群体扩大为艺文界人士和普通民众,实现了从多元化艺文场域到都市文创园区的第二次转变。

2. 华山文创园区产业群聚现状

华山文创园区作为“台湾文化创意产业旗舰基地”是台湾首个转型成功的文创园区,一直是各界关注的焦点并被寄予厚望。经过十几年的发展,华山文创园区成为台湾文化创意产业中的一颗明珠,成为知名文化旅游目的地、民众假日休闲的热门场域,在增加城市文化认同感、提升城市形象和促进城市经济发展等方面都作出了重要贡献。但从产业群聚角度上看,华山文创园区整体尚处于起步阶段,园区内部组织架构基本为以小微型企业组成的网状结构为主,园区内缺少领导型的大型文创企业,绝大部分都是实力与规模相当的小微型文创企业,企业之间产业关联度不高,处于"群而不聚"的状态。

有学者研究表明,在2002年台湾执行华山创意文化园区设置规划作业之前,文化创意产业相关之书籍出版业、影片制作业、其他艺术表演辅助服务业、户外广告业、其他专门设计服务业、摄影业等6项细行业已有在该特定区域簇集成群之现象,此后,华山文创园区的出现并没有使文化创意相关行业出现明显的群聚与空间变化,园区设置后对于产业群聚效果之影响有限。[1]可见,华山文创园区仅实现了闲置空间再利用的初级目标,并未实现文化创意产业群聚及形成规模效益的高级目标,这也是当下台湾文创园区普遍存在的问题,成为制约台湾文化创意产业发展的瓶颈。

三、台湾文创园区产业群聚面临的问题

(一)宏观:政策层面

1. 主导产业不明晰

台湾地区对文化创意产业的认识是在对其他国家和地区理解的基础上,综合了"文化产业"与"创意产业"的概念,首创了"文化创意产业"的概念,其涵盖的范围非常广泛,包括15+1项之多,[2]希望通过文化创意产业的发展,以实现"加强艺术创作及文化保存、文化与科技结合,注重城乡及区域均衡发展,并重视地方特色,提升国民文化素养及促进文化艺术普及"的目标。此做法采用的是"一揽子工程"方法,并未明确产业重点发展方向、重点发展的产业类型以及产业发展顺序。这种现象延伸到文创园区的规划中,表现为文创园区多为综合型园区,没有明确主导产业。此外,政策制定者们认为文创产业的一个重要精神就是"跨界"的精神,倡导文创园区做文创跨界发展,做综合型文创园区。例如,华山文创园区的定位为"会展演平台",只要属于15+1项范围内的产业都可以进驻。因此,园内企业基本处于文化产业链的下游环节,产业

[1] 曾宪娴,蔡依珊.台北市文化创意产业群聚现象之研究——兼论华山创意文化园区执行机制[J].环境与艺术学刊,2011(9).

[2] 1.视觉艺术产业 2.音乐及表演艺术产业 3.文化资产应用及展演设施产业 4.工艺产业 5.电影产业 6.广播电视产业 7.出版产业 8.广告产业 9.产品设计产业 10.视觉传达设计产业 11.设计品牌时尚产业 12.建筑设计产业 13.数位内容产业 14.创意生活产业 15.流行音乐及文化内容产业。

链末端的展演功能，缺乏创意工作室、艺文工作坊等生产空间的提供，也就失去了生产者之间以及生产者与消费者之间合作互动的可能性。园区多走“扁平式”综合型路线，而非“纵深式”的专业型路线。政府的政策重点停留在闲置空间再利用，而忽略了带动产业群聚的相关政策。五大园区作为废弃工厂（或仓库）转化为文创园区，只完成了形式上的转化，而实质上从废旧工业空间转化为文化产业群聚空间的转化并未实现。

2. 经营主体分割过细，协调困难

同一文创园区中，促参模式过于多元，园区经营主体分割过细，各经营团体步调不一致，造成园区缺乏整体性、协调困难。以华山文创园区为例，约7.3公顷的园区被分成3个促参项目，分别是华山电影艺术馆OT项目、文化创意产业引入空间ROT项目、文创产业旗舰中心BOT项目[1]，3个促参项目的委托方式、委托年限、委托企业皆不相同，加之台湾地区文化相关部门负责人变动、促参企业董事变更等系列原因而造成整个园区的产业集聚协调问题上存在许多制度上和政策上的障碍，ROT项目与BOT项目之间因共构停车场无法协调的矛盾甚至成为导致BOT项目终止的重要原因之一。在这种情况下，产业群聚所需知识创新网络、生产资料网络、产品网络及环境网络更是难以形成，虽然占有地理空间上群聚的优势，但却没有形成真正产业群聚，园区内产业链因营运主体之间矛盾等主观原因被切断。

（二）中观：园区层面

1. 管理部门忽略公共服务平台建设

台湾文创园区管理团队多为策展团队，实际面向的是消费者，而非园区内进驻企业，策划重点目标多为吸引“人潮”、提升园区知名度，忽略园区公共平台建设及产业群聚。例如，华山文创园区虽然在规划之初以生产与消费导向互相混合（cross-over）的文创园区为理念，但实际运作中较接近于消费导向型文创园区。华山文创副执行长在接受访谈时表示：文创园区一开始在招商上都比较困难，华山文创园区最初的设计是做“前店后厂”，但是如果没有“人潮”商家则不愿进驻，尤其作为旧空间转型的园区，华山毕竟荒废了一段时间，如何能让园区热络起来成为其团队首先面临的一大难题。因此，华山管理团队把管理重点放在策展上，他们不但通过提供场地优惠以吸引

[1] 此项目2010年8月签约，2015年6月终止契约。

会展演活动前来，而且主动选择与园区内商家合办各类艺术节和会展演活动。可见，华山文创园区的管理团队基本上是策展团队的概念，而对于园区公共服务平台构建和产业群聚效应的关注力度不够。

2. 创意人才引进不足

创意人才在整个文创园区产业群聚中起关键作用，但目前园区吸引创意人才进驻的诱因仍然不足。虽然在华山艺文特区时代，艺文团体和民间力量占据整个华山文创生态的主流，但自台湾相关部门接管园区以后，参与模式变为“自上而下”，创意人才参与积极性大大受挫。同时，出于对历史古迹的保护，华山文创园区内建筑高度皆在1~3层范围之内，园区内16800平方米的使用空间无法扩大，加之盈利能力较强的文化消费品贩售空间、展示空间、商业性消费空间所占比例较高，导致园区内租金偏高不利于创意人才的入驻。虽每年毕业季时为大学生毕业展提供各类优惠便利，但时效性较强，且单纯停留在提供展示空间的层面，企业与人才媒合交流平台无法长期延续并深入。综上，华山文创园区忽略对创意人才的引进，因而也就失去产业链上游核心因素，不利于园区产业群聚效应的发挥。

（三）微观：企业层面

1. 企业缺乏合作精神

华山文创园区内以小微型文创企业居多，缺乏领导型大型文创企业，小微企业各自为战，无协同合作精神，忽视园区产业集聚效应。园区在引进入驻厂商时，没有核心产业指引，即只要符合文化创意产业范畴皆可进驻，因此，从企业之间的关系来看，失去了协同合作的前提。园区内消费型业态占据比例很高，因此常被各界诟病为“过度商业化”；从产业链角度来看，进驻企业同属产业链末端，单纯的竞争关系大过合作的可能。小微型文创企业由于规模小、实力弱，因此更多关注“人潮”“钱潮”，易于满足于当下的“小确幸”，对扩大规模、竞合发展、产业群聚等问题不太关注，缺少参与产业链和产业集聚的积极性与主动性。

2. 企业经营模式单一

华山文创园区内企业的经营模式单一且多为文化产品或服务销售，其面向的是一般文化消费者，即B2C（Business-to-Customer）模式，缺少产业群聚所需要的B2B（Business-to-Business）模式。尽管从表面看，华山文创园区的商业相当活络，“人潮”“钱潮”皆已形成;但从产业的角度来看,其目前的经营形态仍停留在B2C阶段,使得园区成为年青消费族群“到此一游”的文化消费场所,而华山文创园区主要利润亦来自于消费者的购物收入,这容易造成另一个高级的“商圈”,无法形成产业群聚效果。换言之,华山文创园区仅建立了企业与消费者之间的联系,没有形成大规模的文化创意产业经营系统,文创产业链尚未建立起来,属于文化休闲活动场域,对文创产业产值的贡献十分有限。

四、台湾文创园区产业群聚发展对策

(一)宏观:政策层面

1. 明确园区主导产业

文创园区规划时,应在综合考虑园区区位、产业条件、文化资源等因素的基础上,明确园区主导产业方向,在进驻企业的选择上围绕主导产业进行。台湾提倡文创产业的“跨界”合作,但单一文创园区内的“跨界”往往会造成进驻的产业种类多、实力小、难聚合等问题,因此,真正的“跨界”应是产业集群与产业集群之间的合作,应在不同文创园区之间进行。建立一个城市大园区的概念,城市内分布不同小园区,每个小园区都有自己的特色产业集群,不同类型的产业集群之间进行合作,进而在不同园区之间形成“跨界”合作。因此,文创园区要先形成自己的特色产业集群方可参与到文创产业的“跨界”合作中去,而这些都需要在率先明确园区主导产业方向的前提下完成。

2. 园区营运主体的整体性

通过促参模式将台湾相关部门手中的文创园区委托给企业或非营利组织进行经营管理是台湾文创园区发展的有效路径,但在引入促参模式时,兼顾的利益群体和产业类型较多,也常将园区分割为多个促参项目进行委外。对文创园区而言,尤其是面积较小的园区,分割过多的利益群体会造成园区内的无形鸿沟,埋下不利于园区产业群聚的祸根,原本“兼顾公平”的初衷反而演变成所有利益群体都无法良性发展的“假性公平”。因此,台湾应在文创园区规划时坚持营运主体整体性原则,尽量避免将园区分割成数量过多且关联性不大的项目,以排除园区产业群聚的障碍,使园区营运时可以最大限度地发挥整体产业集聚效应,进而形成产业联动及区域联动。

（二）中观：园区层面

1. 构建园区公共服务平台

文创园区管理部门承担着园区资源整合、要素集聚的任务，而这需要通过公共服务平台的构建与维护来实现。文创园区公共服务平台具体包括人才开发平台、成果转化平台、信息发布平台、技术研发平台、创业孵化平台、资本融通平台、产品交易平台、行业交流平台、法律仲裁平台等。园区公共服务平台的建立可以形成园区内的人才、信息、技术、资本、产品等资源的整合与集聚。园区管理团队通过公共服务平台为园区内企业提供产业群聚所需的各类服务，以达到降低企业生产成本、提升企业盈利能力、加速企业项目孵化、增加企业之间的关联性并最终形成产业群聚效应。

2. 大力引进创意人才

人才对于文化创意产业的重要性不言而喻，对于文创园区来说则更是至关重要，创意人才群聚是文创产业链的开端，也是文创园区产业群聚的核心要素。园区管理部门应该在以下5个方面增加创意人才的进驻诱因：第一，园区应采“自下而上”的参与模式，增加与在地居民、艺文社群组织的合作并逐步使其扮演积极、主动的角色，创造自由、活跃、轻松的文化氛围以吸引创意人才的进驻；第二，以低于其他商业租户的价格保证一定比例的园区空间提供给文创人才作为工作室；第三，与高校或科研机构等人才输出机构签订长期合作契约来满足园区人才储备之需，以改变毕业季过后人才流失的现象；第四，人才进驻园区后，管理部门要充分利用园区人才开发平台、成果转化平台、创业孵化平台的作用，将人才、知识、创意、创新运用到产业中去，真正将人才与企业相连接、知识与产品相连接、创意与产业相连接、创新与园区相连接。第五，园区管理部门还要通过法律仲裁平台对知识产权进行保护。

（三）微观：企业层面

1. 强化协同发展意识

台湾的文创产业整体上规模偏小，以小微型文创企业居多，据统计2014年500万规模以下的文创企业占企业总数的85%，但其营业额仅占整体文创产业的32%（见图3-14）。[1]因此，进驻文创园区的也是以小微型企业占绝大多数。当今市场经济环境下，小微型文创企业往往面临生产成本提高、融资困难、产品竞争力不足等问题。因

[1] 资料来源：2015台湾文化创意产业年报。

此，在市场经济的残酷性和外部环境的多变性的情况下，小微型文创企业必须转变传统的经营理念，树立起竞争与合作的意识，寻找产业链上下游战略合作伙伴关系。可以利用文创园区内的公共服务平台，积极在园区内建立水平或垂直的生产与销售联系，并在融资市场、科技研发、人才交流、产品创新等方面建立协同合作，主动加强自身与园区的产业关联度、追求规模效应和1+1>2的乘数效应。

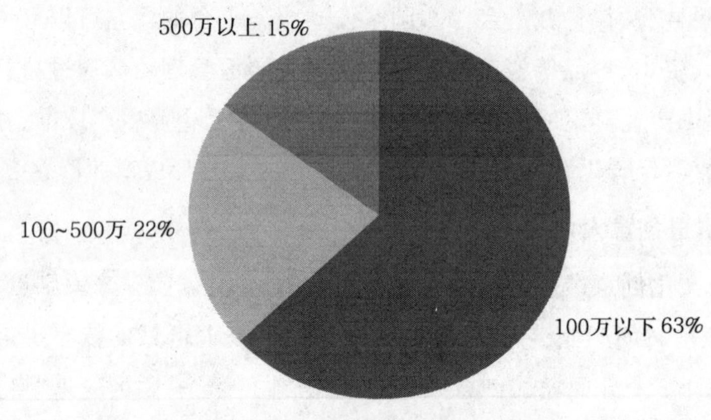

2014年台湾不同资本额文创企业数量

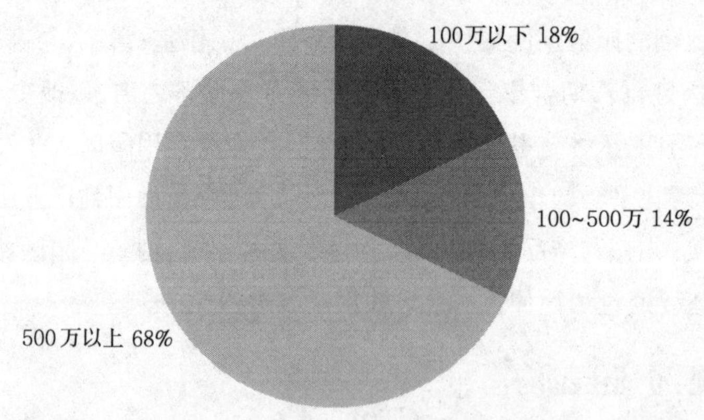

2014年台湾不同资本额文创企业营业额

图3-12 台湾文创产业企业数量及营业额

2. 开拓B2B经营模式

文创企业尤其是小微型文创企业在经营模式上应突破B2C单一模式的局限，寻找与其他企业共通性与支援性的连接，利用园区提供的公共服务平台中的知识创新网络、生产资料网络、产品销售网络等网络寻找B2B经营的机会。文创园区内企业可以尝试各种类型的B2B模式:小微型企业可以尝试连接产业链上、下游企业的垂直B2B模式以及同类企业集中采购的水平B2B模式,亦或整合前两种模式的综合B2B模式等;大型企业可以尝试以自身产品为核心的自建B2B模式;关联性行业的企业之间也可以尝试跨界合作的关联性B2B模式等。企业通过各类B2B模式实现降低生产成本和企业经营风险,以实现文创园区产业群聚效应。

基于生活导向的历史街区文化产业发展

中国传媒大学文化发展研究院　张　芃

街区是居住、商业和社会交往的空间，是“公共空间+私人空间”的组合。对历史街区的保护、改造和开发大致经历了从单体建筑向整体城市景观和环境的过渡。历史街区改造牵涉政府、企业、居民等多个利益主体，因而相应的参与机制也得到了发展和完善。两岸历史街区文化产业发展基本也是从历史文化地段的保护开始的。

20世纪90年代开始，北京“胡同游”兴起。由于历史街区的文化价值较高，一批以文化旅游、文化商业为主要业态的文化产业开始在历史街区兴起。目前大陆很多历史街区存在着“修旧不如旧”“仿古不是真古”的问题。改造中建设的一些民俗街、仿古街，只是粗糙的仿制，拓宽道路，加高楼层，街巷原本的空间密度被均质化，破坏了原有的城市肌理，与街区风貌融合较差。同一个街区内部业态严重雷同，不同街区业态无差别。大多历史街区充斥着快餐式小吃、廉价饰品等随处可见的快消品店，售卖与别处毫无二致的烧烤、民族风挂件、海魂衫等。同质化、低端化的产品和服务，无法满足消费者对于城市特色文化的消费愿望。

历史街区的文化价值，是历史街区文化产业的源泉，如果这个价值发生变化，文化产业就成了无源之水，无法可持续地运转。而文化价值取决于空间和生活的特色化、本地化、传统化，要保护建筑的真实性、生活的真实性，只有当人和活动回归街区后，历史街区的文化产业才能有活源之水，实现可持续发展。

一、“如旧”的物质改造，保护文化风貌

街区空间与产业生产和居住生活共生，形成了具有怀旧特点的城市意象。“对载有历史痕迹建筑的钟情，是艺术家精神上的需要。”街区空间既是产业发展的重要环境，也是可以直接体验的文化产品，需要同时关注街区建筑和街区环境。

(一)特色的文化风貌

建筑和环境本身就是文化的传递,要保持历史风貌的原真性、美感和特色,街道既具有通行的功能,同时也组成了居住、商业、公共等各类功能区。在实体利用上,要保持结构、用料、装饰、环境贴近原貌,店面装潢色彩、风格和招牌形式不破坏街景,所谓"修旧如旧"。要保证街区场景与周边场景的协调。

旧城历史文化街区的修缮要十分注意细节,如门楼的多样化,门墩的保存,它们都是古都风貌的标识,应尽量保留这些民族的、历史的、地域的特殊物件。

(二)适宜的人文尺度

尺度,是街区空间的形态特征因子。有调查显示,当街道的宽度与两侧的建筑物高度的比例D/H之值在1—2之间,单纯的街道空间就具有明显的封闭感和连续性,使人很容易感觉到它的容量,而且不会使人感到狭窄,这种比例使人感到匀称而亲切。[1]

街区需要营造一种利于社会交往的尺度和氛围。其中,行人的流动性至关重要,步行环境有利于沿街商业的发展。街区是重要的生活场所和公共空间,各类公共设施有利于吸引居民和游客的驻足,提供了开放式的交流和互动场所,有利于提升街区的人气和活力。

增强街区的场所感和营造良好的公共空间,如街头绿地、公园、生活性广场等,吸引本地的居民以及外地的游客,为人们提供交流、见面、休憩的场所,增强街道空间的活动能力。与旧城改造的其他区域相比,历史街区的独特之处在于居民生活于其中。生活场景是地方特色与集体记忆的一部分。因此,文化产业的发展要考虑日常生活的文化意义,保护街区的生活空间,为产业发展营造充满活力的场景环境。

二、发展地方产业,活化特色文化

(一)在地文化产业

在建筑规模、空间尺度的制约下,历史街区发展的业态,一般以较小规模的创意业态和服务为主;适宜步行的尺度,适合发展文化商业和特色文化的体验。

---

[1] 张仲军,张卫,侯珊珊.传统街道空间界面尺度与比例解析[J].小城镇建设,2010(5):95.

历史街区文化产业的发展，来自于消费者对于城市文化和街区特色的感知和体验诉求。文化品牌的清晰定位，与所处城市品牌和形象密切相关。尊重区域文化，尊重传统，围绕本地的传统文化和传统产业进行利用和开发，因地制宜，结合社区和区域的文化特点，避免同质化发展，从而增强凝聚力和归属感。

为了避免商业业态侵蚀生活场景和生产创作型业态，可以考虑街区的文化业态进行分级分占比引入。从准入机制上，目前大陆已有关于文化产业的税收优惠。针对具体的街区业态，是否可以根据具体情况，考虑对特定业态的额外补贴扶持，以吸引和留住创意群体，不损害业主的利益。

创作型业态：是最富创意价值和文化价值的部分，有助于创意氛围的养成，辐射周边产业的发展。但由于体验环节较弱，对客流吸引不大，为了保证业态存活，需要依靠优惠的租金进行扶持。

特色产业：以本地文化特色为创意源泉，发展相关的产业业态，传承文化特色传统，实现特色化和差异化发展。保护和扶持传统工艺、传统技艺传承人，对民俗文化、地域文化进行创意包装和产业化开发，拓宽产业链。要考虑民俗文化的原生态体验和创意体验，即把街区的历史建筑、社会生活、城市记忆看做是一个整体，再现街区场景，实现街区文化的“活态展示”。这里，我们将具有地方特色文化的餐饮、服饰等业态，也一并纳入特色产业类。

创意生活产业：街区是文化、艺术、设计作品的销售、展示和互动平台。街头文化、街头艺术的兴盛，与便捷的观看模式和受众的规模是相关的。比较典型的是创意市集，大多集中在文化特色商品、艺术创作、创意生活用品等，从风格来说，既有复古怀旧的小众体验，也有融入生活的大众审美。

（二）常态化的文化活动

文化活动可以有效吸引人流，增加社会参与的互动感和粘性。常态化的文化活动，可以作为街区的旗舰项目，扩大街区品牌。大栅栏街区自2013年起与北京国际设计周合作，通过设计周推广“大栅栏更新计划”，吸引了一批设计人才、创意人士参与大栅栏的空间改造实验，其中很多设计师因此看重街区的产业环境，并留下来发展。为了推动URS都市再生计划，台湾政府通过策划“URS-Partner”——都市再生前进基地社区伙伴行动计划，激发社区、个人和社会团体参与到基地的创意活动中，2012—2015年，共组织23组，举办了131场活动。[1]

[1] 尹霓阳，王红扬.多元协同下的城市更新模式研究——以台北URS为例[J].江苏城市规划，2016(9)：11.

(三)商业服务配套

根据产业发展定位,街区原本的商业属性应继续保留。配套商业要实现街区生活的现代化和便利性,避免与现代化的城市生活的脱节,以此来吸引创意阶层,并留住原住民。通过餐饮商业项目、露天空间来营造街区的公共交往空间,实现文化空间的共享。要完善停车场等基础设施建设,缓解街道窄尺度带来的交通压力。

三、"社区+"参与机制,激发社会活力

街区是城市人际交往的重要空间和介质。历史街区文化产业环境的各个节点,都离不开社区群体的参与,需要构建一种围绕社区群体展开的多主体参与、"自下而上"与"自上而下"相结合的双向参与机制。最大限度解决利益主体之间的矛盾,保障多主体参与和意见表达,形成发展共识和高度的身份认同。

(一)鼓励社区参与创业

社区是街区的自组织形式。社会网络的构建和参与,不仅是社会稳定和文化延续的必要,同时也是不可或缺的产业元素,这在街区表现得尤为明显。把居民留下来,是"在地"产业需要完成的目标之一。

一方面,通过从业培训和社区学习等方式,培育社区创意人才,激活社区劳动力,满足产业发展的需要。街区居民的参与,是一种社区创业的形式。居民群体有了多重身份,街区既可以满足居住功能,同时还能够满足创业和生产功能。

另一方面,通过广泛的社区宣传和教育,普及文化保护和创新意识,营造良好的社区人文环境,提升认同,重建和复兴本土文化。培育居民的主人翁意识和参与意识,确保社区居民在产业规划、设施建设、文化保护方面的参与权和自治机制,表达和实现自身利益,解决产业发展和原住居民生活的矛盾。

(二)吸纳社会力量参与建设

借助社会专业的经营管理和技术优势,参与街区改造和运营。社会组织作为第三部门,以中立的角色参与主体对话,与居民、政府、生产群体形成互动,实现人力资本、技术资本和财力资本的聚集。社会组织一方面以专业性参与产业规划和评估,另一方面还参与文化遗产保护,如业界专家、科研团队组成的专家团体和协会。

社会资本进入,可以缓解政府进行产业环境建设和经营管理的财政支出。基金会参与街区改造,是台湾主体参与的一种常见方式,有利于吸纳社会资本参与产业发展。在改造规范上,进一步推动历史文化遗产的保护和认定工作。分级、分主体参与改造,因地制宜。

(三)完善发展权转移制度

完善产权置换和转移制度,将保护政策与扶持政策相结合,鼓励非公产权方开展保护和改造。政府通过"腾退"或者"容积转移"的方式获得空间,并主导空间改造,为后续社会力量参与改造和产业发展提供样板示范。政府部门可以通过产权及开发利益的转移,节省了大量的公共建设资金;原产权方可获得一定的经济补偿;开发和经营者可获得更高的开发强度。URS空间获取方式有三种。一种是政府通过容积转移政策,获得房屋建筑;一种是向房屋主管部门寻求尚处闲置状态的公有建筑;第三种是由社会力量改造尚未纳入都市更新计划的闲置建筑。[1]迪化街屋主对历史街区内的历史建筑物进行修护,相关部门会对其以原基地可建筑容积"容积移转"的方式进行补助,以保障原所有权人的财产权益。具体的"容积移转"方式,是对应容积率,将原来本应属于这片基地的楼地板面积,移转到台北市内的其他建筑基地上。台北市同时明确了容积转移的前提条件,即经专家认定的保存状态,才能获得扶持奖励。

---

[1] 陈晨,刘治国,白鹏.文化遗产再利用途径下的城市转型发展——以台北市都市再生前进基地为例[J].规划师,2014(1).

第四篇

文化产业与“互联网+”

WENHUA CHANYE YU
“HULIANWANG+”

电视剧音乐产业发展趋势与对策

中国传媒大学文化发展研究院　张　磊

在媒介融合背景下，电视剧音乐产业被推到了电视剧产业链的前端，然而面对近年来电视剧产业自身巨大、迅猛的变化，电视剧音乐产业需要进一步地明确产业定位，找准产业发力点，实现自身的可持续发展。

一、电视剧音乐影响电视剧产业发展的传统模式

（一）在产业链中的位置

电视剧音乐产业在传统的电视剧生产产业链上一直都是作为衍生产品或被称为"电视剧周边产品"而存在的，属于电视剧产业的副产品、后续开发产品。尽管电视剧音乐不乏流传多年、深入人心的好作品，但就其在整个电视剧产业链中的位置来看，电视剧音乐产业一直还都处于纷乱无序的状态。制作单位几乎没有把音乐产品的营销纳入到整个营销计划当中来，对产品的市场投放反响没有合理的预期，缺乏版权意识，常常是好的产品在市场上供不应求了之后才发现产品版权已不在制作单位手中。如87版电视剧《红楼梦》，由中国电影出版社在1987年发行了录音磁带之后，竟将CD发行版权卖给了新加坡"爱销"私人机构，而其在日本和香港制片发行的两个CD版本均可算是目前市场上价格（20坡币即人民币100元左右）、制作质量最高的。实属中国电视剧音乐产业发展历史上的一大遗憾。

（二）产品形式

传统模式下电视剧音乐产业产品形式一般为音像出版物，如磁带、CD等。电视剧音乐专辑如今一般被叫作"影视剧原声大碟"，即将一部电视剧作品的所有配乐片段，包括主题曲、插曲、主题音乐、场景音乐等都集中在一张音像制品中发行出售。

我国电视剧历史上有过一些标志性的经典电视剧原声音像制品，如87版《红楼梦》在发行了磁带版之后，又林林总总发行了CD版、各种器乐演奏版本、作曲家本人参与发行的器乐改编版、一些歌唱演员重新演唱演绎的版本（如王美、郑绪岚、吴碧霞等），还有母带转录CD版、由知名演奏家、录音师、演唱家制作的“发烧碟”版本等，此外还有各种磁带转录的盗版版本不计其数。再如1991年，随着电视剧《渴望》的热播，全国30多家音像公司出版《渴望》主题曲，《渴望》同名单曲全国销量冲破了300万。

（三）受众人群

传统模式下，电视剧音乐创作的受众人群是全国电视观众，没有年龄、职业、代际上的区分。一部好的电视剧能够造成万人空巷的轰动效应，一首好的电视剧歌曲也能够传唱大江南北，深受男女老少几代人的喜爱。

（四）社会功能

传统模式下，电视剧音乐所承担的社会功能与当时的文艺创作宗旨是相一致的，即社会舆论导向功能。电视剧音乐因其与电视剧剧情的高度契合这一特点，其美学价值无法从电视剧叙事文本中剥离出来。[1]电视剧音乐往往是电视剧主题思想的高度浓缩与提炼，蕴含深厚的哲理意味与发人深省的思想深度，因而使其与普通流行音乐等区别开来。传统模式下，受电视剧音乐自身属性和电视剧创作理念的影响，电视剧音乐创作的宣教意味更加浓烈一些。当然传统模式下电视剧音乐的艺术价值和美学属性也不应当被忽略。一曲《少年壮志不言愁》（电视剧《便衣警察》主题曲）以其磅礴大气的艺术美感征服了无数观众，也以其饱含的拳拳赤子之心教育感染了一代人。

（五）盈利模式

传统模式下电视剧音乐产业的盈利模式一般有两种：一种是由电视剧制作单位与电视音乐制作团队共同分成电视播出的广告收益；另一种是电视剧制作单位将电视剧音乐的版权出售给发行公司，发行公司从音像制品出售中盈利。

---

❶ 何晓兵.契合——电视剧音乐的价值支点[J].中国音乐，2004(1).

二、媒介融合时代电视剧音乐发展优势与趋势

(一)媒介融合时代电视剧产业生存环境

1. 由资源抢夺到战略合作:影视剧产业与网络媒体的“内容+渠道”式共生发展

继阿里巴巴收购文化中国、腾讯联手华谊兄弟后,2014年8月,百度旗下爱奇艺也正式宣布与华策影视达成战略合作。至此,互联网三巨头均完成了与影视产业的联合。影视媒体与互联网由最初的资源抢夺最终走向了战略合作。电视剧内容生产与播出、收看渠道的互相提托、反哺,成就了今天影视剧产业与网络媒体的“内容+渠道”式共生发展。

2. 移动网络媒体时代在城市区域的开启

2014年中国的手机网民在第二季度的统计中已达到6.68亿人[1],智能手机用户占全球手机用户的比例已经超过1/3。移动互联网在城市地区的开启和迅速普及之势,使得观众挣脱了收看电视剧在时间、空间上的限制,因而必将打破传统的电视收看、电脑终端收看渠道,进而打破传统电视剧集的制作内容、体裁和方式。

3. 传统电视媒体努力吸引和培养年轻观众

传统媒体已经意识到了互联网媒体、移动网络媒体对青年群体的强大吸引力,传统媒体不断发出“渴望留住年轻观众”的呼声并一直在作出努力尝试。近来一些反映年轻一代的爱情观、生活观的电视剧风靡一时,在年轻观众中也引发了强烈共鸣,如赵宝刚的”青春三步曲”等。

4. 网络自制剧逆袭电视播出平台

2014年被业内人士称作网络自制剧元年。经过几年的影视剧及模式节目抢购战,大部分一线视频网站一致加大对自制剧和栏目的投入,优酷土豆宣布2014年在自制内容上将投资3亿元。据艺恩咨询数据显示,在2014年各大视频网站预估的投入已达到1500~1700集左右。很多网络剧的点击量直逼甚至超过了卫视主推的大制作电视剧,《唐朝好男人》和《东北往事》的点击量都接近了3亿人次,《屌丝男士》 已延续到第三季,2014年3月份,由陈冠希主演的灵异类网络剧《探灵档案》仅上线3天播放量已超3千万。

---

[1] 郭佳.移动互联网时代的媒体——得用户者得天下[N].光明日报,2014-09-06(7).

5. 产品形式多样

与媒介融合时代一并到来的是电视剧产业产品形式的多样，由于跳出了线性收看的束缚，用户可根据自己的喜好选择与电视剧相关的后续节目收看，电视剧产品从之前单一的电视播出平台剧集，延伸到了音像制品、网络音乐、MV视频和有关电视剧的首映礼、开播盛典、揭秘访谈和其他综艺节目等。[1]

6. 受众人群分化

媒介融合背景下，电视播出平台一家独大的局面已被打破。传统播出媒体与新媒体的受众人群发生了明显的分化已是不争的事实。新媒体由于更具便捷性、自主性，更注重用户体验而吸引了年轻受众，而被技术壁垒、消费理念挡在门外的中老年观众则留守于传统电视媒体前。

（二）媒介融合时代电视剧音乐发展的优势

1. 电视剧音乐延长、拓宽电视剧产业链

媒介融合时代想要依托热门电视剧资源，将其影响力从点扩到面，就必须想办法拉长、拓宽电视剧产业链，将电视剧与其他艺术门类相结合，做好立体经营、后续经营。电视剧音乐本身即是音乐、文学与电视剧3种艺术样式的结合物，它在融合多种艺术样式上具有得天独厚的优势。

电视剧音乐与流行音乐产业有着天生的近缘关系。从20世纪80年代的《红楼梦》《便衣警察》到90年代的《渴望》《外来妹》，华语流行乐坛的几次“旋风”，都与电视剧音乐有关。著名音乐人汪峰创作的歌曲《北京北京》早在2007年就已经发行音乐专辑，但是直到2012年电视剧《北京爱情故事》热播才让这首歌真正流行起来，浙江卫视大型电视选秀节目《中国好声音》第一季年度总冠军梁博在参赛时又唱起了这首歌，再次用它引发了新一轮的流行。2013年电视剧《后宫·甄嬛传》主题歌的演唱者之一姚贝娜参加《中国好声音》电视节目，让电视剧、电视剧音乐和歌手三者的话题都成为公众热议的焦点，可以说这是电视剧音乐、电视节目、流行乐坛三者互动的结果。近期热播的电视剧《红高粱》主题曲《九儿》也受到观众的欢迎，被作为一首流行歌曲广为传唱。

除了音乐选秀电视节目之外，很多电视访谈、电视综艺节目等也是适合电视剧音

---

[1] 张海潮，白芳芹，潘超编.剧领天下——中外电视剧产业发展报告(2012—1013)[M].北京：中国民主法制出版社，2013：179.

乐进行后续经营的。北京电视台更是推出了专门用于电视剧推介的《大戏看北京》节目，在此节目中播放电视剧音乐、由演员或专业歌手演唱电视剧主题歌成了必不可少的一环。电视剧主题往往是整部电视剧剧情的浓缩和思想的升华，歌曲的演唱方式十分适合综艺节目表现。此类电视节目是电视剧音乐展示的舞台，而电视剧音乐也为该电视节目起到画龙点睛的作用。

2. 电视剧音乐在培养年轻观众上的优势

传统电视播出媒体正在面临年轻观众的流失这一问题。中国电视剧剧本创作善于讲述万家灯火的百姓生活点滴，而让故事平淡真实却流于家长里短，对年轻人来说缺乏吸引力和冲击力。在这一点上电视剧音乐却能够与年轻的电视观众较为容易地达成沟通。所谓“音乐是没有国界的语言”。音乐更能在代际之间形成沟通的桥梁，虽然年轻观众有自己偏好的较为时尚的音乐风格，但是优美动听的旋律总是能够穿越年龄的鸿沟打动人心。

如今的电视剧创作也有意识地打造一系列青春题材的剧本，内容反映年轻人的生活和理念，在电视剧音乐创作上有意识地使用受年轻观众欢迎的流行音乐元素。如电视剧《北京爱情故事》使用流行摇滚风格的歌曲《北京北京》，电视剧《青年医生》的主题歌由张碧晨与余枫联袂演唱，这两位歌手因在电视节目《中国好声音》第三季中表现出色而深受年轻观众的拥戴，极大提升了年轻观众对该剧的关注度。

3. 调和城乡文化差异，增强民族文化认同感

中国当下的城乡差异问题十分严峻。城市和农村在经济发展水平、消费理念、文化认知等方面都有着很大的差距。电视剧音乐在城乡文化调和问题上可谓一种很好的粘合剂。当下流行乐坛在音乐全球化的背景下已经极大地被欧美、日韩流行音乐所攻占，内地流行乐坛里中国本土化、地域性、原生态、民族性的元素已经很难寻觅。而电视剧音乐却因与电视剧叙事空间的密切关联而难能可贵地保留了其美学上的乡土化、原生态和民族性。如同2002年西域歌手刀郎的一首《2002年的第一场雪》在城乡结合部的音像店、洗脚屋、发廊里循环播放带来的效果一样，中国电视剧音乐中带有浓郁乡土气息的民族民间音乐旋律和配器，为农村文化找到了情感上的归属感，也为城市文化带来寻根意识的启蒙，是城乡文化的粘合剂。如谭晶演唱的电视剧《乔家大院》主题曲《远情》、韩红演唱的电视剧《红高粱》主题曲《九儿》等，如果脱离了电视剧文本，单独投放流行音乐市场恐怕根本难以存活，但是有了电视剧叙事的依托和几十集电视剧的播出时间段保证，电视剧音乐中的乡土况味、民族特色终于一点点地征服了观众，成为城乡皆为流行的歌曲，在一定程度上消解了城乡之间文化的抵触。同样，电视剧中高贵典雅的古典音乐、优美绵长的传统民族音乐也起到了在农村普及高雅艺术的文教功能。

中国电视剧音乐十分可贵地对三晋平原、齐鲁大地、关东、关中以及内蒙、云贵、西藏等少数民族聚居区域的原生态音乐素材进行了采风和改编，使得中国电视剧音乐呈现各具特色的地域性特征。这种音乐风格上的地域化、民族化，对如今民族复兴背景下提升民族文化自信、增强民族文化认同感的命题有着十分重要的文化坚守意义。

三、媒介融合时代电视剧音乐发展的新趋势与新对策

(一)新趋势

1. 盈利模式多元

媒介融合背景下，电视剧音乐的盈利模式已经由原先的电视广告播出收益和音像制品盈利发展成为多元的盈利模式，即音像制品收藏、视频网站广告收益、电视播出广告收益、音乐网站平台版权收益、衍生电视节目广告收益等多方盈利的模式。其中视频网站广告收益和音乐网站平台版权收益近年来势头猛进，不容小觑。

2. 制作单位多方博弈，电视剧音乐制作格局两极分化

如今电视剧制作单位主要有国营影视制作公司、民营影视制作公司、视频网站自制剧制作团队等。电视剧音乐制作格局呈现两极分化的趋势。国营、民营影视制作公司一般比较重视电视剧音乐制作，呈现制作团队阵容日渐豪华的趋势，而视频网站自制剧制作团队由于成本限制，一般不在音乐创作上花费太多经费，大部分是拿现成的流行歌曲进行拼贴，缺乏电视剧音乐在风格上的统一性和思想的凝练感。

3. 移动互联网背景下"短而快"的电视剧音乐发展趋势

随着移动互联网时代在城市地区的开启，电视剧的节奏相应地受到了这种"伴随状况"的收看方式的影响。公共交通中的、移动状态的收看状态决定了电视剧音乐风格也开始向"短而快"的风格转变。由于时间所限，很多网络剧甚至没有片头片尾主题曲，配乐节奏快，旋律线条短小甚至失去了旋律感，基本成了烘托气氛或串场过渡用的音效。

(二)新对策

1. 充分地利用与流行乐坛的近缘关系促进电视剧音乐产业发展

一是明星策略:在不影响其艺术质量的前提下,电视剧音乐可以充分利用明星策略,请知名艺人特别是深受年轻观众喜爱的歌手等来演唱电视剧主题曲,或者采用扮演剧中角色的偶像明星来演唱,运用“粉丝效应”来吸引年轻观众。

二是影视剧音乐打榜流行乐坛。影视剧音乐在创作之时就应考虑到其主题歌在流行乐坛的推广和发行,将电视剧音乐在各电台、电视排行榜的宣发推介与电视剧的宣传同时进行。要做到电视剧音乐在剧集播出的同时打榜流行乐坛排行榜。

2. 提升网络平台的网络的互动、资源整合功能,改革电视剧音乐美学样式

一是音乐网站“影视原声”版块开发。许多大型音乐网站都设置了“影视原声”版块,其利用空间还有待进一步开发。比如下载量统计、排行等,与其相关的电视剧视频、演唱会视频链接等都可再进一步整合开发。

二是积极适应网络时代的全民参与性、互动性特征并作出应对。互联网时代的消费体验中很重要的一环就是全民参与性和互动性。电视剧音乐也可利用话题性宣传策略,充分利用互联网的公众平台引发话题,展开用户讨论,或开展用户上传自己演唱、自己弹奏、自己创作编曲的音乐视频片段比赛,由互联网用户投票评比,让观众在对电视剧音乐的重新演绎中找到参与感和互动感,实现电视剧音乐与网络媒体最大程度的互动。

三是电视剧音乐美学样式根据网络视频、手机音乐App平台收听环境要求作出调整。网络视频、手机App平台的收听环境与传统电视播出平台不同,无论是PC终端还是手机,观看时一般都是用耳机或者组合音响收听,这对演奏、演唱、录音、混音的质量都将有更高的要求。移动式收听环境还将产生“半收听”状态,这样,电视剧音乐的美学特征必将发生改变,旋律性起伏跌宕、深邃、磅礴的音乐风格势必被轻快柔和、旋律走势平缓但瞬间爆发力、冲击力强的音乐风格取代。

四是注重用户体验的网络时代要求电视剧音乐风格作出改变。互联网、移动网络时代非常注重用户体验,在这种消费语境下成长起来的观众必然对电视剧音乐也抱有同样的期待。然而,电视剧音乐因其与剧情之间的关系一直都有重叙述与建构、轻体验感的美学特征,想要在网络时代适应观众的需求,电视剧音乐必须在风格上作出转变,由营造氛围、渲染气氛的第三者视角向内倾斜,转向寻找心灵共鸣、描述感官体验,注重个人抒怀的音乐风格。

3. 传统电视播出平台仍是电视剧音乐产业的重要阵地

一是强化电视剧音乐地方特色。电视依然是电视剧产业的重要阵地，电视剧音乐创作在捍卫这一阵地时，应该牢记电视剧题材同质化竞争和流行乐坛音乐风格严重同一化的经验教训，走差异化竞争的策略，保护中国电视剧地方性、民族化的特色，创作出迥异于普通流行歌曲又具有鲜明传统特色的音乐风格。

二是以点带面提升电视播出平台的宣传、后续经营空间。相对来说，一些大型传统媒体拥有充裕的制作经费和更便捷的人脉资源与平台。在后续经营中，可以充分发挥电视剧音乐的“热点”作用，带动传统媒体其他各类电视节目的开发。比如各类电视音乐选秀节目、明星访谈节目、大型综艺娱乐节目、电视剧推介节目等。

三是树立精品意识，提升制作水平，增强音像制品收藏价值。互联网时代观众可直接从网络下载音乐，电视剧音乐的音像制品销售已不如从前。此时电视音像制品如果还保持与网络音乐同样的品质无疑没有出路。因此，电视剧音乐发行音像制品时必须树立“精品意识”，提升制作水平，将其打造为“发烧友”级别的具有收藏价值的音像作品。

四是提升电视剧音乐的时尚、流行度，抓住年轻观众。在注重文化特色的同时，在创作上应尽力提升其时尚、流行度，找准时尚的脉搏，用时下最前沿的音乐风格、节奏、配器和演唱方法，提升对年轻观众的吸引力。

媒介融合背景下传统电视剧媒体、互网络媒体与移动网络媒体三者的联合与互动对于电视剧音乐产业来说是巨大的机遇，同时也要求电视剧音乐做出调整与革新以适应新的产业格局。业界同仁需始终保持敏锐的艺术判断力和市场嗅觉，并坚持文化坚守的责任感，才能将电视剧音乐产业推向繁荣发展的明天。

中国动漫产业数字化传播发展战略研究

中国传媒大学文化发展研究院　魏晓阳　郭会贤

随着互联网和智能手机的普及,全媒体时代随之到来,人们接收信息的方式发生了重大变化。随着信息传播和内容生产方式的改变,动漫作品可以不再仅仅局限于传统媒体而更多通过互联网终端和全媒体来进行数字化推广和传播,这不仅意味着动漫产业将与互联网产业的高度融合,也意味着动漫产业的数字化传播需要战略宏观设计和规划。

一、全媒体时代特质

全媒体时代已经迅速向我们推进,海量的信息能够在第一时间内充分传播,这充分表现了全媒体时代的特点及优势,它具有以下诸多特质。

(一)大众麦克风时代的到来

网络时代,每个人都可能成为传播信息的渠道,都可能成为意见表达的主体。有个形象的比喻,就是每个人面前都有一个麦克风。互联网成为不同利益群体进行利益表达的平台,人人都是信息的发布者,也是信息的接收者,充分说明了全媒体时代信息传播迅速,受众范围之广。

(二)全媒体格局形成

体制内舆论场包括党报、国家电视台和网站新闻;民间舆论场包括口头舆论场、网络和“自媒体”。在剖析两个舆论场关系时,杜登斌引用了高级记者南振中的一句话:“两个舆论场重叠的部分越大,舆论引导的针对性和有效性越强;两个舆论场重叠的部分越小,舆论引导的针对性和有效性就越弱。如果两个舆论场根本不能重叠,主流媒体就有丧失舆论影响力的危险。”所以如果传统媒体失语,互联网、手机和无线电足以撼动社会。

(三)各阶层实现网上平等对话

各阶层包括公共知识分子、中等收入阶层、成功人士、草根阶层、政府和官员、媒体记者、辟谣者、境外媒体和互联网上各色人等。在提到大学毕业低收入聚居群体时,杜登斌说这是继农民、农民工、下岗职工后“第四大弱势群体”,他们在事业上要和“官二代”竞争,感情上要和“富二代”竞争。因而互联网经常成为弱势群体展示伤痕和相互取暖的地方。

(四)新媒体成为众多事件的第一信息源

网民深度搜索欲望和能力强,“关联性”话题层出不穷,例如郭美美炫富事件、7.23动车事故、周久耕等事件。互联网已成为突发公共事件第一信息源,2/3的信息来自互联网,仅1/3信息来自传统媒体。众所周知,微博已成为重要的网络舆论载体。

二、全媒体时代对动漫传播与推广的影响

随着新媒体技术的不断发展,各种形式的新媒体艺术作品给观众们带来了不同的视觉体验,使我们真正地进入了全媒体时代。新媒体正在以其巨大的渗透性与包容性影响着人们生活的方方面面。动漫作为艺术的一部分,也由于新媒体的发展与进步,对其制作方式、传播方式等方面产生了深远的影响。最重要的是新媒体将动漫这个新兴的文化产业推向了一个前所未有的高度,使得行业发展的可能性更多更稳定更快捷。在新媒体技术发展的时代背景下,动漫产业深受其发展的影响,具有典型的代表意义。动画经过技术与艺术的融合发展,多种媒介的兴起和流行,制作和设计方面的创新,给观众带来全新的艺术享受。新媒体的发展使得动画也具有了更加丰富的表现力。新媒体对于动画的影响最主要体现在传播、互动以及娱乐和制作4个方面。

(一)新媒体的传播力对于动画的影响

新媒体技术迅猛发展的今天,艺术作品的传播交流与传统的传播形式有着很大的差别,对于传统的动画艺术来说,在动漫作品制作完成之后,需要寻找各种方式比如印刷成书、院线上映或电视台进行传播,这种方式比较单一,而且耗资巨大,对于普通的动漫爱好者来说,将自己制作的动漫短片通过这种方式进行传播是非常困难,甚至

是不可能的。

然而进入新媒体时代,其新颖的传播模式与巨大的传播能力影响着动画的发展。由于新媒体的入门门槛较低,所以能使广大的动漫爱好者自己制作的动漫作品借助新媒体这个传播平台更加快速和广泛地传播,以此来扩大动漫作品在观众中的影响力。比如大家所熟知的兔斯基就是通过网络传播而逐渐被大众所接受。

在传统的传播模式下,像王卯卯这样的学生所创作的兔斯基可能永远只会在笔记本中记录着她自己的心情。而在新媒体时代,兔斯基可以在网络上传播并获得大众的认可与喜爱,取得如此巨大的成就,这对于动画的发展具有十分重要的促进作用。新媒体时代下信息会被迅速地传播,在较短的时间内获得较大的影响力。前面提到的兔斯基这样的动画角色就是依靠在QQ聊天中的表情向受众传播开来,可见新媒体的传播力对动漫的巨大影响。

新媒体巨大的传播力不仅有利于宣传动漫本身,还可以通过动漫衍生产品和周边产品的网络营销,使动漫品牌走向市场。近年来,不仅是前面所提到的兔斯基,还有众多由网络推出的动漫形象也深受大家欢迎。“张小盒”最早于2006年在网络上推出了动漫形象,由于其真实地表现出上班族的酸甜苦辣,深受广大网民尤其是上班族的喜爱,并被CCTV等媒体称为“著名中国上班族形象代言人”。目前,该动漫形象已经拥有了众多的周边产品,甚至包括了实体经营连锁如咖啡概念店、餐厅、奶茶店和面包坊等。这些成功的事例都体现了新媒体以其巨大的传播力对动画的发展产生的影响。

(二)新媒体交互性特点对动漫的影响

新媒体的一大特色便是交互性,这一点也对动漫的发展产生了巨大的影响。传统的动漫作品的传播方式是单向性的,作者将动漫作品创作完成后,通过媒体向广大观众传播,观众只能被动地接受作品,没有渠道反映自己对作品的看法以及建议,观众与动漫作品没有互动。而动漫的制作者也只能通过观众观影后的欣赏或批评的意见来进行下一部作品的创作,并不能实现信息良好的互联互通,这是一种被动的接受方式。

在新媒体条件下,动漫作品就可以实现互动性的特点,互联网、手机等新型的媒介成为了观众收看动漫作品主要的渠道,观众的接受方式从被动接受升级为可以对自己喜爱的动漫作品进行点评的互动模式。观众可以在线对动漫作品进行评价,并在网页上能够实时地看到自己与别人的评价,通过这种方式与动漫的制作者进行及

时的互动，对动漫作品的情节发展、人物性格以及场景设置等不同的方面提出自己的意见或建议，以便动漫作品达到最佳的艺术效果。也可以举办投票活动，作者列出下面剧情的几种走向进行投票，让观众成为动漫作品的编剧，丰富作品的故事情节。

（三）新媒体的娱乐性对动漫的影响

在当今快节奏、高压力的社会背景下，大多数观众欣赏新媒体艺术作品是为了追求轻松的娱乐、欢快的体验、愉悦的感受。娱乐性也成为了新媒体艺术的一大特性。这也为动漫的发展提供了一条新的道路，我们可以通过动漫的形式来讲述有意思的故事，传达出愉快、欢乐的感受。

2005年以来，北京数字娱乐产业基地的小川汇文化发展有限公司制作的《快乐驿站》，其形式是采用经典相声小品的音频，再配以使用Flash软件制作的幽默的画面，展现出了与观看传统经典相声小品完全不同的感受，在中央电视台一经播出受到了广大观众的一致好评并引起了强烈的反响，开创出动漫创作的一条新路。这种形式的走红使得动漫不再局限于单一的模式，也可以结合传统媒体共同发展。使传统作品的娱乐价值得到进一步提升，表现手法更具有时代性和功能性。

游戏也是新媒体的娱乐性与动漫结合的重要形式之一。新媒体动漫游戏《植物大战僵尸》就是一个很好的例证。这是由PopCap Games公司于2009年开发的一款策略类单机游戏，玩家需要通过运用不同植物的不同攻击属性，以最快的速度把僵尸阻挡在入侵的道路上。在植物和僵尸的角色形态和动态上采取了十分幽默的表现手法，各种植物的角色设定显得十分可爱，僵尸的角色设定也并不恐怖，游戏整体的画面和配乐充满了欢乐的氛围、轻快的节奏以及明快而又幽默的风格。

（四）新媒体发展给动漫带来的负面影响

在商业利益和快餐文化的驱使下，不少网络娱乐文化的传播者和复制者为了迎合大众的口味、提升人气，不惜以各种流行的媒介手段强烈地刺激人们的感官，吸引人们的眼球，最终赚取高额利润。而作为与大众最为贴近的动画作品，当然不可避免地沾染上了功利色彩，变得不重视动画本身的质量与审美。例如2011年在网络上出现了一部名为《高铁侠》的动画片，引发网友的质疑。原因是这部动画片在角色设定、剧情方面与日本动画片《铁胆火车侠》高度类似。同样，在2014年上映了一部名为《汽车人总动员》的动画电影，其人设、海报与美国动画片《汽车总动员》十分相似，同样引起了广大网友与观众的质疑。

(四)日本动画全媒体传播

日本动漫产业的显著特征是与其他产业紧密结合,拥有很强的联动性。一部热门的漫画作品往往会改编成为动画、游戏、小说、真人电视、公仔玩偶等其他各种文化形式,一部作品可以横跨出版、电视、电影、影像光盘等各种媒体来进行传播。正因为这种特点,通常人们会将其统称为ACGN产业(ACGN即Animation“动画”、Comic“漫画”、Game“游戏”、Novel“小说”的缩写)。4种产业联动的结果就是企业关联的强化和收益的多样化。那么全媒体时代下,日本的动漫是如何进行传播的呢?

日本从2000年开始利用互联网方式传播动画,截至今天已经经历了两次高潮。第一次是从2002年开始至2006年。日本的Showtime和Bandai Chanel于2002年开启了互联网传播动画的新方式,之后IT业者和CATV电视台的人也相继加入,并于2005年前后迎来了第一次以计算机为使用载体的互联网传播动画的高潮,其中包括YouTube和Gyao和Nikoniko动画,培养了很多顾客在互联网上收看动画的习惯。2006年,使用手机为载体的传播方式开始出现,同时诞生了世界上第一部使用手机传播、播放不受时间限制的动画故事网站。

伴随着iPhone在日本的销售,智能手机开始在日本普及,与之相配套的动画传播市场也开始扩大规模,日本的互联网传播动画于2010年迎来了第二次高潮。在这次高潮中,各种传播媒体相互融合,例如2014年2月日系电视收购了Hulu,标志着电视台与互联网开始正式融合,从而在日本的电视广播业界引发地震,也引发了日本电视台与互联网的一系列融合。此外,外资企业Netflix于2014年登陆日本也极大推动了日本互联网传播动画的脚步,这个拥有7000万从业人员的世界最大的动画服务企业最终促成了日本于2015年迎来到了“动画传播元年”。目前,在日本已经形成了3大动画传播系统,分别是以NTTドコモ为中心,第二类是iTunes、Google Play、Amazon Netflix等外资系列,第三类是NHK、日本电视台、富士电视台等系列。预计到2020年,日本国内动画传播有2/3将通过互联网。日本也开始尝试使用互联网向海外传播日本制作模式,开拓日本动画的海外传播市场。

三、促进中国动漫产业数字化传播的发展战略

针对以上对全媒体时代的特点及其对动漫传播的影响的分析,就目前状况而言,要促进我国动漫产业数字化的传播和发展,应该从相关法律和政策的制定、手机动漫

客户端的开发、动漫新媒体运营、建立新媒体动漫行业机构、动漫IP的认定和保护等方面作出努力。

(一)制定相关的行业政策法规,对动漫数字化传播进行规范和引导

针对新媒体发展给动画带来的负面影响,需要相关的行业政策法规的约束,促进动漫数字化的传播。2013年8月30日,国家标准委备案的《手机(移动终端)动漫内容要求》《手机(移动终端)动漫运营服务要求》《手机(移动终端)动漫用户服务规范》3个标准同时发布。它们连同今年7月公布的《手机动漫文件格式》标准,构成了我国手机(移动终端)动漫行业完整的标准体系。《手机(移动终端)动漫内容要求》全面归纳手机动漫内容加工过程中的故事架构、镜头切分、表现手法等创作规律;《手机(移动终端)动漫运营服务要求》推出了用于规范手机动漫运营商与手机动漫内容创作生产方之间的接口,以解决手机动漫内容制作与发行的瓶颈问题;《手机(移动终端)动漫用户服务规范》对手机动漫发行、运营、收费、用户投诉等服务行为进行了规范。文化部将启动实施“手机(移动终端)动漫示范应用推广工程”,通过基础改造、平台升级、技术支撑、主题创作、内容示范、应用培训、宣传推广等,推动手机(移动终端)动漫标准应用和升级。通过上述标准的出台,对新媒体动漫的创作和传播起到了规范和指导作用。[1]

(二)利用新媒体技术,开发动漫作品发布和传播的平台

目前,在动漫移动平台开发上,做得比较好的是“爱动漫”。“爱动漫”是国内手机动漫(Anime)新媒体,由中国电信基于3G移动互联网技术应用打造。用户可以通过爱动漫客户端、WAP门户、Web门户等实现访问,不仅可以在线欣赏国内外海量优秀的动漫画作品,还可享受动漫彩信、手机报、手机主题等数字衍生品服务。直至2013年注册用户已突破7000万,每天有上百万用户在这里观看、下载、评论、分享海量动漫精品、玩转各种衍生品,畅享动漫新体验。[2]同时,“画客”以Web门户与客户端相结合的产品形式和轻博客的形态,支持漫画创作者快速发布高品质原创作品,并同步分享到移动互联网的其他平台,这是中国电信动漫基地为挖掘手机动漫原创新锐,传播优秀手机动漫内容,分享移动互联网时代文化创意,鼓励个人创业而开发的新媒体平台,也是“爱动漫”在数字动漫新媒体的战略引导下,撬动和激活整个手机动漫产业的

---

❶ 王连文.(移动终端)动漫行业国家标准体系发布[N].中国文化报,2013-09-03.

❷ 尤荆晖,许荣耀.手机动漫:中国动漫产业数字化升级新引擎[N].中国文化报,2014-06-11.

重要布局之一。

(三)聚合行业力量,建立新媒体动漫行业机构

2013年11月22日,中国电信动漫运营中心联合100多家骨干动漫企业和机构,在厦门共同成立了中国新媒体动漫联盟。[1]新媒体动漫联盟的成立被业内人士认为是我国动漫数字化升级的重要标志之一,对于探索和构建以动漫创意为核心、移动互联网技术为基础、手持终端用户为目标市场的我国新媒体动漫发展盈利新模式和创新形式的发展平台,具有重要意义,在提高产业联动、激发产业活力方面发挥了积极的作用。

(四)加强保护知识产权的意识,规范动漫IP的认定和保护

"IP"位于动漫产业链的上游,优质的"IP"可以沉淀自文学、动漫、电影、游戏等内容产品,也可以再作为素材来生成这些不同形式的新的娱乐内容产品。从商业模式角度来看,炙手可热的"IP"并不是企业的直接提供物,不能作为内容产品向消费者出售,但却是内容产品创造和生产所依赖的核心资源。而互联网具备天然媒体属性,其无限的容量和网络用户对内容产品的庞大消费能力,使得各大互联网企业对于内容产品的需求与日俱增。在这样的情况下,先前长期作为内容产品传播渠道的互联网企业不再满足于自身单一的"传播"功能,而是希望能够在内容产品传播的增值过程中分得一杯羹,甚至成为内容产品的开发者和主要销售者。在拥有了本身的渠道优势和发挥渠道功能积累的大量资金后,开始向着内容产品缔造者的目标迈进。因此,"IP",特别是动漫"IP"很自然地成为它们大力争夺的特殊商品。所以,动漫在互联网夹击的发展背景下,加强对"IP"的保护意识,对自身发展极为重要。

四、结语

新媒体技术是人类科技创新实践的产物,它具有传统媒体无法比拟的优越性,而且目前正在迅猛的发展之中。新媒体等数字化技术对于动漫的制作、推广、传播和获得都产生了重大影响。怎样才能借助新媒体蓬勃发展的大趋势来促进动漫产业的传播发展,这就需要我们要用发展的眼光来看待问题,打破固有观念,从一个全新的、动态的和超越边界的视角来审视和理解新媒体动漫。

[1] 尤荆晖,许荣耀.手机动漫:中国动漫产业数字化升级新引擎[N].中国文化报,2014-06-11.

非物质文化遗产生产性保护的关键：文化生态的保护与修复

——以宜兴紫砂陶制作工艺为例

华东政法大学人文学院　王幸幸

近年来，随着经济全球化和现代化进程的加快，中国的自然生态和文化生态都遭到了破坏，非物质文化遗产的生存与发展受到了前所未有的冲击。如何将非物质文化遗产融入现代生活，在当代找到非物质文化遗产依托的载体，文化生态的恢复与重构就显得至关重要。宜兴紫砂制陶工艺自明代至今500年源远流长，是活着的非物质文化遗产。2006年，宜兴紫砂制陶工艺被列入我国第一批国家级非物质文化遗产名录，宜兴紫砂因其兼具实用价值与文化价值，深受当地民众喜爱与市场认同。从选料、制作、烧制到销售，无疑是文化生态保护的成功案例。

一、概念的提出

（一）文化生态

“文化生态”是借用生态学的方法研究文化现象而产生的一个概念。美国人类学家朱利安·斯图尔德于1955年在其著作《文化的变异》一书中首次提出“文化生态学”的概念，标志着文化生态学的诞生。20世纪80年代以来，国内外学者对文化生态的研究日渐增多。近年来，随着生态环境不断恶化，人类生存危机日益严重，国内学术界以文化生态或生态文明为题的研究成为热门，文化生态或生态文明成为显学。❶

国内众多学者在关于文化生态的概念上并未达成共识。黄育馥在1999年发表了

❶ 熊春林，黄正泉，梁剑宏.国内文化生态研究述评[J].生态经济，2010(3):153~155.

《20世纪兴起的跨学科研究领域——文化生态学》,该文第一部分研究了文化生态学的早期发展。主要考察了斯图尔德在前人研究的基础上提出了文化生态的概念并运用这个概念去了解"文化变迁"的过程和原因。

2001年方李莉在《文化生态失衡问题的提出》一文中,"把人类文化的各个部分看成是一个相互作用的整体,而正是这样互相作用的方式才使得人类的文化历久不衰,导向平衡。"认为人类所创造的每一种文化都是一个动态的生命体,它们互相关联成一张动态的生命之网,其作为人类文化整体的有机组成部分,都具有自身的价值,为维护整个人类文化的完整性而发挥着自己的作用。[1]

2004年戢斗勇在《文化生态学论纲》一文中,认为文化生态指的是"文化存在和发展的环境和状态,认为文化生态学要研究文化系统、文化环境、文化资源、文化的状态、文化的规律"。[2]

2007年唐家路在《民间艺术的文化生态论》一书指出:"文化生态认为,文化不是经济活动的直接产物,它们之间存在着各种各样复杂的变量。并主张从人、自然、社会、文化的各种变量的交互作用中研究文化产生、发展的规律,用以寻求不同民族文化发展的特殊形貌和模式。"[3]

综上所述,笔者认为在一定历史和地域条件下形成的文化空间,以及人们在长期发展中逐步形成的生产生活方式、风俗习惯和艺术表现形式,共同构成了丰富多彩和充满活力的文化生态。

(二)非物质文化遗产生产性保护

"生产性保护"的概念最早见于《非物质文化遗产概论》(2006),经济价值是非遗的现实价值之一,非遗项目中技艺性项目拥有产生经济效益的潜力,因此在王文章看来生产性保护适用的对象是"工艺性、技艺性"项目[4]。

2009年在传统技艺大展系列活动中,非物质文化遗产"生产性保护"成为活动关注焦点。同年在"非物质文化遗产生产性保护论坛"中,专家乌丙安、徐艺乙等,就非物质文化遗产"生产性方式保护"的基本概念、当代意义、面临问题3个方面展开讨论,"生产性保护"成为非物质文化遗产保护的有效途径。

---

[1] 方李莉.文化生态失衡问题的提出[J].北京大学学报(哲学社会科学版),2001(3):105~113.

[2] 戢斗勇.文化生态学论纲[J].佛山科学技术学院学报(社会科学版),2004(5):1~7.

[3] 唐家路.民间艺术的文化生态论[M].北京:清华大学出版社,2007:32~33.

[4] 王文章.非物质文化遗产概论[M].北京:文化艺术出版社,2006:123.

2012年，文化部《关于加强非物质文化遗产的生产性保护的指导意见》中，对"生产性保护"的概念作了界定，"在具有生产性质的实践过程中，以保持非物质文化遗产的真实性、整体性和传承性为核心，以有效传承非物质文化遗产技艺为前提，借助生产、流通、销售等手段，将非物质文化及其资源转化为文化产品的方式。目前，这一保护方式主要是在传统技艺、传统美术和传统医药药物炮制类非物质文化遗产领域实施。"

（三）文化生态与非遗生产性保护的关系

1989年，联合国教科文组织颁布的《保护民间创作议案》把"民间创作"解释为"来自某一文化社区的全体创作"，将民间创作与特定社区联系起来，体现了文化生态的整体性保护的理念。而今，非物质文化遗产生产性保护的核心是保持非物质文化遗产的真实性、整体性和传承性，文化生态系统自身就是一个具有开放性、整体性和动态性的完整系统。

2003年，联合国教科文组织通过的《保护非物质文化遗产公约》第二条指出："各个群体和团体随着其所处环境、与自然界的相互关系和历史条件的变化，不断使这种代代相传的非物质文化遗产得到创新，同时使他们自己具有一种认同感和历史感，从而促进了文化多样性和人类的创造力。"对非物质文化遗产保护定义的核心是："采取措施，确保非物质文化遗产的生命力。"非物质文化遗产保护是对社会历史发展过程中形成的世代相传的非物化形态的文化的动态保护，即活态传承，是依赖一定生态环境和特定人群与历史的"生态文化"。从生态学的视角看，文化生态学强调生态整体性，生态圈的整体性及稳定性是非物质文化遗产可持续发展的自然基础。

从本质上来说，非物质文化遗产是一种在一定的"文化生态"环境下形成的"原生态文化"，这种"原生态文化"是自然和文化的完美结合。非遗生产性保护的"原生态原则"主要是指保护过程中必须遵循不改变传统的生产方式和规则，不改变与生产相关的自然环境和社会文化生态环境。[1]由此可见，非遗生产性保护离不开与之相关的文化生态，文化生态圈的整体性与稳定性构成了非物质文化遗产可持续发展的自然基础。

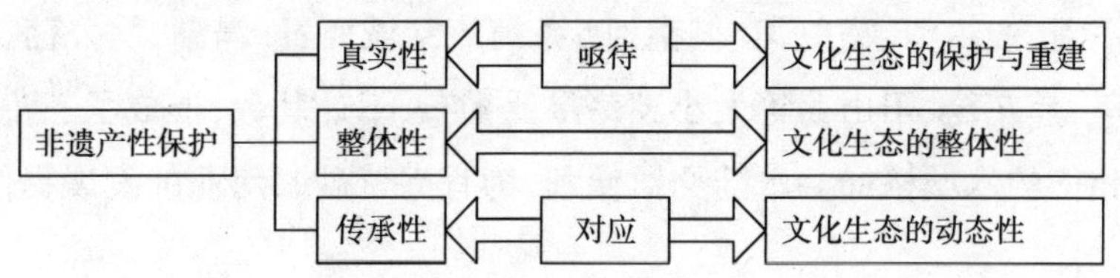

[1] 刘魁立.文化生态保护区问题刍议[J].浙江师范大学学报(社会科学版),2007(3):9~12.

近年来，随着经济全球化和现代化进程的加快，中国的自然生态被破坏，自然资源不断减少，环境问题日益凸显，人类渐渐意识到应该要环境保护。同样地，我们还面临着文化生态被破坏、文化资源日益减少的问题。基于自然生态与文化生态失衡的背景下，笔者从“环境保护”的概念出发，提出了“文化生态环保”这一理念，即在个人、组织或政府层面，指人类为解决现实或潜在的文化生态问题，协调人类与自然环境、人文环境的关系，为大自然和人类福祉而保护某一文化资源赖以生存的自然环境和文化环境以保障其可持续发展的行为。

二、宜兴紫砂文化生态核心要素分析

在一定历史和地域条件下形成的文化空间，以及人们在长期发展中逐步形成的生产生活方式、风俗习惯和艺术表现形式，共同构成了丰富多彩和充满活力的文化生态。[1]紫砂文化之花为何独放宜兴？紫砂壶自明代至今已有500余年的历史，它并非500年前突然降世，而是华夏上古茶文明诞生之时就埋下了这颗种子，紫砂壶是明朝初期茶饮方式变革催生的产物。它之所以能够在中国众多茶具中后来居上，是因为它适应了文人泡茶的文化需求，更离不开宜兴良好的自然生态和文化生态。

（一）良好的自然生态

1. 地理位置优越，水陆交通便利

宜兴市，简称宜，古称“荆邑”“阳羡”，位于江苏南部，太湖西岸。宜兴素有“陶的古都，洞的世界，茶的绿洲，竹的海洋”之称。宜兴市全年温暖湿润，2011年1月24日，国务院将宜兴市列为中国历史文化名城。天然绝佳的地理优势造就了宜兴安逸、富足的生存环境，长治久安的生活氛围，给紫砂文化提供了良好的生长传播土壤。

从地理位置看，宜兴所处沪、宁、杭三角中心，北接常州、镇江、南京、扬州，西连安徽马鞍山、芜湖、宣城，南可至浙江湖州、杭州、嘉兴，东临太湖，连接无锡、苏州。宜兴地处太湖之滨，水网密布，是典型的江南水乡。境内西氿、团氿、东氿三氿镶嵌城中，宜北河、太滆河、蛟桥河、南虹河、城南河5条河流穿城而过，滆湖、马公荡、临津荡、徐家荡、钱墅荡、莲花荡、阳山荡等大小湖荡星罗棋布、不计其数，形成了三氿镶嵌、五河贯城，太湖相依的水城格局。水陆交通便利，为宜兴紫砂制陶业的发展提供了得天独厚的条件。

---

[1] 黄永林.“文化生态”视野下的非物质文化遗产保护[J].文化遗产,2013(5):1~12.

2. 低山丘陵地形，矿产资源丰富

宜兴是“紫砂壶”原产地，宜兴市有山、有水、有平原，有“三山、二水、五分田”之称。宜兴市地势南高北低。南部为丘陵山区，北部为平原区，东部为太湖渎区，西部为低洼圩区。紫砂矿土产于江苏宜兴市丁蜀镇黄龙山一带，成矿年代为古生代泥盆系，约三亿五千万年左右，位于江南古陆边缘，海、陆、湖的三亚类地带。借助风力或者水力的搬迁，一些细小的粘土颗粒及其他矿物形成了沉积型粘土页岩。

江苏宜兴的紫砂矿土主要由石英、粘土、水云母和赤铁矿组成，其制成紫砂成品泥具可塑性好、生坯强度高、干燥、烧成收缩率小等良好的工艺性能而成为举世闻名陶。这种天然泥矿在陶瓷产区十分罕见。中国广西、山西、河南、河北、陕西、安徽等省的一些地区虽有类似陶土，烧成呈紫红色的无釉陶器，初看有相似之处，但其玻璃相重，工艺上也有诸多限制，无法与宜兴紫砂泥相媲美。

3. 植被覆盖率高，燃料充足

宜兴属北亚热带南缘海洋季风气候区，四季分明，温和湿润，热量资源丰富。宜兴的植被类型主要是低山丘陵的自然植被，以及平原圩区的作物栽培植被，森林覆盖率约32%。大量的植被落叶为宜兴紫砂陶的烧制提供了充足的燃料和能源。除此之外，宜兴毗邻宜溧含煤区，煤炭资源丰富，为宜兴发展紫砂制陶业提供了可能。

(二)悠久的制陶历史和饮茶模式

1. 饮茶模式变革，紫砂文化应运而生

中国是茶的故乡，茶文化源远流长，据《神农百草经》记载：“神农尝百草日遇七十二毒，得荼解之。”文中的“荼”，就是古人对“茶”的称呼。早在5000年前，我们的祖先神农氏在人类历史上第一个发现了茶的药用和保健功能。后来经过先辈们的不断探索和推广，茶逐渐成为中国人开门七件事(柴米油盐酱醋茶)之一，可见茶在中国百姓生活中的重要地位。到唐代陆羽著《茶经》，使得中国的茶文化得到了迅猛的发展。

宜兴是久负盛名的古茶区之一，在唐朝时，宜兴阳羡茶被皇室定为贡茶，这使得宜兴茶在唐朝达到了空前的鼎盛。据明万历十八年《宜兴县志·万历志》卷四·贡课中记载：唐朝在宜兴设置的贡茶院“有房屋三十余间，役工三万人”“工匠千余人”“岁贡阳羡茶万两”。唐朝诗人卢仝在《走笔谢孟谏议寄新茶》一诗中称：“天子须尝阳羡茶，百草不敢先开花”，由此可见宜兴阳羡茶在当时的至尊地位。

直到洪武二十四年(1391年)九月，明太祖朱元璋下了那道意义非凡的诏令，中国

的茶饮模式发生了翻天覆地的变化：

建宁府贡上供茶，听茶户采进，有司勿与。敕天下产茶去处，岁贡皆有定额，而建宁茶品为上，其所进者必碾而揉之，压以银版，大小龙团。上以重劳民力，罢造龙团，惟采芽茶以进。其品有四，曰探春、先春、次春、紫笋。置茶户五百，免其徭役，俾专事采植。❶

这条诏令颁布以前，官方的贡茶为团茶，对于民间普通百姓来说，宋代的点茶法无论在制茶和饮用上都非常烦琐，随着散茶制作工艺的进度，到了元代，饼茶与散茶并行而存在，尤其是在民间逐渐被接受。可以说在饮茶方式上去繁就简，在元明之际已逐渐形成一种流行趋势。饮茶方式的改变，并非朱元璋泡茶法诏书的下达，而是中国传统文化发展到一定阶段的必然性结果。茶的不同状态决定了吃茶方式的不同。吃茶方式的不同，直接决定了茶文化不同的表现形式。明太祖废饼茶兴散茶，改煮、点法为泡茶法，茶文化的变革，使紫砂文化应运而生。

2. 悠久的制陶史

从唐至宋、元、明到清乾隆年间，宜兴茶已经作为皇家贡茶扬名天下数千年，西湖龙井才开始作为贡茶进入名茶之列。有了量大质优声名远播的宜兴茶，在饮茶之风盛行的大国，宜兴出现了前所未有的饮茶盛风，饮茶风气盛，对茶具的需求量也就大。早在7000多年前，宜兴人就开始制陶了。江苏宜兴有着7000年的制陶史，其紫砂业发端于北宋，成熟于明清，鼎盛于当代，在数百年的薪火相传中，当地紫砂壶艺“冠绝一世，独步千秋”。

坐落于陶都丁蜀前墅村村落之中的宜兴古龙窑，烧制陶器、紫砂器已有800年历史（同济考古测定），800年间窑火从未间断，元朝以日用陶器水缸、水罐、米缸为主，进入明代中后期，紫砂从陶器中脱颖而出成为泡茶佳品。酷爱饮茶的宜兴先民们年复一年地陪伴着制陶这一古老行业，在茶具上探索与创新是必然的，先辈们设法将茶具这个日用器皿的形状大小与所处时代的饮茶方式相适应。

（三）当地人对紫砂文化的认同

据协会史秘书长介绍，紫砂业是宜兴独特的产业和文化资源，目前宜兴上规模的制造企业超过千家，从业人数超过3万人。但是，许多小厂习惯于工厂化生产紫砂壶，将传统的具有家庭陶艺作坊色彩的生产方式遗弃，有的产品粗制滥造，有的产品出现

❶ 胡长春，吴旭．试论明代茶叶生产技术的发展[J].农业考古，2008(5):278~281.

大面积仿冒雷同，严重损害了紫砂的声誉。

2006年5月19日，宜兴紫砂行业协会正式成立，1000多家企业共同签定了《紫砂行业协会会员自律公约》。根据公约，紫砂生产企业要尊重、保障收藏者、消费者权益，包括知情权，不自我夸大职称；要尊重他人劳动成果，不侵犯他人知识产权，杜绝假冒名人名作行为。行业协会将打击假冒伪劣，对制作、原料、窑炉生产经营等各个环节分条线进行管理。对于违反自律公约的企业及个人，协会将在一定范围内进行处罚，情节严重的，将被除名。传统的紫砂业开始从规范自身行为入手，维护紫砂业的健康发展。通过签署《自律公约》维护紫砂声誉，体现了当地人对紫砂文化的认同。

除此之外，目前，丁蜀共有紫砂制作者4万多人、产业配套人员6万多人，从业人员占常驻人口的43.5%。由此可见，当地人对紫砂的热爱和对紫砂文化的认同。

（四）文人参与紫砂壶的制作与创作

在中国的封建社会，文人专指读书人，紫砂壶制作等手工艺皆为雕虫小技难登大雅之堂，是何原因驱使这些文人参与紫砂文化？究其原因主要有两方面：一方面，北宋以后，中国的政治经济中心南移，特别是明朝以后，江南一带工商业逐步发展，成为长江中下游一带繁荣富庶之地。自古“仕”总是围绕着政治经济重心转移，于是江南一带文人荟萃。另一方面，宜兴世外桃源般的生存环境养育并吸引着大量文人墨客。除此之外，茶文化的变革、紫砂壶泡茶效果奇好、泡茶不失原味的固有特质等综合因素共同决定了文人参与紫砂的制作与创作。

世外桃源般的生存环境养育了一大批文人志士，浓厚的文化氛围也吸引着来自全国各地的文人，文人的关注与参与实现了紫砂由饮茶器皿到文化艺术品质的飞跃。从明正德年间（1506年）开始，以各种形式参与紫砂陶艺的著名诗人、学者、艺术家可以组成一支庞大的队伍。他们以定制、设计、撰壶铭、书画篆刻和为紫砂著书立说、树碑立传等形式参与紫砂文化，使宜兴紫砂陶充满文人的雅趣。明万历年间，紫砂艺人人才辈出，如项元汴、陈鸿寿、蔡恺等，其中最有代表性的是陈鸿寿（号曼生），他参与了紫砂陶的设计，独创了“曼生十八式”，可谓是我国古代文化产业的鼻祖。

三、宜兴紫砂陶非遗生产性保护的路径与方法

众所周知，紫砂的主产区为江苏宜兴，宜兴紫砂名闻天下，受到国内外众多紫砂收藏者的青睐。文化部网站日前公布了第一批国家级非物质文化遗产生产性保护示

范基地公示名单，宜兴紫砂工艺厂名列其中，这是宜兴唯一入选该批名单的单位，其国家级非遗项目名称为宜兴紫砂陶制作技艺，项目类别为传统技艺。宜兴紫砂是活着的非物质文化遗产，至今已经传承了500多年，是一个目前有数万人从事制作的传统技艺，也是一个正在蒸蒸日上的大产业。宜兴紫砂在全国非遗生产性保护示范基地中，也是独树一帜的。宜兴紫砂陶生产性保护的方法主要有以下几点。

（一）出台了《宜兴紫砂保护条例》

早在2011年《非物质文化遗产法》实施之前，2007年4月1日江苏省无锡市人民代表大会常务委员会就开始实施《无锡市紫砂保护条例》。本条例所称宜兴紫砂，是指以加工后的宜兴紫砂矿土为原料，采用独特工艺制成，具有鲜明地方特色的紫砂陶制品及其制作技艺。本条例分为六章，分别对宜兴紫砂矿产资源的开采与利用、制作技艺保护与传承、产品保护与市场管理作出了详细规定。按照国家级非物质文化遗产生产性保护示范基地的要求，宜兴紫砂制作以泥料原生态、作品原创性、全手工制作为宗旨，合理开采和利用矿产资源，自觉净化紫砂壶收藏市场、规范紫砂行业自律行为，维护紫砂声誉。

1. 宜兴紫砂矿产资源的合理开采与利用

据笔者了解，自2004年宜兴市政府出台了《关于加强宜兴紫砂保护发展议案》，黄龙山矿区全面停止开采。宜兴紫砂矿产资源的开采利用坚持保护和节约的原则，采取总量控制、限量开采、提高利用率等措施，实现经济效益、资源效益、社会效益和环境效益的统一。《条例》明确指出："开采紫砂矿产资源应当向省国土资源行政主管部门申请登记，领取采矿许可证，方可成为采矿权人。任何单位和个人不得露天开采紫砂矿产资源。"

2. 宜兴紫砂制作技艺保护和传承

该条例第十五条指出："宜兴市文化、档案行政主管部门和行业协会，应当加强宜兴紫砂制作技艺的挖掘、整理工作，定期组织开展宜兴紫砂专业讲座、学术交流、研讨展评等活动；指导并规范有关宜兴紫砂专著、刊物等书刊的编撰工作。"

2002年宜兴陶瓷行业协会成立，协会以服务、代表、协调、自律为其职能，通过举办一系列的陶瓷比赛、发行报刊杂志等，推动行业的交流发展。笔者通过走访宜兴市陶瓷行业协会了解到，行业协会有两刊一报：《宜兴紫砂》《江苏陶艺》和《陶都通讯》。为进一步提高紫砂产业的知名度，宜兴市政府已经连续举办了八届"江苏宜兴陶瓷艺术节”,以陶为媒、以艺会友、扩大交往、促进发展,极大地提高了宜兴紫砂的知名度。

除此之外,宜兴市还在具备条件的中、高等职业技术院校开设宜兴紫砂传统工艺和制作技艺专业课程,采用职业教育与拜师学艺相结合等方法,有计划地对宜兴紫砂从业人员和有志从事宜兴紫砂传统工艺和制作技艺的学生进行专业知识培养。前不久,为推进紫砂技艺的传承和发展,让更多的人了解和学习中国特有的紫砂技艺,中国非遗培训中心在丁蜀镇西望村建立“宜兴紫砂培训基地”,这极大地促进了紫砂技艺的传承与传播。

3. 宜兴紫砂产品保护与市场管理

该条例第二十条对紫砂产品保护作出了详细规定:“宜兴市经贸、文化、工商、质量技术监督等行政主管部门和行业协会应当建立完善宜兴紫砂作品、产品信息数据库并定期公布有关信息;引导宜兴紫砂作品、产品的设计、生产单位和个人,通过申请集体商标、证明商标、商品商标注册,申请专利、著作权登记,采取防伪标识、电子信息管理等措施,实施宜兴紫砂作品、产品的知识产权保护。”

第二十五条:“宜兴紫砂经营市场应当统一规划,可以结合宜兴紫砂历史文化遗址保护建设宜兴紫砂仿古街区,利用生产、经营场所开设旅游景点、销售网点和建设宜兴紫砂产品专业市场等,发展具有地方特色的经营服务。”目前宜兴已经建成的陶瓷城有陶都陶瓷城、方井陶瓷城、陶里、紫金陶瓷城等,都是紫砂专业市场。

2010年的“紫砂门”事件在社会上引起了轩然大波。为此宜兴市人民政府颁布了《关于严厉打击制假售假宜兴紫砂陶的意见》,该《意见》共有8条,几乎涵盖了紫砂行业中存在的所有问题。《意见》实施后,紫砂市场得到净化,为紫砂产业的发展营造了良好的法律环境。

(二)宜兴紫砂制作核心工艺的原真性

“宜兴紫砂陶制作技艺”作为一种经过数百年积淀形成的传统手工技艺,集中国传统造型之大成,融实用性和艺术性于一体,其优质原料的稀有性,工艺内涵的独特性,装饰风格的和谐型,文化表现的丰富性,在民间手工工艺造型中堪称典范。“宜兴紫砂陶制作技艺”包括原料加工工艺、器物成型工艺、装饰工艺和焙烧工艺。自明代以来,经过500多年的不断探索,精益求精,传承至今,充分展现了宜兴人的文化创造力。

1. 原料加工技艺

对紫砂泥料的处理和配比有严格的要求,历来有“取用配合,各有心法、秘不相授”之说。其主要包括将块体岩石状的紫砂原料分选、摊晒风化、粉碎、过筛、加水搅拌、除水沉淀、踩练或捶练、切块、陈腐备用等工艺程序，以达到控制原料精细程度，排除泥料中杂质和空气，融合泥、水以增加泥料可塑性。

2. 器物成型工艺

以制作光器茶壶为例，其有“打身筒”（拍打成圆形器体）和“镶身筒”（镶接成方形或多边形器体）两种工艺。“打身筒”即是将泥片卷成圆形身筒后慢慢拍打，使之与设计造型吻合，待干燥到一定程度，分别装上壶把、壶嘴，配上壶盖，再光身筒（刮压修整坯体）；“镶身筒”即是将泥片用泥浆镶接成与设计造型一致的壶身，基本成型后，再修理毛坯。在紫砂器物成型的工艺环节中，需使用不同材质和形状的自制工具。因制陶者手法和习惯、器种和技艺个性的不同，完成一件器物所需工具从几十种到百余种不等。

3. 装饰工艺

宜兴紫砂器推崇素面，内外不施釉。其装饰技艺主要有陶刻、镶嵌、彩釉、泥绘、绞泥、描金、浮雕、铺砂、印板等多种手法，其中最具代表性的是陶刻。紫砂陶刻以文字为主，也有花鸟、山水和人物刻画。表现形式有阳刻、阴刻、着色刻。陶刻融诗文、金石、书画和篆刻艺术为一体，具有典型的中国传统文化特色。

4. 焙烧工艺

紫砂器的烧成温度为1050~1250℃，介于普通陶器和瓷器之间。具体的窑温由坯料泥性和所需陶色决定。其工艺流程为坯体晾干，装入匣体，入窑，焙烧。

随着现代化的发展和社会分工的日益细化，宜兴紫砂制作工艺日趋成熟，生产工具不断革新，虽然制作工具有所不同，但其核心制作工艺依然原始的，只是借助于现代工具将紫砂陶做得更好。这体现了非遗生产性保护的传承性与“活态性”。我们认为对“非遗”最好的保护与传承，不是把“非遗”进博物馆，而是要让其“活态化”，加大对当地非遗项目活态化保护、开发式传承，拓宽保护与传承之路，从而繁荣文化产业。

（三）前墅古龙窑的生产性保护

宜兴丁蜀镇前墅古龙窑，创烧于明代，延烧至今，是华东地区目前仍以传统方法烧制紫砂陶器的唯一一座古龙窑。该龙窑利用自然山坡建成，远远望去，像一条蜿蜒而上的巨大长龙。用砖筑成山坡斜直焰式筒形的弯状隧道，由窑头、窑床、窑尾构成。前墅古龙窑是烧制紫砂器皿时间最长，历史最为悠久的一个龙窑。现在主要烧制壶、盆、罐等一些粗陶日用,燃料主要为煤、松竹枝等。

据同济大学考古专家测定,前墅古龙窑烧制陶器、紫砂器已有800年历史,这800年间窑火从未间断。在元朝,前墅古龙窑以烧制日用陶器为主,进入明代中后期,紫砂从陶器中脱颖而出,龙窑就成为烧制紫砂器的窑炉。据当地人介绍,解放前前墅村有龙窑3座,丁蜀镇有60几座龙窑,进入工业化时代后期,龙窑退出历史舞台,大部分被拆除,前墅古龙窑是现存唯一一座还在烧制的活龙窑。2006年5月,前墅古龙窑被国务院列为全国重点文物保护单位,现在保持每月烧一次的频率。

前墅古龙窑是非物质文化遗产生产性保护的典范,在保护古文物的同时,以生产性的方式保护传承这项烧制工艺,而且龙窑烧制出的紫砂壶因其使用松枝为燃料,烧制出的紫砂壶堪称上品,价值不菲,一定程度上带动了经济的发展。据龙窑周边居民透露,在龙窑烧制一把紫砂壶无论烧制结果好坏的保守价格是200元,加上紫砂原料费、工艺费,一把壶至少要1000元。

非遗生产性保护的同时还必须认真对待非物质文化遗产的生产性传承。这里所说的非物质文化遗产生产性传承是指:“遗产项目在生产的过程中按照传统和行业规范认可的传承,比如某一项技艺类项目在传承的过程中,除技术外,还应包括相关文化内容的传承,诸如拜师的方式、生产方式的神秘性、生产技艺的排他性以及生产进程的独特性等。[1]这也是非遗生产性保护中“整体性原则”的贯彻落实,也是文化生态整体性保护的体现。

前墅古龙窑在生产性保护的同时,还复建了火神庙,保留了当地拜火神祈求烧窑顺利的传统以及女子不得入窑的习俗等。据龙窑工作人员陈盘新介绍,龙窑现在的装窑程序、烧制工艺都保留了原来的工艺,和原来没什么不一样,唯一不同的地方是古时候陶器是由挑工担上去的,现在为了节省人力,改用机械化的传送带把陶器运上去,烧制工艺还是和原来一样。

(四)宜兴紫砂陶生产性保护中的社会参与

文化部鼓励开展非物质文化遗产生产性保护的企业、单位根据自身条件建设非物质文化遗产展示馆(室)和传习所,同时也鼓励社会力量参与相关保护设施的建设。对于生产工艺相对简单,规模小,地域偏远的项目企业、单位,通过“生产作坊+传习所+社区文化服务中心”非盈利保护扶持模式,纳入当地公共文化服务体系,进行群体性社会传承。对于有一定产业规模的非遗保护企业、单位,鼓励其实施“工厂+博物

[1] 陈华文.论非物质文化遗产生产性保护的几个问题[J].广西民族大学学报(哲学社会科学版),2010(5):87~91.

馆+传习所+文化观光旅游线”人文生态整体保护模式。

近年来，在非遗保护上，宜兴探索出了一条“政府主导、社会参与”的路径。宜兴做好非遗保护工作要坚持两个原则：第一，政府主导。宜兴市政府已将非遗保护工作纳入经济和社会发展规划中，成立了紫砂保护专项资金，建立健全保护机制，包括立法和非遗四级保护名录，建立中国陶瓷紫砂博物馆，宣传展示紫砂历史和文化，大大地提升了紫砂的知名度，目前宜兴市正在着手申报世界级非物质文化遗产。第二，社会参与。主要表现在全体市民的参与性，宜兴当地人大多是以紫砂为生，大大小小的生产作坊不计其数，具备一定规模的紫砂企业也从紫砂一厂扩大到紫砂五厂的规模。除此之外，宜兴陶瓷行业协会通过举办陶艺比赛、陶瓷艺术节、报刊杂志等方式大力宣传宜兴紫砂，同时收集民众意见，为政府建言献策。来自全国各地的学者、专家也参与到紫砂文化的研究中去，宜兴已经在全社会形成了保护紫砂陶制作技艺的氛围。

四、结语

在工业化和城市化迅速发展的背景下，人们的生产生活方式发生了重大变化，一些依靠心口相传的非物质文化遗产正在不断消失，抢救和保护那些濒于灭绝的非物质文化遗产，成为时代赋予我们的非常紧迫的历史任务。关于非物质文化遗产的保护，笔者有几点思考：首先要对非遗项目进行分类，对于传统手工艺类的非遗项目，可以借鉴宜兴紫砂非遗生产性保护的路径与方法，诸如出台法律法规，建立健全非遗保护机制，在生产性保护的同时注重生产性传承，对非遗项目进行整体性保护；鼓励社会参与，将非物质文化遗产融入现代生活，加强社区参与，保障原住民的主体地位不动摇；保持非遗项目的制作工艺的完整性，开发上下游产业链，形成完整的产业链条，以保护带动发展，以发展促进保护。对于口头表演类等其他非遗项目，在借鉴宜兴紫砂生产性保护的基础上，要对非遗项目传承人进行分类，可分为个体传承型传承人、团体传承型传承人、群体传承型传承人，同时建立非遗项目传承人动态进出机制，以此提高非遗传承人的积极性；然后找出非遗项目的核心文化，找到能够承载这种文化的载体和其固有的文化模式，从而进行生产性保护与生产性传承，因此找到非遗项目的文化载体和文化模式就尤为重要，这也是文化生态保护的内容。

论北京文化创意产业发展的优势与重点

北京电影学院管理系　赵玉忠

一、北京文化创意产业发展的优势

(一)丰富的自然资源

北京地处华北大平原的北部,诚如古人所言:“幽州之地,左环沧海,右拥太行,北枕居庸,南襟河济,诚天府之国。”北京市拥有世界地质公园2处,国家湿地公园1处,国家级自然保护区2处,国家矿山公园4处,国家地质公园5处,国家森林公园15处。北京古有“燕京八景”的传说:太液秋风、琼岛春阴、金台夕照、蓟门烟树、西山晴雪、玉泉趵突、卢沟晓月。

素有北京“夏都”和“后花园”之称的延庆区,具备得天独厚的自然资源。延庆世界地质公园包括千家店、龙庆峡、古崖居、八达岭4个园区,2019年中国北京世界园艺博览会举办地在延庆区,博览会园区选址依托妫水河、官厅水库、康西草原、野鸭湖湿地、妫水河森林公园等自然资源。2022年北京冬季奥运会延庆赛区将依托小海陀山的地理和气候优势,建造国家雪车雪橇中心和国家高山滑雪中心两个竞赛场馆,承办雪车、雪橇和高山滑雪竞赛项目。举世瞩目的园艺会展活动和竞技体育赛事的筹备与举办,为北京大力发展观光、休闲、娱乐、健身等文化创意产业展现了广阔的前景。

(二)雄厚的人文资源

北京早在西周初年,就成为蓟、燕等诸侯国的都城;公元938年以来先后成为辽陪都、金中都、元大都、明清国都。3000多年的历史孕育了不胜枚举的名胜古迹和文化遗产。北京市共有文物古迹7309项,全国重点文物保护单位99处,市级文物保护单位326处。其中,世界文化遗产7处(故宫、长城、周口店北京人遗址、天坛、颐和园、明十三陵、京杭大运河北京段),国家级遗址公园6处,国家级风景名胜区7处,全国佛教重点寺院7处,国家重点公园10处。中国历史文化名街2处,中国历史文化名镇1处,中国历史文化名村5处。

北京的非物质文化遗产可圈可点,第一批列入国家级非物质文化遗产国家名录项目有13个:传统音乐——智化寺音乐;传统舞蹈——京西太平鼓;传统戏剧——昆曲和京剧;传统体育,游艺与杂技——天桥中幡和抖空竹;传统美术——象牙雕刻;传统技艺——景泰蓝制作技艺、聚元号弓箭制作技艺、雕漆技艺、木版水印技艺;传统医药——同仁堂中医药文化;民俗——厂甸庙会。

北京传统庙会的历史悠久、内涵丰富。庙会亦称庙市,起源于古代社祭。由于有庙就有祭祀神佛的事,有祭祀神佛的事就有逛庙烧香的人,有逛庙烧香的人就有商贩、艺人来摆摊卖艺。年复一年,形成了庙会,成为手工、曲艺、杂技艺人摆摊和演出的活动场所。据1930年调查统计,北京城区有庙会20处,郊区16处。当时有八大庙会之说,即白塔寺、护国寺、隆福寺、雍和宫、东岳庙、白云观、蟠桃宫和厂甸。目前北京市延续下来的传统庙会仅存少数几个,因而具有巨大的开发潜力。

(三)众多的场馆设施

北京作为明清古都、文化古城,数百年来建造并传承经营的文化场馆可圈可点,琉璃厂文化街经营古玩字画的店铺有近百家,如荣宝斋、韵古斋、来薰阁、震云阁、乐海轩、庆云堂等;前门商业街的大观楼、广德楼、天乐园大戏楼、万盛轩(现天桥杂技剧场)等;东安门大街建于民国时期的真光剧场(现中国儿童剧场)。明清以来北京南城100多条街巷建有会馆400余处,目前保留下来的有100余处;保存较好、对外开放的有湖广会馆、银号会馆(正乙祠戏楼)、贵州会馆、阳平会馆、安徽会馆、湖南会馆等。

新中国成立以来,北京作为首都成为全国政治中心、文化中心和交通中心,兴建了大批的各类场馆设施。20世纪50年代的10大建筑有人民大会堂、国家博物馆、军事博物馆、民族文化宫、民族饭店、钓鱼台国宾馆、华侨大厦、北京火车站、农业展览馆和北京工人体育场。80年代的10大建筑有国家图书馆、国际展览中心、中央彩色电视中心、首都国际机场2号航站楼、北京国际饭店、大观园、长城饭店、中国剧院、中国人民抗日战争纪念馆和北京地铁东四十条车站。90年代的10大建筑有中央广播电视塔、国家奥林匹克体育中心与亚运村、北京新世界中心、北京植物园展览温室、清华大学图书馆新馆、外语教学与研究出版社办公楼、北京恒基中心、新东安市场、国际金融大厦、首都图书馆新馆。21世纪最初10年推举当代10大建筑有首都国际机场3号航

站楼、国家体育场(鸟巢)、国家大剧院、北京南站、国家游泳中心(水立方)、首都博物馆、北京电视中心、国家图书馆(二期)、新保利大厦和国家体育馆。这些场馆设施为举办各类大型群体性的文化娱乐活动,丰富北京市常住人口和流动人口的文化消费需求,奠定了坚实的物质基础。

(四)完备的产业集群

北京基于全国政治中心、文化中心、国际交往中心、科技创新中心以及交通中心、金融中心的优势地位,60多年来逐渐聚集了较为完备的产业集群。

北京地区拥有两家国家级新闻通讯社,新华通讯社和中国新闻社,驻外记者站遍布全球主要大城市;拥有图书出版社237家,约占全国总数的40%,图书出版印数约占全国比重的1/2;拥有报刊250余种,约占全国总数的13%,报纸出版印数约占全国比重的1/5;拥有期刊3050余种,约占全国总数的30%,期刊出版印数约占全国比重的1/3。北京地区音像制品出版种类和数量分别占全国总量的50%和60%;电子出版物种类和数量分别占全国总量的70%和75%。[1]北京地区拥有印刷企业约2000家,年度出版物工业销售产值在100亿元以上。

北京地区拥有两家国家级广播电台和一家市级广播电台。中央人民广播电台是唯一覆盖全国的广播电台,播出16套无线广播节目;中国国际广播电台用65种语言面向全世界广播;北京广播电台年度广告收入排列全国广播业首位。北京地区拥有两家国家级电视台和一家市级电视台。中央电视台拥有50个电视频道;中国教育电视台拥有5个电视教育频道;北京电视台拥有14个电视频道。北京地区拥有影视节目制作机构3700余家。[2]其中在国内享有知名度、经营规模大的有中影集团、中国电视剧制作中心、北京电视艺术中心、华谊兄弟、光线传媒、海润影业等影视制作公司;北京地区出品的电影产量和电视剧产量大体占到全国的1/3份额。北京地区拥有的电影院线公司总部约占全国院线的30%;影院数和银幕数在全国大城市中独占鳌头。

北京地区拥有中国互联网业百强企业中的51家,其中名列前茅的有百度、京东、新浪、搜狐、奇虎360、乐视、优酷、凤凰、艺龙、当当、新华、人民、央视、美团、搜房、凡客、豆瓣、百合、和讯、中华、金融界、智联招聘、汽车之家、中国天气、昆仑游戏、58同

---

❶ 北京市新闻出版广电局《行业资讯》统计数据[EB/OL].(2016-12-06)[2016-12-28].http://www.bjppb.gov.cn/hyzx/tjsj/index.html.

❷ 2015年北京市管辖广播电视节目制作经营单位名录[EB/OL].(2016-12-14)[2016-12-28].http://www.bjrt.gov.cn/zwgk/tzgg/201512/t20151214_17886.html.

城、酷我音乐、聚美优品、暴风影音、中关村在线、亚马逊中国等知名网站，几乎囊括了网络产业的所有细分行业。

北京地区拥有各类会展场所100余家，其中专业性展馆10个。会展业从业人员7万余人。北京地区拥有广告经营单位28000余家，其中广告媒介单位1300余家、网络广告企业500余家、外资广告公司200余家、兼营广告单位9000余家；广告业从业人员10万余人；广告经营收入规模约2000亿元，约占全国广告市场的1/3份额。北京地区拥有各类设计机构2万余家，其中规模以上的设计企业800余家，设计业从业人员8万余人，设计经营收入约1200亿元[1]。

北京地区拥有国有文艺表演团体40余家，民营文艺表演团体400余家。拥有休闲娱乐商户28000余家(包括茶馆、酒吧、网吧、歌厅、咖啡厅、棋牌室、游乐游艺厅、真人CS馆、DIY手工坊、采摘/农家乐等)；健身运动商户10800余家(包括游泳馆、武术馆、台球馆、射击馆、壁球馆、攀岩馆、瑜伽馆、乒乓球馆、羽毛球馆、保龄球馆、足球场、篮球场、网球场、棒球场、溜冰场、滑雪场、马术场、滑翔场、高尔夫场、卡丁车场、潜水俱乐部等)；主要分布于东单、东西、西单、国贸、望京、双井、王府井、亚运村、中关村、什刹海、三里屯、五道口、十里堡、崇文门、西直门、南锣鼓巷等热门商区，极大地丰富了北京常住居民和流动人口的休闲娱乐生活。

北京地区拥有旅行社1837家，其中特许经营中国公民出境业务的旅行社589家；拥有星级饭店554家，其中五星级64家、四星级130家、三星级203家；拥有A级旅游景区(点)227个，其中5A级8个、4A级72个、3A级95个；拥有农业观光园1328个，民俗旅游接待户1.6万户。据统计2015年北京市旅游业增加值占全市GDP比重达到7.5%。

(五)荟萃的知识人才

北京地区拥有普通高等学校91所，其中部属高校36所、市属高校40所、民办高校15所；[2]拥有教职工数约14万人，其中专任教师数约8万人；拥有在校学生(含本科生、硕博研究生和专科生)约90万人。[3]北京地区还有成人高等学校24所，其中部属高校

---

[1] 北京市国有文化资产监督管理办公室，清华大学国家文化产业研究中心.2014年北京文化创意产业白皮书[EB/OL].(2014-12)[2015-03-12].http://www.docin.com/p-1100026137.html.

[2] 2016年全国普通高等学校名单(北京91所)[EB/OL].(2016-06-05)[2016-11-30].http://www.moe.gov.cn/srcsite/A03/moe_634/201606/t20160603_248263.html.

[3] 刘永武.北京高校3年新增8千人[EB/OL].(2016-03-23)[2016-12-30].http://www.modedu.com/Home/Article/index/id/24537.html.

8所、市属高校16所。在京普通高校教职工和在校学生总数超过了100万人。北京地区拥有国家级科研院所100余家，市属科研院所30余家，民办科研机构200余家。在京从事科研人员超过了25万人。[1]北京地区拥有的高校数量、科研机构数量和高学历人员数量均在全国大城市中排列首位，这不仅仅是现实的、高素质的文化生产力群体，同时也是潜在的、高品位的文化消费群体。

（六）庞大的外来人口

2015年末北京市常住外来人口822.6万人，占常住人口2170.5万人的37.9%。[2]短期（半年以下）进京出差、培训、旅游、探亲、访友等的外来人口，即非常住的流动人口估计超过了1000万人。尽管庞大的外来人口群体给北京社会生活带来了教育、医疗、住房、交通、环保、治安等诸多方面的难题与压力，但是外来人口群体为北京娱乐、休闲、健身等群体性文化服务经营活动提供了巨大、潜在的文化消费市场基础。

二、北京文化创意产业发展的重点

北京文化创意产业发展的重点，应当着重从以下几个方面入手。

（一）挖掘自然人文资源，壮大产业发展规模

1. 以自然景观资源为依托，发展壮大相关产业规模

北京周边地区得天独厚的自然景观资源，为发展观光旅游、休闲度假和工艺制品行业奠定了坚实的物质基础。如何利用自然景区资源来壮大产业规模，可以考虑以下发展路径。

（1）规划开发具有潜质的观光休闲旅游业。2019年中国北京世界园艺博览会和2022年中国北京冬季奥运会的成功申办，为京北地区规划开发具有潜质的观光休闲旅游业提供了先决条件和巨大商机，势必带动京北地区冬季观光、休闲、健身产业的迅猛壮大，并带动周边地区夏季妫河水系公园、康西草原、百里画廊、松山和玉渡山风景区等观光产业的良性发展。

（2）规划发展经济实惠的乡村旅馆餐饮业（俗称农家院）。北京城乡居民私家车的拥有量在全国各省区中名列前茅，周末和短假期间家庭成员开车出行观光旅游、休

[1] 北京地区智库产业发展现状[EB/OL].(2014-06-02)[2017-01-15].http://www.xzbu.com/1/view-5607265.htm.

[2] 2015年末北京常住人口2170.5万人[N].北京青年报,2016-01-20.

闲度假的潜在游客众多。另一方面,近年来"三公"消费受到政策限制,许多景区的高档饭店宾馆门可罗雀,这就为大力发展休闲体验、经济实惠的乡村旅馆餐饮业提供了潜在的市场空间。

(3)规划发展具有地域性特色的工艺制品业。北京拥有1个硅化木国家地质公园、4个国家矿山公园和15个国家森林公园,这就为发展具有地域性特色的矿物工艺品、林木工艺品行业提供了广阔的物质资源和发展前景。当然,为了科学利用物产资源和保护生态环境,应当在市属各区政府的统一规划、严格控制下兴办以矿产、林木为原料的工艺制品业。

2. 以人文遗产资源为素材,发展壮大相关产业规模

(1)开拓新的人文游览市场。目前只有部分的古迹项目和文保单位得以利用、对外开放。因此,应当坚持科学保护、有效利用的原则,充分挖掘现有未开发的人文古迹资源并结合当代视听传播技术手段,使其成为人们休闲、观赏的新场所,以满足人们日益增长的文化消费需求。明清以来北京南城留存下来的会馆100余处,目前仅有几处对外营业;北京地区曾有庙会36处,目前仅有10来处流传下来、对外经营。所以,利用当年的场地设施和文史资料进行恢复性开发,应当具有广阔的文化消费市场前景。

(2)规划发展北京花卉业。北京花卉业具有悠久的历史传统。根据史料记载,丰台区花乡的历史可追溯到2000年以前,从汉唐至明清。元《春明梦余录》记载"今右安门外西南,泉源涌出,为草桥河,接连丰台,为京师养花之所";明《帝京景物略》中描写到"都人卖花担,每辰千百,撒入都门"。清《鸿雪因缘图》介绍"丰台为养花之所——培养花木四时不绝"。北京是中国政治中心、文化中心和国际交往中心,城市街区、楼堂馆所、居民家庭对于观赏商品、美化环境的花卉和盆景的需求量非常庞大。在当代社会生活中,情侣过节、探亲访友赠送鲜花和花篮的习俗逐渐流行。遗憾的是,具有观赏价值、满足人们精神需求的花卉商品业,目前尚未纳入北京文化创意产业的行列之中。

(3)规划发展北京宠物业。北京人饲养宠物同样有着悠久的历史传统。老北京人喜欢饲养的宠物大体上分为4类:一是兽类(如猫、狗);二是鸟类(如百灵、画眉、飞鸽);三是鱼类(如金鱼);四是虫类(如蝈蝈、蛐蛐)。饲养宠物既是老北京人的一种嗜好,也是老北京文化的重要组成部分。人们在玩赏宠物之中得到的是一份精神上的愉悦与享受,因而老北京人把饲养宠物当作与弈棋、品茗、论画一样的雅事。遗憾的

是,民国时期北京众多庙会中的狗市、鸟市、虫市,伴随解放后庙会停办而几乎绝迹。目前北京市区仅有花卉市场附带合法经营的观赏鱼市,其他宠物市场基本处于地下(即非法)经营的状态。随着国民收入的增长、闲暇时间的增多,人们对于修身养性、休闲娱乐的精神生活需求日趋旺盛和追求广泛。所以,应当顺应时代发展的要求,在政府宏观政策的引导和调控下,将发展宠物业和花卉业纳入到北京文化创意产业发展规划之中。

(二)开展文化科技创新,促进企业转型升级

北京的科技实力主要体现在科研院所、拔尖人才、创新能力、转化成果4个方面,尤其在文化科技领域表现十分突出。成立于2000年的百度在线网络技术(北京)公司(以下简称“百度”),起初是为新浪等门户网站提供网络搜索技术服务的一家公司,通过持续的技术创新,短短几年迅速成长为一家具有全球影响力的文化科技企业,拥有全球最大的中文搜索引擎。在中国互联网搜索市场上,百度搜索约占80%的市场份额。百度研发队伍掌握着世界上最为先进的搜索引擎技术,不仅使得百度成为中国掌握世界尖端科学核心技术的文化科技企业,也使中国成为全球仅有的4个拥有搜索引擎核心技术的国家之一。[1]

成立于2004年的完美世界(北京)网络技术有限公司(以下简称“完美世界”)是中国领先的网络游戏开发商和运营商之一。完美世界致力于网络游戏引擎和游戏平台的自主研发,凭借强大的技术实力、富有创意的游戏设计能力、对本土文化的深刻理解和丰富的市场经验,使得公司迅速推出广受大众欢迎的游戏产品,以满足全球用户不断变化的需求。2011年完美世界海外出口额占到中国网游海外出口总额的近40%,2014年完美世界入选“全国文化企业30强”。[2]

在首届“首都文化企业30强和30佳”入围企业中,通过文化科技创新实现转型升级、迅速壮大的企业还有乐视网信息技术(北京)股份有限公司、腾讯科技(北京)有限公司、北京四达时代软件技术股份有限公司、新奥特(北京)视频技术有限公司、北京雅昌彩色印刷有限公司、北京歌华有线电视网络股份有限公司、北京风暴科技股份有限公司、北京水晶石数字科技股份有限公司、北京爱奇艺科技有限公司、北京世纪华侨城实业有限公司等。这些企业以文化科技创新为先导,带动企业高速发展、迅猛扩张的经验值得借鉴与推广。

---

❶ 张京成,王国华.北京文化创意产业发展报告(2015)[M].北京:社会科学文献出版社,2015:316.

❷ 张京成,王国华.北京文化创意产业发展报告(2015)[M].北京:社会科学文献出版社,2015:312.

(三)整合文化生产要素,打造文化行业航母

近些年来,北京文化创意产业通过整合文化生产要素、打造文化行业航母的经典案例可圈可点。成立于2009年的北京演艺集团有限责任公司(以下简称"北京演艺"),旗下整合了中国杂剧团、中国评剧院、中国木偶艺术剧院、北京曲艺团、北京曲剧团、北京民族乐团、北京河北梆子剧团、北京歌舞剧院、北京儿童艺术剧院、北京文化艺术音像出版社、北京市演出公司、北京市电影公司等17家企事业单位。北京演艺成功主办出品了大型情景音舞诗画《天安门》、鸟巢版歌剧《图兰朵》、中国首部5D音乐舞台剧《公主的盛宴》、话剧《四世同堂》等项目。北京演艺荣获"中国演艺集团三强""中国演艺机构十强""中国品牌企业500强"等荣誉称号,并先后三届入选"全国文化企业30强"。[1]

成立于1999年的中国电影集团公司,旗下整合了中国电影发行放映公司、北京电影制片厂、中国儿童电影制片厂、北京电影洗印录像技术厂、中国电影合作制片公司、中国电影器材公司、中国电影卫星频道节目制作中心等8家企事业单位。2010年由中国电影集团公司联合中国国际电视总公司、央广传媒发展总公司、长影集团有限责任公司、江苏省广播电视集团有限公司、北京歌华有线电视网络股份有限公司、湖南广电传媒股份有限公司、中国联合网络通讯集团有限公司等7家单位,共同发起设立中国电影股份有限公司(以下简称"中国电影")。中国电影主业涵盖影视制作、电影发行、电影放映四大板块,涉及影视制片、制作、发行、院线、影院、器材生产与销售、放映系统租赁、电影衍生品开发、演艺经纪等众多业务领域。中国电影拥有亚洲规模最大、技术先进、设施完善影视制作基地;拥有全国最大的数字电影发行管理平台;下辖4条控股院线、4条参股院线及近百家控股影院,其年度电影票房收入约占全国电影票房收入总额的1/4。中国电影在行业中综合实力最强、产业链较为完善,堪称行业"老大"。2014年中国电影入选"全国文化企业30强"。[2]

在首届"首都文化企业30强和30佳"入围企业中,通过整合文化生产要素、迈入文化行业的航母企业还有中国出版集团有限责任公司、中国对外文化集团公司、北京北广传媒集团有限公司、北京华录百纳影视股份有限公司、中国国际电视总公司、中国科技出版传媒集团有限公司、北京数码视讯科技股份有限公司、同方知网(北京)技术有限公司、北京万达文化产业集团有限公司、中青旅控股股份有限公司、北京歌华

[1] 张京成,王国华.北京文化创意产业发展报告(2015)[M].北京:社会科学文献出版社,2015:300.

[2] 张京成,王国华.北京文化创意产业发展报告(2015)[M].北京:社会科学文献出版社,2015:308.

文化发展集团公司、山水盛典文化产业有限公司等。这些企业通过重组、联营、兼并、收购等方式，有效整合人力、物力、财力等资源，促使企业由“小而全”转型“大而强”，进而集中优势力量、占领行业市场高地和获取更大的市场份额。所以，整合文化生产要素、打造文化行业航母，是发展壮大文化（创意）产业规模的重要途径之一。

（四）发挥产业集群优势，挖掘区域潜在能量

北京地区诸多文化行业在全国处于领先地位，形成了较为完备的产业集群，占有较大的行业市场份额，并且在东单、西单、王府井、亚运村、中关村、什刹海、三里屯、五道口、CBD、定福庄等地区形成了各具特色的产业聚集区。

文化创意产业聚集区的优势在于：一是行业资源共享，有利于构建良性发展的产业链；二是专业人才集中，有利于高层次的人才流动和协同创新；三是营销组织配套，有利于降低市场流通费用和提高产品经济效益；四是政务机构配套，有利于文化企业降低营运成本和提高办事效率；五是财政金融扶持，有利于构建科技项目孵化器和促进微小企业快速发展。所以，发挥产业集群优势，挖掘聚集区域潜在能量，有利于壮大优势文化行业的发展规模。

（五）强化知识产权保护，完善市场监管制度

文化创意产业是以知识产权为核心的提供知识产品和知识服务的行业，文化创意产业发展与知识产权保护之间存在着密切关系。独具匠心的文化创意，通过知识产权的开发利用，创造出具有高附加值的知识产品和服务，通过市场交易和消费，实现知识产品和服务的经济价值与社会价值。[1]由此可见，知识产权开发是文化创意产业高速发展的动力，强化知识产权保护、完善市场监管制度是文化创意产业良性发展的基本条件。

知识产权亦称智力成果权、智慧财产权，是法律赋予公民或法人对其在科学、技术、文化等知识领域内创造的智力成果依法所享有的权利。知识产权可以分为两大类：第一大类是创作性成果权，包括版权（亦称著作权）、专利权和商业秘密权；第二大类是识别性标记权，包括商标权和地理标志权。当代社会随着科学技术（尤其大众传播技术）的不断创新和广泛应用，一方面知识产品和服务的日新月异，带动了文化创意产业飞速发展；另一方面，盗版走私、模仿专利、假冒伪劣、窃取商业秘密等现象层出不穷，极大地损害了文化产业经营者的合法权益，严重地扰乱了文化市场的经营秩

[1] 陈静.北京市文化创意产业知识产权保护的问题与对策[J].新闻界，2010(5).

序。强化知识产权保护,成为文化创意产业健康、有序发展的关键所在和重要环节。

从文化创意产业经营者方面讲,应当树立知识产权自我保护意识,设立知识产权法务机构并配备专职人员。版权自我保护的措施主要有:①建立版权业务档案,及时向业务部门反馈版权业务信息;②审查版权合同草案;③督促履行合同义务和回笼版权收入;④收集市场信息并负责查处侵权盗版活动。在专利技术、商业秘密、注册商标以及企业字号和域名等知识产权领域,也应当完善企业内部的规章制度,采取必要的自我保护措施。

从文化行政和司法部门方面讲,应当逐步完善知识产权保护制度,提高文化行政执法的效率,加大文化行政处罚和司法惩处的力度,形成对侵害者如同过街老鼠人人喊打的局面,营造有利于文化创意产业有序发展的文化市场环境。

(六)把握两个效益关系,确保产业良性发展

文化商品(包括知识产品和知识服务)具有双重的质量标准。一是文化商品与一般物质商品所共有的理化性能即形式质量,例如图书的纸张质量、印刷水平、装帧效果等;二是文化商品特有的思想意识即内容质量,例如图书的知识品位、教化功能、价值取向等。文化商品内容质量,关系到意识形态产品的认识、教育、娱乐和审美功能效果及其价值取向。文化生产经营者在知识生产和服务过程中,既要重视形式质量,更要注重内容质量;正确把握社会效益与经济效益两者之间关系。正如习近平总书记在文艺工作座谈会上讲话指出:“一部好的作品,应该是把社会效益放在首位,同时也应该是社会效益和经济效益相统一的作品。文艺不能当市场的奴隶,不要沾满了铜臭气。优秀的文艺作品,最好是既能在思想上、艺术上取得成功,又能在市场上受到欢迎”。[1]

在当前文化产业化的大潮中,尤其在文艺创作方面,存在着有数量缺质量、有“高原”缺“高峰”的现象;存在着抄袭模仿、千篇一律的问题;存在着机械化生产、快餐式消费的问题。文艺不能在市场经济的大潮中迷失方向,不能在为什么人的问题上发生偏差,否则文艺就没有生命力。低俗不是通俗,欲望不代表希望,单纯感官娱乐不等于精神快乐。根据《国产电影用八个月,交出了一份令人无法接受的答卷》一文作者统计,“2016年1月1日—8月12日上映国产片豆瓣评分统计”的170部国产电影中,获评7分以上的11部,5~7分的47部,3.5~5分的58部,3.5分以下的64部(豆瓣评分标

[1] 习近平在文艺工作座谈会上讲话[EB/OL].(2014-10-15)[2017-01-15].http://culture.people.com.cn/n/2014/1015/c22219-25842812.html?_t=1444992499811.

准采取5星制：1星为2分，评价最差；5星为10分，评价最佳，汇总投票人数和总分换算为加权平均数）。作者认为：一部电影综合评分“7分（8分才能算作好电影）以上还算能看，5分以下基本是垃圾，3.5分以下更是屎一般存在。但八个月来国产电影5分以下占比72%！”也就是说，在年内上映的170部国产电影中，垃圾影片占到了2/3以上！作者坦陈直言：“中国有13亿人，每天上演着无数悲欢离合，缺人才吗？缺故事吗？缺工业基础吗？那么多人才、资本还在涌入这个膨胀的体系里，这完全是一个可能出现诸多电影佳作的环境。……在资本涌向电影市场，使得电影市场获得发展的同时，挑选优质IP，进行精心的打磨，才是促进国产电影长远发展的正确选择。”❶

值得业界反思的是百度“竞价排名”事件。早在2008年11月央视《新闻30分》连续曝光了百度“竞价排名”内幕。不少消费者抱怨称，由于百度搜索引擎竞价排名所提供的虚假网站或信息而上当受骗。“竞价排名”更被指为“勒索营销”，同时也因此而引发了公众对百度商业道德的质疑。百度的商业信誉因央视对其虚假医疗广告的曝光而受到了损害，“本周一，百度美国存托股股价曾一度下跌133.8美元。收盘时百度美国存托股股价下跌了44.8美元，跌幅为25.04%”。❷2016年4月网上曝光“魏则西事件”，更是把百度推到了社会舆论的风口浪尖之上。据生物谷网站报道：“魏则西事件”后，百度美股股价一度遭遇大跌，截止本周一美股收市，百度股价在163.55美元，相比“魏则西事件”之前百度股价（2016年4月29日）193.30美元，目前股价下滑15.83%，市值从680亿美元跌至约567亿美元，缩水约113亿美元，约合人民币740亿元。❸

综上所述，文化生产经营者应当正确处理社会效益与经济效益两者的关系；必须坚持“把社会效益放在首位，兼顾社会效益与经济效益相统一”的原则。唯有如此，才能够确保文化创意产业不断壮大、良性发展。

---

❶ 刘小流.国产电影用八个月，交出了一份令人无法接受的答卷》[EB/OL].(2016-08-15)[2016-11-08].http://www.360doc.com/content/16/0816/16/68780_583646268.shtml.

❷ 百度股价周一暴跌近44.8美元，跌幅25.04%[EB/OL].(2008-11-18)[2016-05-28].http://tech.163.com/08/1118/06/4R0TPKEP000915BF.html.

❸ 魏则西事件对百度的影响：3个月损失20亿，市值缩水740亿，但闹剧还远未结束[EB/OL].(2016-06-17)[2016-07-12].http://news.bioon.com/article/6684401.html.

文化治理视阈下江苏文化产业治理模式创新研究

江苏师范大学历史文化与旅游学院　朱锦程

一、问题的提出

目前,国内学界关于文化治理的研究成果较为丰富,主要集中于文化治理本体及其内部结构。关于文化治理的概念,最初源自于治理和国家治理概念,是指国家通过采取一系列政策措施和制度安排,利用和借助文化的功能用以克服与解决国家发展中问题的工具化。就文化产业领域而言,国家治理的核心——文化治理理论是实现文化产业治理顶层设计及其治理模式创新的重要理论依据。因此,本文基于文化治理视阈,提出所要研究的核心问题是:如何从文化治理的视阈,通过分析现有江苏文化产业领域存在治理需求、治理缺失的问题及其成因,提出一套符合当下江苏文化产业治理领域制度需求的创新模式。

二、江苏文化产业领域的治理基础概述

就文化产业治理领域而言,(政府)对市场经济的认知还停留于工具性层面,即不是将市场经济视为一种有着自身运行逻辑和自我调节机制的经济秩序,而是可供政府随意拿捏的制度安排或随意取舍的政策工具。从这个意义来看,江苏文化产业现有的治理模式仍处于政府管理向文化治理的转型阶段,亟待加以完善和创新。从文化治理视阈来看,顺应文化产业治理模式的相关治理要素依然缺乏整合和优化。

根据已有的研究成果,江苏文化产业领域现有的治理基础可以概括如下。

(一)来自于国家及江苏省各级政府的产业政策扶持

目前,无论是国家还是江苏省政府均出台了一系列旨在推动文化产业振兴,优化文化产业治理机制的政策法规。比如,文化部在其发布的《关于支持和促进文化产业

发展的若干意见》第四条十五款中指出：扶持发展具有示范性、导向性的重点文化产业项目。争取一定数量的政府投资，作为文化产业引导资金，对重点文化产业项目的开发与运营，特别是内容产业文化产品的生产给予资金补助和信贷贴息等支持。国务院办公厅在《文化产业转型规划》第四条第二款中指出：加大政府投入……大幅增加中央财政扶持文化产业发展专项资金和文化体制改革专项资金规模，不断加大对文化产业发展和文化体制改革的支持力度。文化部最近出台的《艺术品经营管理办法》在总则第三条明确规定：文化部负责制定艺术品经营管理政策，监督管理全国艺术品经营活动，建立艺术品市场信用监管体系。省、自治区、直辖市的文化行政部门负责艺术品进出口经营活动审批……县级以上文化行政部门负责本行政区域内艺术品经营活动的日常监督管理。

就江苏省而言，先后发布了《江苏省政府关于加快文化产业振兴若干政策的通知》等多项旨在促进文化产业进步的政策法规，为江苏文化产业治理创造了良性外部制度保障。比如，鼓励地方政府制定促进文化产业繁荣发展的地方性法规，依法加强对文化产业发展的规范管理；健全文化知识产权保护机制，严厉打击各类盗版侵权行为。支持建立文化产业作品版权登记补助制度，作品登记的成本费用由省和市、县财政共同承担，并参照专利、商标实施财政补贴的原则，对文学艺术类作品的著作权登记实施财政补贴等。再如，江苏在全国率先成立综合性文化金融服务机构——南京文化金融服务中心；南京市制定了《文化产业投融资体系建设规划》，对构建文化产业金融服务链提出了总体规划。苏州市出台《金融支持文化产业发展的实施意见》《苏州文化产业担保基金管理办法》，无锡市发布《加快文化产业发展的政策意见》《文化产业发展资金管理办法》等一系列政策性文件。

（二）江苏省文化产业引导资金的经费支持

江苏省政府在成功运作江苏省紫金文化产业基金（一期）的基础上，设立初始规模为20亿元的江苏紫金文化产业发展基金（二期），其中省财政出资5亿元。二期基金除服务江苏区域内的龙头文化企业、中小文化企业，还将进一步面向全国，不断扩大扶持范围，做大做强文化产业，鼓励更多的文化企业走出去和引进来，使文化产业健康有序发展。比如，江苏省政府主导，在省财政支持下，引入省内优质文化企业集团资金成立了省级文化产业发展基金——江苏紫金文化产业发展基金。基金主要投资江苏省文化创意、影视创作、出版发行、演艺娱乐、有线网络、数字内容和动漫等产业中的具有高成长潜力的优秀企业和优质项目。在产业引导资金的政策支持下，江苏文化产业近年来取得了飞速发展。

(三)各级政府文化产业治理理念初步形成

从江苏文化产业的治理基础来看,地方政府应该顺应本地区的文化产业发展趋势,特别是关注"文化+金融""文化+科技"为代表的新型文化产业运营趋势,努力探索多元治理主体协作模式,及时提升文化产业治理理念。目前,从江苏省到各地级市,先后从文化产业的治理角度推动一批省内外具有重要影响力的文化产业发展项目实施。2013年5月,南京文交所经中宣部同意并报国务院证监会部级联席会议验收通过,由江苏省人民政府正式发文批准,是依托全国文化资源,集文化产权交易、文化投融资服务、文化企业孵化、文化产业信息发布为一体的专业化综合性服务平台。南京文交所目前采用的创新模式是全国首创,已上线的交易平台已成为全国行业标准的制定者。南京文交所的创新模式为全国文化艺术产权交易探索了一条可行的道路,目前全国有接近40家文交所(文交中心)模仿南京文交所的商业模式相继投入运营。

总之,上述新型文化产业运营模式取得的成功,与江苏省各级政府的文化产业治理理念日趋成熟,并不断探索治理模式有着密切关系。

三、江苏文化产业的治理缺陷及其成因分析

就江苏文化产业领域而言,其存在的治理缺陷主要包括以下几个方面。

(一)没有形成以政府为核心兼顾其他主体的治理理念

就目前江苏文化产业的治理现状而言,基于治理现实的指导理念尚没有充分形成,对于推进文化产业治理进步具有诸多缺陷。比如,有研究指出,尽管江苏省文化产业投融资的政策支持力度加大,金融手段仍然显得创新不足……如何破解无形资产交易评估体系不健全,知识产权质押制度不完备等仍是进一步需要探索的目标和任务。概括来说,主要体现在政府关于文化产业治理的宏观思想和政策框架难以形成一致、趋同的指导意见,即没有在顶层设计方面围绕江苏文化产业治理的具体内容和对策跟进形成决策共识。比如,关于江苏文化产业的治理理念迄今为止没有省级政府部门在行文中提出明确的治理理念。地方政府多是从本地产业结构调整和文化产业规划出发构建相应的文化产业管理方案,没有真正体现出政府关于本地区文化产业发展的治理理念,其关键原因在于省级层面就文化产业的治理理念没有明确发

布或正式行文。

(二)没有提出符合多元治理主体利益诉求的治理目标

现阶段,江苏文化产业领域需要政府、企业和社会等多元主体共同参与治理,其对应的利益诉求和价值表现也存在相应的差异,相关政府部门尚没有明确提出能够符合多元治理主体利益需求的治理目标。一方面,政府和社会如果过多介入产业层面的文化企业经济行为,势必会削弱政府在文化产业精神价值层面应该发挥的引导和监管职能。另一方面,如果片面强调文化产业所承载的意识形态和道德水准,同样也会无形中弱化文化企业在获得经济利益过程中应有的驱动力和创新精神。如何充分利用文化产业政策资源优势,即能调动治理主体各方参与产业治理的积极性和主动性,通过治理效力的延伸,合理兼顾多元治理主体的相关利益是政府主导下的文化产业治理目标亟待解决的现实问题。在公共治理的话语体系中,“政府、市场、公民社会是组成国家治理结构的三大制度系统。”如果将这句话放在文化治理的语境中,其内在涵义同样存在。多元治理主体的利益表达来自于由政府、社会和企业构成的智力题的目标指向。

(三)没有设计出整合文化产业发展制度需求的治理框架

目前,江苏文化产业领域面临的制度需求主要包括:一是缺乏围绕传统文化产业门类创新转型的引导性政策扶持;二是针对新型文化产业门类缺乏前瞻性政策激励;三是对于诸多文化资源存量缺乏整合性政策配套;四是缺乏贯穿文化产业全程的监管性政策保障。换句话说,现有的治理措施多是表现为临时性、阶段性、片面性或碎片化,没有构成一套完整、系统的文化产业治理框架。因而尚不具备全面明确文化产业治理目标、整合文化产业存量资源、协调文化产业运行机制、监管文化产业治理效果、评估文化产业效益达成等治理功能。比如,行业组织作为社会组织的重要组成部分,理应在治理框架中承担应有的主体职能。这是因为江苏文化产业行业众多,门类多元,特色各异,企业密集,仅仅依靠政府承担相应的治理责任是远远不够的,也不能充分迎合文化治理中的制度需求。

四、江苏文化产业的治理模式创新与文化治理论导入

江苏文化产业的治理模式能否实现创新,在于是否合理引进恰当的研究理论。从

这个角度来看，文化治理理论作为指导政府开展文化产业治理变革的理论基础不失为一种探索和尝试。

这意味着，文化治理的理论框架在于将治理思想嵌入到文化管理的社会实践中，并借助于搭建政府与非政府组织的合作纽带，形成跨越公域与私域之间的跨界文化治理架构。换句话说，文化治理不再是政府作为单一领导主体的管理模式，而是注重在政府与非政府组织等社会组织之间形成一种资源整合和利益共享。即文化产业提供的文化产品和服务创造的精神价值可以符合政府、社会追求的社会公益，有能满足企业自身成长所必需的经济利益，文化产业治理能够将这两种治理主体和利益取向有机融合为一体。但是，本文以为，仅有政府与非政府组织之间建构的治理模式是不完整的，也是不完善、不科学的。文化企业作为文化治理的主要治理主体之一，其追逐的经济利益价值取向和扮演的市场运营角色必须囊括到文化产业治理范畴。如果其仅仅是以文化治理主体的形象出现，而不被作为文化产业的治理主体之一，是无法在文化产业治理领域获得与政府、非政府组织同等的主体地位，进而难以保障其应得的治理地位和利益所得。

江苏地方政府制定的文化政策或文化产业政策应从本地区文化产业治理体系的顶层设计层面开始，自上而下自政府经由文化产业领域的行业协会第三方层面（某种非政府组织）贯穿到文化企业这一产业层面。在此过程中如果政策效力存在一定程度的执行不力或走样，会经常在文化企业层次难以发挥应有的政策效果。然而，江苏各类文化行业协会可以起到上下沟通的协调与传递效用，从而确保政府的治理理念或目标以某种具体措施的治理形态通过文化产业领域行业协会传达到文化企业的运营环节。换句话说，政府文化部门的治理措施通过与非政府组织的横向跨部门、跨界资源整合与合作治理，达成了江苏文化产业治理模式的创新机制。

因此，本文研究发现，江苏文化产业治理的模式创新需要在文化治理理论指导下，在政府、社会（非政府组织）和文化企业之间创新一套多元主体治理体系，这是文化治理论在江苏文化产业领域的现实探索。

五、文化治理视阈下江苏文化产业治理模式的创新策略

就江苏文化产业治理的模式构建而言，其亟待改进、创新之处主要包括：一是缺乏统一、高效、权威的文化产业治理体系；二是政府作为文化产业核心治理主体没有发挥应有的主导作用；三是文化企业在产业结构中尚未形成自身健全的内部治理体

系；四是社会作为政府、产业之外的第三方独立力量没有给予本区域的文化产业治理行为以应有的监管与评估。从改进措施来说，主要体现在以下3个方面。

（一）树立政府作为核心主体兼顾其他主体的文化治理理念

即改变以往政府在治理体系中保持绝对权威和垄断职责的治理理念，形成以政府为核心的治理体系。政府将部分治理权利和责任让渡给社会（非政府组织）和企业等其他治理主体，多元治理主体公私协作，权利共享，利益共享，责任分担，有效制定江苏及各地市文化产业战略规划，引导社会资本参与文化企业成长，规划区域文化企业门类整体布局，监管相关行业总体经营状况，评估文化市场运行绩效的文化治理理念。

（二）设定符合江苏文化产业治理主体利益需求的治理目标

江苏文化产业治理主体的利益需求依赖于以政府为核心兼顾社会、企业的文化治理体系提出与之相对应的治理目标。合理、科学的治理目标应该切实符合江苏文化产业治理主体的利益需求。无论是政府和社会作为治理主体所关注的社会公益，还是企业作为文化市场主体追逐的经济利益均应涵盖在江苏文化产业治理目标之内。只有实现治理目标与治理主体的利益需求有效对应，才能充分发挥多元治理主体在江苏文化产业领域应有的治理职能。

（三）构建满足江苏文化产业治理发展制度需求的治理框架

从文化治理的对象——文化企业的制度需求来看，江苏文化产业面临的制度需求是多元的，其原因在于现有的文化产业门类众多，其亟待供给的政策需求是不同的。比如，文化金融企业、文化创意企业、文化传媒企业和文化科技企业等行业差异性明显的产业门类以及企业规模、数量不同的文化企业对于不同类型政策的紧迫性和需求性也是不同的。但是，无论是何种文化产业门类，其文化企业成长所必需的金融支持政策、土地优惠政策、人才扶持政策、税收减免政策、行业规划政策和园区布局等文化产业治理体系中由政府主导的关键性产业政策或指导性文件应是针对任何江苏文化产业门类。

总之，江苏文化产业治理的创新模式可以界定为：以文化治理理论为指引，以公私合作、权利让渡、利益共享为原则，构建一套政府主导，行业自治、企业自律和社会评估相结合的多元性、开放性、互惠性和合作性文化产业治理模式。

数字创意产业的发展战略与问题

——台湾表演艺文团体的售票系统问题与挑战

元智大学人文社会学院　徐盛祯

台湾售票系统开发得较晚，远比中国香港、日本还晚，但开发出一套台湾地区特有的售票系统却远胜于邻近的中国香港与日本，甚至远远地超越它们。早期在无售票系统的环境下，艺文表演环境所需销售的票券作业统称为售票，或称为票务。一直到台湾中正文化中心两厅院（以下简称“两厅院”）票务系统的诞生，再到年代售票系统的开拓，集大成者则为纯网路电子销售的宏碁售票系统，打下台湾艺文表演市场的电子商务基础。

一、台湾表演艺术团体的美丽与哀愁

台湾艺术表演的开启源自于吴静吉博士当时带领着金士杰、卓明等多位艺文界资深前辈认识舞台剧的表演方式与步骤，以至于后来有所谓的兰陵剧坊，随之而起的有云门舞集、屏风表演班、表演工作坊，一直到1987年由吴静吉博士、林怀民先生、许博允先生、丁乃竺小姐与曾道雄先生等人筹划召集“表演艺术联盟”的组成，台湾才终于有一个主管部门统一管理的表演艺术组织的存在，此时也正代表着台湾的艺术表演逐渐受到行政主管部门甚至是企业界的重视，陆续在10年间，表演团体以及艺术经纪公司快速冒出与蓬勃发展。

尽管在一片生气蓬勃的艺文表演市场正要开花结果之际，也碰到过几次重创艺文团体的大事，在1991年之前云门舞集，因筹凑资金不足，暂时停止演出，重挫了台湾艺术表演的环境与发展，但此时也激起了台湾相关部门的重视以及民间企业发起响应支持艺术表演的决心，才在1996年成立了“财团法人台湾文化艺术基金会”，台湾的艺文环境由过去的仅由行政主管部门出资赞助，转变为民间组织与行政主管部门的共

同赞助，实是非常重大的变革。台艺会致力扮演公共事务的沟通角色，创造民间表演艺术团体与行政主管部门的有机对话，促进台湾整体表演艺术环境的健全发展。之后屏风表演班在2001年经历“美国911事件”与经济大环境不如预期的时期，宣布无限期中断演出，当时更引起社会的哗然，甚至许多粉丝与爱好舞台剧的社会贤达人士积极地奔走相告以购票或是包场的方式试图解决屏风的困境，台艺会也扮演着补助经费的重要角色，隔年屏风再度以全新的风貌重新站起，并在台湾艺术表演界上占据着重要的地位。

表演艺术界中也出现不少经纪公司对艺术表演执著热血的付出，如新象艺术公司的许博允先生，为了旗下公司的品牌、形象与对艺术表演的热爱，常常不惜花下重金，礼聘国外节目来台表演，其中最引人注目的就是在中正纪念堂与大中至正广场(已更名为“自由广场”)演出“二王一后”超大型演唱会，延聘国际公认三大男高音的多明哥与卡瑞拉斯以及邀请美国歌手一后黛安娜罗丝，这场演场会可谓叫好不叫座，足足让新象亏损将近一亿台币，重创后的新象依然醉心于艺术表演与肩负振兴表演艺术的重担，持续不断地推出新节目至今，近年也似乎有转型的意向，增加艺术品拍卖的经营。

以上所提及的节目，在最早是完全没有售票系统的状况以及尚未完成网路化时代电子票券下的实际景象，一个大型节目都可以经手承办的经纪公司或是表演团体，还是出现购票不方便、多重票价区仍无法辨识视野远近、场地座位划位不明确、不知道何处去买票，黄牛[1]猖獗、演出地点的争议，白白浪费主办单位热爱艺术表演的一片苦心，当然，一个演出的成败，不全然是因为售票系统，但如果可以建制一套规划完善的售票系统，也许以上团体可以省却许多人力、物力以及避免票务上的各种不明状态，也许不至于亏损至如此严重或导致无限期的停演。台湾艺文票券电子化的交易行为在1990年开始盛行，2000年以后网路电子票券更是一飞冲天，让许多人工票券时期所发生的问题大量纾解。

二、表演艺术售票系统的历史进程

台湾表演艺文活动自1989年两厅院售票系统正式营运后，像雨后春笋般开枝散叶。1990年年底，年代国际股份有限公司[2]建立一套以电话专线连线售票系统，当时

---

❶ 在台湾买了票再以高价卖出的人，称之为黄牛。

❷ 年代公司为邱复生先生创立，原为录影带发行商，因港剧楚留香而大发利市，之后公司开始思考转型。

由年代董事长邱复生先生带领着经营团队到日本PIA公司[1]参访PIA售票系统，隔年就开发出一套属于台湾工程师自行研发的年代售票系统。

台湾表演团体在20世纪70年代后期就已经陆续发展，早期最知名的兰陵剧场，以苦行僧在海边、在碎石上训练肢体律动与平衡，磨练演出者以不变的脸部表情，靠著肢体跃动与行云流水般的身体摆动，完整表达出舞码或是戏剧所需的意境与张力，也因着这个传承，才会有日后林怀民的云门舞集、李国修的屏风表演班、赖声川的表演工作坊以及林志铭果陀表演剧场。除了艺文表演团体之外，艺术经纪公司也应运而生，许博允先生的新象艺术公司、余光先生的同联文化、耿继光先生的开拓艺术经纪公司、周敦仁先生的传大艺术公司以及李永辉先生的汎美艺术经纪公司等（以上公司在当时被称为台湾表演艺术界的五大经纪公司），这几个公司以自有资金或企业赞助方式，引进了国外节目与国际流行音乐来台演出。在20世纪90年代中期台湾表演艺术会如此得蓬勃，他们不断引进大型国际节目与强势媒体宣传下，带动社会潮流与流行音乐风潮所致，也令国内许多表演者与团体竞相以朝拜的方式来观摩国外节目演出，如知名的麦可杰克森、惠妮休斯顿，小室哲哉、“二王一后”演唱会等国际娱乐圈知名“大卡司”的世界巡回演出，台湾是国外演出公司巡回海外的重要一站，为什么这些国际知名的团体会接受台湾市场？又为什么不选择两厅院售票系统而选择一个刚冒出来又不全然具有公信力与电子化规格的年代售票系统合作?年代售票系统因为这样的风云际会，造就日后将近10年时间几乎寡占全台湾表演艺文市场。

然而2000年以后网络盛行的时期，必须加入网络会员始得购票，线上直接交易，甚至发展至快速取票的元碁售票系统（隶属宏碁集团，简称元碁），逐步地以蚕食鲸吞方式，掳获观众的心，动摇了原本黏着代售票系统与两厅院售票系统的艺文表演团体纷纷加入与元碁合作。虽然在2000年以后历经了网络泡沫化时期，但丝毫不减元碁的日渐强大，逐渐掌握全国艺文票券70%业务在系统中销售，随着宏碁经营理念的更动与转换，加上2004年以后统一超商并入一个专门负责便利商店通路的科技公司，开始介入售票系统市场并发展出一套配合超商零售收营台的售票连结系统，再度将台湾表演艺文活动的销售市场展开新的竞合关系。而后续本文作者也将陆续点出售票系统2011年以后的变化以及面临的问题。

以台湾而言，售票系统真正发生作用是在年代售票系统成立之后，虽历经金马奖影展观摩外片（为当时为国内知识分子与大学生所热爱）的销售过程，可说是一阵慌

---

[1] PIA为日本最知名的杂志，每月发行约1000万本，后由日本表演团体代表请托PIA杂志开发一套售票系统，因应日本表演团体的需求而產生票务系统。

乱，现场依然还是以多数人工配合人力完成了第一次的金马外片的售票，当时依然有“黄牛”的介入，但是公平性已经出现，不若以往“黄牛寡占”的局面。接着年代取得中华职棒联盟棒球赛制球票，在当时球赛是一般普罗大众的最佳娱乐生活消遣，由于票面价格低廉顿时成为当时素民娱乐最佳典范。本文作者也赶在这个时期参与了所有票券作业与业务行销的规划，经验这个票务工作之后，希望可以改变与票务系统相关单位效率并有效解决表演团体或是一般需要票务系统的单位所有行政作业，同时本文作者历经经营年代售票系统、经营与规划元碁售票系统（后改为宏碁售票系统）再到两厅院任职，并替两厅院规划全新的网路售票系统，对于观众购票问题、配合主办单位之依赖与需求，还有税务机关一切琐碎的规定，透过不断的沟通、召开会议讨论以及问券调查，逐渐改善台湾售票系统层出不穷的问题。而问题因谁而生？为何而生？总是意想不到地不断地发生来自观众、合作团体或是内部系统、硬体厂商，而又可能是电信方面突发状况，也正因如此，作者在多年前即开始著墨于售票系统方面的历史与进程，期望汇整更多的资料与资讯，供表演艺术行政方面有兴趣的学子或是表演团体，审核售票系统的规范时作为参考基础。

三、当前台湾售票系统进入百家争鸣的时代

2011年以后的票务系统，为什么会变成百家争鸣（超过10家）？2004年之后，宏碁售票消声匿迹之后，统一超商积极游说唱片公司与乐团，开始展开一场票房抢夺战，挟带着7000多家便利商店门市是统一超商的优势，很快地将演唱会的门票业务纳入重点政策，又抢了年代的风光优势造成年代不少威胁。年代面临最致命的问题是，原来长期以来合作的经纪公司（宽宏艺术与大大艺术），建立自己一套售票系统之后，削弱了年代票房总值，因此年代开始思考更新全面网络架构的系统，以符合广大消费族群需要，虽然几经修改仍出现争议，如大型演唱会秒杀完售情况，依然出现当机3~4小时的窘境，消费者气急败坏地耗费3~4个小时后，竟然系统无票可买。统一超商也发生同样的现象，而统一超商已经是令人敬畏的售票通路，即便发生当机情况，表演团体或主办单位也不敢抱怨。即便是消费者抱怨，门市店员也可以撇清关系，直接向消费者说：请与售票系统联系（这里指的是统一超商的i-bon系统，由统一企业子公司安源资讯股份有限公司建置）。

目前市面上总计有10个售票系统，算是一整年在经营的系统。而在统一超商无人机上架贩售的系统有i-bon，两厅院、年代、udn售票网、大市集交易网、玫瑰大众娱

乐售票网、iNDIEVOX独立音乐网、爱PASS购票等8家。另外，像宽宏售票系统与拓元售票系统以及专门贩售棒球联盟赛制球赛门票的兄弟队总计11家公开贩售市面上的各类票券，其余展览或是交通票券以及电影票券都是以串联的方式连结到独立售票单位、或电影院票口、或连结台铁、高铁、公路等票券，都与真正娱乐票券不太相关联，也有一些路跑、铁人三角等运动类的票券是透过脸书(Face Book)以简单输入个人资料然后该主办单位或是公关公司负责寄出一组密码，报名者在依密码相关资讯以银行邮局或是金融卡方式转账完成报名。

这些五花八门的售票系统的确也让观众搞糊涂，往往不知道自己想看的节目在哪一个系统销售，以此状况而言，各个售票系统都得不到好处，只能在一个大数据当中分食大饼。

值得一提的是，宽宏艺术经纪公司因为耕耘多年，从台湾内外艺文表演、流行音乐、马戏团以及美国与英国歌舞剧到国内演唱会无所不办。一年总值约3~5亿元的票房，如果委托代售一年将付出佣金高达2500万元。表演艺文团体与经纪公司不同之处在于经纪公司精算成本，锱铢必较，如果少3%的佣金一年可省下1500万元，即便要拿这些费用开发售票系统也已足够，何况现在委托建构系统也是以拆账的方式收取，既可省荷包也可以拥有自己的会员还可以收会费，在不伤荷包的前提下，还可以经营直效行销以及赞助与宣传等事宜何乐不为?宽宏这样的精打细算算是成功的范例，但却在2015年因为“江蕙演唱会”当机事件多少影响到宽宏接洽歌手演唱会的机率，还好宽宏尚有其他重量级的表演在推行，以至于持续在经营中，不过重创后的宽宏立即请宏碁协助后端定位系统的调整，希望可以通过云端的方式改良现有系统的不便，事实也证明最后一场江蕙的演出的确以秒杀的方式销售一空，当机的事件也未再出现。

另外，宏碁到底在做什么?宏碁把原先的元碁售票系统经过修正与调整后，变成租赁票务系统的平台，只要有常态表演型的表演团体愿意建构一套售票系统的话，宏碁可以让这些合作单位不花一分钱，只需缴交保证金20万元，撤销系统即退还保证金。使用宏碁开发的售票系统，所有后台与前台的网页功能、会员系统、报表、交易平台收单或后台手动式收单，都一应俱全，唯美中不足的是，网路交易几乎以信用卡交易为大宗。从开始信用卡交易到2011年时，作者依照统计数据，将近85%的观众持信用卡交易，剩余的15%观众可能是学生，没有信用卡，或是不愿冒信用卡网路交易之险的消费者，改以便利商店现金购票。宏碁的这个平台在台湾内部推展得并不顺畅，毕竟像宽宏这样的经纪公司不多，反而海外如马来西亚、中国上海等地，反倒颇有收获。

四、台湾售票系统的特色

(一)规划完善与人性化的系统架构

在此所提的系统专指:提供清晰之资讯、交易方式、程序与流程、网路频宽以及订单查询等功能。售票系统其作业之重点在于开发时,每一步骤都先替消费者想过一遍,为了让消费者便于执行,制作了基本操作流程之导览,让消费者上网购票无障碍,不管是网路上个人的交易,或是分销点的贩售服务,都在同一个平台上,因此,后端的交易平台,如果系统的软体建置不够弹性与强大,很难通过消费者的考验。再则,售票系统建立的初衷与目的,就是要为消费者更方便选购票券,让消费者认为参与艺文活动是舒服便捷的;在系统建置里,后端作业人员的系统包含了整个售票节目名称、文字说明、图片档案的上、下架连结、报表查询(包括账务、业务、分销点、会员交易订单查询)、系统自动给税务码流水编号与订单连结、交易资料的交换转档、会员购票记录与资料的安全作业、票券统计与金额计算比对、作废系统的统计作业以及重新列印票券的记录等都在完成系统前,所必须做好的前置规划工作。综观以上所言,表演艺术节目演出的成败在于票房的好坏,而口耳相传的口碑行销也非常重要。以表演团体的立场来看,委托售票是一件攸关本次节目或是未来节目持续经营的生死交关,即便观众买不到满意的座席或是无此价位的票券可买,都不会是表演团体考量的重点,关键在于系统购票顺畅无阻,最好完售,就是好系统。

(二)建置虚实共存的通路

以售票系统的立场而言,为什么早期要布建这么多的实体通道?就是怕观众买票无门,而受到委托代售单位的质疑与困扰,因此售票系统的另一个使命必达的任务,就是只要有表演团体反映这区域没有售票点,请务必开拓让此地区的观众不需要跑到远处去购票,售票系统的营运部门就得在最快的时间点布建一个门面宽敞或是人潮众多的地点加盟成为售票点,否则表演团体很可能下一场演出就投奔到另一个售票系统去。年代系统过去如此,红碁售票系统也不惶多让地争取实体售票点,两厅院新系统建立后也不断地扩建中南地区销售点,为的就是方便观众买票,即便是现在网络早已布满全台且购票的比例也高过实体通路的现今,实体通路虽然有缩减但是并没有就此停摆或是全部撤除,时至今日,为了满足少部分的人不上网、不使用信用卡,实体通路依然有存在的必要性。

（三）从信用卡到金融卡通行的金流交易

在2000年以前的售票系统以实体售票点经营为主，现金流庞大，尤其是演唱会或国外艺术表演，如歌剧魅影音乐剧的门票更是炙手可热，现金收款必须与结账报表还有票根存根联比对确认，对于售票点销售员而言是担心受怕的事，一旦排到热门节目热销时很可能出现找错零钱或是错收现金的状况，这部分的亏损必须由销售员自己承担与负责。网络销售最大的好处在于没有现金流的问题，完全采用信用卡支付票额，通过银行端与客户端电讯解决，任何三方（售票系统、销售员、消费者）都不会碰到金钱的收与受，而观众也可以网络订票在销售点取票，这点在网络世界里已经被大量接受，宏碁售票系统最先执行网络订票便利商店取票的售票单位统后，消费者只需要支付给超商门市店员手续费每张票10元就可以取得票券，而就售票系统何时收账？何时支付票房款项给表演团体？这部分自然有合约限定。信用卡交易受到质疑的问题有持卡人的真伪辨认（盗刷）、国外持卡人银行端确认比较久通常会先信用过关以致后续产生此卡无效无法扣款或是本人不认此账款之问题发生、没有信用卡怎么办、为什么不能用金融卡、种种问题应运而生，碍于系统建置或扩充性初期都是以信用卡为唯一交易，直至今日售票系统已经把金融卡刷卡需求写入系统程式中，也适时地把学生族群的困扰顺利解决，若非现金不可则消费者也只能到实体通络购票。

（四）票券样式

脱离人工票券的时代，显然售票系统必须负担印制大量票券分送至各地加盟的分销点，因此事前会尝试各类印表机的功能，找到与印制票券格式无误的尺寸与规线，然后测试票券的厚度，每张票券必须有三联式的裁切线等，之后还必须向税捐处申请用印与领回作业，才能将此票券分送出去。因此，票券的真伪在系统上就得用心并给予每张票券票号、税号、与售票分销点分类号，另外，消费者购票是以现金支付？还是信用卡支付？都会在票券上呈现不同代号。再则，一般售票系统都会另外再做一个暗记，唯有售票系统人员才知道的暗记，以辨别票券真伪，尤其是观众入场时的验票作业。为何要如此大费周章？早年迈克尔·杰克逊演唱会发现大量伪票在市面上销售，大量彩色影印复制后，造成许多消费者受骗上当，当时售票系统还得登报或是做出宣传海报请民众到指定的售票点购票。多年后两厅院主办的歌剧魅影音乐剧，市场上也出现大量的伪票，当时两厅院立即报警处理，并提出十大辨认伪票的重要关键(未能全部提出,深怕伪票制作者技术更高明)公布于网络上供民众参考。

五、台湾艺文表演团体如何看待售票系统?

(一)票房好系统就好

艺文表演团体大小不一,小则两、三人,大则就像交响乐团一样人多势众,相对地对于售票系统的要求与需求可谓天差地远,但唯一不变的认定法则就是销售满座才是好系统。对于售票系统而言,这也是原罪,既然承接票务就有义务把销售票务之责做到让顾客满意。殊不知,节目的品质、水平与知名度或者精彩度都环环相扣,宣传没有到位,票价过高或过低,都是考验观众的耐心与价值观,并不是挤进售票系统代为销售就一切解决,高朋满座。即便是云门舞集、果陀剧场、表演工作坊等国际知名歌手演唱会,都不一定可以完售,如何做到艺文表演团体认为的好系统?这是一个基本态度,不是双方单纯的相互依存关系,售票系统如果可以把界面架构操作趋于人性化、更理想便捷的选位方式、场地座位席次具有3D立体影像、公平合理的统一销售时间、严格把关限购方式,杜绝黄牛涉入,避免影响大众权益,同时也能做到数据与会员的分析,表演团体何时下了大量广告,何时接受采访或透过广播,而销售状况反映了这个时段的现象,那自然也无愧于售票系统的用心。

(二)随处可买到票就是完善通路

时至今日,网络的普遍,随处可见低头族(滑族)的情况,已经大大改变了消费习惯,至今,为何台湾两大售票系统:两厅院与年代,仍然保有实体通道超过200家?是因消费者习惯与不愿意使用信用卡消费或是没有信用卡的消费者而设置又无可奈何的服务?还是因为习以为常的旧有惯性?台湾一直以来,长期推展公民美学、社区营造,打造园区以及各式各样的美学理念,这是教育的养成,大家通过公平公开方式,一起打造美丽家园与社区,艺术推广更是美学基础的一环,如果没有设置一个起跑点就不可能有评量的基准,因此同一时间每天中午12点开始对外销售,你觉得自己家的网络快,就自己在家操作网购;如果你觉得销售点比较快,那就早早去排队购票,相信一个公开公平的销售渠道是多次被检验后最为人接受的方式,那就是一个称职的通道平台。

（三）便利资金调度

不管是表演团体或经纪公司在经营剧团或公司时，大多是以节目养节目的模式来壮大公司与剧团的实力和公信力。因此，年代售票系统早期可以这么快地被艺文界接受与展开业务，实际上是因为对于新象许博允公司的特别待遇，几乎每周暂结款❶。开拓艺术经纪公司就是一个活生生的例子，只要中间一个环节调度失灵，上下联动导致票款接不上下一个节目的资金调度，连连以停演或是延期退款的方式让消费者怨声载道，后失去社会大众的信心，只要XXX公司推出的节目，大家就拒买、拒看，社会舆论再度证明了“水能载舟，亦能覆舟”的历史教训。

（四）接受便捷通用票券

从人工票券转换成大家都共用一样的颜色、一样材质纸张票券，就以美学观点来看，都不及格也谈不上质感，但就成本而论，的确因每一场节目或戏码的不同要经常更换设计票面，对于表演团体而言也是不小的开销，简化与妥协也是一种不同心性之美，也只能要求售票系统可以把票券印得可能让人赏心悦目，通常这类的要求很难达成。售票系统每年需印制50~100万张的票券，每张票印制成本约为0.5~1元，因此这些售票单位，每年年底就得先花去来年预算的25~100万元，如果要达到表演团体要求，设计精致又具美轮美奂的感觉更是遥遥无期的宿愿。因此当台湾北部、中部、南部各地区不同表演团体与上演着不同戏码的同时，看到全都一样的票面就不足为奇了。也有部分的经纪公司为了尊重邀请的贵宾或赞助商，会特别精心设计一款精美的邀请卡或很有质感的卡票作为识别与尊贵区别。

（五）省去繁琐税捐事务

历经人工验票、抄写流水票号、盖上税捐处核可同意章、申请核准报表、提供原票样到取得核准同意，每一项都不能少的作业流程，至少需要1小时的等候。这一切的作业在预先制作的表格填写、印制票券、登陆演出日期楼牌号票券内容以及打印票券流水号就已经需要耗费不少时间，有了售票系统，以上这一切的作业全都是售票系统代为全权处理，表演团体只要在该盖章的地方盖好公司大小章即完成表演团体要做

❶ 暂结款：始由年代公司为新象开的特例，开卖后一周即核对报表依实际票款扣除佣金后，结款给新象(当时并不兴使用信用卡购票，几乎现金购票时期，分销点的账款至少开卖20天后才可核对账目，核对无误，7天后再汇款给年代公司，新象的暂结款等同于是年代公司代垫，年代在当时的处境就是新象的提款机)。

的事，省下的时间与人力费用不可计数，尤其是比较小的表演团体（一年只有一档或是一场演出座席不到100位的实验剧），即便不想将票务交给专业售票系统办理，税捐单位都会提醒给某售票系统办理比较好，大家都方便。由于电子化的关系，税捐单位的审核资料也渐渐改为电子化，或只要复制、影印存档即可，已不若过往费时费力的作业方式，连税捐单位都嫌麻烦，所以电子化的网络售票系统在台湾已经是全面化了。

（六）合作关系比照菜篮族买卖行为

商业合作关系讲的就是法与理，在艺文表演的市场里，理重于法，而情又重于理，虽然最后可以归纳进入法条中或不能入法条的一概都行得通。好比签订3年的合约，售票系统至少要提供这个表演团体平面宣传媒体封面广告页1次或是封底广告页2次，以无偿的方式提供，业务因为合作关系主要是为了增加业绩成长，但是碍于法务执法严厉，双方以不存在于法条中，作为互信原则，私下同意这不成文的合作模式，而操作这合作模式当中的讨价还价过程，就好比菜市场买卖行为一般，买肉送葱与姜随处可见，送得多常客就多。各家售票系统的竞争也就看各家的资源谁掌握得比较多比较重，最能符合表演团体的需求，谁最敢给资源，最终就获得售票权。

（七）无偿的要求

就表演团体而言，最需要与最缺乏的就是媒体宣传，尤其是网络电信媒体平台最受欢迎，谁掌握的会员最多，谁具有能量将团体演出的讯息发的越多越快，越受青睐，原因无他，这是团体缺乏电讯资源与资金成本所致，因此每当需要委托售票时，都会出现拜托的字眼，请帮忙代发电子报，请帮忙在网页上资讯注明最新消息，或在重要演出的项目让自己的表演节目在网页的曝光，以及会员收讯的电子报放在最上方第一格的位置等。面对小而美的表演团体，售票系统往往无法以理性的态度，法条规则要求对方支付行销费用，为了业绩成长，售票系统业务尽可能在能力范围或是要求主管给予支援。这部分的要求已经跟资源无关，谁可以给予宣传资源之便利，谁就是相互依赖长期合作的对象。

六、结语

综合以上论述，台湾的售票系统不管是网络平台交易，还是便利通路的随机购票行为，历经16年的演进与相互竞争，技术上与解决票务的问题上已经达到非常纯熟的地步。两厅院拥有50万个网络会员以及1.2万两厅院之友（付费会员），又以艺文表演票券销售为主，加上是经营场馆的重要据点又是政府所属单位，过去30年来，是台湾最重要、最主要的艺文表演殿堂；而年代售票发迹早，实体通路最多超过250家，本身隶属于年代公司，具有无线电视频道数台（当年TVBS电视台是它最重要的支撑），作为表演节目宣传的重要管道，合作佣金也非常有弹性；i-bon售票为统一超商子公司（安源科技）经营，挟带着约7000家的便利门市，门市柜台宣传海报栏，只要3个月前申请，就可以张贴在7000家的门市店门，除了现金之外，也可以使用信用卡刷卡交易。与年代是最大的竞争对手，拓元售票系统原为安源科技后端技术支援的公司，由于看到安源科技的技术无法突破千人同时订票的困境，自己也成立拓元售票系统与安源科技（统一超商i-bon）打对台，目前拓元技术领先但不见得占据市场的先机与优势，后续仍有许多的竞合关系存在；至于因为手上拥有许多节目演出的经纪公司或表演团体，包括：宽宏艺术、大大艺术、牛耳艺术、新象、朱宗庆打击乐团…等，都有机会开发属于自己的售票系统，这当中也只有宽宏艺术与大大艺术独立成立自己的售票系统，这两家独立的售票系统，完全无法受到其他表演团体认同与青睐，自然只能销售自己的节目，唯一值得赞许的是：在成本上的确可以减少一些开销。

若要考虑售票系统的建置与经营，必先考虑时下年轻族群使用最为频繁与互动的重要工具，也是非常重要的宣传渠道，如App（Application的缩写，泛指安装使用于智慧型手机及平板电脑等行动装置上的软体）或是FB（Facebook脸书）或其他聊天工具，这些载具，是过去口耳相传不管是速度或能量以至于到销售量，可能都无法比拟与相较的，正所谓的，谁掌握了这个重要的载具与先机也许就离胜利不远。然而虚拟世界中有太多的不确定性，交易危机与伪造的事件层出不穷，此乃该载具最为人诟病之处。

虚拟世界通过手机传递票券，在前两年两厅院开放自己主办的节目施行示范，迄今，仍未全面实施无纸化的电子票券，这当中并不是系统做不到，也不是传递有问题，更不是备份不易，税捐处更没有阻拦，这是一个存在感的问题。观众习惯性地拿票在手上，无纸始终不安心，到底票券有效与否，是否会忘了自己买了哪些票券，在手机中到底买了哪几家票务系统的票券，光是这几个问题，观众就已经数不清理还乱，再来，并不是每家售票系统都开发出无纸化电子票券传递功能，更何况还需要有表演场馆技术上的配合与支援。如今的售票系统，因应新观众群加诸于系统内的新功能、载具、需求几乎已经把程式架构修改到叠床架屋的状况，是该拆解或重建已经不是三天两天的事，累积了这么多的票务资料与会员资料，还有新建构系统的成本，可以在最快的时间内损益平衡都是考量的重点。

票券无纸化的开发，不是售票系统的先天责任，不是演出团体该考虑的思维，也不是演出场馆的义务，可是却在消费者的心中一直被检视着、感受着，同时也被税捐处紧盯着，如何将票券进程到可以支援与配合所有交易行为、使用单位、检核单位都可以接受，或是得到认证无疑的无纸化电子票，如是台湾的票券发展才有机会进入到真正的电子票券，若是因为交易款项的问题，可以尝试与发行最多卡量的悠游卡公司合作，悠游卡公司具有至少1000万张的卡量，如何进化进阶附加更多载具与功能也许将会是另一个突破。来自国外的观光客也可以藉由这样善意开放的结合关系，不需要再兑换更多的币值汇率，达到一卡多用途的效益，也增加表演艺文市场的推广。如是才算得上是最具挑战与进化的票务系统。

江苏动漫衍生产业发展的定向性发展规律和特征研究

南京航空航天大学经济与管理学院　王　健

一、引言

动漫衍生产业既是一种新兴的文化创意产业，又是一项高文化附加值的经济产业，它对国家或地区的文化、经济具有着传承与发展的作用。动漫衍生产业的发展不仅能够满足人们的精神文化需求，同时对于促进现代文化产业的发展，推动经济快速增长具有重要的意义。动漫衍生产业是指以动画、漫画或游戏中的动漫形象或创意作为基础，挖掘动漫周边潜在资源进行研发相关的各类产品，并与传播销售相关产品的生产经营相结合的产业体系。一般来说，表层上动漫衍生产业的产品形式包括与动漫相关的音像制品、服装、玩具、装饰品、主题公园、游乐场、动漫城等；深层上的产品形式是以形象授权方式衍生到更广泛的领域，如游戏产业、旅游产业等。动漫衍生产业的发展可以提升动漫产业的利润空间，检验动漫创意的可行性，促进动漫产业的可持续发展。

二、江苏动漫衍生产业发展的现状分析

(一)江苏动漫衍生产业发展的现状

近些年来江苏省动漫衍生产业保持着强劲发展势头，规模也处于全国领先地位。根据《2016—2020年江苏省动漫产业投资分析及前景预测报告》中2013—2015年江苏省动漫产业发展分析状况来看，在江苏省文化产业系列政策的推动下，我省动漫衍生

产业取得了长足的进步。首先，经济的持续发展，政府的大力扶持，为我省动漫衍生产业创造了良好的发展环境，逐步形成了比较完善的动漫产业链；其次，良好的动漫文化氛围，相对完善的产业结构，完备的技术条件和产业运营基础，多元化的投资方式和经营方向，以及长三角经济地区有利的地理位置等，都为动漫衍生产业的发展积累了一定的优势；再次，目前江苏动漫产量居全国第一，同时也具有相对优秀的品质，促进了江苏动漫衍生产业的出口。当然，江苏动漫衍生产业的出口模式也逐渐发生了变化，从原来以代加工产品出口为主慢慢转化为目前的自主产品出口，同时在海外设立子公司来促进海外市场的发展。

（二）江苏动漫衍生产业发展的优势及制约因素

江苏动漫衍生产业发展已取得如此优异的成绩，其原因在于：①江苏处于我国东部沿海长三角经济地区，地理条件优越，经济基础雄厚，科教文化发达，拥有着众多的生产和加工集群、丰富的制造和生产经验和先进的高新技术产业等，为动漫衍生产业发展奠定了坚实的基础。②江苏已初步形成动漫产业集群，以常州、苏州、无锡、南京四大基地多中心发展的集群模式。通过整合现有资源，推动动漫产业经济增长，形成差异化的核心竞争力。动漫产业集群的特性优势为其衍生产业的发展提供了有利的环境。③江苏动漫企业越来越注重动漫衍生产业的开发，动漫衍生产业开发环节是动漫产业链中最关键的部分，是动漫产业的主要盈利来源和经济增长点，大力发展动漫衍生产业，不仅能让动漫企业获得更多的市场利润，还可以有效地促进动漫产业链的良性运转。④江苏具有众多的人才培养基地及相对完善的动漫人才培养体系。全省众多的高校开设了与动画相关的专业，在此基础上，为满足企业对不同层次人才的需求，细分专业设置的方向，如动漫设计与制作、动漫产品营销、动漫衍生品开发等课程群。另外，依托江苏四大动画基地所开展的职业培训均为动漫衍生产业的发展提供了有利的保障。

当然，尽管我省动漫衍生产业发展已颇具规模，并拥有着良好的市场前景和巨大的利润空间，但同时在衍生产业开发、生产、营销等方面依旧存在着一些制约因素，譬如说衍生品创造性不足，缺乏品牌意识，或者说品牌推广力度不够；开发动漫衍生产业市场的盲目性与局限性；盗版猖獗，缺乏知识产权保护；本末倒置，动漫产业链资金分配不均衡等因素均限制着动漫衍生产业的进一步发展。

三、江苏地区动漫衍生产业发展的定向性发展规律

(一)横向上的苏南长江沿线动漫衍生产业集群,促进城市之间产生互动效应、合作效应

江苏苏南地区凭借经济发达、以开放型和园区经济为特色、以高新技术产业为支撑的城市群已经崛起,为动漫衍生产业的发展提供了有利的资源。动漫衍生产业是依托于产业链上端的动漫产业和末端的市场消费需求为导向开发、生产、销售动漫衍生产品。日趋成熟的动漫产业技术、生产结构和市场结构,加上现代化机器大工业生产和现代高新科技的运用,促使整个苏南地区动漫衍生产业实现与动漫公司、出版机构、传媒机构、产品开发商、旅游项目开发、手机动漫产业、数字媒体行业、动漫商业街等下游产业之间的互动合作,比如产品授权、产品研发、品牌合作推广等,以此来推动整个地区文化产业的迅速发展。目前,苏南长江沿线城市中先后已建立常州、苏州、无锡、南京四家国家动画产业基地,四家国家动漫产业基地依靠本土的文化产业优势,大力发展园区的动漫产业,营造适合动漫及相关企业发展的基础设施、技术支持、研发平台、人才培训等综合配套环境,形成了从动漫原创、动漫产品生产加工、动漫衍生产品开发到动漫人才培训的产业链。这种新型服务型园区,在政府、行业协会和动漫企业的共同助推下,已彰显出了它明媚的发展前景和蓬勃的发展潜力。

2004年常州成为江苏首个被批为“国家动画产业基地”的城市,常州市委、市政府把它作为21世纪战略产业重点推进,同时积极为动漫衍生产业的发展创造良好的环境。例如常州的纺织服装制造业早已闻名全国,常州的卡通玩具生产制造能力位居全国三甲,这些都为动画衍生产品开发提供良好的基础。次年,苏州和无锡先后也被批为“国家动画产业基地”,更加专注投入动漫衍生产业的发展。例如无锡市创办了首家动漫主题邮局,由中国邮政获得官方授权,无锡邮政承担产品设计创意的Hellokitty40周年纪念邮品也同步举行发售,销售现场十分火爆,这套包含邮折、邮册、明信片、台历的动漫衍生产品充分运用了Hellokitty这一经典动漫形象的设计元素,极具欣赏价值和收藏价值。

苏、锡、常作为中国重点动漫产业基地城市,地理位置毗临、地域文化相近、产业合作密切等因素促使它们形成了苏南长江沿线上的动漫衍生产业集群经济中心。苏、锡、常动漫衍生产业发展遵循着市场经济发展的基本规律,发挥产业集群经济中心的优势,在长江沿线向西与南京、向东与上海迅速建立起更庞大的多中心发展的动

漫衍生产业集群，形成一种区域协作战略。动漫衍生产业的开发、生产、传播、营销等方面，对大市场、大经济有着更强的依赖性。通过区域协作战略来加强资金、产品、技术、人才和信息的互动与合作，形成资源共享、互惠互利的共生型运行机制，促进城市之间产生互动效应、合作效应，以此来带动整个江苏地区的文化产业经济发展。

（二）纵向上南北地区的极化与扩散效应，苏中、苏北地区的动漫衍生产业借助苏南发展

众所周知，虽为一江之隔，江苏南北地区经济差异显著。苏中、苏北地区经济远远落后于苏南地区，动漫衍生产业发展甚是缓慢。当然，除了经济状况上的差异，还有其他一些因素直接影响苏中、苏北地区的动漫衍生产业发展。①苏中、苏北地区动漫衍生产业的氛围不浓；一方面，社会上尚未形成浓厚的文化创意产业氛围，对动漫衍生产业更是认识不足，相对于农业、工业、服务业等，政府的扶持力度不均衡，推进力度明显不足；另一方面，对于动漫衍生产品的市场需求量比较少，以及购买力、时尚流行文化的消费力也明显弱于苏南地区；②动漫产业规模小，导致衍生产业发展滞后不前；苏中、苏北地区的动漫产业占GDP比重很少，虽然已有一些地区建立了动漫产业基地，比如苏北第一家动漫产业基地“江苏振兴网络科技有限公司”落户于盐城市开发区，填补了苏北动漫产业的空白。近年来，位于徐州市泉山区的8家动漫制作公司组成的动漫文化产业园虽然创造了一定可观的经济效益，但对于动漫衍生产业的发展仍然是停滞不前。另外，苏中、苏北地区的动漫衍生产业发展主要是依靠当地本土文化建立的一些影视基地或动漫影视城，如基于楚汉文化的徐州汉城影视基地，基于红色文化的盐城大纵湖影视基地，基于江海文化的南通民博园里的上海电影集团南通影视摄制基地等，但是这些影视基地目前仍以传统的文化创意产业、动漫衍生产业为主，比如动漫的玩偶、模型、服装、日用品、动漫城等，而像手机动漫、动漫艺术、数字娱乐、动漫门户网站等一些新兴业态的动漫衍生产业却发展滞后。③动漫衍生产业地区分散，缺少集群发展模式；苏中、苏北地区的占地面积远大于苏南地区，以至于本来就较少的动漫衍生产业单位因地区距离较远而更加分散，难以形成集聚的力量。规模小、分布散、集聚程度低等问题将会导致整个动漫产业链的断开，衍生产业发展更加受到限制。因为动漫衍生产业是一种复合性的产业，具有着跨行业、跨地区、跨领域的特点，需求各行各业各地区各领域之间自动有机的衔接，这样才能形成一个紧密结合协作的良性循环的产业链。④动漫产业资金、技术的缺乏，人才团队供需失衡；资金、技术和人才的缺乏是影响动漫衍生产业发展的瓶颈问题，动漫衍生产

业发展过程中涉及独特的创意、精湛的技术、完美的制作、妥善的经营,都需求庞大的资金、技术力量和人才团队的支持。苏中、苏北地区人才团队供需失衡不仅仅表现在人才数量上的缺乏,更体现在动漫人才的素质上。动漫衍生产业所需的动漫人才团队要求具有动漫创意、制作技术、管理和营销经验的复合型人才。

综上所述,苏中、苏北地区动漫衍生产业发展缓慢的主观原因还是在于经济不够发达,产业规模小、氛围不浓,缺乏完备的基础设施、优越的生产协作条件和集中的消费市场等。但是纵观整个江苏地区,苏南、苏中和苏北的经济发展状况存在着较强的梯形结构,在这种梯度发展中形成的南北地区的极化效应是造成苏中、苏北地区动漫衍生产业发展缓慢的客观原因。经济发达的苏南地区在动漫衍生产业的发展中具有着巨大的优势,如强大的动漫产业技术、完善的产业结构、优越的生产协作条件和消费市场、多元化的投资方式和经营方向,雄厚的资本积累和广泛的人力资源,再加上高新技术、产业布局指向性的变化,促使苏南地区在极化效应的作用下,形成一种自我发展的能力,不断地从周边地区吸收大量的有效资源和积累有利因素。同时,导致苏中、苏北地区的各种动漫产业要素不断流入到苏南地区。因此,在动漫产业市场机制的自发作用下,苏南地区更快速地形成了动漫衍生产业集群,而苏中、苏北地区的动漫衍生产业却发展滞后,进一步加大了两极的分化。

当然,随着苏南地区的动漫衍生产业的迅速发展,当极化效应使之达到一定程度时,一方面,由于产业投资成本过高、营销市场竞争激烈、人才团队接近饱和等原因,迫使苏南地区的各种动漫产业要素在一定的发展阶段上向苏中、苏北地区进行扩散;另一方面,位于动漫衍生产业集群中心的苏南地区同时也需求更大、更广阔的发展空间来提高自己的市场竞争力,从而对苏中、苏北地区的动漫衍生产业发展起到推动作用或有利影响。因此,苏中、苏北地区的动漫衍生产业不断从苏南地区的扩散中获得产业资本、人才团队等产业要素,通过极化效应和扩散效应的交替作用,以非均衡发展模式,借助苏南地区来促进苏中、苏北地区动漫衍生产业的成长并带动本地区域的产业经济发展。

四、江苏地区动漫衍生产业发展的特征分析

(一)苏南长江沿线城市多中心关联发展模式

在苏南长江沿线的诸多城市中,近年南京的动漫衍生产业迅速崛起,发展态势强劲,逐步赶上苏、锡、常3个城市。由于南京为六朝古都,又是江苏省的政治中心,市政

府对于动漫衍生产业的大力支持，同时具有良好的轻工业基础，快速发展动漫衍生产业，动漫衍生产品涉足游戏、服装、玩具、电器、日用品等领域，反过来又带动了轻工和旅游等产业的发展。当然，南京动漫衍生产业能够迅速发展的核心因素在于凭借深厚的文化底蕴，充分挖掘本土文化“宝藏”，快速提升创意设计能力，实现转型升级。根据本文第二章的分析可以看出，苏、锡、常的动漫衍生产业发展更多地依赖于“外包”产业和生产加工业。因此，以依附于文化资源发展动漫衍生产业的南京与以生产加工为主的苏、锡、常形成了苏南长江沿线城市之间的对话与交流、互动与合作。另外，在地理空间上本文必须提到位于长江入海口的上海，上海动漫衍生产业发展起步较早，具有着良好的产业基础。从2008年起，上海率先提出发展动漫衍生产业，并建立内地第一家动漫衍生产业主题园区——上海动漫衍生产业园，借助上海动漫产业发展优势，专注动漫衍生产业的发展，整合相关行业高端的资源，依托大场载体的优势，实施专业化运营管理机制，打造国内最强大的动漫衍生产品的产业集群。在地缘关系下，整个苏南的动漫衍生产业将更加自觉地接受上海辐射，实行错位发展，共同参加和推进长三角一体化发展。

目前，苏南长江沿线上已经形成苏、锡、常、宁多中心发展的产业集群，并与长江沿线东向上的上海共同形成一种区域协作战略。通过加强区域协作来促进城市之间资金、商品、人才、技术和信息的互动，形成苏南长江沿线横向上的对流，建立起动漫衍生产业的多中心关联发展模式。

（二）动漫衍生产业发展的“三叉戟”模式

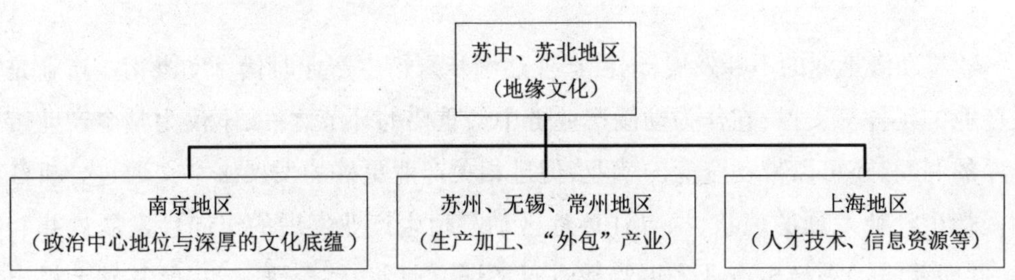

图4-1　动漫衍生产业发展的“三叉戟”模式

纵观江苏整个动漫衍生产业的发展状况，之所以能够体现出它的产业张力，实际上更多地在于它的发展模式。动漫衍生产业是一种文化产业，也是一种复合性的产业，复合性产业是集群产业在一定区位上纵、横关联交错所产生的集群复合结构。因此，综合上文对江苏动漫衍生产业横向上和纵向上的分析，在苏南长江沿线的横向上，南京凭借政治中心地位与文化底蕴为主导的动漫衍生产业发展，苏、锡、常以技术加工、“外包”产业为主导的产业发展，再加上上海足够强大的人才技术、信息资源等，3个板块齐头并进、互助合作，同时在纵向上通过极化与扩散效应带动苏中、苏北地区的动漫衍生产业发展，整体上形成一个“三叉戟”式的发展模式。(如图4-1)在国家动漫衍生产业课题研究成果《世界动漫衍生产业开发模式研究报告》中指出：“中国动漫产业恰恰是文化与经济结合最紧密的产业之一，而其衍生产品的的成功发展，是推动中国经济转型不可或缺的关键点。”由此可见，文化资源是动漫衍生产业的创意之根本，立足于文化来推动产业向高端升级，是南京动漫衍生产业发展的核心竞争力。南京凭借着深厚的文化底蕴，在动漫衍生产业研发方面，具有着很强的实力，而在动漫衍生产品的生产制造方面，则相对薄弱。而苏、锡、常作为加工制造业经济发达地区，恰恰具备强大的生产加工实力。另外，苏中、苏北地区也具有着特殊的文化底蕴，它仍然可挖掘自身的历史文化、乡土文化以及文化版权商业，开辟自己的本土动漫衍生产业，这是文化产业后发优势规律的充分运用，因为文化产业强调文化个性的后发优势。同时，文化圈的交叉与互渗政策可实现资源互补，同步提升。因此，苏中、苏北地区的地缘文化，如盐城的红色文化、徐州的楚汉文化、南通的江海文化等也是江苏整个动漫衍生产业发展的创意源泉。江苏动漫衍生产业发展的“三叉戟”模式能够实现更大范围的衍生产业资源、产品、信息和服务的整合优化，以及跨区域的企业间合作，实现差异化发展和产业互补，以此来盘活江苏动漫衍生产业的整个产业链。

五、结语

随着动漫产业的不断发展，动漫产业逐渐步入衍生产业时代。动漫衍生产业是动漫产业的延伸与支撑，它作为动漫产业链中最重要的环节之一，不仅为整个产业带来丰厚的利润，还可以带动企业的就业，促进相关产业更好的发展。本文通过分析江苏动漫衍生产业发展的现状，探寻江苏地区动漫衍生产业发展的定向性发展规律和特征，并对我省动漫衍生产业发展趋势进行考证、剖析和整合研究，在此基础上提出江苏动漫衍生产业的多中心关联发展模式和“三叉戟”模式，为未来江苏动漫衍生产业的良性发展提供一定的参考价值。江苏动漫衍生产业的发展需求全面利用各个地区的产业资源，科学规划、建立市场为导向的产业大环境，构建产业资源共享、互惠互利的共生型运行机制，发挥产业集群的优势，促进城市之间的互动与合作，才能真正适应消费者不断增长的精神文化需求以及市场发展需求，推动整个江苏地区的文化产业发展。

“互联网+”产业链视角下文化创意产业探析

——以“网红经济”为例

华东政法大学人文学院　杨心怡

随着“互联网+”战略模式的日益推进,“互联网+传统产业”的新型发展模式将互联网与若干传统文化产业充分结合,促进传统产业的变革,也加快了产业的模式创新与产业升级。在这样的发展背景下,由“网红”引发的新型产业形态——“网红经济”,引爆了互联网供需两端的裂变,获得了井喷式增长,并在资本市场炙手可热。

然而,“泛娱乐”产业化的背后,“网红经济”也面临着结构失衡、价值低下、创意枯竭等问题的考验。面对“网红产业”这一文化产业新业态,如何通过对“网红经济”的“供给侧”改革,建构“互联网+”产业链视角下可持续、规模化的文化生态模式?值得我们反复思考。

一、“互联网+”背景下的“网红经济”

(一)从“网红”到“网红经济”

2016年,是“网红”产业爆发的元年。在移动互联网的造势下,“网红”群体以微博、微信等新媒体作为快速推广的战略平台,通过个性化的内容打造属于自己的IP品牌,也引发了新型产业形态——“网红经济”。

New Media创始人袁国宝认为:“‘网红经济’是以时尚达人为形象、以网络红人的品味为主导,通过选款和视觉推广在社交媒体上聚集人气,依托庞大的粉丝人群进行定向营销,从而将粉丝转化为购买力的运营模式。”

“网红经济”崛起的根本原因,是注意力作为稀缺资源创造出新的经济增长点。实现从“网红”到“网红经济”的跨越,需要具备高社交资产,也就是所谓的“粉丝经济”。笔者选取了2016年3月由《互联网周刊》发布的《2015中国网红排行榜》排名前20位的“网红”,对他们的身份形象进行了分析(见表4-1)。

表4-1 《2015中国网红排行榜》排名前20位“网红”形象分析

排名	姓名	口碑	创作力	影响力	综合得分	粉丝量	网红类型
1	王思聪	95.25	88.67	94.17	92.70	2072万	企业家
2	papi酱	92.50	94.05	79.50	88.68	1875万	视频博主
3	天才小熊猫	90.58	93.64	79.04	87.76	634万	段子手
4	艾克里里	90.27	92.74	80.17	87.73	858万	时尚博主
5	回忆专用小马甲	88.91	91.71	78.40	86.34	2650万	段子手
6	叫兽易小星	91.85	90.40	67.99	83.41	3042万	段子手
7	八卦_我实在是太cj了	93.08	86.79	68.16	82.68	938万	娱乐博主
8	穆雅斓	87.40	84.98	71.71	81.36	349万	视频博主
9	张大奕	86.40	84.65	73.00	81.35	444万	时尚博主
10	章泽天	84.16	84.35	69.71	79.41	133万	微博红人
11	同道大叔	85.40	83.93	66.81	78.71	1097万	领域专家
12	谷大白话	85.73	82.59	65.89	78.07	753万	领域专家
13	郭斯特	85.42	82.29	65.39	77.07	1379万	漫画家
14	罗玉凤	83.22	80.98	65.99	76.73	640万	微博红人
15	草图君	78.99	79.82	69.36	76.06	369万	娱乐博主
16	留几手	82.56	78.88	66.83	76.90	1011万	娱乐博主
17	吴大伟	79.60	77.52	68.91	75.35	634万	企业家
18	使徒子	80.27	78.17	76.68	74.39	649万	漫画家
19	伟大的安妮	77.40	77.61	68.17	74.39	1019万	漫画家
20	秋田六千	76.67	79.15	64.40	73.40	409万	漫画家

从上表中我们不难看出,排行榜中的上榜“网红”虽类型各异,但都拥有着庞大的粉丝群体以及强大的“吸粉”能力。在数以百万甚至千万的关注下,“网红”的口碑(品牌效应)、创作力(IP效应)、影响力(传播效应)成为了决定其经济效益的重要指标。

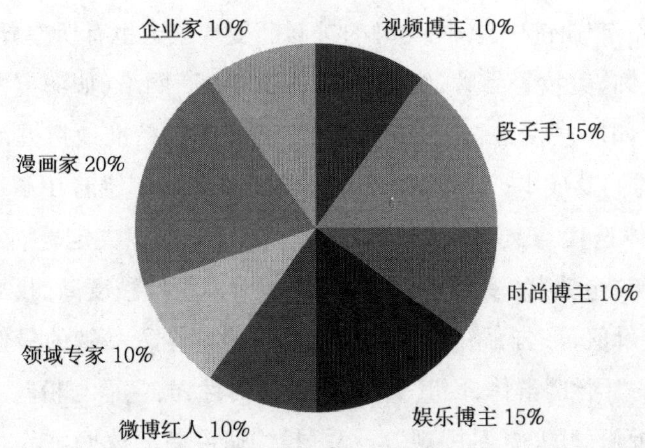

图4-2　《2015中国网红排行榜》前20位网红类型

从排名前20位的“网红”类型看，垂直领域“网红”虽然在大众市场影响力有限，但在细分领域已形成一定的影响力。“网红”传播面向特定粉丝群体，能更准确地实现产品引流，从视频博主、段子手、时尚博主、娱乐博主、微博红人、领域专家、漫画家等细分领域拓展，体现了“网红”作为一种个性化品牌的本质（见图4-2）。

（二）“网红经济”的商业模式

“网红经济”的商业模式，可以简单归结为“网红”以文化创意为核心要素，依赖社交网络的发展以及自身内容的输出，成为具有影响力的KOL（关键意见领袖），然后借助心理诉求的引导与表达创造现金流，深化UGC（用户生产内容）或向PGC（专业生产内容）转化，强化粉丝黏性及认同感，从而通过影响其某些行为或决策来实现行业变现（见图4-3）。

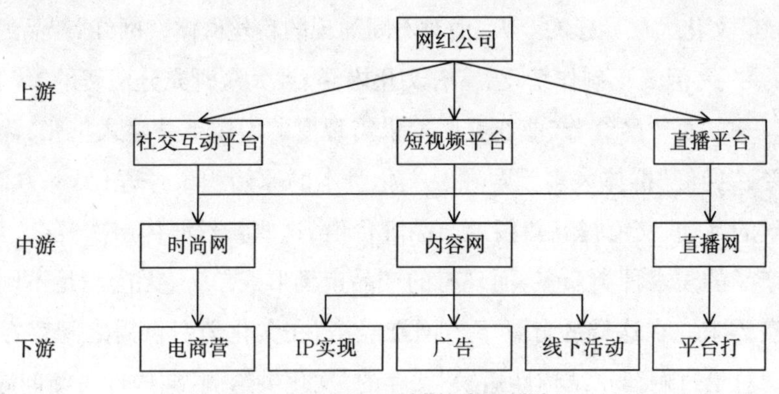

图4-3　“网红经济”的商业模式

在“网红经济”产业链中，不同类型的“网红”变现渠道也有所差异。“时尚网红”大多拥有自己的服饰、美妆等品牌，结合互动平台与电商网络（如淘宝网）的优势，形成一套完整的产业闭环。“网红”通过与粉丝的互动，能够精准地把握消费者的心理需求，节省营销的时间及成本；“内容网红”的资本运作紧紧围绕着IP资本化与智力资本化，在互联网主体迭代与文化创新的趋势下，“内容为王”决定着“网红”的“眼球时效”。在“内容”与“金钱”的变现中，“内容网红”因其粉丝黏度高、投放定位准而坐拥无可比拟的商业价值，广告、路演、IP变现正是“网红”个人品牌的最佳呈现；“直播网红”是目前新兴的“网红”群体，因其真实度高、实时性强，主播与粉丝之间的互动零距离，而吸引了大批粉丝的“驻足围观”。根据投中研究院的数据显示，目前已有53.7%的直播平台获得融资，“直播网红”通过“实时表演”接收粉丝的虚拟礼物打赏变现，也让这一群体成为了资本市场炙手可热的追逐对象。

二、“网红经济”存在的问题

（一）“文化供给侧”结构性失衡

“网红经济”的蓬勃发展，带来了巨大的投资和消费需求。2016年8月3日，中国互联网信息中心（CNNIC）在国家网信办新闻发布厅发布了第38次《中国互联网发展状况统计报告》。《报告》显示：截止到2016年6月，我国互联网普及率达51.7%，移动互联网应用渗透进用户的各类生活。值得关注的是，“网红经济”的参与主体之一——网络直播用户规模达3.25亿，占网民总体的45.8%。据不完全统计，当前境内各类网络直播平台已达400余家，一些大型网络直播平台注册用户过亿、月活跃用户超千万，高峰时段部分“房间”用户数可达数万人。

在“网红”文化大放异彩的今天，面对不断涌现的粉丝群体，“网红”产品的发行量达到了惊人的数字，但真正制作精良、富有文化内涵、被大众所充分消费的“优质文化”却并不多见。一方面，“网红”产业在互联网供需裂变的引爆下井喷式扩张，为适应资本市场的需要，“网红”群体大多无暇顾及文化资本的原始积累过程；另一方面，“网红”依靠与粉丝的互动、交流提高热门度与品牌价值，这些粉丝群体层次复杂、素质各异，对“网红”产品的需求种类众多，而现有的产品市场形式单一，无法满足不同类型粉丝群体的消费需求。在这样的背景下，“网红经济”在文化消费供需之间存在明显的错位，出现了“总量过剩”与“结构性短缺”并存的“文化供给侧”结构性失衡问题。

（二）冲击主流价值观和社会底线

当前，大多数网络直播平台采用的是“全民直播+免费收看+广告收益”的经营模式，这种模式允许注册用户在未经内容审核的情况下，就进行视频直播。由于目前网络直播从业门槛不高、监管不完善，色情、低俗、暴力成为了某些无良主播吸引受众、快速牟利的“捷径”。一方面，网络直播平台只有尽快获得足够数量的粉丝，才能赢得资本的青睐，“涉黄涉黑”的“擦边球”则恰好抓住了受众群体内心空虚、寻求刺激的弱点；另一方面，大量烧钱的“商战”模式也让网络直播平台渴望来自直播间的直接收益，由网络游戏衍生出的“虚拟礼物”模式不仅能炒热主播的人气，还能成为平台吸纳现金流的“利器”，成为了网络直播最直接的收入来源。

“草根文化”催生下的“网红经济”，其依赖的核心要素就是吐槽、自黑，甚至是低俗、炒作。在自由、开放的娱乐环境下，“网红”捆绑“眼球效应”与“商业营销”，不断冲击着主流价值观及社会底线，甚至影响到了一代人的择业取向。有数据统计：在“95后”最向往的新兴职业排行榜中，绝大多数人都选择了“网红主播”。这些年轻人以“网红”为榜样，沉溺于“直播平台”而花费巨额财产、甚至误入犯罪的歧途，对于青年一代“三观”的树立、国家乃至民族的复兴，都造成了莫大的伤害。

（三）创意枯竭与“网红”产品同质化

本雅明在《机械复制时代的艺术作品》中认为：“人所制作的东西总是可被仿造的，复制技术把所复制的东西从传统领域中解脱了出来。这些技术借着样品的多样化，使得大量的现象取代了每一件事仅此一回的现象。”在网络消费主义的浸染下，“内容网红”因个人创作才能而拥有着更多的议价权和自主经营权，而“时尚网红”及“直播网红”由于文化积淀薄弱，纷纷陷入创意枯竭、抄袭成风的恶性循环。

首先，“网红”颜值同质化明显。在“网红孵化公司”的运营和包装下，“网红”纷纷走上“整容”的不归路，成为“流水线”的牺牲品。为迎合大众日趋畸形的审美取向，“网红”美女大多锥子脸、高鼻梁，缺乏原生态与个性化的面孔，整个“网红”市场的颜值走向日趋僵化。其次，“网红”内容同质化泛滥，在移动互联网平台，“网红”需要通过深化UGC（用户生产内容）或向PGC（专业生产内容）转化，从而实现IP资本与智力资本的最大化。然而，在“娱乐圈”这个“大染缸”，“复制粘贴”轻而易举，在没有原创保护的情形下，“网红”内容抄袭容易，维权难。社交网络的著作权归属难题，至今仍未找到妥善的解决方式，也给“网红”精品化、优质化的发展带来了重重阻碍。

三、"网红经济"问题的产生原因

(一)制度缺失导致"网红"市场紊乱

尽管《刑法》第三百六四条规定:"传播淫秽的书刊、影片、音像、图片或者其他淫秽物品,情节严重的,处二年以下有期徒刑、拘役或者管制"。《互联网等信息网络传播视听节目管理办法》中也明确规定:"禁止通过信息网络传播'宣扬淫秽、赌博、暴力或者教唆犯罪的'视听节目。"然而,由于针对网络直播的各项规定办法仅适用于企业层面,对"网红主播"个人的规范管理尚处于模糊地带,对主播发布的内容监管可谓是"难上加难"。而基于利益共同体的"捆绑效应",本应对直播负起监管职责的网络直播平台对主播的违法违规之举往往"睁一只眼闭一只眼",甚至推波助澜。

作为仍处于"管控盲区"的"新经济"模式,"网红经济"亟待建立一个相对完善的制度体系,制定一个相对统一的"评定标准"。"网红经济"的良性发展,离不开社会的价值引导和有关部门的适度监管,只有"制度"的完善及"道德"的校准,才能为"污名化"的"网红经济"正名,走上可持续、规模化的发展之路。

(二)利益驱动加速文化生态恶化

在"网红经济"的浪潮下,"网红"的生命周期取决于"网红属性"和"运营水平"两大因素,而"网红"与"平台"间的利益博弈,也让这个虽处"萌芽期"却趁着势头"野蛮生长"的"新经济"饱受诟病。

网络消费主义时代,"网红经济"掀起的不仅仅是资本吹捧,更是行业乱象里的混战。在利益的驱动下,"网红主播"与"直播平台"相互勾结,在惨烈的行业竞争中"杀出血路",却在无形中加速了文化生态的恶化。

今年3月,作为移动直播鼻祖的美国公司Meerkat正式关闭。该平台在2015年初上线时势头强劲,迅速完成巨额融资。然而,在Periscope、Facebook Live两大巨头的夹攻下,Meerkat的新用户很快出现负增长,最终被彻底压垮。在资本、用户的双重压力下,"网红平台"举步维艰,也加剧了"网红生态圈"的持续恶化。

(三)IP资本化引发供应链产品危机

Web2.0时代,知识产权成为了国家发展的战略性资源和国际竞争力的核心要素。开展依托移动互联网平台的IP资本化，实质上是知识产权与网络技术、新经济的完美融合。这种融合大大提高了智力资本的转化效率，不仅能有力推进文化创意产业的发展战略，而且能够促进知识产权在国家创新驱动下的价值实现。

然而，在IP热的背后，是供需失衡和消费模式的转变。互联网是IP创生的主要阵地，高速增长的“网红市场”需要优质内容的支撑，因此，优质、强势的IP就成了市场争夺的焦点。在IP资本化的作用下，现有“网红”群体的内容原创力和产品生产效率无法满足日益增长的文化需求，“文化供给侧”结构日益失衡，最终引发了供应链产品危机。

此外，在优质IP的争夺下，网络知识产权的保护也面临着重重阻碍。IP热的浪潮下，由于信息传播操作易、门槛低，狂热的“IP”粉丝往往在毫无“保护措施”的情况下将“原创内容”肆意散播、转发，最终导致了网络侵权的发生。IP资本化的兴起，给“网红”产品知识产权的保护增加了新的难度。

四、“网红经济”的“供给侧”改革

（一）建构可持续、规模化的文化生态模式

“网红”群体、运营团队以及社交平台，从某种意义上来说，他们是一个文化产品和服务生产的“微型供给端”，也是整个“文化供给端”的重要组成部分。因此，从“网红经济”的中上游出发，建构可持续、规模化的文化生态模式，是“文化供给侧”改革的关键步骤。

首先，应提高“网红”产品的供给品质，改善相应的文化需求。当前，“网红”文化之所以被污名化、快餐化，正是由于“网红”产品的文化内涵低下，核心竞争力匮乏，真正想要改变僵化、紊乱的“网红”市场，需要从供给、生产端入手，提升“网红”产品与服务的文化内涵，变“网红”为“优质IP”，进而改善文化“需求侧”。其次，应树立“网红”群体的品牌文化，提升相应的受众品味。在“网红”市场不断发展的今天，“网红”们逐步开始成立自己的工作室、运营团队，走向品牌化。无论是以段子著称的“内容网红”，走在流行前线的“时尚网红”还是火爆网络的“直播网红”，“网红”群体都应逐渐树立自己的品牌文化，引导粉丝提升自我价值，传递“网络正能量”。

（二）完善互联网平台信息监管制度

作为“互联网+”时代下新技术的产物，“网红”平台具有特殊的“技术中立性”。在

"避风港"原则的庇佑下,"网红经济"的重要载体——社交互动平台、短视频平台、直播平台往往只要配合相关部门的执法司法行动,即时采取报告、屏蔽、删除等救济措施来保证网络环境的和谐稳定,即可免责。然而,"避风港"原则并不能随意滥用,倘若"网红"平台明知自媒体博主、视频播客、网络主播开展涉黄、涉暴等违法违规行为,依旧提供相关存储、共享、传播等服务,则必须适用"红旗原则",受到法律的制裁。

因此,规范"网红经济"必须完善互联网平台信息监管制度,重点建立长效管理机制,在经营主体管理事中事后监管方面对"网红经济"的关键环节进行规范。此外,应改革"网红"平台内容分级、审批管理流程,加强新用户注册的审核力度,深化人工与技术相结合的后台监控体系,建立健全违规"网红"黑名单制度及突发事件应急处理制度,从"网红"传播的各个关口逐个突破,将"网红经济"的负面影响降到最低。

(三)强化"网红"群体法制意识及社会责任感

2016年6月15日,广州《羊城晚报》头版出现了一则主题为"远离低俗,服务产业"的公益广告,希望互联网直播行业能够自律自制,健康、可持续地发展。在互联网"去中心化"的大潮下,"网红经济"必然会面临重新洗牌,规范发展的"网红"群体将迎来新的创新机遇和挑战,实现长远发展。而靠打"擦边球"博出位、吸引流量的"三俗网红",则难免遭遇被淘汰出局的命运。

当前,"网红"群体正面临着一个困境:如何在"吸睛"和"合规"之间既保留特色,又掌握平衡?2016年4月,"网红"Papi酱因粗口低俗的内容被广电总局要求下令整改,须符合网络视听行业节目审核通则的要求后,才能重新上线。面对日益复杂的网络环境,一方面,"网红群体"应在政策许可的范围内守住"言论的边界",既要保持一定的知名度和人气,又要避免过度商业炒作、低俗噱头。涉及宗教、政治等社会敏感话题时,应反复斟酌、谨言慎行,形成积极向上的价值观;另一方面,应定期开展"网红"群体普法教育及内容培训,在尊重公序良俗、恪守道德底线的前提下明确互联网信息传播的法律法规、政策办法,通过培养"正能量网红"驱逐"低俗网红",构建一个健康有序的网络空间。

互联网思维下文化创意产业的转型与升级

——以武汉市为例

华中师范大学国家文化产业研究中心　李　林　杨诗捷　吴田田

从工业化到信息化的文明进程中，互联网日益成为创新驱动发展的先导力量，目前人类社会已进入到全球信息联通与共享的互联网时代。而互联网所具有的即时性、海量性、全球性和交互性特征从根本上改变了社会的生存方式和产业形态，进而对人类的生产生活产生深刻影响。在信息技术驱动下，人们开始对社会、文化、经济等进行新的定位和思考，逐渐形成创新、融合、共享等符合时代发展进步的“互联网思维”。随着“互联网+”行动计划的实施，运用互联网思维重构传统文化产业，打造新的产业增长点，推动相关产业的融合发展，已然成为国家战略。

武汉市作为华中地区的国家区域中心城市，拥有九省通衢的地理位置和科研院校云集的人才优势。在实施“互联网+”文化创意产业的战略进程中，武汉市以其强大的经济能力、交通优势和人才智库为基础，通过政策引导，充分发挥互联网在生产要素配置中的优化和集成作用，积极整合资源，依托文化科技创新优势，将资源转变为资本且通过跨界融合进行产业化发展。近年来，武汉市在互联网思维的指导下，实现传统文化产业向新型文化产业的转型升级，充分发挥互联网的集聚效应，推动文化创意产业稳步前进。

一、顶层设计——引领武汉文化创意产业的转型升级

顶层设计引导城市的全面发展，决定城市的整体规划。互联网思维强调互联共享，借助互联化、物联化、智能化从宏观、全局的视野对城市发展作出具有特色的规划，引导城市建设和产业发展。武汉市政府重视顶层设计，并将简约高效的互联网思维融入其中，深入推进文化体制改革，充分加强部门之间的信息联动，促进扁平化管理，强调务实高效，加强政策的保障措施，为文化创意产业的发展提供优势条件，营造

良好的氛围。

(一)重视顶层设计,文创产业发展环境不断优化

为落实中央和国务院颁发的文化产业发展相关指导意见和政策精神,推动本市文化科技融合创新与文化创意产业发展,武汉市出台了一系列的政策条例,优化产业发展环境,为文化创意产业的融合发展从政策制度上提供切实保障。针对文化创意产业的发展任务,武汉市制定了《武汉市文化体制改革实施方案》及任务清单,将文化和科技融合纳入全市文化改革发展的总体框架并对工作任务进行了细分,完善修订了《武汉市关于加快文化产业发展的若干政策》。同时,还出台了监管、资金等方面的相关政策方案,对文化产业发展进行了规范管理。目前,武汉市通过制定《武汉市文化和科技融合示范园区、示范企业管理办法》,规范文化和科技融合示范园区及企业的申报、认定和监督管理;出台《武汉市文化产业发展专项资金管理暂行办法》,规范和加强文化产业专项发展资金的管理,提高资金使用效率;出台《武汉市智慧园区建设工作方案》,推动全市工业化和信息化深度融合,促进园区管理服务更加高效便捷。此外,还通过构建全市文化和科技融合考核评价体系和统计监测机制,激发各级各部门推动文化和科技融合发展的主动性与创造力,促进文化创意产业的转型与升级。

2016年武汉市发布了《武汉市国民经济和社会发展第十三个五年规划纲要》,其中明确提出坚持产业化方向,以推动科技创新为核心,加快构建全新的产业创新体系,努力成为战略性新兴产业的育成区、传统产业向中高端升级的示范区。此外,武汉市还发布了《2016年全面推进"互联网+"行动计划重点工作方案》,推进实施"互联网+"行动计划成为武汉市打造经济、城市、民生"三个升级版"的重要引擎。截至2016年年初,全市文化和科技融合相关产业发展平稳,实现增加值达到789.56亿元,同比增长11.42%,占地区生产总值比重为7.24%。同时,武汉市文化和科技融合服务业、贸易业、制造业分别实现增加值654.38亿元、28.27亿元、106.91亿元,分别比上年增长3.2%、10.2%、119.5%;从分区情况看,呈现中心城区、新城区稳步增长,功能区保持快速发展的态势。

(二)数据平台推动"文化五城"建设,城市特色文化品牌凸显

从"物质主义"发展到"后物质主义"阶段,城市建设日益突出人本主义思想,对文化的重视正是人本主义思想的体现。武汉市积极推进"文化五城"建设,即"读书之城"建设——紧随互联网浪潮通过数字图书馆、数字出版开启阅读新形式,为武汉建

设学习型城市创新了形式和手段；“艺术之城”建设——通过数字化技术、学术理论探索文化资源开发新方向；“博物馆之城”建设——通过建设虚拟化、智能化平台，打造博览服务新体验；“创意设计之城”建设——通过集群化、专业化布局凸显设计新品牌；“大学之城”建设——以互联网技术为基础，发展教育云技术构建文化教育新平台。武汉市通过“文化五城”的城市品牌建设，在文化艺术传播和精神文明构建方面进行诸多探索，并且在此过程中，充分融入互联网平台思维，利用互联网技术、尤其是重视数据平台的建设，使得文化传播更为均衡化和泛在化，不断凸显城市特色文化品牌。

（三）协同创新促进项目发展，新兴产业联动能力不断增强

互联网思维的本质是互联共享，对于新兴产业来说，加强信息交流与合作，提升文化协同创新能力，是未来发展的一个重要趋势。武汉市相继组建物联网、云计算、三网融合、3D打印产业技术创新战略联盟等，支持智能制造、新能源、大数据、物联网、云计算预算等新兴产业领域的技术研发与产业化，为技术自主创新能力奠定了有力的基础。其中重点支持的项目如“移动互联网大数据分析挖掘系统”“基于物联网技术的智慧城市多业务智能终端研究及应用示范”“基于云GIS的智慧城市社会管理与服务平台及应用示范”等，培育战略性新兴产业集群，极大地提升了武汉市文化协同创新能力。众多文化创意企业也针对各自发展领域，积极开展产业链、平台、体验等研发，这些产业主要集中于动漫游戏、数字文化服务、文化旅游和艺术品等新兴产业之中，有效地促进了新兴产业之间的联动发展，提升了文化创新能力。

二、互联网思维——推动武汉文化创意产业的转型升级

早在1973年，美国著名的社会学家丹尼尔·贝尔就在《后工业社会的来临》中提出了“后工业化”理论，在“后工业化社会”语境下，互联网思维应运而生并逐渐推动文化创意产业的转型、重构与升级。当前武汉市的文创产业发展正是在积极运用互联网思维，将共享、融合、创新等要素充分融入到经济发展当中，以产业和科技为支撑，不断探索互联网时代背景下文化创意产业发展的新思路、新模式，努力推进文化产业的转型与升级。

（一）多轮驱动：培育文化创意产业的“跨界模式”

文化科技融合有利于实现科技引领、文化提升的双向和谐互补效应。互联网的核心是信息的交互、联通，互联网思维中的跨界融合理念，使文化创意产业各行各业之间形成了紧密的联系，武汉市在“文化+科技”“科技+金融”“文化+旅游”等融合中进行

了“跨界模式”的探索。

1.“文化+科技”的跨界模式

2012年，武汉市借助东湖国家级文化科技融合示范基地为发展契机，积极推进文化科技融合示范工程建设。着力在文化资源挖掘利用与技术平台支撑之间寻求平衡，既重视“内容为王”，深入打造具有武汉特色的文化艺术品牌，也注重“平台为王”，大力提升科技创新能力，为文化创意提供多元化的支撑服务。互联网思维从根本上来说也是“创新革命”的思维。开创性、颠覆性、创新性，是互联网时代的首要原则——创意为王。[1]文化的核心即是创意。以武汉“汉秀”为例，在积极探索“文化+科技”过程中，汉秀剧场努力用各种技术手段去呈现大师的创意。汉秀剧场的最大特色就是对传统演艺模式的颠覆，并且不局限于对中西文化、各类表演艺术的表面融合，而是加入现代技术手段为表演支撑，从而完成了一项具有典型意义的互联网创意。通过揉合了音乐、舞蹈、杂技、高空跳水、特技动作等多种表演形式于演出之中，又借助声光电的运用，为剧场辅以量身定制的拥有可移动座椅的舞台建筑，形成了独特戏剧性的科技呈现。“汉秀”打破了传统的表演定义，以中西合并的方式，对娱乐文化作了最新的演绎，既传承了中国楚汉文化的精髓，又借助全球流行的“秀”文化为演出形式。从单纯的表演艺术业转型为数字文化产业，大大地增强了娱乐体验度，通过数字化技术和数字内容产业的延伸扩大了传统文化产业链的半径，有效地推动了文化创意产业的创新性发展。此外，武汉市东湖高新技术开发区从2014年起，每年出资5000万元，助推创意设计、动漫游戏、影视、数字教育及出版、新媒体信息服务、光影互动体验等文化和科技融合企业加快发展。武汉光谷将近五年的发展目标设定为“科技+文化”的充分融合，以科技激发文化产业内涵提升，转型升级。此外，武汉市还制定了实施“互联网+”产业创新工程“11711行动计划”[2]，以推动武汉市互联网与其他产业的深度融合发展。

2.“科技+传媒”的跨界模式

文化产业的发展很大程度上与文化传播力的大小相关。文化产业是以文化为主体，通过生产经营和市场运作而盈利，为消费者提供精神文化产品和服务，其商品的属性决定了传播的重要性。在互联网环境下，新型城市文化产业的发展利用数字化平台的搭建促进文化产品的多元化传播。文化科技的融合改变着文化传播的方式，

❶ 金元浦.互联网思维：科技革命时代的范式变革[J].福建论坛·人文社会科学版，2014(10):47.

❷ 武汉市“互联网+11711”行动计划：大力推进智能制造等11项“互联网+”产业创新工程，全面开展技术创新硬件突破行动等7项创新主体跨界创新行动，每年至少完成11个重点项目。

只有整体把握内容创造、生产、流通、传播的各个环节，才能赢得产业融合带来的价值红利。武汉市应借助高新技术支持，通过云计算、大数据、物联网等，对现有分布广、且构成复杂的文化资源进行合理集聚整合，优化资源传播。一方面，以长江新媒体公司为代表的媒体团队，不断引进国内顶尖人才对新媒体业务进行组织管理，同时汇聚高端专业人才加强自身互联网媒体团队的建设。通过打造以“九派传媒”为代表的新兴媒体，运用大数据技术，率先践行“新闻资产化运营”理念，以信息技术应用与资讯内容生产的深度融合，实现数据资产运营，形成跨界融合的媒体生态系统。另一方面，以武汉广电为代表的广电集团，借助移动互联网、云计算等技术搭建“一云多屏”的技术平台，通过整合资源，集合多平台载体，用多媒体手段完成多业务融合，以“三网融合”最终实现“三屏合一”。同时以内容为根本，技术为支撑，与国内知名大数据厂商合作，构建跨媒体全新空间，集中打造“长江新闻”的全国舆论平台。

3.“文化+旅游”的跨界模式

围绕旅游精品工程，武汉构建了“一大主题（都市文化体验）、四大支撑（滨江滨湖文化休闲游、都市文化体验游、商贸会展休闲游、江城动感娱乐游）、两大品牌（文化江城、休闲江城）”的文化旅游产品支撑体系，进一步凸显“大江大湖大武汉”城市主体旅游品牌。武汉出台了《关于建设国家旅游中心城市推进全市旅游产业升级的意见》，加快创建国家旅游标准化示范城市和智慧旅游试点城市，完成了智慧旅游大数据库、旅游安全应急智慧监控中心、智慧旅游体验中心等项目。全面完成旅游公共服务门户网站、旅游行业内部智能管理系统和旅游商务预订销售系统上线运营，基本实现重点景区、酒店无线网络全覆盖。同时，武汉市在旅游产业发展中还注重加强数字文化产业娱乐体验，通过数字化技术和数字内容产业延伸传统文化产业链，着力培养面向互联网和移动互联网的新型文化旅游消费模式。在媒体宣传平台方面，除传统权威媒体开展武汉旅游主题新闻宣传外，积极运用网络新媒体进行宣传，与国内知名门户网站合作信息发布，与境外网络机构开展栏目合作，开辟武汉旅游微信公众服务号；创新自有媒体平台，办好武汉旅游杂志，尝试与武汉电视台合作创办武汉电视台旅游频道等多种途径。

（二）智慧城市：建立互联网时代互联、共享的“信息通衢”

借鉴国内外智慧城市建设先进理念和成功经验的基础上，武汉市结合实际情况，以互联、感知、智能的泛在化为核心，明确了一个发展目标，即建设一套信息基础设施，构建三大核心体系的总体发展框架，初步形成了一个集行政管理、社会民生、公众服务等综合信息为一体的智能化协同信息系统，使“信息通衢”成为武汉市转型升级的新标志(见图4–4)。

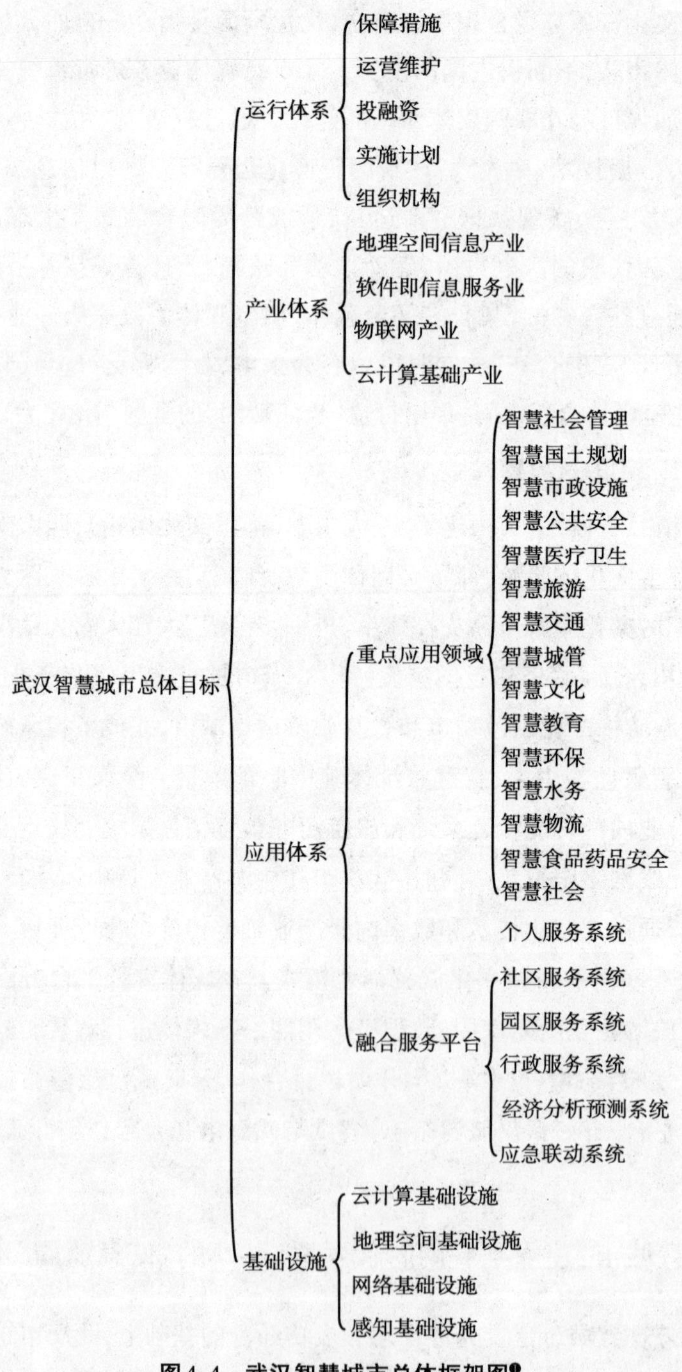

图4–4 武汉智慧城市总体框架图[1]

[1] 资料来源:《武汉智慧城市总体规划与设计》。

1.“三网融合”试点工作成效显著，智慧家庭建设快速发展

互联网时代，广大民众获得、接受、享有、参与公共文化服务的方式、渠道、载体正在发生迅捷的变化，武汉市以“三网融合”试点工作为契机，积极推动“三网融合”基础建设与平台建设，在公共文化服务形式的转型与升级方面取得了不少成绩。一方面，全面实施“光城计划”，切实推动武汉市信息基础设施的升级改造工程；另一方面，大力促进广电和电信运营商的合作开发，组建了武汉广信新媒体信息网络有限责任公司，积极开拓研发“三网融合”的核心业务平台，推动广播电视、网络和电信的融合，并进一步实现传统产业的转型与升级。自2014年起，湖北广播电视台与湖北电信合作“湖北广电ITV”正式上线放号，其“交互性”有效地建立起与受众的一对一联系，同时还能为用户提供一系列增值服务，极大地方便了市民生活，重新定义了数字家庭生活，并有效改善了市民的生活品质。2014年2月，武汉移动与武汉广电网络联合推出了“爱家套餐”活动，使市民能够自主地选择“三网融合”平台所提供的通讯、电视、互联网等各类服务。在后PC时代来临之际，武汉市进一步加快了数字(智慧)家庭体验建设，并搭建了项目实施单位间交流互动的平台，同时加强了视听娱乐等数字家庭核心业务与家庭健康医疗、安防、智能控制等外围业务的整合，不断提炼和优化项目的商业模式。

2. 互联网基础建设逐步完善，“中部软件之都”势头初显

武汉市近年来信息化基础设施发展逐步加快。在全面实施“光城计划”建设，光纤到户、三网融合、数字电视整体转换、集约化信息官网建设和“无线城市”建设等有机结合、整体推进的情况下，武汉市成为中国宽带互联网全国八大中心节点之一，中国新一代高速环网唯一的五环交汇地，已建成覆盖全市行政区域的全方位、多功能光纤传输网。2014年8月，武汉国家级互联网骨干直联点正式开通。武汉骨干互联点的开通彻底结束了武汉地区互联网用户跨网访问需绕行北京、上海、广州的历史，大大改善了网络的安全性能、访问速度和用户上网体验，进一步巩固了武汉在全国互联网中的枢纽地位、促进信息消费、提升武汉中部崛起战略支点的辐射功能。在软件与信息技术产业发展方面，“武汉·中国光谷”已经成为中国光电子产业的重要品牌，获批国家级知识产权实验区。武汉邮科院位列2016年(第30届)中国电子信息百强企业列第26，同时，长飞光纤荣列2016年(第29届)中国电子元件百强企业第12名；武汉邮科院和天喻信息以51.44亿元和13.47亿元位列2016年中国软件业务收入前百家企业第19和第98位；武汉达梦、中地数码、天喻信息、武大吉奥等企业进入

国家规划布局内重点软件企业。软件业发展迅速,以光谷为核心的“中部软件之都”势头初显。

(三)融合发展:树立文化创意产业园区发展的新理念

文化创意产业园是产业融合发展的重要载体。在互联网时代下,武汉市的文化创意产业园区结合发展趋势、迎合市场需求,逐渐形成了自身的特色,在文化创意产业进入“升级版”的转型与融合发展新阶段,文化创意产业园区开始了“互联网思维”下“融合发展”的探索。

1. 融入多业态运营理念,完善园区产业链

在园区主导特色明确的前提下,武汉市各产业园区适时融入多业态运营的理念,进一步完善了园区的产业价值链。例如,武汉新地标——“武汉客厅”的核心定位是中国文化博览中心,因此,武汉市在此定位上引入文化艺术品展示交易、影视创意产业基地、高端酒店会议服务、商业集群等功能,形成了全国首创的城市文化综合体。再如大型农民还建社区佛祖岭产业园,引入武汉高科集团公司“雅图中国·光影城”项目,2014年产值达到5亿元,在此项目的带动下,武汉光谷将逐渐形成高端显示、数字视频、投影技术的产业链。另外,楚天181创意产业园区也是在以“现代传媒为主体”的特色产业园区建设过程中,不仅以城市地域文化,打造武汉特色区域,还注重园区企业选取,其入驻企业都是附着在传媒产业链条上,企业涵盖传媒、建筑设计、创意科技等方面,通过完善的跨产业链条融合互动,形成高效的文化相关产业集群。

2. 融入市场消费理念,开发园区消费空间

由于互联网的发展,实体商场受到了较大的冲击,不少靠近商业区的产业园利用自身的聚集优势,融入市场消费的理念,进一步盘活线下消费市场,激发了园区的消费潜力。2015年“光谷创业咖啡”成为年度中国文化创意产业最受关注的十大创客中心之一,楚天181文化创意产业园、汉阳造创意产业园上榜“中国文化产业园区100强”名单,分别位列第48位和第60位。由原武汉轻型汽车厂老厂房华丽“转身”的江城壹号,利用自身“时尚文化创意”的特色优势,聚集了娱乐休闲、购物美食等消费商家,再一次完成了从园区建设到园区经营转变。此外,武汉中央文化区以楚河汉街为脉络的商业消费聚集带,形成了巨大的商业消费市场,特别是2014年汉秀剧场和电影乐园的开业,进一步开拓了区内的消费市场空间。

3. 融入生态、智能理念，形成“智慧园区”模式

身处变革转型时期，武汉市在园区发展过程中找准了未来园区发展的方向——生态、智慧。2014年，中秀文创园在洪山区青菱都市工业园开工，其规划以产业生态为理念，生产性研发、创意性服务、文化创意办公以及文化创意体验良性互动为基础以弘扬传统汉绣文化。同时，采用数字化、智能化、网络化、互动化的园区管理系统，成为了从“制造”转变为“创造”，集生产、研创、总部为一体的高附加值和高科技含量的文化创意产业园。光谷金融港“智慧园区”建设则是通过无线信息统一系统整合内部信息资源，实现了商流、办公流和信息流的一体化。2014年9月，武汉软件新城与IBM公司签约，计划通过大量引入和应用云计算、物联网等智能技术，在武汉软件新城打造国内顶尖“智慧IT园区服务体系”。

三、武汉“互联网+文化创意产业”融合发展的思考

“信息技术革命引发生产力、生产关系和生产方式的变革，正在形成新的文明范式。”这种新的文明范式，正是日益重要的互联网思维。而一旦互联网思维上升为一种思维形态、一种影响时代的科学范式，它就具有普遍认识论意义，会对所处时代的经济政治文化社会实践提供一种全新的阐释，并发生重大影响。[1]互联网思维是新技术革命与文化创意产业的融合创造，也必将成为后工业化时代经济发展的制胜关键。

（一）互联网语境下武汉文化创意产业的路径选择

互联网思维背景下，需要政府和企业按照时代的进步和现实的发展情况对传统的发展模式进行创新甚至是颠覆，对文化创意产业发展思路、方法、战略和社会化发展进行重构，完成文化创意产业价值链的转型升级。

1. 利用互联网思维重构文化创意产业价值链

过去的文化创意价值链盈利模式往往是销售，大部分文化企业的核心竞争力和商业模式很不清晰，不少企业片面地将互联网思维理解为营销思维。但是，产业互联网化在经济转型过程中改变的已不仅仅是产业销售体系，还包括整个生产体系、流通体系、融资体系、交付体系。因此，企业需要重新思考文化产品的生产流程、服务模式和业态形态，通过互联网技术整合产业链上下游资源，发挥“信息流”的作用，在研发、设

[1] 金元浦.互联网思维：科技革命时代的范式变革[J].福建论坛·人文社会科学版.2014年(10):48.

计、生产、销售、服务等环节都重新发掘盈利模式,将价值链功能不断完善。

2. 借助大数据开拓文化创意产业的广阔市场

从一个文化创意的诞生到文化产品的生产、推广、销售存在着巨大的投资风险,如何降低风险是文化创意产业亟需解决的问题。在互联网时代,随着全球数字化、网络宽带化,互联网应用于各行各业,累积的数据量越来越大,可以利用大数据的预测确定某一文化产品是否可以被广大消费者接受以及可能的商业价值,从而促使企业将原有的金字塔结构扁平化,更有利于了解用户的需求,开拓广阔的有针对性的文化市场。因此,大数据将会成为影响文化创意产业乃至整个国民经济发展的话语形式,它既是文化创意产业未来发展潜力巨大的一个领域,同时也能实现文化内容按需定制、推送,帮助企业对用户浏览、喜好、购买、评价、社交等行为进行深入的数据分析,形成对客户的动态预测和把握。同时还能利用PC端和移动终端的数据推送,让消费者对产品产生情感和期待,并通过用户的反馈信息来调整产品,让受众获得极致的体验。

3. 利用信息互联共享实现文化传播的均衡化和泛在化

智慧城市是一个信息全面共享的城市,只有各类信息、数据、服务在共享平台实现整合,才能为城市产业发展建设提供最强有力的指引。在互联网语境下,文化产品已经以信息、通信方式、品牌产品、金融服务、媒体产品、交通、休闲服务等形式遍布各处,文化产品不再是稀有物,而是横行天下。[1]因此,需要对大量丰富的文化资源进行汇聚整合、筛选,完成数字化,实现其信息化的传播。在网络基础建设完善的条件下,超越固有的实物传播方式,为市民提供更为均衡化和泛在化的公共文化传播方式。同时,通过云数据资源共享平台还能够对资源进行深度整合与共享,为文化创意产业提供综合信息服务,从而优化文化资源传播的配置。

(二)互联网时代武汉文化创意产业的发展模式

1. 大力发展智慧产业集群,引领武汉市经济转型提升

智慧产业是基于信息技术创新和应用培育发展起来的产业,其知识技术密集、物质能耗少、发展潜力大、综合效益好的特点契合了未来产业的发展方向。2012年世界银行对中国经济结构预测,从2016年起,中国的服务业占GDP比重将会过半,以高新技术为引导的服务业将成为经济发展绝对主导。因此,武汉市不仅需要大力发展文

[1] [英]斯科特·拉什,西莉亚·卢瑞.全球文化工业[M].要新乐,译.社会科学文献出版社,2010.

化创意产业，更应该以智慧产业集群为目标，进一步推动武汉市产业的全面升级。目前，武汉市有超过800家高新技术服务企业，涵盖信息技术服务、研发设计服务、知识产权服务、科技成果转化服务、电子商务服务等各个方面。随着互联网、物联网、大数据和云技术的逐渐完善，武汉市高新技术企业应该朝着“建立适应智慧城市发展的创新型产业体系”为目标，以各行业的龙头企业为引导，形成智慧产业的集群效应。与此同时，文化科技融合的“一区多园”示范体系也应融入智慧、智能发展理念，适时调整内部产业结构，朝着新兴业态产业的发展。应不断完善智慧化服务、智慧城市产业链，引领武汉市智慧产业的建设，完成武汉市经济的进一步转型与提升。

2. 充分利用人才、科研孵化优势，建立协同创新的“光谷模式”

创新创意是文化产业的核心，也是互联网思维的要义。武汉市高校科研力量雄厚，除众多高等院校外，还拥有56个国家级科研机构，1个国家实验室，13个国家重点实验室，14个国家工程技术研究中心，4个国家企业技术中心，“中国光谷”已名声鹊起，成为全国科技创新的重要基地。在文化产业协同创新方面，与北京京津冀知识创新模式、上海长三角跨国联合创新模式、深圳珠三角企业创新模式不同，武汉中三角应该将本土科教资源和企业发展结合起来，并联合孵化器，可建立本地协同创新的“光谷模式。”

“光谷模式”可将学校、孵化器和创意园区联系起来，辅以各类创新政策和人才计划，从而形成从创意到企业的连级跳模式。（如图）并可将此类协同创新模式进行推广，在全市范围内形成创意联动的效应。

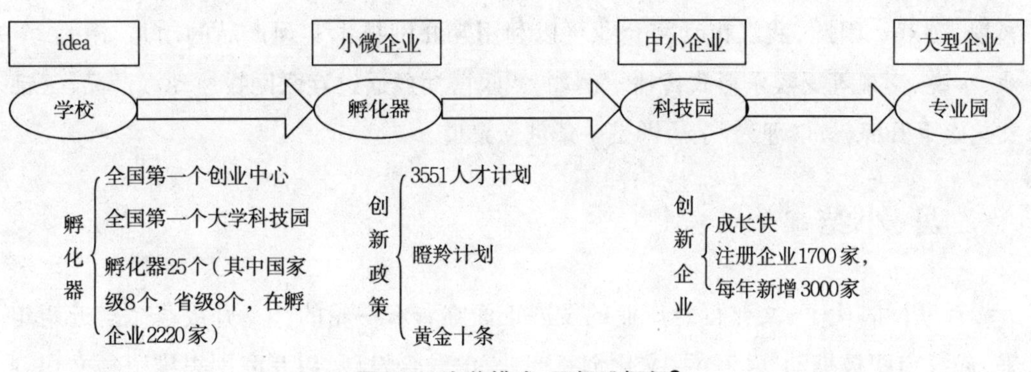

图4-5　光谷模式：四级跳框架[1]

---

[1]资料来源：《武汉2049远景发展战略规划研究》。

“光谷模式”可依托行业龙头企业、高校或科研院所，联合行业企业、高校、院所等科研机构，以契约形式形成联合开发、优势互补、利益共享、风险共担的技术创新合作组织，能够整合产业技术创新资源，引导创新要素向企业集聚，有效提升企业创新能力和产业核心竞争力。在互联网建立的“互联互通”发展条件下，“光谷模式”可以助推武汉市各个地区和领域创新发展思路，实现文化创意产业发展的创意联动。

3. 坚持“融合发展”路线，推动从“单一”向“联动”的转型

融合发展是文化创意产业3.0时代的主要特征，随着互联网技术的发展，未来这种融合趋势还会加速。大力促进文化创意产业和智慧城市建设、金融等相关产业融合发展，是武汉市发展的一个重要方向。首先，文化科技融合可以与智慧城市建设联动，推动城市公共文化服务的创新能力。文化科技融合是文化产业与文化事业发展的核心驱动力，而智慧城市建设既能为文化创意产业发展提供便利的基础，又是文化创意产业发展的重要组成部分。因此，武汉市可以在智慧城市建设过程中融入文化服务和科技创新元素，在文化创意产业发展的同时考虑智慧城市的规划与发展需要，通过互通、联系的思维，形成全局效应，将微观角度和宏观规划联系起来。其次，可利用金融支持加快文化创意产业的发展速度。一是加强金融机构和文化创意产业之间的联系，通过银行等信贷单位为文化创意产业发展提供有力的资金支持；二是利用互联网众筹理论，释放民间投资的活力。因此，武汉市应该继续推动民间资本进入文化创意产业，形成互联网时代的众筹思维。再次，利用“泛娱乐”意识谋划文化创意产业的内容布局。互联网特别是移动互联网让文化产品的创造者与消费者之间产生了紧密的互动，这就有利于某一文化产品通过互联网媒介延伸传播，例如从文学、动漫到影视、游戏。因此，武汉市动漫企业可以利用互联网技术实现产品的动画、漫画、游戏、小说、影视等泛娱乐形式传播。例如，武汉博润通通过互联网投放动漫产品，银都文化旗下开辟《最推理》等杂志即是一条创新渠道。

四、小结

互联网时代下，文化创意产业的发展正面临着新一轮的转型升级革命。近两年来，武汉市积极推动“互联网+文化创意产业”的融合发展，以互联网思维引领文化创意产业的转型升级，通过机制体制创新，深入实施“互联网+”产业创新等工程，激发了文化科技创新动力，释放了文化资源要素配置活力，使文化创意产业得到了较迅速的发展，有效推动了文化创意产业的转型升级。然而，在快速发展中仍存在系列问题，

如“互联网+”产业的融合度不够，融合发展仍存在瓶颈，规模效应尚未凸显，缺乏知名品牌，特色不突出等。武汉“十三五”规划中明确提出要“加快建设具有强大带动力的创新型城市和国家中心城市”战略目标，将大力培育新的经济结构，强化新的发展动力，重点围绕建设具有强大带动力的创新型城市和全球影响力的产业创新中心，推进战略性新兴产业、现代服务业、产业创新能力、市场主体“四个倍增”，努力实现经济发展结构升级和动力升级。这一战略规划将为武汉文化创意产业的发展带来新的契机，进一步推动“互联网+文化创意产业”的融合发展，有利于提升文化产业竞争力，增强城市文化软实力，促进“复兴大武汉”战略目标的实现。

互联网视频网站用户黏度提升策略探究

——以芒果TV独播为例

中国传媒大学文化发展研究院　倪嘉玥

一、研究背景

互联网革命催生的是碎片化的时代，也是娱乐泛化的时代。视频网站的崛起更是让大众的休闲娱乐不再局限于电视的单向输送和定时播放，丰富的视频内容和多样的平台选择使用户具有更大的自主性和依赖性。根据艾瑞网的数据分析显示，2014年我国大陆用户日均使用数字媒体的时间占比首次超过了电视媒体，到2015年该比例更是超过了50%，其中又有1/3是视频内容贡献的。2015年中国在线视频行业市场规模将达到368亿，同比增长50.2%。由此可见，视频网站正处于蓬勃发展的态势，且仍具有很大的发展潜力和发展空间，但与行业繁荣相伴生的还有激烈的竞争以及用户的争夺。

随着新媒体的冲击和用户行为习惯的转变，传统媒体纷纷寻求基于互联网思维的模式转型。一些有着广电背景和一定收视群体支撑的视频网站也于在线视频行业站稳了脚跟，并且日渐呈现出与新媒体基因的视频网站相抗衡的强势局面。无论现阶段各大视频网站的发展孰优孰劣，究其根本仍旧是对用户资源的争夺和保持，但视频用户又由于互联网赋予的自主性具有很大的不确定性和随意性，因此，如何在用户导向的互联网视频行业赢取用户青睐的同时又增强用户黏度显得尤为迫切。现阶段，优质内容虽然仍是吸引用户的主要原因，但平台的特色化和技术的更新速度等因素也不断影响着用户的选择，好的视频网站更是向着全面、高效、优质、友好的平台建设迈进。

二、我国互联网视频网站发展现状

（一）宏观环境分析

1. 加速的行业整合

互联网视频网站在经历了高速发展期后现已迈入平稳时期，市场接近饱和，即使是处于行业前列的网站也纷纷通过横向整合来应对激烈的竞争和发展的梗阻。2012年优酷、土豆这两个位列视频网站前两名的公司宣布合并，引发了行业的关注和热议，其良好的发展态势也让同行看到了合并带来的希望。自此，中国视频网站的并购热潮就一直未曾消退，短短几年时间内视频网站数量缩水近90%。

2. 严格的政策规范

2014年国家新闻出版广电总局下发《关于进一步加强网络剧、微电影等网络视听节目管理的通知》，要求从事生产制作网络剧、微电影等网络视听节目的机构，应依法取得广播影视行政部门颁发的《广播电视节目制作经营许可证》；个人制作并上传的网络剧、微电影等网络视听节目，由转发该节目的互联网视听节目服务单位履行生产制作机构的责任。此外，2016年2月国家新闻出版广电总局开始对网络剧实行线上线下统一的审查标准，网络自审审查员要经过总局培训考核，自审后播放引热议的剧目将会由专家审核团队进一步审查，并将实行24小时不间断监看模式等。

（二）平台建设分析

1. 多屏无缝对接

与互联网视频网站同步发展起来的还有终端的屏幕革命，从单一的PC端到现在PC、手机、平板、电视的四屏融合，用户观看视频的行为习惯也随着技术的革新不断改变。多屏的无缝对接不仅占据了互联网用户的整块闲暇时间，还极大地利用了用户的碎片化时间，无线网络的广泛覆盖、移动数据的普及以及一云多屏技术的诞生使得用户可以跨越空间和时间的限制来享受视频网站平台带来的丰富的内容和人性化的互动体验。

2. 全产业链打造

互联网视频网站在经过10年的争夺之后，仅存的少数企业也开始认识到连年亏损的关键在于单纯的视频播放平台并不具备足够的“揽客”能力，优质内容的溢价空间要远比构建平台大得多。因此,几乎所有企业都在谋求打造全产业链,涉足上游的内容制作环节,并将触手伸向终端设备的开发。乐视更是率先形成了一个"平台+内容+终端+应用"的"乐视生态",在视频网站行业开启了新的发展浪潮。

3. 交互体验升级

交互体验是互联网各类产品都十分重视的用户体验内容,用户每一次操作时的网络环境和所得结果都会极大地影响用户体验。因此,对于互联网视频网站来说,交互体验也从原来的关注用户简单的浏览、搜索和时移行为,升级成对受众与平台的交互、生产者与受众的交互以及受众与受众的交互的关注。在此基础上诞生了弹幕经济、视频购物等新兴现象,其本质上仍然是对用户行为偏好进行精确划分,从而提升用户的体验感。

(三)内容制作分析

1. 版权博弈激烈

我国互联网视频网站在发展之初就是通过在版权市场用资金血拼,外购优质内容来做大用户规模,UGC模式虽然一直存在,但始终因为缺乏分享自制的氛围而难成气候。版权内容强大的明星效应和话题性让视频网站始终将其作为战略航标,不惜斥巨资来独揽优质版权。视频网站的版权意识也在逐年提升,越来越多的视频网站开始关注自身拥有的独家版权的存量,热门IP的版权价格更是水涨船高,引发行业内激烈的争夺。

2. 自制内容崛起

从2009年土豆推出的自制剧《Mr.雷》开始,我国互联网视频行业开始进入火热的自制时代,短小的形式以及低廉的制作成本让很多企业都看到了自制内容的希望。自制内容从最开始的电视剧发展到了电影、纪录片以及现在炙手可热的自制综艺,更有一些反响热烈的自制内容开始向电视台反向输入。自制内容的优势让越来越多的视频网站将其纳入自身发展计划的重点之中,也让在线视频行业呈现出异彩纷呈的市场氛围。

3. 专业团队加盟

在互联网崛起而传统媒体受到倾轧的同时,很多传统媒体的人才开始向新媒体行业涌流。同样,在线视频行业也迎来了一批专业团队的加入。爱奇艺在2014年吸收马东、高晓松、刘春三人并启动"爱奇艺工作室战略",三人不仅为爱奇艺带来了人气,也提供了近30项自制内容项目。其主打自制节目《奇葩说》的制作团队是央视《喜乐街》的原班人马，新锐总导演牟頔带着她的队员在加盟爱奇艺的同时也为该平台带来了巨大的品牌价值。

三、我国互联网视频网站提升用户黏度存在问题

（一）外购资源同质化，缺乏用户吸引力

从现在的市场状况来看，视频网站外购的资源都存在着极度同质化的倾向，由于版权成本的飙升，热门内容会同时在多家网站播放；而《爸爸去哪儿》《我是歌手》《奔跑吧兄弟》等现象级内容的热播也让视频网站纷纷抢购类似内容的网络播放权，企图以较低的成本和热门题材来争夺用户流量，却往往因为没有足够的话题热度和突出优势而缺乏吸引力，用户对这类“山寨型”内容也较为反感，从而降低对该平台的使用黏性。

（二）自制剧质量参差，受众期望值不高

近年来，自制剧成为网络视频行业的潮流，并不断有一些小众IP被改编且获得较好反响。《无心法师》《灵魂摆渡》等自制剧极大突破了传统电视剧的题材范围，收获了一定的粉丝群，为自家网站赢得了一定的口碑。但仍有众多自制内容因为缺乏专业制作经验和技术质量欠佳，甚至靠低俗、恶搞、极具争议性的话题来博取眼球，最后只能自食恶果，长此以往，观众会丧失对网站的信任度和期望值。

（三）广告投放太生硬，增加观众痛苦值

国内视频网站的广告投放已经无处不在，不管内容质量的好坏，片头的长时广告始终一秒不落，现已发展到即使离线缓存，仍会将广告一同下载进终端；此外，一些热门剧集播放中段更是会多次插播广告，近期大热的韩剧《太阳的后裔》中国版中靠PS技术硬性植入的饮料广告引发了网友吐槽。但我国视频网站却仍然面临着广告费用逐年下滑而入不敷出的窘境，只能通过延长广告时长来弥补成本，但这做法往往增加了观众的痛苦值，对网站提升用户黏度来说并不是一个乐观的境况。

（四）平台定位不清晰，用户忠诚度较低

目前很多网站都在通过走差异化路线来占据市场高地，乐视主推赛事直播，搜狐

着重引入美剧资源，爱奇艺、优酷把视线转向原创内容，但由于受众始终有限，很难以此来支撑整个播放平台。此外，当遇到热门资源时各大视频网站又会极力争夺，最终导致网站的定位并不清晰，内容鱼龙混杂。

四、互联网视频网站用户黏度提升策略实证分析

基于当下视频网站的发展现状来看，优化用户体验和平台专业性的核心问题就是提升用户黏度。因此，在该行业中选取合适的成功案例，对其提升用户黏度的策略加以分析和整合就显得更为迫切。自湖南卫视实行节目不对外分销、一律独播的战略以来，芒果TV在我国视频网站行业中的地位一路飙升，在体现用户忠诚度和含金量的两大核心指标中遥遥领先。据艾瑞网11月iUserTracker数据显示，2015年1月—10月，芒果TV人均单日浏览时长均位居视频网站第一位，并创造了行业新纪录，成为首家人均单日浏览时长超过1小时的视频网站（如图4-6），充分体现出用户对芒果TV的超强粘性。在用户含金量方面，芒果TV月度覆盖人数、日均覆盖人数（万人）等各项指标女性占比均达到50%以上，是唯一一家以女性用户为主的视频媒体。另外，在品牌广告主最为看中的受众年龄结构指标上，芒果TV19至24岁月度覆盖人数占比39.59%，高居行业第一，年轻化用户优势明显。因此，选取芒果TV作为本文的实证案例，也让本文的研究更加有据可依并且更有说服性。

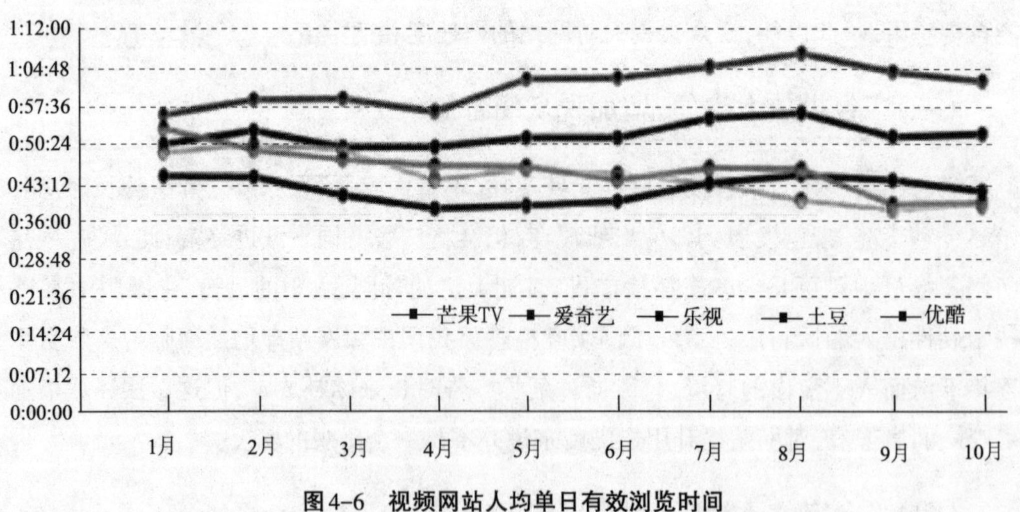

图4-6 视频网站人均单日有效浏览时间

数据来源：比特网（http://net.chinabyte.com/26/13646526.shtml）。

（一）用户导向策略

1. 明确受众定位，打造个性化品牌

对于互联网视频网站来说，大范围的吸纳和维持各年龄层各职业的用户几乎不太可能。用户的多层次会造成网站内容的无针对性和杂乱性，而用户行为的惯性又倾向于对内容和形式更符合自己身份特征和个性特点的视频网站。因此，视频网站的首要制胜关键就是打造与自身受众特点相契合的独一无二的行业品牌，从而留住用户，提升用户黏度。

芒果TV以年轻化、青春式、女性化的受众定位打造独特的“芒果式”娱乐生态圈。其网页和App基调都是鲜艳的明黄色，LOGO更是将TV融合芒果的M，页面设计简洁明了又不失时尚触觉。播出内容也深度契合品牌内涵，“钻石独播剧场”和“青春进行时”所播出的剧集都是以极具热度和话题度的明星为主角，打造古装偶像和青春偶像，并且所选题材也多贴近年轻观众喜好，为用户提供优质内容的同时也加深了用户对网站的记忆度。

2. 精准数据分析，定制专属性体验

视频网站运用大数据对用户进行精准的分析已经不再是新鲜事，从Netflex的大数据实践开始，用户在互联网上的任何行为都会被一一记录并形成对个人的立体化分析和重塑。

芒果TV同样很注重对受众接入端的分析，无论是从百度搜索进入还是话题互动中进入都会有相应统计，并根据各接入端的频次有针对性地进行营销。而用户的会员注册信息、时移功能使用情况以及播放记录、收藏节目单都会形成一个用户的信息库。2015年芒果TV还与正点闹钟合作，依靠正点闹钟的大用户量和订阅功能来引流，获得更多用户的青睐。

3. 引领用户互动，构建互联网社群

视频网站用户体验的好与坏一方面取决于平台的设计、硬件以及流畅度等因素，另一方面则是取决于用户在这个平台上的互动感。用户是信息的接受者和传播者，是信息传输的中心环节，用户在视频网站上进行的每一次互动都是信息的有力传播。因此，视频网站通过一些策略为用户构建一个互联网社群，社群间的交流不仅能够对用户进行“捆绑”，提升用户对网站的忠诚度，还能让网站自身的一些信息搭载这些互动进行更大范围的传播。

2015年8月在芒果TV播出的一档综艺节目《完美假期》开创了国内全时全景直播真人秀的先河，进行90天内24小时不间断直播，实现芒果TV全平台无缝覆盖，并且推出可支持超过200万人同时在线双向互动的“818聊天室”。在此节目中用户成了“上帝视角”，用户的行为可以影响节目内容，也可以决定选手的去留，观看《完美假期》更像是参与了一场自我设定的“明星养成记”拍摄。节目播出3个月就创下了网络直播同时在线人数285万的巅峰流量，同时节目总点击量突破8亿。

（二）内容整合策略

1. 打造优质IP，发挥版权优势

在“内容为王”的互联网时代，视频网站的一个重要策略是降低渠道的可代替性，而互联网赋予用户的极大自主性又决定了用户是跟着内容走的，而不是平台。因此，当某一网站的内容优质且独家时，用户黏度自然就会上升。

芒果TV的独播战略极大冲击了视频网站的版权市场，这也意味着湖南卫视大量优质的节目和剧集资源将不再共享，而这一部分资源将带走极大的用户流量。以《湖南卫视》自制综艺《快乐大本营》《一年级》为例，经过测算，在版权回收后，《快乐大本营》单集浏览量平均为上一年的10倍，视频贴片广告收入约为800万元；《一年级》的贴片广告收入为1.21亿，这与2013年湖南卫视2亿元打包出售《快乐大本营》《天天向上》《爸爸去哪儿》版权给爱奇艺相比，收入提升明显。

芒果TV与其他视频网站相比，极少有版权的困扰，也不用担心优质内容的缺乏，光是《我是歌手》《爸爸去哪儿》《全员加速中》等几档现象级节目就能给网站带来极高的人气，其2016年的电视剧播出计划更是显示出在节目资源和版权方面的极大优势。

2. 开发独立业务，扩大直播领域

视频网站的外购内容往往是承接电视台的播出内容，因此具有一定的延迟性，但用户的需求却是无止境的，时间上的延迟让更多网民希望能够消除时间差。因此芒果TV就抓住了这个机遇，于2014年着手打造独具特色的芒果Live Show直播专区。这一特色内容专区至今已经连续举办了包括大型音乐会、演唱会、歌剧、颁奖典礼、体育赛事等风格多样的节目内容（见表4-1），采用高清直播技术，在画质和音质上都还原现场实况，在全国范围内实现无时差、跨地域、全覆盖的大屏高清同步直播，为用户提供全新的视听服务。

芒果TV的直播专区不仅让原有的用户群体获得了更多样极致体验，也广泛吸收

了一些特定的用户群体，特别是网站音乐O2O产业链的构建让更多音乐爱好者也成为了芒果TV的粉丝群，当直播体验和独家渠道融合在一个平台时，用户在选择时的倾向性就会更强。

表4-1　2015年7月—2016年2月芒果TV直播节目（作者自创）

类别	时间	直播节目名称
晚会	2016年2月22日	湖南卫视元宵喜乐会
	2016年2月2日	湖南卫视小年夜春晚
演唱会	2016年3月25日	黄致列长沙歌友会
	2015年12月31日	2015—2016卫视跨年演唱会
	2015年12月14日	ELLA-陈嘉桦WHY NOT圣诞演唱会
	2015年11月28日	郝云2015北京冲动演唱会
	2015年9月9日	首尔国际电视节OST演唱会
	2015年8月1日	华晨宇“火星”演唱会
	2015年7月25日	白举纲北京演唱会
颁奖典礼	2016年1月11日	第73届美国电影电视全球奖
	2016年1月7日	人民选择奖颁奖典礼
	2015年12月30日	韩国MBC年末演技大赏
	2015年12月28日	韩国MBC年末歌谣大祭典
	2015年11月23日	全美音乐颁奖礼
	2015年9月11日	第十届首尔国际电视节颁奖典礼
比赛	2015年12月20日	世界电子竞技大赛全球总决赛
	2015年12月11日	英雄联盟全明星赛
	2015年10月19日	翼装飞行世锦赛
	2015年9月19日	英雄传说拳王争霸赛终极之战
发布会	2016年3月30日	《武神赵子龙》开播发布会
	2015年10月26日	《全员加速中》发布会
其他	2016年2月17日	《我是歌手》第四季·歌手直播间

3. 衍生产品衔接，填补流量空白

视频网站用户黏度低造成的一大困境便是流量的“过山车”现象，受众网站往往会因为一部热门综艺或电视剧的播出流量到达顶峰，但一旦播完了流量就会急转直

下,很难维持平稳的状态,因此,如何弥补平台内容的“空窗期”就成了视频网站需要考虑的一大问题。

芒果TV深刻认识到这一问题的重要性,并在热门IP的基础上进行相关衍生产品的开发。在每集《我是歌手》的正式播出之前播放《备战T2区》,让粉丝看到歌手前期准备的状态和小插曲,之后的《歌手相互论》又让观众看到歌手在舞台下的性格和趣事,使歌手更具有亲和力,此外还有《歌手直播间》《我们的歌手》等版块来弥补正片播出前后的流量空白,做到了真正的综艺节目丰满化、立体化。

(三)营销推广策略

1. 绑定明星效应,综艺剧集组合营销

粉丝群是互联网视频网站营销推广的主要对象,虽然视频网站的受众也包含一些不定期访问的用户,但最为重要的策略是维持现有粉丝的黏性,提升潜在用户的依赖性。

芒果TV有着湖南卫视带来的强大粉丝基础,无论是主持人、演员还是导演都拥有一定的人气热度。因此当大量的明星和该平台绑定时,粉丝都会有更大的意愿来长期使用该网站。此外,湖南卫视的两档实力综艺节目《快乐大本营》和《天天向上》都会对正在或即将播出的综艺和剧集进行宣传,一方面,两档节目多年积累的观众群会有很大的传播效应,另一方面,前来宣传的明星又会为该节目带来更多的收视率和点击量。

2. 密集生产话题,提升品牌节目热度

新媒体用户的主动性在互联网社会化的过程中会受到一定程度的抑制,当热门话题、排行榜等社会化信息传播机制出现的时候,用户接触信息的范围往往会被缩小,加上闲暇时间的耐心欠佳以及注意力难以集中等特点,用户很容易受到这种先入为主的传播机制的影响。因此,在微博、微信等社交媒体被广泛使用的情况下,利用热门话题来博得关注度和热议是一种很好的宣传手段。

芒果TV在其几大现象级综艺节目中就把话题营销做到了极致,《爸爸去哪儿》中的“守护贝儿健康成长”“国民小男神费曼”“遇到Joe就嫁了吧”“补刀神爹陆毅”等和节目内容紧密相关的话题一度成为网友关注焦点。而《我是歌手》则多是通过一些争议性话题来引发网友的热搜,如“歌手耍大牌换歌引洪涛不满”“孙楠临时退赛,汪涵实力救场”“现场观众表演力丰富”等,热门话题的背后给芒果TV带来的是飙升的点击量和更大的品牌知名度,可谓是名利双收的策略。

3. 打破平台界限,行业合作跨屏营销

在视频网站与购物平台合作发展的新趋势下,视频电商逐渐开始兴起。新媒体用户行为的惯性促使其打开的网站和客户端、浏览的对象和区域都相对稳定,因此,平台对于用户的绑定使其具有一定的路径依赖。视频电商将用户惯常使用的两种平台结合在一起,让更多人在观看视频的同时也能够即刻购买明星同款,这样的便捷性和人性化进一步提升了用户的黏度,也使得两种平台能够进行用户共享,极大增加了视频网站的流量。

芒果TV在《爸爸去哪儿》第二季中与淘宝合作,推出“边看边买”的主题活动,每集播放时视频中都会出现星爸萌娃穿着打扮、日常用品、游戏玩具的同款链接,并且淘宝旅游还推出了节目录制点的同步旅游预订活动。

五、结论

互联网视频网站的用户黏度的高低虽然很大程度上取决于用户行为习惯和取向偏好,但视频网站仍然能够通过一系列策略来引导或改变用户的体验和习惯。

综观芒果TV的独播战略以及现下热门视频网站的用户策略,在横向整合中扩大平台的影响力,拓展延伸产业链,涉足内容的制作、平台的优化以及终端的开发,打造包罗万象的视频“生态圈”是目前视频网站的发展趋势,并且具有很大的发展潜力。与此同时,互联网用户将进一步成为视频网站每一步战略的核心,用户黏度的提升将在网站的未来蓝图中占据更大的比重。因此,对这一领域的研究还需更加深入和全面,希望本文的论述能为互联网视频网站用户黏度的提升带来一定的借鉴和思考。

电影产业IP转换的问题分析与建议

——以网络文学电影改编为例

华东政法大学人文学院　孟　娜

引言

如今，随着科技的迅速发展，互联网环境下的电影产业也发生了许多变化。在众多互联网公司构建“泛娱乐”战略布局的社会背景下，催生出了文学、影视、游戏、动漫等多个文创领域为主要代表的产业联动发展形态。在生产和传播过程中，越来越多的电影主体抓准互联网资源，不断实现新的配置和整合。其中，在电影史上，对于文学的改编已经是一种常态，成功的改编案例也已经层出不穷。但是随着互联网的发展，不同主体、不同资本、不同形式的多元化开发，使电影开发不仅停留在对文学作品的改编，而是拓展到多个领域，成为一种多元跨界的合作现象。于是，人们逐渐重新提起一个词语——IP电影，并使之成为2014年中国电影圈最为热门的现象级话题。

IP，全称为“Intellectual Property”，意为“知识产权”。从法律角度来讲，知识产权包括三大权利：专利权、商标权和著作权。按照著作权法规定，著作权项一共分为17项，人身权项包括发表权、署名权、修改权和保护作品完整权；财产权项包括复制权、发行权、表演权、信息网络传播权等12项权利。如今，人们常会提到一首歌，一部网络小说、一部广播剧、一台话剧，或是某个经典的人物形象，哪怕只是一个名字、一个短语，把它们改编成电影的影视版权，就可以称作IP。而这里的IP问题指的则是著作权中的改编权。

近年来，随着《小时代》系列作品上映后取得的高票房现状，带动了众多IP类电影扎堆开拍和上映。其中包括改编自小说的《盗墓笔记》《三体》《何以笙箫默》等电影；

改编自歌曲的《同桌的你》《栀子花开》等电影；以及改编自话剧的《夏洛特烦恼》《十二公民》等电影，它们都取得了一定关注度和票房号召力。于是，在利益的驱使下，越来越多的制作公司开始争相购买IP，这使电影市场中充斥着改编的影子，也把“IP电影”推向了风口浪尖。

有人认为IP电影热是中国电影商业创作模式成熟的表现，象征着中国“IP时代”的到来。但也有人担忧，认为这是对于IP过度商业开发的表现，背后实际上是资本的运作游戏，这将使电影市场越来越缺失原创力。本文主要围绕解决厘清IP的理论内涵，分析IP电影开发的现状，以网络文学改编的电影为主要研究对象，分析以网络文学改编的电影现状、问题和建议，反思中国电影IP开发过程，从而得到启示。

一、相关概念界定

（一）“泛娱乐”

2011年7月，腾讯公司副总裁程武在中国动画电影发展高峰论坛上，在行业内首次提出“泛娱乐”的战略构思，并于2012年3月在UP2012腾讯游戏年度发布会正式宣布推出“泛娱乐”战略。程武将“泛娱乐”战略定义为以IP授权为轴心、以游戏运营和网络平台为基础的跨领域、多平台的商业拓展模式。2014年4月，在UP2014腾讯互动娱乐年度发布会上又对“泛娱乐”战略进行全新阐释：基于互联网与移动互联网的多领域共生，打造明星IP的粉丝经济。[1]

另外，“泛娱乐”这一概念被文化部发布的《2013年中国网络游戏市场年度报告》和《2014年中国网络游戏市场年度报告》，以及新闻出版广电总局发布的《2014年中国游戏产业报告》等多份部委报告多次提及。[2]其他互联网公司如小米、华谊、阿里数娱、百度文学、艺动、通耀、360等企业纷纷将“泛娱乐”作为公司战略大力推进。于是，“泛娱乐”在2015年被业界公认为“互联网发展八大趋势之一”。

[1] 腾讯互娱关于“泛娱乐”的那些事[EB/OL].(2015-3-25)[2016-9-15].http://games.qq.com/a/20150325/074233.htm.

[2] 程武，李清.IP热潮的背后与泛娱乐思维下的未来电影[J].当代电影，2015(9).

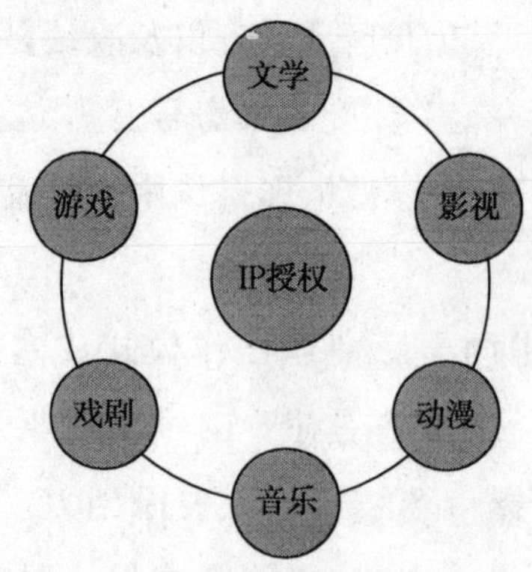

图4-7　以IP为核心的泛娱乐布局

由图4-7可知，"泛娱乐"是以百度、阿里巴巴和腾讯（简称BAT）为首的互联网公司提出的一种战略，可以将其理解为文化产品的融合现象。人们发现文化产业中游戏、文学、动漫、影视、音乐、戏剧可以不再孤立发展，而是可以协同打造同一个明星IP，构建一个知识产权新生态。于是，围绕IP为核心的横跨游戏、文学、音乐、影视、动漫等互动娱乐内容逐渐增多，"明星IP"成为泛娱乐产业中连接和聚合粉丝情感的核心，以IP为核心的泛娱乐布局成中国文化产业趋势。正如邢华在《文化创意产业价值链整合及其发展路径探析》一文中提到的：娱乐产业的融合主要体现在，其一是现代数字技术基础上传统产业之间的融合；其二是现代信息平台基础上新兴业态的发展与融合；其三是现代技术手段基础上文艺表演等各种文化表现形式之间的融合。[1]

（二）电影IP

IP英文为"intellectual property"，其原意为"知识（财产）所有权"或者"智慧（财产）所有权"，也称为智力成果权。

从法律定义来讲，IP即为知识产权，是指人们就其智力劳动成果所依法享有的专有权利，通常是国家赋予创造者对其智力成果在一定时期内享有的专有权或独占权（exclusive right）。[2]但如今，人们口耳相传的"IP"则附有另外一层含义。广泛意义上来讲，人们常说的"IP热"是指那些被广大受众所熟知的、可开发潜力巨大的文学和艺术作品。IP的形式多种多样，既可以是一个完整的故事，也可以是一个概念、一个形

[1] 邢华.文化创意产业价值链整合及其发展路径探析[J].经济管理，2009(2).

[2] 王迁.知识产权教程[M].北京：中国人民大学出版社，2014:46.

象甚至一句话，可以应用于音乐、影视、游戏等多个领域。它是指包括音乐、文学和其他艺术作品，发现与发明，以及一切倾注了作者心智的词语、短语、符号和设计等被法律赋予独享权利的“知识财产”。

IP具有多重属性。首先，IP是基于特定内容的版权主张，能够成为IP的文化产品需要拥有精彩的故事和情节设定。其次，IP富有品牌影响力，IP是独特的品牌识别符号，能够在互联网中快速获得流量，在文化产品营销中聚拢注意力资源。再次，IP拥有粉丝效益，与普通的文化产品不同，IP自带粉丝特质，IP的粉丝群体会积极主动地对其进行自来水式传播，将IP的品牌影响力进一步放大，IP背后的粉丝价值巨大，是投资者在项目开发时的重要参考标准。另外，IP具备良好的延展性。最后，IP可以开展变现，随着互联网加速文娱产业的内生增长和外部融合，影视、游戏、实景娱乐、衍生品等具备较高投资收益的细分领域在“十三五”期间将延续高景气态势。

目前文化市场上，IP的应用主要在网络文学、音乐、动漫和游戏等领域。其中最为典型的电影市场，如表4-2所示，电影纷纷涉足了网络文学（如《何以笙箫默》《左耳》等）、音乐（如《同桌的你》《栀子花开》等）、动漫（如《哆啦A梦》《小王子》等）、综艺节目（如《爸爸去哪儿》《奔跑吧兄弟》等）。未来几年各大电影公司也围绕IP纷纷立项。

表4-2　电影IP来源形式

由歌曲改编	由小说改编	由话剧改编	由综艺节目改编
《栀子花开》	《何以笙箫默》	《十二公民》	《爸爸去哪儿》
《同桌的你》	《左耳》	《恋爱排班表》	《极限挑战》
《睡在我上铺的兄弟》	《鬼吹灯》	《夏洛特烦恼》	《奔跑吧兄弟》

（三）网络文学

随着科技和互联网的发展，数字化方式渗透在各行各业，正是在这些媒介日益交互融合的发展过程中，网络文学应运而生。但不同学者从不同角度，对于网络文学的具体定义，以及网络文学与传统文学的具体区别一直存在争议。一种观点认为，不存在实质意义的网络文学，网络只是载体，不会改变文学的本质。余华在《网络和文学》一文中指出：“无论是网络传播还是平面出版传播，仅仅是传播方式的不同，不存在文学本质不同。”[1]李敬泽也在《“网络文学”:要点和疑点》认为:“文学产生于心灵,不是产生于网络。”[2]张抗抗在《有感网络文学》一文中表示:“也许当电子信息时代彻底改变并重塑人本身时,网络文学对传统文学的颠覆才会成为可能。”[3]

另外一种观点认为,网络文学有别于传统文学,但对于具体定义也各有区别。在《网络文学本体论纲》中,欧阳友权对网络文学作出了如下界定:网络文学是一种用电脑创作、在互联网上传播、供网络用户浏览或参与的新型文学样式。[4]王新萍在《网络文学的界定及其特征》中指出:“网络文学是以计算机为载体、依托、为手段,以网民为接受对象的艺术样式。”[5]总的来说,研究者都将网络文学创作于网络视为其区别于传统文学的关键因素,所以媒介通常成为区分这两者的前提。

另外,学者也分别从特征角度、文学生态等角度作出区分。刘志礼在《新媒体时代下的网络文学发展研究》中总结道:“网络文学就是借助互联网的技术延伸,以网络语言为特征,在计算机上完成供网民电子阅读欣赏的一种电子文学新形式。其中,传播渠道的“网络化”是构成网络文学创作与传播的本质特征。”[6]最终,综合欧阳友权在多篇学术论文和著述中对网络文学做出的定义,可以从3个层面去理解网络文学的概念:(1)从广义上看,网络文学是指经电子化处理后所有上网的文学作品,即凡在互联网上传播的文学都是网络文学。(2)网络文学是指发布于互联网上的原创文学,即用电脑创作、在互联网上首发的文学作品。(3)网络文学仅指最能体现网络文学本性的网络超文本链接和多媒体制作的作品。[7]

二、电影产业IP发展现状

(一)泛娱乐化背景

2011年以来,以网络游戏为核心,以视频、文学作品、动漫为外延的“泛娱乐”概念逐渐形成,并成为行业热点,文化产业中业态融合与联动成为数字娱乐产业尤其是内

❶ 余华.网络和文学[J].中学语文,2004(8).

❷ 李敬泽.网络文学:要点和疑点[J].文学报,2000(2).

❸ 张抗抗.有感网络文学[J].作家,2000(5).

❹ 欧阳友权.网络文学论纲[M].北京:人民文学出版社,2003:68.

❺ 王新萍.网络文学的界定及其特征[J].通化师范学院学报,2002(6).

❻ 刘志礼.新媒体时代下的网络文学发展研究[D].南京:南京理工大学,2013.

❼ 欧阳友权.网络文学前沿问题的学术清理[J].湖南师范大学社会科学学报,2005(3).

容产业的发展趋势。泛娱乐产业的核心在于对内容IP价值的发掘和重塑，一批由网络文学、动漫改编而来的电视剧、电影、网络剧、秒拍视频等多元形式作品受到广泛市场关注，随之收视率、票房、播放量一路走高，商业资本也加快速度进入影视产业。

文化产业中泛娱乐化的本质是内容产品经过多元形式开发，通过降低前期风险，减少交易成本，扩大受众范围，提高投资回报率，从而实现产品的长尾价值，以期获得规模效应。[1]泛娱乐化的主要元素是内容产品连接、受众关联和市场共振等多元形态。因此，泛娱乐化从产业链角度来看，文学和动漫作品是其内容核心层，影视和音乐为影响力扩大的重塑层，游戏、演出和衍生品为其主要变现层，三大产业链层次相互勾连，相互作用，不断优化升级。

（二）电影产业IP发展现状

近年来，IP改编电影在国内愈演愈烈，从2013年到2015年，IP电影的改编率越来越高。从2014年开始，国人关注的国产电影里有1/3是IP电影。而2015年则上涨到35%。而顾漫的小说《何以笙箫默》和南派三叔的小说《盗墓笔记》不止改编成电影，更改编成电视剧等方式。

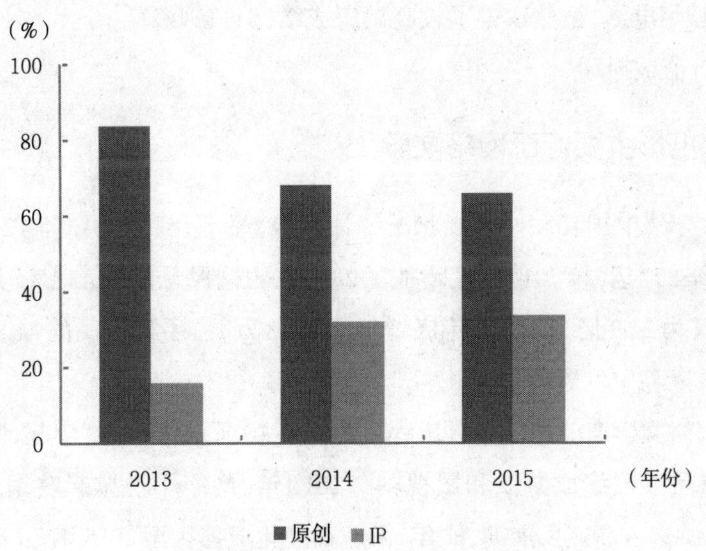

图4-8　原创剧本电影和IP电影比例

❶2015—2016中国泛娱乐产业发展白皮书[EB/OL].(2015-12-11)[2016-9-11].http://gameonline.yesky.com/393/101036393_4.shtml.

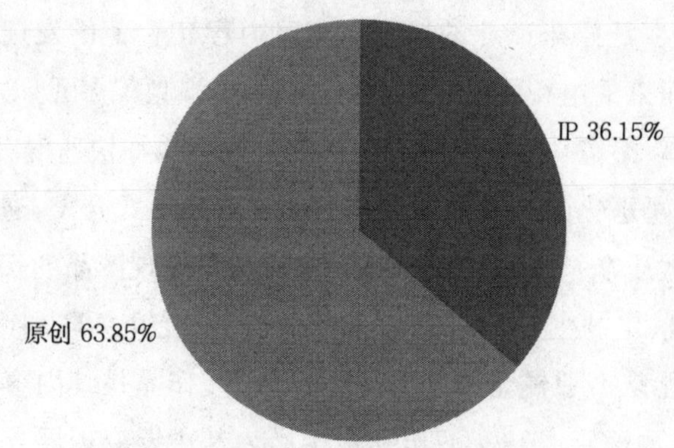

图4-9 2015年原创和IP电影票房占比

从取得的票房成绩来看,IP改编的电影占据了国产电影36%的票房潜力,将成为中国电影的一个很重要的部分。与此同时,在2015年票房排名前十的国产电影里,IP电影占据3部,分别是《寻龙诀》《煎饼侠》和《狼图腾》。IP电影虽然有部分观众基础作为票房的保障,但实际发行效果并非尽善尽美。在2015年发行的IP电影中,豆瓣评分为7分以上的只有20%左右,5分以下的则有48%。[1]诸多IP电影放映之后并未作品牌扩展或衍生品等后续工作,导致许多IP因此被浪费。另外,如《栀子花开》《何以笙箫默》《小时代4》等电影,虽然取得了较高票房成绩,但口碑极低,令无数小说粉丝失望,也造成了IP价值被损坏。

(三)IP电影主要源于网络文学

根据第37次《中国互联网发展状况统计报告》显示,截至2015年12月,网络文学用户规模达到2.97亿,较2014年底增加了289万,占网民总体的43.1%,其中手机网络文学用户规模为2.59亿,较2014年底增加了3283万,占手机网民的41.8%。[2]网络文学一直处于不断稳定发展的态势。

而关于网络文学商业化的发展历程正如图4-10所示,从1991年起,网络小说逐渐流行,少量作品被改编成游戏和影视剧。2011年,网络小说掀起改编影视剧热潮。2013年起,手游进入高速发展期,次年,游戏商业化成熟。至2015年,互动娱乐进入泛

❶ IP电影是否成了一种发展方向[EB/OL].(2013-3-15)[2016-9-12].http://mt.sohu.com/20160503/n447398009.shtml.

❷ 第37次中国互联网发展状况统计报告[EB/OL].(2016-1-26)[2016-9-12]. http://www.199it.com/archives/432572.html

娱乐状态。有数据显示，我国2013年基本没有特别大的网络剧，2014年小说IP改编作品有20部左右，2015年有40多部IP改编剧，到2016年，这一数字有望突破100部。[1]

网络文学IP，即为“网络文学版权”。主要包括小说中的人物形象、故事情节、世界观设定以及作品传达的价值观。这些畅销小说是广大网民从海量作品中筛选出来的，符合网络时代读者的审美，将它们改编成影视剧、游戏等产品更容易引起共鸣。

表4-3　网络文学IP化历程[2]

内容积累	1991年，网络文学逐渐流行，少量作品被改编为游戏和影视剧 网游：《诛仙》《恶魔法则》 电视剧：《泡沫之夏》《来不及说我爱你》
商业萌芽	2011年起，网络小说掀起改编影视剧热潮 2011年盛大文学有超过50部小说改编为影视剧 电视剧：《步步惊心》《甄嬛传》
游戏衍生	2013年起，手游进入高速发展期；2014年游戏发展高涨 IP概念提出后，许多网络文学被改编为游戏，以页面游戏和手机游戏为主
IP产业链	2015年，泛娱乐成为互联网发展趋势 影游联动初见成效，IP衍生打通产业链 国漫受重视，阅文集团斥资打造国产动画片

（四）网络文学IP流向

根据艾瑞咨询所做的《2015年中国网络文学IP价值研究报告》中显示，网络文学IP作为源头，在二次扩散后价值根据成果类型的不同而有所不同。如游戏要考虑营销价值和付费价值；影视要考虑收视率和付费价值；动漫要考虑用户获得和付费价值。

[1] 艾瑞咨询.2015年中国网络文学IP价值研究报告[EB/OL].(2016-1-18)[2016-9-15].www.iresearch.com.cn .

[2] 艾瑞咨询.2015年中国网络文学IP价值研究报告[EB/OL].(2016-1-18)[2016-9-15].www.iresearch.com.cn .

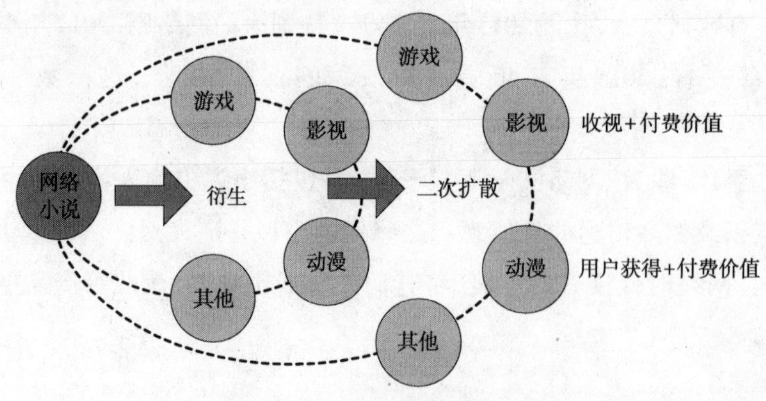

图4-10 网络文学IP流向❶

网络文学价值经过一轮IP开发后，可以衍生出游戏、影视、动漫和其他产品，还会进行二次扩散，价值流向扩散成为游戏产品的营销价值和付费价值；影视剧的收视率和付费价值；动漫的用户获得和付费价值。因此，网络文学IP价值不是点到点的流向，而是可以扩散并且不断延伸到各个环节，衍生出更多价值。另外，参考艾瑞咨询所提供的价值模型可以看出，网络文学IP价值是营销价值和付费价值的集合，其中营销价值是原IP影响下的衍生品可触达的用户量，即原IP粉丝中衍生品潜在用户和受网络人气粉丝推荐等影响形成的衍生品泛用户，逐渐转化成为IP衍生品用户和可转化的泛用户，依靠原IP影响力获得的衍生品付费收入，产生最终的衍生品付费用户。

三、中国电影IP转化——以网络文学改编的电影为例

（一）网络文学电影改编现状

网络文学被改编为电影始于2000年，痞子蔡的网络小说《第一次的亲密接触》被首次改编为电影搬上大银幕，虽然没有取得瞩目的票房成绩，但是拉开了网络小说被改编的序幕。2010年，《杜拉拉升职记》获票房1.2亿，继而《那些年，我们一起追的女孩》获口碑票房双丰收，2011年上映的《失恋33天》更是成为小成本电影获高票房的典范。2013年赵薇导演的处女作《致我们终将逝去的青春》斩获7.3亿的票房成绩。❷同样在电视剧领域，仅2015年收视率和口碑均较高的几部电视剧90%以上改编自网络

❶艾瑞咨询.2015年中国网络文学IP价值研究报告[EB/OL].(2016-1-18)[2016-9-15].www.iresearch.com.cn.

❷第37次中国互联网发展状况统计报告[EB/OL].(2016-1-26)[2016-9-12]. http://www.199it.com/archives/432572.html.

文学，如《琅琊榜》《芈月传》《花千骨》《何以笙箫默》《盗墓笔记》等。网络文学被越来越多改编，并获得一定成效，从而掀起了影视剧“改编热”。

因此，网络文学是如今电影IP的主要来源之一。据不完全统计，截至2014年底，有114部网络小说被购买影视版权，跨越古代、现代，题材涉及青春、仙侠、悬疑等。而在2015年至2016年，计划开拍或播出的网络小说改编影视剧超过30部。[1]这随之而来的问题就是越来越多优质的网络文学IP成为市场竞争的焦点，目前多部IP都被拍卖出了天价，如小说《天醒之路》拍价465万、《不败王座》拍价810万。

（二）网络文学电影改编存在的问题

越来越多的网络文学被视为IP开发成电影，搬上大银幕。但是文学与电影的转化之间并不是完美无暇的，网络文学改编的电影有的叫好又叫座，有的默默无闻排不上档期，更有的优质IP改编质量较差，引无数读者和观众失望。网络文学为影视剧提供了丰富多样的题材内容和主题思想，其在改编的过程中，艺术形式、审美特点和消费特质也发生着变化。由于这种改编活动，影视艺术得到了丰厚的商业回报，网络文学也受到了更多的关注和获得了更广泛的发展空间。但是，我们需要认识到网络文学影视剧改编存在的问题。

1. 同质化现象严重

随着IP热的出现，热门文学IP被翻拍为电影后获得了极大的商业利益，这也使越来越多的创作者趋之若鹜，导致大量同类型同题材的作品出现，内容同质化现象严重。对于网络文学自身来说，由于文学与电影的本质不同，一方面，要将网络文学在内容和形式上的独特点转为影视剧的卖点，就受到了影视技术的制约。[2]另一方面，由于影视剧的特性，在内容和语言的转换后，原作品的意蕴也会有一些变化，如果处理不得当极有可能导致大量的读者群的流失。

2. 艺术本真性丧失

机械化和格式化的改编活动正在逐渐造成电影艺术创造意识的淡化。电影市场的片源大多来自网络文学改编，一部文学作品经常被改编为电影后，又被改编为电视剧。更有甚者，有些制片商单一的追求对网络文学的改编，为了保证商业上的回报，博人眼球，改编一些中庸的网络文学作品或者简单的照搬照抄，完全丧失了对艺术本

[1] 艺恩网.电影IP热度之惑与不热之忧[EB/OL].(2015-2-17)[2016-9-18]. http://www.entgroup.cn/news/Markets/0224903.shtml.

[2] 孟艳.中国网络小说影视剧改编研究[D].济南：山东师范大学,2013.

真性的追求。影视剧在内容上要有创新意识，不能因为经济利益局限于个别题材类型和思想主题的网络文学改编，也不能一味追求改编而不去思考新的思想主题。

3. 优质IP被浪费

目前大量网络作品被改编后，再无延伸创作，也无衍生品开发，优质IP往往会被短暂消费后，被搁置浪费。制片商往往单看电影票房收入，对于票房低口碑高的影片并没有继续挖掘其开发价值，而是选择放弃或者闲置。事实上，网络文学IP与影视剧的关系不能只是开发与被开发关系，网络文学不是影视剧的附属品，影视剧也不能只期望利用网络文学来获得经济利润，创作者和制片商必须协调网络文学和影视剧开发关系，使其在相对独立的情况下再创作和开发，才能相互促进，实现真正的良性循环发展。

（三）网络文学电影改编的建议

1. 再创作需要保持其艺术性

IP电影多源于网络文学，而网络文学电影改编归根结底就是文学与电影的艺术形式的转化。两者都有其独特的艺术性和特殊性，在IP开发过程中，它们均面临着各自的艺术性和本真性保持的问题。成功的IP电影或其他艺术形式开发，要求创作者必须最大化地保持两者的艺术性，使形成的作品和原作品一样经得起推敲和打磨。对于电影改编者而言，真正有意义的改编应该是在把握小说精华的基础上进行开拓性的创作，并将自己对小说内涵的理解和想要予以电影表达的情怀传递出来。对于观众而言，真正有意义的观赏应当是这样的：将改编后的作品看做是一部独立的电影，而不是某部小说的再造品或者衍生儿。[1]

2. 合理配置IP资源

网络小说改编为电影，并不是简单的艺术形式之间的转换。由于市场化的催化剂作用，两者均具备了极强的商品性，IP转化的过程因商业化变得具有风险性和不可控性。据统计，目前影视投资公司的剧本库里包含30%~40%的内容来源于网络文学，伴随着IP改编和开发越来越商业化，许多问题也层出不穷，如版权侵权、利益分配等。目前，市场中呈现出IP开发热的现象，但实际一年中投入开发的作品不超过30个，这意味着许多作品被积压，并没有得到真正的运作和开发。事实上，市场中存在的IP贩售、转卖、囤积，导致IP资源的浪费，制约着IP价值的实现。所以，政府和行业协会需

[1] 李丹凤.浅析泛娱乐背景下网络文学的IP价值[J].新闻传播,2015(12).

要合力规范IP授权，限定IP开发周期，以敦促下游开发商理性购买，真正投入开发，能够有效地遏制网络文学IP价格虚高、IP泡沫化，实现IP资源的合理配置。[1]

3. 延伸价值链

单纯的电影改编不能实现利益最大化，IP持有方不能仅仅局限于购买版权、改编电影等活动，需要凭借自身对优质IP的先期运营和了解，提供点击量、收藏量、推荐量、作品状态、用户画像等全方位数据服务，为下游开发商实现IP价值开发提供全面支持，实现价值链联动开发。所以，建立全产业链运营，联动开发，形成IP价值的品牌化，构建良好的IP合作生态，才能真正实现IP的最大经济效益。

四、电影产业IP开发的启示

（一）内容多元化

在我国的电影价值链中，始终强调内容为王，但内容单一、空洞、同质化等现象却一直是主要问题。行业从业者受利益驱动，为了追求高利润的回报暴利，在短期内创作迎合市场品味，低品质的作品，导致了电影内容的质量降低，国产电影质量低俗，所以观众只能看到许多影视作品不断的重拍，名著的不断翻盘，也正说明了其内容的缺乏。

目前，电影、电视剧市场都处于资源匮乏的状态，游戏、网络文学凭借其多元化的内容形式和题材类型相对缓解了影视剧本匮乏的困境，成为影视剧内容的重要资源。但是，实际操作中存在许多利用原著热度，一味照搬原著而不加修改和再创作的情况，使得改编并没有发挥出应有的意义。例如，《致我们终将逝去的青春》最终票房虽然超过7亿，但自此掀起了国产青春电影的井喷，青春片遍地生根、良莠不齐，导致观众观影兴趣也在逐渐消减，青春片的市场也逐渐口碑不佳。

内容为王，要求创作者要重视内容的创作，要有自身的想法和主张。因此，电影IP开发是一种内容的再创作过程，需要融入电影本身需要的多元化的主题和普遍性的有效设定。电影要求叙事和视听双重审美效果，文字转化为台词语言是一个独特且适度的创作过程。所以，文学作者和电影编剧要求独特的思维方式和创作功底，在遵循特有艺术创作规律的基础之上，发挥创新能力，实现作品从一种类型到另一种类型的转化。

---

[1] 艾瑞咨询.2015年中国网络文学IP价值研究报告[EB/OL].(2016-1-22)[2016-9-20].www.iresearch.com.cn .

(二)版权保护

在泛娱乐化和全媒体的时代背景下,从业者IP意识的形成和开发的开放互动,为作品创作带来了开放性的内容来源,也为诸多产业细分出更多受众市场。在更加公开化的全媒体平台中,内容作品有时不再是创作者独自的智慧结晶,而是多位作者或受众共同的创作成果。"IP"是"intellectual property"的缩写,译为"知识产权",知识产权包含三大体系:著作权、专利权、商标权。如今人们热议的IP主要针对著作权,指那些具有创造力和受众基础,能够吸纳更多著作权载体,主要包括文学作品、动漫作品、影视作品与游戏作品等的版权。[1]在电影IP化呈现井喷式发展的今天,版权归属的转化成为现实操作的首要问题,只有理清改变过程中版权问题,建立有效的解决路径,才会为IP开发创造更为有利的条件。

因此,电影产业从业者、文学作者等诸多市场参与主体都需要加强知识产权保护意识。尤其是对IP开发和文学作品改编等环节过程中,避免侵权问题。具体来说,例如明确作品署名权归属问题,电影制片方在与网络文学作者签订版权合同时,应当谨慎审查版权归属、特别是署名权是否明确,作者是否对其著作权进行财产权的许可或转让,从而在合同签订之初规避版权归属不明确的问题。约定许可期限,要求电影制片方要注重明确续约优先期内的许可费支付标准等细节问题,可使双方对即将到期的作品版权提前做好规划,又能有效地避免公司因不可抗力导致项目延期或网络小说作者承担版权到期被转卖的问题。

对于IP开发过程中需要完善知识产权保障体系,政府和执法机关需要建立健全相关政策法规,加强版权保护措施,避免改编作品的管理过程出现一些难以控制的情况。具体来看,政府层面,行政机关可以适当简化行政审批程序,改良行政机构的对知识产权管理的强制性限定,行业内主体创作更加自主化、多元化;版权管理层面,主管部门可以适当引入多样性管理和平行式授权机制,通过公开透明的程序确定会员费用标准、建立协调制度、搭建诉讼渠道;监管层面,建立政府为前提、行业协会为中介、集体管理组织为责任承担者、公众监督为方式的长效机制,明确权责,特别是惩处机制。

(三)IP价值链延伸

目前,关于电影IP开发的形式主要包括:其一是,在某个领域成长为IP后,快速地同时在其他领域进行延展,比如一部小说,可能同时被改编为游戏、电影、电视剧、周边产品等形态同时进行。其二是,构建一个IP打造同类型电影、电视剧、网络文学、

[1] 王迁.知识产权教程[M].北京:中国人民大学出版社,2014:78.

网络漫画、网络动画、客户端游戏、手机游戏、电视游戏等。[1]如今的IP开发开始呈现多业态的趋势，一个IP可以从剧本、电视剧、电影、音乐、游戏、舞台剧、衍生品、IP授权等多个维度去进行开发，最大化地挖掘大IP的潜能。而“互联网+”、O2O、移动应用等流量趋势更是对IP起到了强劲的推动作用。各类娱乐平台都有了新的发展模式，开始逐步建立起基于IP的全产业链开发。

IP价值链可以分为上游环节、中游环节和下游环节。上游环节主要包括网络文学和动漫作为主要内容源，中游环节主要包括利用IP改编而成的电影、电视剧、网络剧等。下游环节主要包括游戏，动漫衍生品、实景娱乐主题公园、玩具、图书等。[2]在移动互联网时代，新时代的IP在跨媒介的泛娱乐商业变现设计中走得更远，这些新IP开发并非单一靠一两个作品，而是通过连续挖掘作品的能力，联手打造全产业的共同盈利模式。目前，国内IP产业链的构建仍处于起步阶段，企业之间掀起的购买IP热潮已经进入白热化阶段，抢购之后，如何运作，却少有人深思，使得不少IP惨遭“囤积”。相比IP本身，IP的运营、放大和规模效益更加重要。在开发IP之时，可借鉴迪斯尼的做法。迪斯尼在开始制作之前，都是做好整个产业链架构的。从开发之始就做好整体产业链的策划，成功的概率会大很多，也更容易充分开发、放大一个好IP的商业价值。

[1] 程武.李清.IP热潮的背后与泛娱乐思维下的未来电影[J].当代电影,2015(9).

[2] 邢华.文化创意产业价值链整合及其发展路径探析[J].经济管理,2009(2).

“海上丝绸之路”厦门市博物馆数字化发展研究

厦门理工学院文化产业与旅游学院　何圣捷

近几年来，厦门市全面落实中办、国办《关于加快构建现代公共文化服务体系的意见》和福建省的《实施意见》，基本实现了公共文化服务标准化、均等化目标。随着我国数字化建设的发展，如何结合公共文化服务体系，将海上丝绸之路与数字文化建设紧密结合起来，促进“互联网+益民服务”的服务模式值得思考。

海上丝绸之路建设与厦门公共文化服务发展有着直接的联动关系，在一定程度上可以说是相辅相成、密不可分。伴随着移动互联网及智能终端的迅速普及，公共文化服务进一步向移动终端迁移，慢慢走向博物馆数字化、虚拟化、网络化发展。校以厦门城市具有代表性的公共文化服务单位博物馆作为一个文化公共服务研究样本，将数字化融合要素融入文化产业提升的整体过程，进而探讨公共文化服务现状。通过实地调研考察，了解互联网与益民服务模式的结合效果，引导更多的青年人的文化成长与社区的发展形成互动式地良性循环，最终让每一位百姓切身体会到文化惠民。

一、数字博物馆概念的提出与解读

伴随着移动互联网、多媒体以及智能手机、电脑等终端的迅速普及，数字内容服务进一步向移动终端迁移，数字化时代的迅猛发展使得原有博物馆形态、文化保存、知识传播面临了新机遇与挑战，数字化文化服务已成为全球文化现象，数字文化娱乐服务将迎来更加广阔的市场。学者史小冬认为：“虚拟一词通常被理解为现实的复制品，因此虚拟博物馆（virtual museum）往往意味着对博物馆里的遗存进行多媒体的展现，为参观者带来新的体验。”[1]

虚拟博物馆是运用虚拟现实（VR）技术、三维（3D）图形图像技术、计算机网络技术的集中体现。中国数字博物馆建设从20世纪90年代起步，随着互联网、数字化发

[1] 史小东.博物馆的虚拟性分析—兼论意大利伦巴第大区集体记忆虚拟博物馆实践[J].装饰，2014(9):109.

展迈入快速发展阶段。对比西方的博物馆来看，我国大部分的博物馆处于数字虚拟化的完成或进行当中，由于受到技术条件的限制，许多虚拟博物馆已经完成2D传统网页模式展示："文字介绍+图片"的信息发布与补充，已经完成了数字化存储，但是在网页浏览的生动性、真实还原性上来说远远不够。

二、数字文化服务带来创新转型驱动力

（一）"互联网+益民服务"模式值得思考

目前，厦门推进21世纪海上丝绸之路核心区文化建设，充分挖掘海上丝绸之路丰富的历史文化内涵，以及陆续开展"海上丝绸之路"文物巡展、美术创作、文学创作、摄影创作、主题文艺等系列活动，具有一定的影响力。

随着我国数字化建设的发展，如何结合公共文化服务体系，将海上丝绸之路与数字文化建设紧密结合起来，促进"互联网+益民服务"的服务模式值得思考。2007年8月，国际博物馆协会在《国际博物馆协会章程》中给出了博物馆的定义："博物馆是一个为社会及其发展服务的、向公众开放的非盈利性常规机构，为教育、研究、欣赏的目的征集、保护、研究、传播并展出人类及人类环境的物质及非物质遗产。"数字化发展的今天，数字博物馆是顺应时代，运用数字化手段创新展示展品的内容、形式，更好地用于藏品的保护及学术研究的一种方式，进而更好地提高博物馆的公共文化服务水平，更好地满足广大人民群众的精神文化需求。

（二）数字化有益于提升整体文化价值

通过数字化标准规范体系建设及关键技术研究与实现、信息化云平台建设、虚拟传输网络及应用平台建设、文化信息资源数据库群建设、数字文化服务驿站建设、研究成果出版和交互体验传播等方式，建设厦门海上丝绸之路文化信息服务平台，推动公共数字文化服务建设迈上新台阶。

福建厦门以其丰富的古代历史文化遗存成为世界闻名的海丝之城，1991年经联合国教科文组织"海丝"考察队确定，福建为无可争议的"海上丝绸之路"起点城市；随着对外文化交流的进一步发展，唐五代时期，福建成为我国对外文化贸易的重要港口。在王延曦当政时期，福建设立了市舶司，使当时的福州市呈现出"船到城添外国人"的昌盛景象；而古代海上丝绸之路的欧洲与东方新航线开辟之后，漳州窑瓷器作

为中国外销瓷的重要组成部分，以瓷器为载体，将闽南文化透过漳州月港的窗口传播到了世界各地。从文化产业发展来说，福建对海上丝绸之路相关文化保护工作极其重视，数字化有益于推动文化精品走出国门，走向世界，提升整体文化的价值。

（三）“海丝”数字文化建设推动文化创新与产业转型升级

虽然拥有好的文化资源，如何利用好现有的文化资源，推动文化创新与产业转型升级才是机遇所在。关于“海上丝绸之路”数字文化建设发展问题的探讨亟需调研，“数字化统一标准制定不明确”“数字化技术难题”“数据管理安全保障系统未建立”“应用服务不到位”“网络联结条块分割”等原因成为目前“海上丝绸之路”走向数字化中的绊脚石。厦门作为福建文化产业发展的领头羊，如何充分发挥文化比较优势，加快行政管理体制改革，为努力构建保障和推动实现数字文化便利化提供了可行的空间。抓住“中国制造2025”战略机遇，打造“福建制造2025”行动纲要，推动福建文化产业创新与转型升级，从传统的“福建制造”向“福建创造”以及“福建智造”转变，夯实福建文化精品走出去与海丝沿路国家与地区的合作基础，从而提升文化国际竞争力。之前许多专家也提出要政府从通过完善法规提供政策保障、依法明确数字化统一标准、统一管理原则、制定各项促进政策、建立并完善激励机制等方面加强对文化数字化的扶持。

三、厦门市博物馆数字文化服务现状

厦门市博物馆是我国东南地区的一座重要的地方综合性博物馆，原位于鼓浪屿。2002年厦门市委、市政府为加快解决文化事业基础设施建设滞后的现状，将工业厂房搬迁后遗留下的厦门工程机械厂两栋厂房改建为厦门文化艺术中心，该中心融厦门市博物馆、市图书馆、市艺术馆、市科技馆于一体。厦门市博物馆致力于我国东南地区特别是闽台两岸珍贵文化遗产的收藏、保护、研究与展示。厦门市博物馆现有“厦门历史陈列”“闽台古石雕大观园”“闽台民俗陈列”等基本陈列展对外开放，其中后者的前身——旧馆的“闽台民俗展”曾荣获1998年全国文物陈列十大精品奖。此外，“中国民族民间乐器陈列”“馆藏文物精品陈列”两个基本陈列也在紧张的筹备和布展中。常年对外开放的基本展览还有郑成功纪念馆的“郑成功史迹陈列”。

从厦门市海上丝绸之路数字化发展建设现状来看，厦门博物馆官方网站已开放数字博物馆，除了有馆藏文物精品陈列、厦门历史陈列，还有3D文物展示。通过360全

景数字手段，通过技术设备模拟还原博物馆中的真实三维空间场景，使得原本传统博物馆必须亲临现场的展出方式更多元地满足用户对于博物馆展示方式的要求。在传统的博物馆表现方式中，展示的手段无非是静态的平面图片和动态的视频，也有进行三维全景展示的。

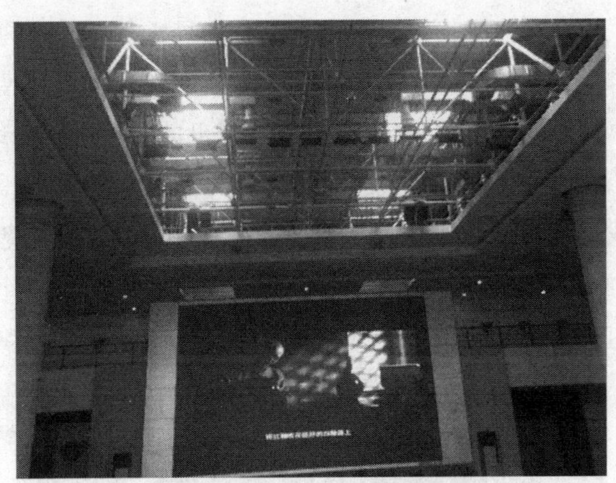

图4-11　厦门博物馆视频展示屏幕

这种传统的展示方式都有一定的局限性，具体体现在：首先，静态图片只能提供博物馆场景的某一角度的图像，即使使用的是广角镜头，也不能够有效地全面对博物馆场景进行表现。

图4-12　厦门博物馆官方网站之数字博物馆——3D文物

其次，动态视频虽然在一定程度上通过影像制作让用户对场馆内的场景有全面的了解，可是视角出场顺序受到影片剪辑的制约，视角表现有限，观看顺序依然取决于拍摄者和剪辑者的制作，没有主观能动性。最后，三维建模实景还原的方式，在厦门博物馆中也有体现，这种方式解决了静态图片和动态视频都存在的问题，但是成本耗费较高，真实还原度也不能令用户满意。

在实体展出方面，厦门博物馆一方面对制瓷场景进行了复原构建仿真模型。图4-13为同安汀溪窑址及南宋时期制瓷、烧瓷复原场景的仿真场景模型。海上丝绸之路，瓷器是传承中国文化的载体，汀溪窑是闻名于世的宋元时期窑址，以汀溪窑为代表的同安窑系外销青瓷在海外大量发现，引起世界陶瓷专家、学者的广泛关注，汀溪窑生产的瓷内饰划花纹、篦点纹、器外刻划条纹、釉呈淡黄色的青瓷器，被称为“珠光青瓷“，因日本高僧村田珠光先生喜爱而得名。厦门博物馆以2002年发掘的汀溪窑炉为背景，复原南宋时期汀溪窑场窑工在制坯、凉坯、装坯入窑洞及烧窑的场景。

图4-13　厦门博物馆汀溪窑制窑过程

另一方面，对福建德化窑中具有代表性的宗教任务瓷塑进行实物及网络平台数字化展示。

学者陈刚在《数字博物馆发展趋势》一文中提出国内数字博物馆的应用实践主要体现在以下三个方面：“一、数字资源采集开发。二、数字资源展示利用。三、博物馆

管理信息化。”[1]对于厦门博物馆的数字化应用实践来说，主要体现在数字资源展示利用以及博物馆管理信息化这两个方面。通过综合利用网络、三维展示、大屏显示、触摸交互等多媒体技术，建立线上虚拟博物馆及线下实体博物馆数字展示，有效利用数字资源，为广大市民及网民提供数字化的藏品信息展示及体验服务。

此外，厦门博物馆已经根据博物馆的藏品收藏、保管、宣传教育、考古研究等业务活动根据实际需要建立了配套的信息管理服务系统，更好地通过信息化为广大社会公众提供便捷服务。值得注意的是，目前由于经费、管理体制约束等客观原因，对于当前的数字资源采集开发利用还无法做到尽善尽美。目前为了更好地网络化展示，已经对主要展品采取了基本信息数字化、图像数字化采集等数字化方式，获取藏品的结构信息、功能信息、历史环境介绍等信息。未来将联网搭建城市一体的海量全媒体数字化储存、用三维影像数据展示数字博物馆资源平台内容。

而数字博物馆可以在一定程度上解决这些问题。通过这样的数字化窗口，全国乃至世界各地的用户通过互联网，查询官方网站就可以高清晰、真实地还原博物馆场景、查阅相关文物的相关资料。

四、数字博物馆的未来展望

本内德托.本内德第（Benedetto Benedetti）对文化物件（Cultural objects）有过这样的解释：“文化物件代表了一种复杂、多面的现实，其中物质的、文化的和虚拟的现实交互作用，并可能获得不同的功能与不同程度的重要意义。”[2]可见，虚拟数字博物馆是一种新的展示手段，通过这种方式可以增强我们想要的文化含义，发掘其未来可能的新的文化含义，但是虚拟永远替换不了现实。数字化将原有“物”转化为“数字”，在地理空间和时间上增强了博物馆的展示能力和交互能力，拓展了原有的博物馆展示时间与空间。但是数字化、虚拟化只是手段，为人类社会及发展服务才是数字博物馆发展的根本目标。

著名博物馆数字化从全球范围内来看，早有先例。早在5年前，美国谷歌艺术计划（Art Project）于2011年2月1日起宣布该计划正式上线。这个计划想对全世界著名博物馆、美术馆的诸多世界名画通过数字化方式以超高清晰度呈现于互联网，是由谷歌和全球各地数百家艺术机构共同完成的项目。在项目成立开始，仅有9个国家的17

❶ 陈刚.智慧博物馆——数字博物馆发展新趋势[J].中国博物馆，2013(4):3.

❷ Benedetto Benedetti,"Virtuality and Reality in Enterprise's Museum,Art Museum,ArcheologicalSites",Quademide Na Fondazione Piaggio,Muova Serie: Cultural Europeae Musei,2002(4):56.

个博物馆共1000幅作品参与其中。但是随着项目的不断推进,如今已有来自全球44个国家的264家博物馆参与其中。全球的网络用户只需动动手指就可以通过网络欣赏到各国美术馆里的世界名画、同时还可以欣赏雕塑、街头艺术、玉器瓷器展品等。

在数字化的今天,对海上丝绸之路的艺术珍品甚至人类文明很多成果进行数字化记录是一项义不容辞的工作。通过数字化,来自全球不同国家的人们可以通过虚拟平台展示,通过在线浏览更为生动地感受其他国家的文化。我们看到许多虚拟博物馆的体验形式比传统实体博物馆更多样,可以更丰富文化展现形式。随着公共文化服务的数字化发展不断深入,各种创新的浏览、体验、陈列、阅读方式值得被关注和借鉴。

在未来,公共文化服务的体验还将随着时代发展日新月异的发展改变,例如将娱乐化的概念引入艺术藏品的展示中,让观众可以像玩一场游戏一样在博物馆的场景中获得更丰富的文化体验。值得一提的是,博物馆如何日趋“人性化”发展是美国谷歌计划不断深入探讨的问题,在其数字化网站建设中,集合了知识性、娱乐性、趣味性、互动性为一体,它引领着全球文明数字化复制传播的未来,也推动了博物馆数字化发展的进程。

“文化+”智慧健康养老产业融合发展路径探析

中国传媒大学文化发展研究院 高 飞

英国文化人类学创始人泰勒把文化归纳为整个生活方式的总和，他指出：文化或文明，就其广泛的民族学意义来说，乃是包括知识、信仰、艺术、道德、法律、习俗和任何人作为一名社会成员所获得的能力和习惯在内的复杂整体。文化养老是反映特定的价值取向以满足老年人的精神需要为主，借助文化活动实施的养老服务及其制度体系。从狭义的角度来说，文化养老特指满足老年人退休后精神需要的各种文化服务活动。从广义来说，文化养老不仅包含这些具体的文化服务形式，而且还包含组织实施这些文化服务的制度安排以及支撑这些制度和文化服务的价值取向。在其内容上，文化养老既反映了传统的支撑这些制度和文化服务的价值取向，又体现了当今社会经济发展背景下积极老龄化的新价值取向，表现为老有所教、老有所学、老有所乐、老有所得、老有所为的“精神赡养”和“人文关怀”。在“互联网+”、人工智能、物联网、大数据、云计算已成为社会基本服务设施的同时，更要深思文化所赋予时代发展的温度与情怀；更要把握文化所赋予社会进步的美学内涵；更要体会文化所赋予每个人的内心关照。因此，一方面要从文化的角度发展养老产业，另一方面，更要看到因饱经风雨、世事沧桑且拥有丰厚人生阅历的老年人对社会文化的积极再创造性意义。在中国银发浪潮来袭的时代，养老产业以何种价值取向取得长远发展，也是考验一个以“孝”为先的国家传统价值观念底线的时代性话题。

一、产业融合时代的智慧健康养老产业新思考

我国正以惊人的速度“变老”。按照联合国的统计标准，一个国家或地区65岁及以上人口超过7%，或60岁及以上人口超过10%，则该国家或地区进入老龄化社会。截至2015年底，我国60岁及以上人口达2.22亿人，占总人口的16.1%，空巢老人突破1

亿,失能半失能老人将近4000万人。《中国老龄产业发展报告(2014)》表明,到2050年,我国老年人口数量将达到峰值4.87亿,占总人口的34.8%,成为世界上老年人口最多的国家。《中国智能养老产业发展报告(2015)》指出老年群体的服务需求呈现新的特点:精神文化服务需求逐渐提升;对健康康复服务的需求越来越凸显;对服务便捷性的要求不断提高。传统养老无法满足新的需求,不足之处逐渐显现。人口老龄化问题不仅仅是公民老年期的养老问题,它既是人口问题、社会问题、经济问题、政治问题,从根本上讲更是一个文化问题。人口老龄化涉及个体生命的意义,直接触及人类最敏感的神经。在经济总体水平尚不发达的情况下,我国已进入老龄社会,“未富先老”“未备先老”矛盾凸显。

目前,我国养老方式主要为居家养老、机构养老及社区养老。其中居家养老占96%,机构养老占3%,社区养老占1%。调查显示,老年人在使用互联网医疗的过程中,多数也只使用预约、挂号功能,对于药品配送、问诊、报告等功能很少使用,整体来看,当前我国老年人的互联网医疗服务使用率仍然较低。目前我国智慧养老模式的研究探索还处在起步阶段,还面临诸多问题要解决。主要包括以下几个方面:智慧养老的信息化和智能化程度较低。智慧养老方案不能统筹规划有效整合居家、社区和养老机构医护资源,紧缺的医护资源不能满足庞大的养老群体。智慧养老数据的采集、存储、处理能为落后,信息数据的应用、整合和处理有待完善提高。智慧养老产业化和规模低。我国当前的智慧养老产业在全国范围内尚未形成较为成熟的商业模式,只在部分地区试点推广,缺乏规模经营,相关公司规模小,难以形成智慧养老产业链,养老服务碎片化严重,养老资源未能得到充分利用,产业化道路任重道远。智慧养老的相关产品用户体验相对较低。因为老年人群庞大,文化程度和生活习惯差异较大,用户需求相对复杂,智慧养老产品要做到有用、易用、友好需要成熟产品的不断更新迭代,在目前智慧养老产业化相对较低、智慧养老企业规模较小的前提下要达到这个要求任重道远。

西班牙马德里召开的第二次世界老龄大会总结指出,当今老年人的贫困不仅仅是经济贫困,而是他们在逐渐被排斥在主流文化之外以后,由于被社会边缘化而导致的精神上的贫困。老年人日常生活和精神寄养等养老问题已经成为人类共同关注的问题,从目前来看,低精神收入问题远远超过经济收入问题而精神贫乏已影响到身心健康,应着力推行文化养老理念,探索建立起文化养老新机制。台湾老人赵

慕鹤75岁时决定出去走走，他用6个月游玩了英国、法国、德国等地方。86岁他开始报考大学，91岁毕业。96岁报考硕士，98岁毕业。2015年，105岁的他在台湾“清华大学”中文系旁听，并报博士班。2011年，他的作品被大英图书馆看中，英国女王伊丽莎白亲自发签名函求收藏。2012年，赵慕鹤在香港成功举办书法展，并出版了自传《悠游100年》，成为畅销书作家。在当今时代，老有所养、老有所医是社会保障的基本底线，但更要树立老有所学、老有所为、老有所乐的创造性养老观念。“当你老了，头发白了，睡意昏沉……”2015年春晚，当这首改编自爱尔兰诗人叶芝同名诗作的歌曲唱响舞台，不知模糊了多少人的双眼。如何让每个人有尊严地步入老年，如何让养老问题不再沉重？在“银发浪潮”迎面而来的时代，如何安放2.2亿多60岁以上老年人的夕阳人生，是人们在感动之后，不得不思考的时代命题。物质上的照料固然重要，精神的丰富更是不可或缺，要充分意识到智慧健康是辅助老人养老更便捷的方式，而唯有关爱才是最真情的告白。文化养老是一种体现中国传统文化与当代人文关怀的养老方式，在满足老年人保障性养老的基础上，强调追求精神生活的满意度，政府、企事业单位、涉老机构、街道社区要加强引导，使老年人建立一种积极的养老理念，乐观面对自己的晚年生活，提高晚年的生活质量，为老年人创造条件，使他们走出自己封闭的空间，走向社会，融入社会，搭建老年人进行情感交流、养生健体、学习娱乐、文化休闲的活动平台，以达到使老年人心态开朗平衡，精神世界充实，实现自我追求，享受快乐生活，强身健体。因此，养老产业在向智慧、智能化方向发展的同时，如何增加文化内涵、情感关怀、人性化设计成为智慧健康养老产业的软性指标。

二、“文化+”智慧健康养老的政策演变

政府在文化养老中始终处于主导地位，随着老龄化时代的快速到来，我国政府逐渐实施积极老龄化的战略方针，把积极的养老提到议事日程上来，与文化养老相关的法律法规和政策也出台了不少，主要涉及公共文化服务、老年文化建设、老年社会参与、老年教育、智慧健康养老等方面。“文化养老”，是一种能体现传统文化与当代人文关怀的养老方式，它是以老年人的物质生活需求基本得到保障为前提，以满足精神需求为基础，以沟通情感、交流思想、拥有健康身心为基本内容，以张扬个性、崇尚独立、享受快乐、愉悦精神为目的养老方式。文化养老的要义是满足老人心灵和情感的需

要。这种需要是在老有所养、老有所医的物质前提下孕育出的一种更高层次的要求,它涉及老年福利、老年教育、老年文化、老年体育和老年产业等。

(一)"文化养老",为"老有所为"搭建平台

1999年8月,文化部出台《关于加快老年文化工作的意见》(以下简称《意见》),《意见》要求各级地方文化部门搞好老年文化活动场所建设,开展丰富多彩的老年文化活动,办好老年大学,建立老年教育网络。在2006年春晚舞台上,来自唐山的皮影舞蹈节目《俏夕阳》赢得了满堂彩,同时也在全国掀起了老年人投入文艺活动的高潮,"文化养老"也因此被放在社会保障中更为突出的位置。2011年9月,国务院印发《中国老龄事业发展"十二五"规划的通知》(以下简称《通知》),《通知》提出要加强老年教育工作、老年文化工作、老年体育健身工作,扩大老年人社会参与的任务。2015年1月,中央办公厅、国务院办公厅印发《关于加快构建现代公共文化服务体系的意见》,《意见》明确提出将老年人作为公共文化服务的重点对象,积极开展面向老年人的公益性文化艺术培训服务活动。2016年10月,国务院办公厅印发《老年教育发展规划(2016—2020年)》,《规划》鼓励将信息化技术应用于老年教育。通过与社区老年人活动中心联合开展活动,为更多的老年人就近或居家接受教育创造有利条件。这种"文化养老"模式调动了老年人参与办文化的热情和潜力,培育了一批老年人艺术团体,使老年人不被视为文化权益的被动享受者,而是作为需求主体参与到"文化养老"体系建设中来,为他们"老有所为"创造条件、搭建平台。2016年10月,中央全面深化改革领导小组审议通过了《关于全面放开养老服务市场提升养老服务质量的若干意见》,《意见》提出降低准入门槛,引导社会资本进入养老服务业。同时,国务院通过"十三五"卫生与健康规划,其指导思想旨在加快包括养老在内的健康产业,要求地方政府与私营企业协作,并开发金融工具以鼓励该领域的增长。自此,"文化养老"向健康产业过渡,"文化养老"由社会事业向政府与社会共建或社会资本参与的文化产业方向双向发展。

(二)"健康产业",与"文化+"融合发展

2016年10月,中共中央、国务院印发了《"健康中国2030"规划纲要》(以下简称《纲要》),《纲要》提出积极促进健康与养老、旅游、互联网、健身休闲、食品融合,催生

健康新产业、新业态、新模式。发展基于互联网的健康服务，鼓励发展健康体检、咨询等健康服务，促进个性化健康管理服务发展，培育一批有特色的健康管理服务产业，探索推进可穿戴设备、智能健康电子产品和健康医疗移动应用服务等发展；培育健康文化产业和体育医疗康复产业；制定健康医疗旅游行业标准、规范，打造具有国际竞争力的健康医疗旅游目的地；大力发展中医药健康旅游；打造一批知名品牌和良性循环的健康服务产业集群，扶持一大批中小微企业配套发展。2016年11月，国务院办公厅印发《关于进一步扩大旅游文化体育健康养老教育培训等领域消费的意见》(以下简称《意见》)，《意见》指出要着力推进幸福产业服务消费提质扩容。围绕旅游、文化、体育、健康、养老、教育培训等重点领域，通过提升服务品质、创新文化消费内容、增加文化服务供给，不断释放潜在消费需求。这为“健康产业”与文化产业的融合发展提供了技术支撑，奠定了市场基础。

(三)“文化+”智慧健康养老产业，人工智能时代新方向

2017年2月，工信部、民政部、国家卫生计生委印发《智慧健康养老产业发展行动计划(2017—2020年)》。《行动计划》指出，智慧健康养老是利用物联网、云计算、大数据、智能硬件等新一代信息技术产品，能够实现个人、家庭、社区、机构与健康养老资源的有效对接和优化配置，推动健康养老服务智慧化升级，提升健康养老服务质量效率水平的一种养老产业模式。到2020年，基本形成覆盖全生命周期的智慧健康养老产业体系，建立100个以上智慧健康养老应用示范基地，培育100家以上具有示范引领作用的行业领军企业，打造一批智慧健康养老服务品牌。据此，“文化+”智慧健康养老产业也因“文化养老”“健康产业”等模式而自然结合起来。据全国老龄工作委员会的数据显示，目前我国养老服务市场消费需求在3万亿元以上，2050年左右将达到5万亿元，养老服务业涵盖老年医疗服务、文化健身娱乐等多个领域，涉及面广、产业链长，一个潜力极大的新兴产业正在形成。

三、“文化+”智慧健康养老产业融合发展的路径

(一)“互联网+”“文化+”，双轮驱动智慧健康养老产业创新发展

在我国养老产业插上“互联网+”的翅膀的同时，又迎来“文化+”智慧健康养老

的新模式，文化养老的具体实现依赖着“互联网＋”“文化＋”阵地平台的搭建。具体来讲，一方面要充分发挥老年大学、老年图书馆、老年网络中心等教育阵地的辐射功能，发展老年人喜闻乐见的图书影像资料和配置适合老年人使用的电子设备的前提下，科学设计老年人课程，从而更好地实现和拓展老年教育事业的功能。另一方面，要加大老年文娱活动中心的建设，采用传统戏曲、书画展、文艺晚会、健康养生讲座、文体团、旅游团等丰富多彩的文娱形式，鼓励和扶持老年人积极参与到社会文化生活中来，在提供精神愉悦的同时提升老年人的社会融入感。此外，重视老年人社会参与平台的搭建，利用各行业协会、各专业论坛等形式，充分挖掘老党员、老干部、老职工、老专家等老年集体的知识、经验和技能潜力，在“传帮带”中给予老年人施展才华、发挥余热的空间和平台，让老年人在体验文化养老新理念的同时，开启晚年生活的新航程。比如，在北京朝阳，不仅通过为试点社区老人配发可穿戴设备，实时监测血压、心率、体温等健康指标，以“远程监护+上门服务”的方式，让“移动照料”变为现实，更可以通过“朝阳映晚霞 银发致青春”社区老年文化活动让老年人发挥余热；在四川成都，依托智慧养老服务平台，老人不仅能够在线“点单”，服务主动“敲门”，更能通过养老服务平台，联合各类爱心服务商，开展老年人及残疾人文体娱乐活动，为老年人提供远程医疗、生活服务、家政服务、精神慰藉、咨询服务、文化娱乐等服务。事实上，老人与互联网、文化、智慧健康，并非是没有交集的平行线。相反，他们填平“互联网鸿沟”“文化鸿沟”的心情比任何人都更为迫切。

（二）“文化＋”全域产业链，创意设计提升智慧健康养老产业附加值

智慧养老是面向居家老人、社区及养老机构的传感网系统与信息平台，并在此基础上提供实时、快捷、高效、低成本的，物联化、互联化、智能化的养老服务。随着科技进步，新型养老方式日趋流行，社会上也涌现出一系列如只为父母设计的电视盒子等高科技产品，提升老人的晚年生活质量，最大程度地解决空巢老人寂寞的问题，是智慧养老、候鸟式养老、信息化养老、中国式养老的新形式。从提升产业附加值角度看，“文化＋”有助于推动智慧健康养老产业的内涵式发展。一方面，智慧健康养老产业可从国学文化、中医药文化、武术太极、饮食文化、茶酒文化、艺术文化中挖掘文化资源；另一方面，文化产业也可在旅游、演艺、体育、数字出版、艺术、广播影

视、创意设计等行业中凸显康养理念。同时，科技创新有助于促进健康养老产业转型升级，大数据、云计算、物联网、人工智能等科技的应用，将进一步提升康养产业的附加值。从嵌入全域产业链角度看，智慧健康养老产业可容纳数十个行业，吸纳数以万计的就业人口。产业链上游主要从事研发生产，涵盖生物、医药、营养、保健、食品等行业；产业链中游主要从事服务消费，涵盖健康、养老、医疗、旅游、体育、农业等行业；产业链下游主要从事衍生体验，涵盖文化、艺术、科技、创意等行业。上中下游互相联动，整合资源，谋求跨界、跨域、跨境转型，带动智慧健康养老产业的整体提升发展。

（三）“文化＋”公共服务平台，激发智慧健康养老产业新业态

建设“文化＋”智慧健康养老创新中心，不仅能够解决养老行业共性技术供给不足问题，而且能够不断创新产业文化生态体系；通过集聚文化产学研医等各方面资源，推动关键技术、重点产品研发，完善产品检测认证、知识产权保护等服务，提升智慧健康养老产业的协同创新能力和产业化能力；通过充分利用现有文化产业、健康信息、养老信息等信息平台，基于区域人口文化水平、健康信息，建设统一规范、互联互通的文化健康养老信息共享系统，开展健康养老、文化产业开发大数据的深度挖掘与应用；通过创新孵化平台，支持“文化＋”智慧健康养老领域众创、众包、众扶、众筹等创业支撑平台建设，通过创客空间、创业咖啡、创新工场等新型“文化＋”智慧健康养老产业众创空间发展，激发“文化＋”智慧健康养老产业生态孵化器、加速器的创造活力，为产业提供创意技术，促进新业态的开发。制定智慧健康养老设备产品标准，建立统一的设备接口、数据格式、传输协议、检测计量等标准，实现不同设备间的数据信息开放共享。完善智慧健康养老服务流程规范和评价指标体系，推动智慧健康养老服务的规范化和标准化。

发展智慧健康养老产业是“夕阳工程”，但属“朝阳事业”，为长者提供有尊严、有温度、体面的智能化生活服务，构筑智慧型、情感化幸福养老家园，离不开文化的积极参与。“常怀敬老之心，常扬尊老之德，常兴助老之风，常做为老之事”，让文化以润物细无声的方式融入到智慧健康养老产业之中，把养老变成一件具有人文关怀、创造意义的事。正如习近平总书记强调，要为老年人发挥作用创造条件，引导老年人保持老骥伏枥、老当益壮的健康心态和进取精神，发挥正能量，作出新贡献。既关心

身心健康，致力于解决实际困难，又注重培育老年人专业技术、文化业态，鼓励老年人参与到各种文化活动、社会服务中去，使老年人“老有所学、老有所为”，才有可能让老年人“老有所乐”，体味“夕阳无限好，晚霞更迷人，退休不褪色，养老不失志”的人生乐趣。